rowohlts deutsche
enzyklopädie

Das Wissen
des 20. Jahrhunderts
im Taschenbuch
mit
enzyklopädischem
Stichwort

✳

Herausgeber
Prof. Ernesto Grassi
Universität München

Sachgebiet
SPRACHWISSENSCHAFT

Deutsche Sprachgeschichte I

Das Althochdeutsche

ROWOHLT

Herausgeber: Ernesto Grassi
Redaktion: Ursula Schwerin
Eginhard Hora / Ragni M. Gschwend
München

1.–15. Tausend	November 1963
16.–20. Tausend	März 1965
21.–28. Tausend	Februar 1966
29.–33. Tausend	September 1968

INHALTSVERZEICHNIS

KLEINER PHILOLOGISCHER WEGWEISER
(an Stelle eines Vorworts)

In diesem Buch haben wir mit der deutschen Sprache zu tun, wie sie vor tausend und mehr Jahren beschaffen war. Dem Leser werden daher viele befremdende Sprachformen begegnen, die oft weit von den heutigen abweichen. Sich da hineinzufinden, ist nicht ganz leicht. Eine Einheitssprache gab es damals noch nicht, sondern jeder Schreiber schrieb seinen eigenen Dialekt. Was aber noch schwieriger ist: Es gab keine fest geregelte Rechtschreibung, sondern man behalf sich mit den für die damalige deutsche Sprache ziemlich ungeeigneten 24 Zeichen des lateinischen Alphabets, und ein jeder schrieb so gut, wie er es verstand. Das gibt den Texten, die in diesem Buch verwendet werden, ein recht buntscheckiges Ansehen. Wenn ich althochdeutsche Wörter systematisch zu erörtern hatte, habe ich die Schreibung einigermaßen normalisiert. Wo aber Texte abzudrucken und zu interpretieren waren, fühlte ich mich dazu nicht befugt, denn es darf kein falsches Bild von der Überlieferung entstehen. Nur die Zeichensetzung, die in den meisten alten Texten völlig fehlt, ist durchgehend nach modernen Grundsätzen geregelt. Außerdem ist überall die Länge der Vokale, sofern sie nicht in sehr alten Texten durch Doppelschreibung ausgedrückt ist, durch das Zeichen ^, z. B. *dîn*, *sô*, angedeutet. Alle nicht ausdrücklich als Längen gekennzeichneten Vokale sind als Kürzen zu lesen, also z. B. im ‹St. Galler Paternoster› (Anhang II, 4) *fătĕr — hĭmĭlĕ — nămŭn*, und nicht mit Langvokal nach neuhochdeutscher Sprachgewohnheit.

Von sonstigen Besonderheiten der althochdeutschen Rechtschreibung sei nur weniges hervorgehoben. Das *w* wird durch *uu* dargestellt, wodurch sich befremdliche Schriftbilder ergeben können, z. B. *triuuua*, *uuunna* für *triuwa*, *wunna* ‚Treue, Wonne'. Ferner gibt es im Althochdeutschen kein Dehnungs-h. Die Verbindungen *ht*, *hs* sind also als *cht*, *chs* zu verstehen, z. B. *maht*, *sahs* als *macht*, *sachs* ‚Macht, Schwert'. Der Laut *ch* macht den Schreibern überhaupt Kopfzerbrechen, und in den ‹Vaterunser-Texten› (Anhang II) finden wir z. B. geschrieben *rîhhi*, *rîhi*, *rîchi*, und gemeint ist in ältester Zeit *rîch-chi*, späterhin *rîchi* ‚Reich'. *Mahhôn* und *ih* stehen für *machôn*, *ich*. Wenn man ferner (nur in oberdeutschen Texten) im Anlaut geschrieben findet *ch*, *kh*, wie in *chorunga*, *khorunka*, so ist damit die zungenbrecherische Lautverbindung *kch* gemeint, die auch heute noch in den südlichsten deutschen Mundarten vorkommt. Steht irgendwo in den ältesten Texten noch ein *th* geschrieben, z. B. *thû*, *thîn*, so soll das einen Reibelaut (wie in englisch *that*) bezeichnen, den die deutschen Mundarten aber seit dem 9. Jahrhundert aufgegeben haben.

Für das Altsächsische und das Altenglische gelten ungefähr dieselben Rechtschreibregeln wie für das Althochdeutsche. Nur verwenden wir im Altenglischen, dem Brauch der alten insularen Handschriften folgend, gern den Apex ' als Längezeichen, z. B. ae. *hláf* ‚Brot‘ mit langem *ā*. Aber an einigen Stellen können wir uns den Vergleich mit dem Gotischen nicht ersparen, und da gelten wieder andere Rechtschreibregeln. Zwar habe ich mir erlaubt, den dentalen Reibelaut auch hier durch *th* anstatt durch das uns fremd gewordene gotische Zeichen wiederzugeben. Aber im übrigen ist an der Orthographie des ‹gotischen Vaterunsers› (Anhang II, 1) und anderer gotischer Wörter, die zu zitieren waren, nichts geändert. *ht = cht* kommt auch im Gotischen vor, z. B. in *mahts* ‚Macht‘, ferner auch ein *ch* im Anlaut, das als *h* geschrieben wird, z. B. in *hlaifs* ‚Brot‘ (vgl. ae. *hláf*). Dieses anlautende *h* vor Konsonant hat sich im Althochdeutschen früh verloren. Das *q* genügt im Gotischen, um *qu* auszudrükken, z. B. in *qimai* ‚komme‘, und nach griechischem Muster wird *gg, gk* statt *ng, nk* geschrieben, also *briggais* für *bringais* ‚du mögest bringen‘. Am meisten Verwirrung stiftet im Gotischen die Schreibung der Vokale. Man merke sich, daß *e* und *o* im Gotischen immer Langvokale bezeichnen, weshalb die Länge hier nicht besonders angegeben wird, und daß das lange *i* stets durch *ei* wiedergegeben wird. Alle anderen Vokale sind kurz (jedenfalls in unseren Texten). *Weihnai namo thein* ist also zu lesen: *wīchnai nămō thīn. Die* Vokalzeichen *ai* und *au* sind doppeldeutig. Sie können die Zwielaute bezeichnen, aber vor *h, hw* und *r* auch das kurze *ě* und *ǒ*. In letzterem Falle setzen wir zur Unterscheidung einen Akzent auf das *i* oder *u*; *aírthai* ‚Erde‘ muß also *ěrthai* gelesen werden.

Nicht alle Geheimnisse der alten Orthographie lassen sich in Kürze darstellen. Auf einiges gehen wir unten im Text noch näher ein. Wenn der Leser sich einstweilen mit der Bedeutung des Zeichens *h* vertraut macht und wenn er genau auf Länge oder Kürze der Vokale achtet, so ist schon viel gewonnen.

Wir haben uns in diesem Buch mit mancherlei Sprachen, modernen und alten, zu befassen. Folgende Abkürzungen werden dabei verwendet:

abair.	altbairisch
ae.	altenglisch
afranz.	altfranzösisch
afries.	altfriesisch
ahd.	althochdeutsch
alem.	alemannisch
an.	altnordisch

anfr.	altniederfränkisch
arom.	altromanisch
as.	altsächsisch
bair.	bairisch
engl.	englisch
fries.	friesisch
frk.	fränkisch
frz.	französisch
germ.	germanisch (nur durch Sprachvergleich erschließbar)
got.	gotisch
griech.	griechisch
idg.	indogermanisch
lat.	lateinisch
mhd.	mittelhochdeutsch
mnd.	mittelniederdeutsch
mnl.	mittelniederländisch
nd.	niederdeutsch
nfrk.	niederfränkisch
nhd.	neuhochdeutsch
nl.	niederländisch
rom.	romanisch
vlat.	vulgärlateinisch

Oft ist der Philologe gezwungen, Wörter und Formen zu rekonstruieren, die in keinem Text belegt sind. Solche nur erschlossenen Formen werden durch ein Sternchen bezeichnet, z. B. germ. *guda ‹Gott›.

Und schließlich noch ein Hinweis. Der Verfasser will den Bayern ihren Anspruch auf das Ypsilon nicht schmälern. In philologischen Untersuchungen ist es aber eine alte Gepflogenheit, im Hinblick auf Sprache und Sprachvolk *bairisch* und *Baiern* mit *i* zu schreiben. Dieser Zunftbrauch wird in unserm Buch beibehalten.

Saarbrücken, den 8. Dezember 1962   *Hans Eggers*

I. SPRACHE UND GESELLSCHAFT

Die Sprache ist jedem Menschen so vertraut wie sein tägliches Brot und die Luft zum Leben. Ohne seine Muttersprache hätte er nicht teil an der menschlichen Gemeinschaft, könnte sich nicht mitteilen, seine Meinung nicht äußern, seinen Wünschen und seinen Empfindungen keinen Ausdruck verleihen. Die Sprache ist das, was den Menschen vom Tier unterscheidet, und mit Recht hat man gesagt, erst durch die Sprache werde der Mensch zum Menschen.

Was aber so selbstverständlich zum Menschsein gehört und was jedes Kind, indem es in seine menschliche Umgebung hineinwächst, so mühelos zu gebrauchen lernt, das läßt man im allgemeinen ganz unbeachtet; man nimmt es leicht hin, ohne viel darüber nachzudenken. So scheint denn auch dem naiven Betrachter die Sprache etwas Gegebenes, Unveränderliches zu sein, ein Instrument, das man eben gebraucht, wie es Menschen seit eh und je gebraucht haben. Dabei lehrt schon die einfachste alltägliche Beobachtung, daß mit der Sprache ständig Veränderungen vor sich gehen. Jeder von uns könnte bemerken, daß seine eigene Sprache anders ist als die seiner Großeltern. Wir sagen *er kommt*, wo Großmutter vielleicht noch *er kömmt* sagt, und wenn wir heute wechselweise *zu Haus* und *zu Hause* sagen, bald eine neue, bald die ältere Form verwendend, pflegt Großvater wohl noch regelmäßig das *e* des Dativs zu bewahren. Auffälliger noch als solche lautlichen Veränderungen sind die Wandlungen des Wort- und Ausdrucksschatzes. Manches Wort und manche Redewendung, die die Großeltern ständig im Munde führen, verstehen wir freilich, werden sie aber niemals selbst gebrauchen, und unser modisches *genau* für das schlichte *ja*, unser *prima*, unser *mit achtzig Sachen* und viele Ausdrücke unserer Tage werden sich die Alten unter uns nicht mehr angewöhnen. Und sprechen unsere Kinder und Enkel nicht wieder eine andere Sprache? Wir, die wir mitten im Leben stehen, werden uns nur schwer daran gewöhnen, die Sprößlinge als *Teenager* und *Twens* zu bezeichnen, und auch deren Ausdrücke für ein hübsches Mädchen, *dufte Biene* oder *steiler Zahn*, werden wir uns kaum noch zu eigen machen.

Es kommt hier nicht auf Geschmacksfragen an, auch nicht darauf, daß jedes menschliche Lebensalter, und darin wieder beide Geschlechter, seine eigene Ausdrucksweise hat. Wichtig ist nur, daß im Wechsel der Generationen sich auch die Sprache im allgemeinen wandelt. Man muß scharf hinsehen, um es zu bemerken; aber jeder, der achtgibt, kann schon an den gleichzeitig lebenden Generationen solche Wandlungen wahrnehmen. So ist es aber nicht nur in unserer Zeit und in unserem Volk. Seit es Sprachen gibt, so müssen wir annehmen, d. h.

vom Anfang der Menschheitsgeschichte an, und überall, wo Menschen zueinander sprechen, müssen wir mit solchen Wandlungen rechnen, die sich, von der Sprachgemeinschaft selbst unbemerkt, ständig vollziehen, bald langsamer, bald überstürzend rasch, wie es eben die Ruhe oder der Wirbel der Zeitläufte mit sich bringt.

Soziologische Aspekte

Indem wir eben den Begriff der ‹Sprachgemeinschaft› einführten, spielten wir auf ein anderes, äußerst wichtiges Wesensmerkmal der Sprache an. Sprache ist immer und zuerst eine soziale Erscheinung. Mag die Sprache auch, wie es die einleuchtendsten Theorien über den Sprachursprung annehmen, aus Ausdruckslauten entstanden sein, so ist doch der Laut des Schreckens, der Verwunderung, des Schmerzes, der Freude noch nicht selbst Sprache. Wenn im Tierreich die Artgenossen auf den Schreckenslaut des Leittieres reagieren, indem sie fliehen, so ist das eine Instinkthandlung, und solange der Urmensch in gleicher Weise reagiert, besitzt auch er noch keine Sprache. Erst wenn ein frühes menschliches Wesen zum ersten Male in den Schmerzenslaut ausbricht, um ‹mitzuteilen›, daß es Schmerzen hat, und wenn seine menschliche Umgebung es darin ‹versteht›, ist Sprache geboren. In der Kulturmenschheit mag Sprache auch anderen Zwecken dienen. Der Denker mag sie ohne Mitteilungsabsicht nur zur schweigenden Klärung seiner tiefsten und einsamsten Gedanken verwenden; ein moderner Dichter kann sie zum Ausdruck seiner gärenden Empfindungen machen, ohne mit dem Verständnis der Mitmenschen zu rechnen oder dieses auch nur anzustreben. Man kann in selbstgenügsamer Freude mit Worten und mit Klängen spielen. Aber das alles sind doch nur abgeleitete, sekundäre Möglichkeiten. Primär hat Sprache immer Mitteilungscharakter; sie würde nicht existieren ohne den angesprochenen Partner und ist mithin stets und zuerst ein soziales Phänomen.

Dabei ist das Verhältnis zwischen den Partnern reziprok. Auf beiden Seiten ist sowohl das Sprachvermögen wie das Sprachverständnis vorhanden. Der Angeredete kann jeden Augenblick selbst zum Sprecher werden und der eben noch sprechende Partner zum aufnehmenden Hörer. Vor allem aber ist dieses Verhältnis in der Regel multilateral. Daß eine Gemeinschaft nur aus zwei Menschen besteht, die dann auch ihre eigenen Sprachformen entwickeln kann — man denke an die besonderen Ausdrucksweisen von Liebes- oder Freundespaaren untereinander —, ist doch eine seltene Ausnahme. Im allgemeinen muß also der einzelne Sprecher immer auf die ganze Gruppe Rücksicht nehmen; denn das Gemeinschaftsleben erfordert, daß er von allen verstanden wird. So ist es nicht so sehr der einzelne Mensch als vielmehr die ganze Gruppe, die die gemeinsame Sprache formt. Zwar kann der einzelne dazu beitragen. Er kann sich in neuen Intonationsweisen, neuen Lautbildungen, neuen Ausdrücken und Wendungen versuchen: Bestandteil der gemeinsamen Sprache wird das alles nur, wenn die ganze Gruppe es sich nachahmend zu eigen macht. Zwar sind viele Sprachwissenschafter überzeugt, daß jeglicher Sprachwandel zuerst individuell im Munde eines einzelnen entsteht. Aber jedenfalls bleiben alle sprachlichen Eigenheiten jedes einzelnen Menschen so lange völlig belanglos, als sie nicht mehr und mehr Nachahmer finden. Erst wenn die überwiegende Mehrheit der Sprachgemeinschaft die Neuerung aufgenommen hat, erhält sie Bedeutung für die allgemeine Sprache, trägt zu deren Weiterentwicklung bei.

Verkehrsgemeinschaften

Man kann alle Sprachen der Menschheit, von denen wir wissen, lebende und längst verklungene, als Zeugen menschlichen Gemeinschaftslebens betrachten. Wo immer Menschen zusammen leben, bilden sie ihre Sprache aus. Insofern kann man die Sprache geradezu als eine Funktion des menschlichen Gemeinschaftslebens ansehen, und die Sprachgemeinschaft, von der wir gesprochen haben, erscheint uns dann als die notwendige Folge der ‹Verkehrsgemeinschaft›. Als solche bezeichnen wir alle Gruppen von Menschen, die zueinander in irgendeiner sozialen Beziehung stehen, die also miteinander verkehren.

In frühesten Zeiten der Menschheitsgeschichte mag es die Horde gewesen sein, die eine solche Verkehrsgemeinschaft bildete, und sie muß schon ihre eigene gemeinsame Hordensprache gehabt haben — sonst hätten wir es bei diesen Horden nicht mit Menschen zu tun, sondern mit Rudeln von tierischer Struktur. Es mag sein, daß die großen, unter sich so verschiedenen Sprachstämme der Erde ihre ersten Keimzellen in solchen Hordensprachen hatten. Wir wollen auf diese schwierigen Fragen, auf die es nur hypothetische Antworten gibt, hier nicht näher eingehen. Soviel aber steht fest: Schon, wo sich zum ersten Male in der damals noch weiten Welt zwei Horden begegneten, ohne daß die eine die andere vernichtete, wo vielmehr beide sich zusammenschlossen, müssen die sprachlichen Folgen dieselben gewesen sein, wie sie sich seither immer und überall wieder gezeigt haben. Die eine der beiden Gruppen wird ihre Sprache aufgegeben haben, und dennoch wird diese im Untergehen das überlebende Idiom in irgendeiner Weise beeinflußt haben. Ohne eine mehr oder minder tiefdringende Sprachveränderung verläuft ein so einschneidendes Ereignis niemals. Und da durch den Zusammenschluß der beiden Horden die Verkehrsgemeinschaft sich vergrößert, die sozialen Verhältnisse sich ändern, neue und größere gemeinsame Aufgaben in Angriff genommen werden können, lauter Angelegenheiten, die zu ihrer geistigen Bewältigung der Sprache bedürfen, muß notwendigerweise auch die überkommene Sprache eine neue Richtung nehmen und sich in anderer Weise als vor dem Zusammenschluß weiterentwickeln.

Aber ersetzen wir die urzeitliche Horde durch reisige Scharen historischer Zeit. Wohin die römischen Heere gelangten, brachten sie ihre lateinische Sprache mit, und noch heute erkennen wir die Stärke und den langdauernden Einfluß der (west)römischen politischen Herrschaft an dem Weiterleben der romanischen Sprachen. Dabei waren überall, in Gallien (dem heutigen Frankreich), in Spanien, auf Sardinien und Korsika, in Oberitalien und in Rumänien vor Beginn der Römerzeit andersartige und eigene Sprachen in Geltung gewesen. Aus geringen Überresten, vor allem aus Namen und sehr alten Inschriften, können wir uns gewisse Vorstellungen von diesen vorrömischen Sprachen Alteuropas machen. Mit der römischen Verwaltung und dem Militär kam das Lateinische in allen diesen Landen auf. Aber der römische Einfluß war verschieden stark, und auch die Widerstandskraft der Landessprachen muß verschieden groß gewesen sein. Ganz ohne Einfluß auf die Entwicklung des herrschenden Latein blieben sie nirgends, und so entwickelten sich überall aus der Auseinandersetzung zwischen dem Lateinischen und den verschiedenen Altsprachen zunächst provinzielle Sprachbesonderheiten, aus denen sich dann die verschiedenen romanischen Sprachen, wie z. B. das Französische, das Spanische, das Rumänische, herausbildeten. Das ganze weströmische Reich, so dürfen wir im Hinblick auf die uns hier beschäftigende Frage feststellen, wirkte als die große, übergeordnete Verkehrsgemeinschaft, die allen ihren Mitgliedern auch die gemeinsame Sprache aufzwang. In dem ganzen Gebiet wurde das Lateinische die Verkehrs-, Amts- und Kultursprache. Innerhalb dieser großen Verkehrseinheit aber bildeten die einzelnen Provinzen des Reiches geographisch geschlossene, engere Einheiten, in denen der tägliche Verkehr der Menschen viel reger und intensiver war. Daher die Ausbildung provinzieller Sprachgewohnheiten und nach dem Zerbrechen des Einheitsstaates, als jede Provinz ihr eigenes politisches Schicksal hatte, die Entstehung der romanischen Einzelsprachen.

Man sehe mir diesen Ausflug in graue Vorzeit und die alte Geschichte nach. Es kommt nur darauf an zu zeigen, daß die Grundbedingungen sprachlicher Entwicklung zu allen Zeiten die gleichen

13

sind. Solange Menschen gelebt haben, haben sich ihre Sprachen stets im Verkehr mit anderen Menschen gebildet, und je nach den Schicksalen der menschlichen Gemeinschaften haben sich auch ihre Sprachen aus- und umgebildet. Indem wir in die Ferne vergangener Zeiten schweiften, haben wir vielleicht einige Erkenntnisse gewonnen, die uns auch die eigenen, deutschen Sprachverhältnisse besser verstehen lassen.

Wie allerorten, bildet auch bei uns die Familie die kleinste und engste Verkehrsgemeinschaft, und jedermann kann beobachten, daß sich in allen Familien kleine Sprachbesonderheiten ausbilden, an denen nur die Familienmitglieder verstehenden Anteil haben. Keine Familie aber lebt völlig abgeschlossen für sich allein. Immer ist sie zugleich Glied einer größeren Verkehrsgemeinschaft, der Nachbarschaft, des Dorfes, der Pfarrgemeinde und so fort in immer größeren Kreisen. Diese Vielfalt der Verkehrsbeziehungen spiegelt sich auch in der vielfältigen sprachlichen Gliederung wider. ‹Deutsch› ist die große sprachliche Einheit, zu der wir uns innerhalb der deutschen Grenzen (und noch weit darüber hinaus) alle bekennen. Aber wir wissen doch anderseits, daß es in Deutschland viele verschiedene Mundarten gibt. Von Dorf zu Dorf — und in größeren Städten sogar von Stadtteil zu Stadtteil — bestehen Unterschiede in der Sprache. Allerorten betonen Sprachhänseleien zwischen den Bewohnern benachbarter Siedlungen die kleinen Sprachverschiedenheiten und dienen zur allgemeinen Belustigung. Oft sind die Unterschiede gar nicht groß: Ein geringfügig abweichender Tonfall, die leicht abgewandelte Bildung dieses oder jenes Lautes, ein paar in der eigenen, engsten Umgebung ungebräuchliche Wörter und Ausdrücke reichen schon hin, die Sprache des Mannes aus dem Nachbardorf als ‹anders› zu empfinden.

Nähert man sich einer bedeutenderen Mundartgrenze, so werden auch die Unterschiede deutlicher. Im nördlichen Schwaben mag einem etwa gesagt werden: ‹Im Nachbardorf geht es schon mehr zum Fränkischen hin›, und dann werden eine Menge unterscheidender Sprachmerkmale aufgezählt. Daß endlich an einer echten Sprachgrenze, wenn in dem einen Dorf noch deutsch, im nächsten z. B. französisch gesprochen wird, eine sehr scharfe Sprachtrennung besteht, bedarf keiner besonderen Erwähnung. Es handelt sich aber in allen drei angeführten Fällen im Grunde genommen um die gleiche Erscheinung: Immer geht es um eine kleine, größere oder auch sehr große ‹Verkehrsgemeinschaft›, deren Grenzen an solchen Sprachunterschieden erkennbar werden. Im Dorf, oft auch im Stadtviertel, leben Menschen auf engem Raum beieinander; man sieht sich täglich, einer ist auf den anderen angewiesen, und diese Gemeinsamkeit prägt sich auch in der Sprache aus. Denn jeder einzelne muß sich den Sprachgewohnheiten anpassen, die sich in jeder Gemeinschaft allmählich ausbilden.

Das Dorf aber mag mit anderen Dörfern zum gleichen Kirchspiel gehören, und beim Kirchgang treffen sich die Leute aus den verschiedenen Dörfern. Es werden Ehen von Dorf zu Dorf geschlossen, man besucht sich gegenseitig, Pfarrer und Küster kommen bis ins letzte Haus. So ergibt sich wiederum eine der engen Dorfgemeinschaft übergeordnete Verkehrsgemeinschaft, und diese wirkt sich auf die Dauer ebenfalls auf die Sprache aller aus. Mehrere Kirchspiele gruppieren sich um den Marktflecken oder die Kreisstadt; das Landvolk aus der ganzen Gegend kommt dorthin zu Markt und Einkauf, zum Arzt, zum Amtsgericht und zu den Behörden des Kreises, und abermals bleibt diese nun schon weitere Verkehrsgemeinschaft nicht ohne Einfluß auf die Sprache aller Beteiligten.

Wir könnten die Beispiele, immer größere Kreise erfassend, fortsetzen. Der Gau, die Provinz, das Land, das Reich, auf kirchlichem Gebiet das Bistum und das Erzbistum: Alle diese Verwaltungseinheiten bedeuten gleichzeitig Verkehrsgemeinschaften, die immer auch kennzeichnende Besonderheiten der allen Beteiligten gemeinsamen Sprache hervorbringen. Ja, wenn wir uns späterhin vor allem mit dem christlich-lateinischen Einfluß auf die werdende deutsche Sprache beschäftigen werden, so müssen wir erkennen, daß auch die abendländische Kirche eine solche, freilich übernationale Verkehrsgemeinschaft darstellt, die im geistigen Austausch ihre eigene Sprache, das verchristlichte Latein, ausgebildet hat, und daß die verschiedenen Nationen, die dieser Gemeinschaft angehörten, die christlichen Sprachinhalte aus dem Lateinischen in ihre eigenen Nationalsprachen übertragen mußten.

Im Alltag ist es die enge Gemeinschaft der miteinander Lebenden und Werkenden, die die Gestaltung der Sprache bestimmt. Die dialektgeographische Forschung hat mit vielen überzeugenden Beispielen nachweisen können, daß sich in dem viele Jahrhunderte lang politisch zerrissenen Deutschland noch heute alte politische Grenzen kleiner Territorien, die Grenzen ehemaliger Grafschaften und Kleinfürstentümer, von Bistümern und selbständigen Stadtgebieten als Mundartgrenzen bemerkbar machen. Je länger eine Verkehrsgemeinschaft besteht, desto deutlicher prägt sie ihre sprachlichen Eigenarten aus, und in der Tat zeichnen sich heute noch die Mundarten solcher kleinen Territorien am besten ab, deren politische Grenzen vom 13. bis zum 18. Jahrhundert unverändert blieben.

Allerdings handelt es sich dabei eher um sogenannte ‹Untermundarten›, kleinere Ausgliederungen aus den großen und eigentlichen Dialekten, wie dem Bairischen, Schwäbischen oder Fränkischen. Diese

Großdialekte sind älteren Ursprungs, und ihre Entstehung geht bis in die germanische Frühgeschichte zurück. Aber auch bei ihnen dürfen wir überzeugt sein, daß sie entstanden sind als sprachlicher Ausdruck großer politischer, kultureller und religiöser Verkehrsgemeinschaften. Denn als solche müssen wir die alten germanischen Völkerschaften und Stämme ansehen, von denen später die Rede sein wird.

Wichtig ist eben auch hier die Erkenntnis, daß die kleinen Verkehrsgemeinschaften des Alltags mit ihren besonderen Ausprägungen der alltäglichen Sprache immer eingebettet sind in übergeordnete Gemeinschaften, die die höheren Fragen des menschlichen Zusammenlebens ordnen. Die Gestaltung der politischen und der wirtschaftlichen Schicksale, des religiösen Kults und überhaupt jeder Art des höheren geistigen Lebens liegt bei der Gesamtgemeinschaft und deren führenden Schichten. Was daher nicht unmittelbar dem niederen Alltag angehört, wird auch sprachlich von der höheren Gemeinschaft geprägt. In diesen größeren und gehobenen Kreisen entscheidet sich die kulturelle Höhe einer Sprache. Ein Abglanz davon mag auch die zugehörigen Mundarten und Untermundarten erreichen; aber die soziologische Zweckbestimmung der Mundarten liegt in der sprachlichen Bewältigung des Alltags.

Kultursprache und Mundarten

In allen höherentwickelten politischen Gemeinschaften, seien es alte Stämme oder moderne Staaten, wird sich immer wieder eine sprachliche Schichtung ergeben, wie sie oben skizziert wurde. Die alltägliche Sprache des einfachen Mannes hat anderen Zwecken zu dienen als die Sprache der führenden Schicht, die mit weiterem Wissen und besserer Einsicht ausgestattet ist. Will man es scharf formulieren, so darf man etwa sagen: Die alltägliche Sprache dient dem lebensnahen Heute, die gehobene Sprache der Führungsschicht dagegen dient der Bewahrung von Erkenntnissen der Vergangenheit, der Bewältigung der großen Fragen der Gegenwart und der vorausplanenden Aussicht auf die Zukunft. Daraus ergibt sich, daß zum mindesten Wortschatz und Ausdrucksmittel der Sprache führender Schichten in jeder menschlichen Gemeinschaft anders sein müssen als die der geführten Menge. Alle Erfahrung lehrt aber, daß in menschlichen Gesellschaften die Führenden meist eine feinere geistige Struktur besitzen als die große Menge. Das wirkt sich auch auf ihre Sprache aus. Überall werden gewisse Intonationen und Lautformen, bestimmte Wörter und Ausdrücke als vulgär empfunden und deshalb von der höheren sozialen Schicht gemieden. Schon der Medizinmann eines ganz primitiven, urtümlichen Volksstammes weiß, daß er sich im Verkehr mit den dämonischen Mächten einer anderen, höheren Sprachform zu bedienen hat als im Umgang mit seinen Stammesgenossen, und so ist die sprachliche Schichtung, die Unterscheidung des Gehobenen vom Gewöhnlichen, in jeder Gemeinschaft von vornherein angelegt. Das ist auch in jeder Mundart der Fall. Überall wird sich schon die Sprache des großen besitzstolzen und die Geschicke des Dorfes mitbestimmenden Bauern von der des Tagelöhners, der täglich mit der nackten Not ringt, unterscheiden. Bekannt ist ferner auf dem Gebiet deutscher Dialekte das sogenannte ‹Honoratiorenschwäbisch›, gewiß schwäbisch in Grundanlage und Sprachhaltung, aber verfeinert in Intonation, Formen- und Ausdrucksschatz gegenüber der landläufigen schwäbischen Mundart. Beispiele ähnlicher Art lassen sich aus dem Gebiet sämtlicher Kultursprachen anführen; es handelt sich eben um eine allgemein menschliche Erscheinung.

Im Deutschen kommt als besondere Eigenart hinzu, daß über den stark ausgeprägten Mundarten eine Gemeinsprache höheren Ranges steht, durch die, je kräftiger sie sich entwickelt hat, die ursprünglich selbständigen und kulturell anspruchsvollen Mundarten in die Rolle der alltäglichen, engen Verkehrssprache hinabgedrängt worden sind. Aber das ist eine Frage der sprachhistorischen Entwicklung, die späterhin ausführlicher erörtert werden muß. Im Augenblick kommt es nur auf die ganz allgemeine Tatsache an, daß die Sprache einer jeden Verkehrsgemeinschaft zu einer natürlichen Schichtung und soziologischen Gliederung neigt. Je größer die Verkehrsgemeinschaft, je höher über den baren Alltag erhoben die Geistigkeit ihrer führenden Schichten, desto deutlicher wird sich deren ‹Kultursprache› von der des gemeinen Alltags abheben.

Schriftsprache

Es kann durchaus auch in schriftloser Zeit Kultursprachen geben. Nur selten z. B. und spät sind spärliche Reste altgermanischer Dichtung auf das Pergament gelangt. Wir erkennen aber aus zahlreichen Anzeichen, daß es eine hochkultivierte, weit über den banalen Alltag erhobene germanische Dichtersprache gegeben hat, die sich zu höchster Blüte entfalten konnte und jahrhundertelang schriftlos und nur in mündlicher Tradition weiterentwickelt wurde. Daß wir dies allerdings erkennen können, verdanken wir nur dem Zufall, daß hier und da ein interessierter Mönch eine solche Dichtung niederschrieb, so daß sie unserer Zeit bewahrt blieb. Sonst ist alles nur mündlich Tradierte unwiederbringlich verklungen und verloren. Aber die großen Kulturen der Welt begannen ja überall frühzeitig, Schriften zu entwickeln und dadurch das rasch verklingende Wort dem Gedächtnis zu bewahren. Was von diesen alten Aufzeichnungen erhalten geblieben ist, dient dem Sprachforscher, Geschichte und Entwicklung der Sprachen zu erkennen. Aber man muß sich darüber klar sein, daß das schriftlich Aufgezeichnete fast immer eine Auslese darstellt; die Alltagssprache wird, von seltenen Ausnahmefällen abgesehen — man denke an gewisse Wandkritzeleien in Pompeji —, eben nicht aufgezeichnet.

Trotzdem hat die Mundartforschung auch der Alltagssprache des einfachen Mannes manche historische Einblicke abgewinnen können. Wenn z. B. heute noch in rheinischen und in geringem Maße auch in den oberdeutschen Mundarten Wörter aus dem Bereich des Wein- und Gartenbaus, aus Fischerei und Flußschiffahrt, aus Gewerbe und Kleinhandel weiterleben, die aus dem Lateinischen übernommen sind, die aber niemals in die Schriftsprache eingingen, so können diese Wörter nur in den ersten nachchristlichen Jahrhunderten, als Römer und Germanen in den Grenzgebieten nahe beieinander lebten, übernommen worden sein. Sie haben in der unliterarischen Alltagssprache fast zwei Jahrtausende überdauert (wieviel anderes mag versunken sein?) und belehren uns noch heute über das, was einst unsere Vorfahren aus dem Alltagsleben der Grenznachbarn erlernt und übernommen haben.

Aber es bleibt dabei: Solche Rückschlüsse auf frühere sprachgeschichtliche Ereignisse innerhalb der Sprache des kleinen Alltags sind nur selten möglich und bleiben immer lückenhaft. Anders steht es um die Schriftsprache. Hier handelt es sich um Zeugen eines höheren geistigen Lebens, und mag aus alter Zeit auch viel mehr verlorengegangen sein, als uns erhalten geblieben ist, so reichen die verbliebenen Reste doch aus, um ein Bild von der Entwicklung zu gewinnen. Die ältesten bewahrt gebliebenen Handschriften in deutscher Sprache wurden z. B. um das Jahr 750 geschrieben, und seitdem ist die schriftliche Überlieferung niemals ganz abgerissen. Man kann also heute zwölf Jahrhunderte der deutschen Sprachgeschichte an Hand von schriftlichen Unterlagen studieren. Selten, wie gesagt, erfaßt man dabei den Alltag des Volkes. Wohl aber lassen sich daraus der Ablauf der Geistesgeschichte ablesen, sowie die wechselnden geistigen Interessen, die in den einzelnen Epochen vorherrschten. Dabei sind es nicht allein die wechselnden Stoffe der Literatur, aus denen man solche Erkenntnisse zieht. Auch die Sprache selbst ändert sich mit den geistigen Interessen, denen sie dient. Eine Zeit kirchenfrommer Bemühung um den Glauben z. B. wird sich im Mittelalter eng an die lateinische Literatur anlehnen, eine Zeit mystischer, manchmal gar ketzerischer

Gottsuche wird in kühnen Wortbildungen um Aussage des Unsagbaren ringen, und beide Richtungen werden auch außerhalb der eigentlich religiösen Sphäre einen ganz anderen Ausdrucksschatz verwenden als eine der Welt zugewandte Epoche, die sich an ritterlicher Heldentat begeistert, oder als eine, die den schlichten praktischen Bürgersinn in den Mittelpunkt ihrer Interessen stellt.

Geistige Strömungen wie die genannten und noch manche andere ungenannte wechseln einander in den zwölf Jahrhunderten deutscher Sprachgeschichte ab. Sie laufen auch wohl nebeneinander her, und besonders aus den späteren Jahrhunderten mit ihrem sich immer mehr differenzierenden geistigen Leben ist eine sehr vielschichtige Literatur auf uns gekommen. Gleichwohl darf man behaupten, daß in dem Konzert der vielen Geistesstimmen in jeder Epoche eine einzige dominiert und daß sich darin das Hauptinteresse der Zeit kundtut.

So gesehen, gewinnt aber auch die Geschichte der Schriftsprache sehr lebhafte und wechselnde Farben. Wenn man nicht auf die ganz äußerliche Anwendung von Lautbildern (Orthographie) und geregelten grammatischen Formen abzielt, kann man nur sehr bedingt von einer kontinuierlichen Entwicklung der deutschen Schriftsprache durch die zwölf Jahrhunderte ihrer Geschichte reden. Freilich, ein gewisser Standardwortschatz bleibt durch die Jahrhunderte erhalten, Wörter wie *Herr* und *Knecht, gut* und *schlecht, kommen* und *gehen,* wiewohl auch diese im Laufe der Zeit ihre Bedeutung ändern. Das wäre ein kontinuierlicher Vorgang, den man mit wissenschaftlichen Methoden nachzeichnen kann. Aber oft setzt schon ein solcher Bedeutungswandel, wie etwa der von *schlecht* = ‚einfältig‘ zu *schlecht* = ‚übel, verwerflich‘ Beurteilungsweisen voraus, die nur in einer bestimmten Epoche möglich sind. Viel mehr noch ist aber der Bestand an ‹Fahnen- und Programmwörtern› davon abhängig, welche Geistesrichtung gerade in der Literatur vorherrscht. Damit ist aber gleichzeitig gesagt, daß auch die literarisch Tätigen sich einem bestimmten Hauptinteresse verpflichtet haben und sich an ein bestimmtes Publikum gleichen Interesses richten. Zum mindesten im Mittelalter ist solches Interesse aber auch von dem Stande des Schreibenden abhängig. So gilt in althochdeutscher Zeit das Hauptinteresse der Aneignung des christlichen Glaubens und damit zusammenhängend der Auseinandersetzung mit der lateinischen theologischen Literatur. Träger solcher Interessen kann nur der gelehrte Geistliche sein. In frühmittelhochdeutscher Zeit wird der stubengelehrte Theologe abgelöst von dem volkstümlichen Lehrer, der der gläubigen Gemeinde die Heilswahrheiten verkündet und die biblischen Geschichten erzählt. Daran schließt sich eine Epoche vorwiegend weltlicher Interessen an, in der weltliche Dichter einer höfischen Gesellschaft von Glanz und Ruhm des Rittertums singen. So geht die Entwicklung in buntem Wechsel weiter, und in jeder Epoche gehören die Hauptbeteiligten einer anderen soziologischen Gruppe an. Dementsprechend aber ist auch ihre Sprache verschieden, und daher ist es nicht möglich, von einer kontinuierlichen Entwicklung der deutschen Schriftsprache zu reden. Die Entwicklung vollzieht sich vielmehr sprunghaft, mit wechselnden Schwerpunkten. Oder sagen wir besser: Für den heutigen, rückblickenden Betrachter wird bald diese, bald eine andere Sphäre der Sprachentwicklung von einem hellen Scheinwerferlicht angestrahlt, während andere Partien im Dunkeln bleiben. Denn wenn auch manche Spracherscheinung nur auf die eine Epoche, die ihrer bedarf, beschränkt bleibt und mit ihr untergeht, so leben doch andere über wechselnde Epochen hinweg sozusagen unterschwellig weiter und tauchen erneut in der Schriftsprache auf, manchmal erst nach Jahrhunderten, wenn eine neue Zeit mit neuen Interessen ihnen günstig ist.

Diskontinuierliche Schwerpunktbildung über einer kontinuierlich fortlaufenden Unterströmung: das scheint die angemessenste Formel für den historischen Verlauf der schriftsprachlichen Entwicklung zu sein. Außerdem darf man auch nicht die Wechselbeziehungen zwischen der Schriftsprache und der Umgangssprache des Alltags übersehen. Beziehungen bestehen immer, wiewohl die Kluft zwischen beiden manchmal nur eng, manchmal auch sehr weit sein kann. Beherrscht der esoterische Gelehrte die Literatur, wird kaum etwas von der Alltagsrede in die Schriftsprache seines Kreises eingehen; hat der volkstümliche Prediger das Wort, so öffnet er der Umgangssprache Tür und Tor, auch wenn er schreibt. Kündet ein Dichter der verfeinerten Hofgesellschaft die Ideale des Rittertums, so wird er Worte wählen, die in zarten Ohren lieblich klingen; wird aber die Ritterdichtung zum bloß unterhaltenden Abenteuerroman, so verleiht der Dichter seinem Werk derbe und grelle Farben durch Aufnahme drastischer Alltagsrede in seine Schriftsprache.

Sprachgeschichte

Man kann Sprachgeschichte auf vielerlei Weise betreiben. Es ist z. B. interessant und für die Wissenschaft wichtig zu wissen, wie sich ein indogermanisches Urwort, wie idg. * *pǝtar* über germ. * *fǎdar* zu ahd. *fǎter*, mhd. *vǎter*, nhd. *Väter* entwickeln konnte und wie und warum eine volltönende germanische Form wie got. *habaidēdum* über ahd. *habêtum* zu nhd. *(wir) hatten* abschleifen konnte, wie ahd. *neman* zu *nehmen*, ahd. *nimit* zu *nimmt* wurde und warum einmal ein ĕ, das andere Mal ein *i* den Stammvokal bildet. Die sprachgeschichtliche Forschung weiß auf solche Fragen Auskunft zu geben, und wir wollen sie auch in unserer Darstellung nicht gänzlich vernachlässigen. Aber wir werden ihnen doch nur geringen Raum gewähren. Denn wichtiger scheint uns die geistige Seite der Sprachgeschichte zu sein. Wie die deutsche Sprache aus germanischen Dialekten hervorging und wie sich dann in ihrer Entwicklung die Geistesgeschichte spiegelt, das scheint uns ernsterer Mühe wert zu sein. Dann aber dürfen wir uns um Laute und Formen nicht allzuviel kümmern. Spiegel der geistigen Entwicklung ist in allererster Linie der sprachliche Bedeutungsträger, also das sinnerfüllte Wort, und im Zusammenhang damit die Verknüpfung der Wörter zum Satz, also die Art und Weise der syntaktischen Verbindungen. Von letzteren wird allerdings weniger die Rede sein als vom Wortschatz.

Da wir auf schriftliche Überlieferung angewiesen sind, wollen wir im wesentlichen die Entwicklung der Schriftsprache verfolgen. Dabei soll uns aber stets ihr loseres oder engeres Verhältnis zur gesprochenen Alltagssprache beschäftigen, und vor allem wollen wir uns bemühen, die Schriftsprache jeder Epoche als eine Funktion der jeweiligen soziologischen Stellung ihrer Gestalter zu erkennen und darzustellen.

Was den Gang unserer Darstellung betrifft, so werden wir uns äußerlich an die herkömmliche Einteilung halten, die auch unter veränderten Gesichtspunkten einen brauchbaren Rahmen abgibt. Wie schon erwähnt, entstand das erste uns erhaltene deutsche Buch um das Jahr 750, also kurz vor dem Regierungsantritt KARLS DES GROSSEN. Was vor diesem Zeitpunkt liegt, gehört einer Zeit an, in der unsere Sprache noch schriftlos war. Nur zufällige und bruchstückhafte Überlieferung kündet uns davon. Man erhält dadurch willkommene Einblicke in frühe Vorgänge der germanisch-deutschen Sprachentwicklung, aber sie fügen sich nicht zu einem geschlossenen Bild. Unser Wissen von der Vorgeschichte der deutschen Sprache bleibt lückenhaft. Trotzdem werden wir uns auch in unserer Darstellung in großen Zügen mit dieser Vorgeschichte zu befassen haben.

Erst mit dem Einsetzen der schriftlichen Überlieferung beginnt die eigentliche Sprachgeschichte im engeren Sinne. Auf zwölf Jahrhunderte deutscher Sprachgeschichte zurückblickend, hat es sich als praktisch erwiesen, diese lange Zeitspanne in einzelne Perioden einzuteilen, die man dann isoliert und nach bestimmten angemessenen Gesichtspunkten untersuchen und darstellen kann. Wir übernehmen die herkömmliche Einteilung und unterscheiden:

I. Althochdeutsche Zeit (Ahd.)   von 750 bis 1050
II. Mittelhochdeutsche Zeit (Mhd.)   von 1050 bis 1350
III. Frühneuhochdeutsche Zeit (Frühnhd.) von 1350 bis 1650
IV. Neuhochdeutsche Zeit (Nhd.)   seit 1650.

Dabei gelten die angegebenen Jahreszahlen nur als ungefähre Anhaltspunkte. Sprachliche Übergänge vollziehen sich in sehr langsamen, den Zeitgenossen unmerklichen Abläufen. Erst im Rückblick aus weitem zeitlichen Abstand werden die Unterschiede deutlicher erkennbar.

Jede Einteilung hat etwas Gewaltsames an sich, aber man kann sie nicht entbehren. Auch die herkömmliche Einteilung unserer Sprachgeschichte in vier Perioden ist gewiß nicht der Weisheit letzter Schluß, und wir wollen nicht verschweigen, daß daran berechtigte Kritik geübt worden ist (vgl. z. B. Hugo Moser, LH* 65). Vor allem ist sie nach rein lautlichen Gesichtspunkten vorgenommen worden; die Abschwächung der in althochdeutscher Zeit noch volltönenden Vokale der Mittel- und Endsilben (z. B. ahd. *lobôta*, mhd. *lobete*, nhd. *er lobte*) und gewisse Veränderungen der Stammsilbenvokale (z. B. mhd. *hûs, mîn, guot*, nhd. *Haus, mein, gut*) sind für diese Einteilung entscheidend gewesen. Das ist ein recht äußerliches Einteilungsprinzip. Aber es empfiehlt sich nicht, an diesen letztlich auf Jacob Grimm und damit auf die Anfänge der deutschen Philologie zurückgehenden und überall verwendeten Einteilungen zu rütteln. Dies ist um so weniger erforderlich, als auch eine Sprachgeschichtsschreibung nach anderen, inneren Gesichtspunkten, z. B. im Hinblick auf die Kulturoder Geistesgeschichte oder, wie wir es vorhaben, in soziologischer Betrachtungsweise, mit dem herkömmlichen Einteilungsprinzip recht wohl auskommen kann.

Wir haben die Gesichtspunkte angegeben, unter denen wir die Geschichte der deutschen Sprache zu erörtern gedenken. Natürlich sind vielerlei andere Wege der Sprachgeschichtsschreibung denkbar und auch beschritten worden. In den Literaturhinweisen haben wir unter Nr. 1 bis 12 eine Reihe von Gesamtdarstellungen nachgewiesen. Manche Frage, auf die wir um unserer besonderen Zielsetzung willen die Antwort schuldig bleiben, wird der Leser dort beantwortet finden.

---

* Die Abkürzung ‹LH› bezieht sich hier und überall auf die Literaturhinweise S. 274—281

II. DIE VORGESCHICHTE DER DEUTSCHEN SPRACHE

Germanische Sprachen

Deutsch ist, wie jedermann weiß, eine germanische Sprache. Als solche ist sie nächstverwandt mit dem Holländischen, dem Englischen und Friesischen und mit den skandinavischen Sprachen Dänemarks, Schwedens, Norwegens und Islands. Freilich ist heutzutage die Verwandtschaft des Deutschen mit den anderen germanischen Sprachen nicht mehr allzu deutlich erkennbar; das liegt daran, daß sie alle viele Jahrhunderte hindurch ihren eigenen Entwicklungsweg gegangen sind und sich voneinander entfernt haben. Vergleicht man aber die ältesten Sprachzeugnisse miteinander, so erkennt man leicht, wieviel näher die germanischen Sprachen einander damals noch standen. So sind sich z. B. althochdeutsche und altniederdeutsche (altsächsische) und altenglische Literaturdenkmäler des 8./9. Jahrhunderts (die friesische und die nordische handschriftliche Überlieferung setzt erst mehrere Jahrhunderte später ein) sprachlich noch verhältnismäßig ähnlich, obwohl die Eigenentwicklung schon begonnen hatte. Auch dem noch älteren Gotisch, das wir aus der im 4. Jahrhundert geschaffenen Bibelübersetzung des WULFILA kennen, und sogar dem Ur- oder Runennordischen, das schon seit dem 2. Jahrhundert durch Runeninschriften bezeugt ist, stehen das älteste Altenglisch, Althochdeutsch und Altsächsisch noch nicht allzu fern (vgl. die Sprachproben im Anhang II, 1—9). Je weiter man in die sprachliche Vergangenheit zurückgeht, desto deutlicher wird die anfangs noch sehr enge Verwandtschaft der germanischen Sprachen erkennbar. Man führt sie daher auch alle auf eine gemeinsame Grundstufe, das sogenannte Urgermanisch, zurück. Wir brauchen hier die Frage nicht ausführlich zu erörtern, ob es in dieser ältesten Sprache unserer germanischen Vorfahren auch schon Dialekte gegeben habe. Nach allem, was wir über die sprachbildende Wirkung auch kleinerer Verkehrsgemeinschaften heute wissen, dürfte die Antwort bejahend ausfallen. Aber die Dialektunterschiede können nicht groß gewesen sein, und man darf sich das Urgermanische, das wir bis zu einem gewissen Grade rekonstruieren können, als eine recht einheitliche Sprachform vorstellen.

Indogermanische Sprachen

Auch das Urgermanische oder, wie wir im Hinblick auf andere Sprachen sagen, ohne eine bestimmte Zeitstufe im Auge zu haben: das

Germanische steht nicht allein. Es gehört in die große Familie der indogermanischen Sprachen, die seit alters weithin über den eurasischen Kontinent verbreitet waren und sich in der Neuzeit auch über die anderen Erdteile ausgedehnt haben (Englisch in Nordamerika und in Australien, Spanisch und Portugiesisch in Lateinamerika, Französisch an verschiedenen Stellen Nordamerikas und Afrikas, Holländisch — in der Sonderform des Kapholländischen oder Afrikaans — in Südafrika usw.). Ein sehr großer Teil der Bevölkerung unserer Erde spricht heute indogermanische Sprachen. Zu dieser großen Gruppe gehören von altüberlieferten Sprachen: das Indische (Altindisch, Sanskrit), das Iranische (Awestisch), die slawischen und die baltischen Sprachen (unter denen das heutige Litauisch bei weitem die altertümlichste ist), das Altarmenische, das Griechische, die italischen Sprachen mit der Sprache des alten Rom, aus der die modernen romanischen Sprachen hervorgingen, die verschiedenen keltischen Sprachen, von denen Überreste noch heute in Irland und Schottland, in Wales und in der Bretagne fortleben, und nicht zuletzt die germanischen Sprachen. Wir legen in dieser Übersicht keinen Wert auf Vollständigkeit und übergehen insbesondere alle die vielen ausgestorbenen Altsprachen, wie Tocharisch und Hettitisch, Thrakisch, Illyrisch und Messapisch, deren Zugehörigkeit zur indogermanischen Sprachfamilie die Wissenschaft nachweisen kann.

Durch Vergleich der verschiedenen zu dieser Familie gehörenden Sprachen, ihrer Wörter und Formen, kann man gewisse Rückschlüsse auf die gemeinsame Grundlage aller ziehen, und optimistische Forscher des 19. Jahrhunderts haben es sogar gewagt, kleine Erzählungen in der von ihnen erschlossenen urindogermanischen Sprache zu schreiben. Man stellte sich damals die Entstehung der indogermanischen Sprachen unter dem Bilde eines Stammbaumes vor, und da diese Vorstellung auch heute noch in manchen Lehrbüchern, Lexika und volkstümlichen Darstellungen geistert, muß ausdrücklich davor gewarnt werden. Man glaubte also, die indogermanische Ursprache habe sich zunächst in zwei Gruppen, eine ost- und eine westindogermanische, gespalten, die man auf Grund gewisser Lautentwicklungen voneinander unterschied, und aus diesen beiden Gruppen seien in immer weitergehender Spaltung schließlich die vielen indogermanischen Einzelsprachen entstanden.

In dieses Bild mußte sich dann auch die Entwicklung der germanischen Sprachen einfügen. Man stellte sich vor, daß das Urgermanische im Wege mehrerer Abspaltungen aus dem Indogermanischen entstanden sei und daß dann auch das Germanische den Weg immer weiterer Aussonderung gegangen sei. Zunächst seien aus dem Urgermanischen das Nord-, Ost- und Westgermanische hervorgegangen, wobei es umstritten blieb, ob man zunächst gegenüber der westlichen eine nordostgermanische Einheit anzunehmen habe, die sich erst später auflöste, oder ob von vornherein drei voneinander unabhängige Zweige aus dem Urgermanischen entsprossen seien. Aus dem Nordgermanischen sollten sich dann durch weitere Besonderung die nordischen Sprachen entwickelt haben, aus dem Ostgermanischen das Gotische und die Sprachen etlicher anderer Germanenstämme, die in der Zeit der Völkerwanderung zugrunde gingen und von deren Sprachen nur geringfügige Reste, vornehmlich Namenmaterial, spärliche Kunde geben. Der westgermanische Ast, so nahm man an, hätte sich zunächst in die anglo-friesische und die deutsche Gruppe gegabelt, und daraus seien durch immer weitere Teilung einerseits das Englische und Friesische mit ihren Dialekten, anderseits das Hoch- und Niederdeutsche hervorgegangen, und daraus erst seien in noch speziellerer Besonderung die einzelnen deutschen Dialekte entstanden. Auf die Spitze getrieben wurde diese bis vor wenigen Jahrzehnten noch weitverbreitete ‹Stammbaumtheorie› von ERNST FÖRSTEMANN (LH 67), dessen Darstellung man daher auch besonders gut entnehmen kann, wie abwegig und weltfremd diese Theorie ist.

Sprachvolk und Sprachgeschichte

Wir brauchen hier nicht die Wege der Forschung und die schrittweise Überwindung dieser älteren Auffassungen zu verfolgen (vgl. LH 69). Eine aussondernde Verzweigung, wie die Stammbaumtheorie sie annahm, wäre nur denkbar in einem anfangs völlig menschenleeren Raum, in dem das indogermanische Urvolk von seinen ältesten Stammsitzen aus (deren geographische Lage immer noch umstritten ist) sich ausgebreitet hätte, überall engere, nach außen hin abgeschlossene Verkehrsgemeinschaften bildend, in denen die Einzelsprachen sich hätten entwickeln können. Nun lehrt aber die Vorgeschichtsforschung, daß selbst in ältester Vorzeit mit so weiten menschenleeren Räumen, wie sie für eine solche Sprachentwicklung vorausgesetzt werden, unter keinen Umständen gerechnet werden kann. Gab es wirklich einmal ein verhältnismäßig großes Indogermanenvolk (was sich nicht erweisen läßt), das sich in Stammeswanderungen und Kriegszügen ausgebreitet hätte, so mußten die Eroberer bei jeder Ausdehnungsbewegung immer und überall auf andere und andterssprachige Volksstämme stoßen, mit denen sie sich politisch, aber auch sprachlich auseinanderzusetzen hatten. Selbst wenn bei solchem feindlichen Zusammentreffen die wehrfähige Mannschaft der Unterlegenen etwa ausgerottet wurde, so fielen doch die Frauen den Siegern als willkommene Beute anheim, und man ist geneigt, für diesen Extremfall einer solchen Auseinandersetzung der ‹Sprache der Mütter› erheblichen Einfluß auf die sprachliche Entwicklung der folgenden Generationen einzuräumen. Verläuft die Verschmelzung zweier Völkerschaften in friedlichen Bahnen, so hat man den Einfluß der unterliegenden Sprache sogar noch höher zu veranschlagen.

Es ist im übrigen gar nicht immer gesagt, daß die Sprache des Siegers sich durchsetzen müsse. So wissen wir z. B. aus einer Epoche, die bereits im Frühlicht der Geschichte liegt, daß die germanischen Normannen, als sie sich siegreich an den Küsten Frankreichs festsetzten, die dortige altfranzösische Mundart ihrer Untertanen übernahmen, was freilich nicht ohne tiefgreifende Veränderung dieser Mundart abging. Und als sie dann später von Nordfrankreich aus die britische Insel eroberten, wo bis dahin seit der angelsächsischen Landnahme eine rein germanische Sprache geherrscht hatte, da wurde diese zwar durch das Französisch der normannischen Eroberer stark beeinflußt, bewahrte aber doch ihren germanischen Grundcharakter. Aus derartigen sprachlichen Vorgängen, die sich im Lichte der Geschichte abgespielt haben, darf man den Schluß ziehen, daß auch in prähistorischer Zeit bei der Entstehung, der Entwicklung und dem Untergang von Sprachen ganz ähnliche Verhältnisse in Rechnung zu stellen sind. Bei Sprachveränderungen, die in irgendeiner Weise auf Volkswanderungen, Eroberungszüge und andere Ausdehnungsbewegungen zurückgeführt werden müssen, hat man immer die ‹Substratwirkung›, d. h. die Einwirkung fremder Sprachen auf die Entwicklung, mit in Betracht zu ziehen.

Das gilt insbesondere auch für die Entstehung der urgermanischen Sprache aus dem Indogermanischen. Die gelegentlich vertretene Auffassung, das Germanische stehe dem Indogermanischen ganz besonders nahe, ist irrig. Im Gegenteil: das Germanische zeigt eine so charakteristische Eigenentwicklung, z. B. in der starren Festlegung der Betonung, in der radikalen Vereinfachung des Verbalsystems und in vielen anderen Zügen, immer in der Richtung von der Vielfalt der Ausnahmen zu schematischer Regelmäßigkeit, daß hier der Schluß besonders naheliegt, das reich entfaltete Indogermanisch sei in den Mund einer vorher anderssprachigen Bevölkerung geraten, die die Regeln erfaßt, die Ausnahmen aber nicht berücksichtigt habe. Auch läßt sich der germanische Erbwortschatz zu einem großen Teil — nach Schätzungen zu einem Drittel — nicht auf indogermanische Wurzeln zurückführen. Auch das legt es nahe, die Einwirkung einer anderen, nichtindogermanischen Sprache zu vermuten. Da eine solche aber nicht überliefert ist, kommt man über Vermutungen in dieser Frage nicht hinaus.

Wann das germanische Volkstum und seine Sprache entstanden sind, läßt sich ebenfalls nicht genau ermitteln. Gewisse Anhaltspunkte weisen auf das Ende der Jungsteinzeit hin, also in das dritte vorchristliche Jahrtausend. Die Wohnsitze der Germanen dürften zu dieser Zeit rund um die westliche Ostsee, zwischen Oder und Elbe, in Jütland und auf den dänischen Inseln und in Südskandinavien gelegen haben. Dieser Raum ist groß genug, daß er sich in Einzelgebiete mit engeren Verkehrsgemeinschaften gliedern konnte, und viele Jahrhunderte hindurch scheint es auch nicht zu wesentlichen Ausdehnungsbewegungen gekommen zu sein, so daß die Sprachbesonderheiten dieser Verkehrsgemeinschaften Zeit zu ruhiger Ausbildung fanden. Aber sehr erheblich können die Unterschiede dennoch nicht gewesen sein; denn die Sprache der urnordischen Runeninschriften des 2. bis 4. Jahrhunderts unterscheidet sich nur geringfügig von der, die man für die Westgermanen des gleichen Zeitraumes erschließen kann. Dagegen weicht die Sprache der ostgermanischen Goten im 4. Jahrhundert schon weiter von der des Nordens und Westens der gleichen Zeit ab. Aber das bestätigt nur unsere Ansicht über die bei Sprachveränderungen wirksamen Kräfte. Denn die Goten, einst wohl von Skandinavien südwärts abwandernd, hatten ein großes Reich zwischen Ostsee und Schwarzem Meer auf vorher nicht germanischem Boden gegründet, und ihre Sprache, wie sie uns durch WULFILA überliefert ist, muß als eine Kolonialsprache angesehen werden, die durch die Vorbevölkerung der neuen Wohnsitze beeinflußt wurde. Und wieder, wie schon beim Urgermanischen, bestehen die Neuerungen zum Teil in der Beseitigung von Unregelmäßigkeiten, z. B. des sogenannten ‹Grammatischen Wechsels›. Diese Beobachtung kann uns nur in der oben begründeten Annahme bestärken, daß auch bei der Entstehung des Urgermanischen aus dem Indogermanischen ein fremdes Sprachvolk im Spiele war.

Wichtiger aber als die meist unlösbare Frage, ob Substratwirkung bei der Ausbildung von Spracheigenheiten eine Rolle spielt, ist die sichere Erkenntnis, daß die Sprachbildung immer abhängig ist von den Umständen, unter denen sich das öffentliche Leben des Sprachvolkes abspielt. Man muß also die politischen Verhältnisse, im weitesten Sinne des Wortes, in Betracht ziehen, um die Geschichte der Einzelsprachen zu begreifen. Die politisch-öffentlichen Gemeinschaften der Menschen sind aber nichts ewig Dauerndes. Sie nehmen ihren Anfang, haben ihre Entwicklung und finden ihr Ende, und dem genau entsprechend haben auch die Sprachen nur endliche Dauer; sie beginnen, entwickeln sich und gehen unter. Gewiß, das Sprachvermögen ist ein unerläßliches Attribut des Menschseins, und solange es Menschen gibt, haben sie gesprochen. Insofern ist Sprache als

Allgemeinerscheinung ein kontinuierliches Phänomen. Daß aber aus dem Kreise der selbst schon historisch bedingten indogermanischen Sprache sich das Germanische herausentwickeln konnte, ist nur als historischer Vorgang zu verstehen. Weil die historischen Umstände zur Bildung einer politischen Einheit führten, die wir germanisch nennen, mußte sich in dieser Verkehrsgemeinschaft auch die besondere, nur ihr eigene germanische Sprache entwickeln.

Dieses Urgermanisch ist aber keineswegs bereits identisch mit dem Deutschen, dem Englischen oder etwa dem Schwedischen. Zwar gehen diese wie alle germanischen Sprachen aus dem Urgermanischen hervor, aber in jedem Falle nur auf Grund ganz besonderer, einmaliger und unverwechselbarer historischer Konstellationen. Die Einzelsprachen haben ihre ganz bestimmte Entstehungszeit, und wir werden zu erörtern haben, zu welchem Zeitpunkt die deutsche Sprache entstanden ist.

Vordeutsche Verkehrsgemeinschaften

Halten wir uns zunächst an die Tatsache, daß die ältesten Schriftzeugnisse, die wir als ‹deutsch› bezeichnen, aus der zweiten Hälfte des 8. Jahrhunderts stammen. Wir nennen sie ‹althochdeutsch› und meinen damit den ältesten für uns erfaßbaren Zustand der hochdeutschen Sprache. Wenig später wurden auch die ältesten erhalten gebliebenen niederdeutschen Texte geschrieben. Aber mit gutem Grund wird ihre Sprache noch nicht als niederdeutsch, sondern als ‹altsächsisch› bezeichnet.

Vor allem aber: Dieses älteste Deutsch tritt uns in einer bemerkenswert starken Besonderheit seiner Hauptmundarten entgegen. Man kann gerade in den ältesten Texten deutlicher als in späteren Denkmälern die beiden oberdeutschen Mundarten, das Bairische und das Alemannische, voneinander abheben. Gleichwohl stehen diese beiden Dialekte sich einigermaßen nahe, während eine breitere Kluft sie von der dritten althochdeutschen Hauptmundart, dem Fränkischen, trennt. Dabei nimmt das Ostfränkische in den Mainlanden eine vermittelnde Stellung ein und wird oft zu den oberdeutschen Dialekten gezählt. Das Oberdeutsche und das Fränkische wiederum zeigen sich relativ nahe verwandt, wenn man sie mit der sehr eigenartigen altsächsisch-niederdeutschen Sprache vergleicht.

Daß hier die alte Stammbaumtheorie, welche die Mundarten als Abspaltungen aus einem angeblichen ‹Urdeutsch› erklären wollte, eine ausgesprochen geschichtsfremde, falsche Hypothese verfochten hat, läßt sich leicht beweisen. Nehmen wir das Jahr 768 zum Ausgangspunkt, den Regierungsantritt KARLS DES GROSSEN, dessen Politik für die im engeren Sinne ‹deutsche› Geschichte und die Entstehung der deutschen Sprache von nachhaltiger Wirkung war. Lange vor seiner Zeit schon hatten die germanischen Stämme der Alemannen, Baiern, Franken und Altsachsen als eigenständige politische Gemeinschaften bestanden. Als solche haben sie aber auch lange Zeit hindurch, ebenso wie der politisch im Jahre 531 zugrundegegangene Altstamm der Thüringe, enge Verkehrsgemeinschaften gebildet, und als unumgängliche Folge müssen sie daher auch je ihre eigenen sprachlichen Besonderheiten entwickelt haben. Genauso nun, wie sie historisch aus einer Epoche politischer Selbständigkeit in eine neue politische Existenz im Rahmen des fränkischen Großreiches eintraten, haben sie natürlich auch ihre eigene, bis dahin selbständig entwickelte Sprache in die neue größere Verkehrsgemeinschaft eingebracht. Wir haben es also nicht mit einem sprachlichen Spaltungsprozeß zu tun, sondern müssen im Gegenteil die Entstehung der deutschen Sprache als einen Integrationsprozeß betrachten, insofern als die neue und größere politische Gemeinschaft nun auch zu einer neuen Sprachgemeinschaft werden mußte, in der die älteren Sprachbesonderheiten der Altstämme allmählich abgebaut und in eine neue, höhere Spracheinheit integriert wurden. In der Tat kann man daher, wie es bei HUGO MOSER (LH 10) erstmalig deutlich anklingt, die gesamte deutsche Sprachgeschichte als einen Weg von der Vielfalt zur Einheit auffassen, einer Einheit, die aber selbst heute, nach zwölf Jahrhunderten, noch nicht vollständig erreicht und neuerdings durch neue politische Konstellationen sogar ernstlich bedroht ist.

Um nun den Weg der genannten Stammesmundarten zur späteren deutschen Sprache genau beurteilen zu können, dürfen wir einen kurzen Rückblick auf die frühere Germanengeschichte nicht scheuen, und da wir die sprachbildende Funktion der Verkehrsgemeinschaften hoch veranschlagen, halten wir uns an die überlieferten altgermanischen Völkernamen, in der Annahme, daß damit solche Verkehrsgemeinschaften bezeichnet sind. Nun überliefern uns CAESAR, TACITUS und andere antike Autoren aus den beiden Jahrhunderten um Christi Geburt mehr als zweihundert Namen von germanischen ‹Völkern›. In späteren Jahrhunderten ist die Zahl der überlieferten Namen erheblich geringer. Das bedeutet jedoch nicht, daß viele der älteren Völker ausgestorben wären. Sie sind zum Teil von benachbarten Stämmen unterworfen und assimiliert worden, haben sich auch freiwillig stärkeren Nachbarn angeschlossen, und weiterhin wissen wir auch von Kampfverbänden der kriegerischen Wanderzeit, zu denen sich die Kleinstämme unter Preisgabe ihrer alten Namen zusammenschlossen. So taucht im 3. Jahrhundert der neue Name

‹Alamanni›, d. h. ‹alle (freien) Männer›, als Name eines Kampfverbandes auf, und bald danach wird zum ersten Male der Name der Franken (‹die Kühnen›) erwähnt, der damals noch einen Verband niederrheinischer Kleinstämme bezeichnete, den Römern bei weitem nicht so furchtbar wie die kriegerischen Alemannen.

In frühgeschichtlicher Zeit beobachtet man also bei den Germanen eine Entwicklung von kleinen zu immer größeren Einheiten, und diese setzt sich im hellen Licht der Geschichte weiter fort, bis der Partikularismus des Mittelalters auf deutschem Boden die großen Gruppen wieder zerschlägt. THEODOR FRINGS, dem die historische Mundartforschung wichtigste Erkenntnisse verdankt, hat den Einfluß der Verkehrsgemeinschaft auf die Sprache systematisch untersucht. Er kommt auf die folgende, speziell auf die deutsche Sprachgeschichte zugeschnittene Reihe historisch-politischer Ordnungen: ‹Völkerschaft — Stamm — Stammesherzogtum — Territorium›. Als Völkerschaften bezeichnet er die frühgermanischen Kleinstämme. Sie gehen in den Stürmen der Völkerwanderung in den Stämmen auf, von denen FRINGS sagt: ‹Ursprünglich waren das Kampfverbände zum Zwecke der Landnahme, kriegerische Siedlerverbände, gebildet aus Angehörigen mehrerer und verschiedener Völkerschaften. Eine Völkerschaft mochte Mittelpunkt und Führer des Verbandes sein. Grundbestand dieser Verbände sind Großfamilien, Sippen. Die ursprünglich lockere Verbindung festigte sich mit der Seßhaftigkeit, nach Abschluß der Landnahme ... Gefestigt erscheinen die Stämme vor allem nach außen, gegen andere. *Allmähliche Festigung im Innern bedeutet keine Einheitlichkeit.*› (LH 85, S. 55 f; Hervorhebung von mir).

Mit dieser knappen Charakteristik des historischen Geschehens ist auch bereits ausgedrückt, was man über die Sprache dieser Stämme vermuten darf. Bildeten sie im Innern noch keine Einheit, also keine geschlossene Verkehrsgemeinschaft, so kann man bei der verschiedenartigen Herkunft der einzelnen Gruppen auch keine festgefügte Stammesmundart erwarten. Man darf sich daher nicht durch Bezeichnungen wie ‹bairisch, alemannisch, fränkisch› eine völlige Einheit der so bezeichneten Mundarten vortäuschen lassen. Denn die feste Organisation der späteren Stammesherzogtümer, die auf die innere Einheit der Stämme und mithin auch auf die Vereinheitlichung der Stammesmundart einwirken konnte, hat sich erst in Abwehr der zentralen Reichsgewalt in der ausklingenden Karolingerzeit durchgesetzt. Sie kommt also für den uns beschäftigenden Zeitraum kaum in Betracht. Nur in Baiern hatte sich schon früh eine starke herzogliche Gewalt herausgebildet, freilich mit wechselndem politischen Gewicht, und in der Tat ist die bairische Mundart der am meisten einheitliche unter den altdeutschen Dialekten. Das Alemannische, besonders aber das Fränkische und das Altsächsisch-Niederdeutsche sind niemals zu einer wirklichen Einheit gelangt.

Nun deutet die Vielzahl der Völkerschaftsnamen aus alter Zeit gewiß darauf hin, daß unsere Vorfahren damals in recht kleinen Verbänden lebten. Man darf sich trotzdem — Unterschiede zugegeben — ihre Mundarten nicht allzu verschieden vorstellen. Denn germanisch sprechen sie alle, und was sie an sprachlichen Sonderprägungen entwickeln, wird sich etwa mit dem vergleichen lassen, was wir heute von Dorfschaft zu Dorfschaft oder von Landkreis zu Landkreis an Dialektunterschieden beobachten können. Jedoch weiß Tacitus auch von größeren, die einzelnen Völkerschaften übergreifenden Gemeinschaften zu berichten. Er nennt in seiner ‹Germania› die Ingwäonen, Istwäonen und Erminonen und spricht an anderer Stelle von dem Bund der Semnonen. Man hat sich unter diesen Gliederungen große Kultverbände vorzustellen, in denen die einzelnen Völkerschaften zusammengeschlossen waren. Man muß mit allgemeinen, jährlich wiederkehrenden Festversammlungen zur kultischen Verehrung der Götter rechnen und darf annehmen, daß während der festlichen Thing-Versammlung auch andere, den gesamten Verband betreffende Fragen des öffentlichen Lebens erörtert wurden. Da nun eine Gliederung des Altgermanischen in verschiedene Dialekte nicht zu leugnen ist, nimmt man an, daß diese Kultverbände als große, geschlossene Verkehrsgemeinschaften bei der Entstehung und Festigung der germanischen Mundarten eine sehr bedeutende Rolle gespielt haben. Freilich stammen die Nachrichten über solche Verbände frühestens aus der Zeit um Christi Geburt. Auf welches Alter sie schon zurückblicken konnten, bleibt — wie überhaupt die damals immerhin schon zweitausendjährige Vorgeschichte der Germanen — im Dunkel der Vergangenheit verborgen. Was außerdem die sprachliche Gliederung angeht, so hat man zu bedenken, daß die schriftliche Überlieferung der germanischen Sprachen erst 700 bis 1000 Jahre später einsetzt. Nur rückschließend kann man von dieser Überlieferung her versuchen, die späteren Dialektunterschiede in diese frühe Zeit zu projizieren. Hält man also fest, daß für die Jahrtausende vor Christi Geburt überhaupt keine bündige Aussage über die Gliederung der germanischen Sprachen möglich ist, so darf man sich nicht wundern, daß auch über die sprachliche Gliederung des Germanischen in der Zeit um Christi Geburt unter den Sprachhistorikern keine Einhelligkeit der Ansichten erreicht ist, wenn sich auch alle in der Ablehnung der veralteten Stammbaumtheorie einig sind.

Viel Zustimmung hat die Auffassung von Friedrich Maurer (L H 73) gefunden, der um die Zeitwende fünf große germanische Kultur- und Sprachgruppen annimmt:

1. Die Nordgermanen in Skandinavien.
2. Die Nordseegermanen, zu denen die Friesen gehören und aus denen später unter anderen Stämmen die nach England abziehenden Angeln und Sachsen sowie die Festlandsachsen hervorgingen.
3. Die Weser-Rhein-Germanen. Sie stellten einen Teil des Sachsenstammes, und aus ihnen erwuchs der Hauptteil des Frankenstammes.
4. Die Elbgermanen, eine schon um die Zeitwende sehr große und ausgedehnte Gruppe, aus der neben vielen während der Völkerwanderung verschwundenen Völkerschaften die Langobarden sowie der Kern des Baiern- und des Alemannenstammes entstanden.
5. Die Oder-Weichsel-Germanen, jene große, früher als ‹Ostgermanen› bezeichnete Gruppe, in der die Goten das historisch bedeutungsvollste Volk gewesen sind.

Gab es um Christi Geburt diese fünf germanischen Gruppen und hatten sie, was man annehmen darf, eine längere Dauer, dann muß man auch mit einer entsprechenden Gruppierung der germanischen Sprachen rechnen. Dabei kann man die Gruppen 2—4 als Unterabteilungen der Westgermanen betrachten. Die ältere, sprachlich einigermaßen gesicherte Einteilung des Germanischen in Nord-, Ost- und Westgermanisch bildet also auch für MAURER die Grundlage, wird aber den neuen wissenschaftlichen Erkenntnissen gemäß verfeinert.

Aber selbst wenn die großen politischen und kulturellen Verbände dauerhaft genug waren, um auch sprachliche Prägekraft auszuüben, sind doch nicht die vielen germanischen Völkerbewegungen zu übersehen, die das Ordnungsgefüge stören. Schon aus vorchristlicher Zeit kennt man den kriegerischen Wanderzug der Kimbern und Teutonen, denen sich unterwegs eine Reihe von kleineren Gruppen anschloß, sowie die linksrheinischen Unternehmungen des Sweben ARIOVIST. Solche Bewegungen müssen immer auch die sprachliche Gliederung in Mitleidenschaft gezogen haben, und vollends die Völkerwanderung hat auch sprachlich zu fortwährenden Umschichtungen geführt. Erst mit der Begründung der fränkischen Vormachtstellung durch den Merowinger CHLODWIG (482—511) wurden die Grundlagen für eine neue, dauerhaftere politische Gruppierung geschaffen, die auch sprachlich eine ruhigere Entwicklung einleitete. Bis dahin hatten aber die Stämme der Alemannen, Baiern und Franken und Sachsen, die es um Christi Geburt noch gar nicht gab, überhaupt erst entstehen müssen, und ihre Schicksale waren während der Wanderzeit so unterschiedlich gewesen, daß auch ihre Sprachen sich jeweils nach eigenen Bedingungen entwickeln mußten.

Schon tief in prähistorischer Zeit hatten die Germanen begonnen, sich nach Westen über die Weser und nach Süden gegen die mitteldeutschen Gebirge auszubreiten. Im Frühlicht der Geschichte drangen sie dann in heftigen Stößen gegen den Rhein und die Donau vor in Gegenden, die im Westen und Südwesten von Kelten, im Südosten von Illyrern besiedelt waren. Bald gerieten sie auch in kriegerische Verwicklungen mit den Römern und setzten sich seit dem 3. Jahrhundert in zunehmendem Maße auf römisch kolonialisiertem Boden fest. Da die Vorbevölkerung, die sie überall antrafen, im allgemeinen nicht vertrieben wurde, muß es weithin zu gemischter Ansiedlung gekommen sein. Diese Siedlungsverhältnisse blieben auch auf die Entwicklung der Sprache nicht ohne Einfluß. Darauf weist HERMANN HIRT (LH 5) hin, indem er schreibt: ‹Das Deutsche hat sich im wesentlichen auf eroberten Räumen entwickelt, vielleicht auch ganz und gar› (S. 85), und zwar werde ‹das Niederdeutsche auf dem ältesten von den Deutschen besiedelten Gebiet› gesprochen, während ‹Hochdeutsch nur gesprochen wird, wo einst Kelten saßen› (S. 90). Letzteres ist nicht ganz richtig; wir wissen heute, daß die vorgermanische Bevölkerung des weiten deutschen Raumes nicht so einheitlich keltisch war, wie es HIRT noch erschien. Aber die Sonderstellung des Deutschen im Kreise der übrigen germanischen Sprachen wird wenigstens zum Teil auf die Einwirkung nichtgermanischer Sprachen zurückgehen. Insbesondere wird vielfach angenommen, daß die hochdeutsche Lautverschiebung durch Umformung der germanischen Sprache im nichtgermanischen Munde verursacht sei. Beweisen läßt sich das freilich nicht.

Die alten Ordnungen der germanischen Völkerschaften und ihre kultischen und politischen Großverbände wurden in den Jahrhunderten der Völkerwanderungszeit von Grund auf erschüttert. Trotzdem waren die ererbten Traditionen stark genug, um auch in den neuen Verhältnissen mitbestimmend auf die Gestaltung allen öffentlichen Lebens und mithin auch der Sprache einzuwirken. Das zeigt sich — worauf es uns hier allein ankommt — auch bei der Herausbildung der Großstämme, die sich später zum deutschen Volk vereinigen sollten. Sehr stark durch elbgermanische Traditionen geprägt sind die Alemannen, Thüringe und Baiern, ebenso wie die Langobarden. Daraus erklären sich die späteren Gemeinsamkeiten der drei oberdeutschen Dialekte (und des unzulänglich bekannten Langobardischen, das wir hier außer Betracht lassen).

Die Alemannen sind der zuerst erfaßbare dieser Stämme. Seit Anfang des 3. Jahrhunderts sind sie gefürchtete Feinde der Römer, weshalb in römischen Quellen viel von ihnen die Rede ist. Sie siedeln damals am oberen Main und um den Neckar und berennen von dort aus das römische Zehntland im Winkel zwischen Rhein und Donau. Entstanden sind sie in der Hauptsache aus Völkerschaften, die aus elbgermanischem Gebiet aufgebrochen waren und sich mit Überresten der Sweben ARIOVISTS vereinigt haben mögen. Aber aus Nachrichten bei PTOLEMAEUS ist zu erschließen, daß sie schon früh auch Zuzug von Usipiern, Tenkterern und anderen Völkerschaften erhielten, die wir für Weser-Rhein-Germanen halten. Im 5. Jahrhundert ist ferner der ostgermanische Stamm der Juthungen in ihnen aufgegangen. So verstärkt brachen die Alemannen bald zu neuer Besitzergreifung über den Rhein gegen das Elsaß vor, wo sie schon germanische Siedler antrafen, und gegen das Alpenland, die heutige Schweiz, die damals noch im Besitz vornehmlich keltischer Völkerschaften war. Zu Kriegszügen kräftig vereint, haben die Alemannen doch im Innern anscheinend nur in lockerer Verbindung gelebt. Eine umfassende Verkehrsgemeinschaft entstand nicht, und das prägt sich bis heute in der Dreiteilung der alemannischen Mundarten aus, in der sich drei Stadien der Landnahme spiegeln. Wir bezeichnen die alemannischen Untermundarten, allerdings stark vereinfachend, als schwäbisch, elsässisch und hochalemannisch (schweizerisch). Aber schon ehe diese Dreiteilung entstand, und noch in den alten schwäbischen Wohnsitzen, muß die elbgermanische Mundart des Kernvolkes durch den Zuzug der anderen Völkerschaften in einer allerdings nicht genau erfaßbaren Weise beeinflußt worden sein.

Elbgermanischer Herkunft ist seinem Kern nach auch der Baiernstamm. Über seine Geschichte schweigen die lateinischen Quellen, da er erst um die Wende des 5./6. Jahrhunderts seine Sitze in der von den Römern schon aufgegebenen Provinz Noricum und im östlichen Raetien, d. h. im heutigen Bayern östlich des Lech, im Land Salzburg, Ober- und Niederösterreich, einnahm. Der Stamm muß sich aber viel früher und, wie sein Name verrät, im Lande der keltischen Bojer gebildet haben. Als ihr Kernvolk pflegt man die schon von CAESAR erwähnten Markomannen anzusehen, die bald nach CAESARS Zeit vom oberen Main nach Böhmen einwanderten. Allerdings ist die Entstehungsgeschichte unsicher, und neuerdings wird vermutet, daß die Hauptmasse des Stammes aus Sweben bestanden habe und daß der Stamm erst gegen Ende des 5. Jahrhunderts in Pannonien entstanden sei. Jedenfalls ist an dem elbgermanischen Ursprung nicht zu zweifeln. Im übrigen fließen die historischen Quellen allzu spärlich, um uns hinlängliche Sicherheit des Urteils zu verschaffen. Nur soviel ist gewiß, daß die Baiern bei der Landnahme in ein von den Römern geräumtes, fast menschenleeres Gebiet eindrangen und daß sie dort unter starker zentraler Gewalt ihrer Herzöge standen. Beides wirkte sich sprachlich dahin aus, daß das Bairische unter den altdeutschen Dialekten eine ganz besondere Geschlossenheit und ausgeprägte Eigenart besitzt. Erst bei späterer Ausdehnung nach Süden und Osten überschichteten die Baiern die dort schon ansässige Vorbevölkerung, und in diesen Gebieten sind zahlreiche bairische Untermundarten entstanden.

Über den Stamm der Thüringe genügt die Feststellung, daß er im 4. und 5. Jahrhundert zwischen Harz, Mittelelbe und dem oberen Main saß. Hervorgegangen ist er in seinem Kernteil wohl aus der schon von TACITUS erwähnten Völkerschaft der Hermunduren, die damals den nördlichen Teil der späteren thüringischen Stammessitze innehalten. Über die Expansion nach Süden ist nichts Gewisses zu ermitteln. Im 5. Jahrhundert mögen die Thüringe in ihrem südlichen Grenzsaum beiderseits des Maines in Streusiedlung mit den Alemannen gelebt haben; eine klare Grenzscheide ist jedenfalls weder aus den spärlichen historischen Quellen noch durch Sprachmerkmale zu gewinnen. Im Jahre 531 wurde ihre Selbständigkeit durch einen gemeinsamen Angriff der Franken und Sachsen vernichtet. Das Maingebiet wurde von den Franken kolonisiert.

Die Franken entfalteten die stärkste politische Wirkkraft unter den später deutschen Germanenstämmen. Auch ihr Stamm ist aus kleinen Anfängen erwachsen. Der Frankenname wird erstmals um 240 erwähnt und bezeichnet ein Bündnis von vornehmlich weserrheingermanischen Völkerschaften, zu denen die Sigambrer und Chamaven und Teile der Brukterer gehören. Das war einer jener Kampfverbände, von denen die Wanderzeit so viele kennt. Aber dieser Verband der Franken, erwachsen in einem schon zur Römerzeit hochentwickelten Gebiet und dessen östlichem Vorfeld, hatte den Vorteil, von der heimatlichen Basis aus operieren zu können, und er gewann nach ersten überzeugenden Kriegserfolgen wahrscheinlich durch freiwilligen Anschluß benachbarter Völkergemeinschaften rasch an Kraft und Einfluß. Die von Nordseegermanen besiedelten niederrheinischen Küstengebiete, zivilisatorisch bereits durch die Römerherrschaft erschlossen und in alter Verkehrsverbindung mit den Franken, wurden bald in ihr Einflußgebiet einbezogen, und in wiederholten Vorstößen besetzte und besiedelte der junge Frankenstamm nach und nach Nordgallien bis an die Seine und südlich bis an die mittlere Loire. Nach dem Zusammenbruch des weströmischen Reiches im Jahre 476 konnte dann der Frankenkönig CHLODWIG in den folgenden Jahrzehnten auch das südliche Gallien seiner Herrschaft unterwerfen, zum Teil in schweren Auseinandersetzungen mit den dort schon ansässigen Germanenstämmen der Westgoten, Burgunder und Alemannen. Mehrere Jahrhunderte mußten vergehen, bis überall die fränkische Herrschaft gesichert war.

Im Hinblick auf die deutsche Geschichte und Sprache ist die fränkische Expansion rheinaufwärts von besonderer Bedeutung. In breitem Siedlerstrom dringen die Franken rhein- und moselaufwärts nach Süden vor, rücken jenseits der Hunsrück-Taunus-Schranke den abziehenden Burgundern nach und ertrotzen sich in beständigen Kämpfen mit den Alemannen ein bis in das nördliche Elsaß reichendes geschlossenes Siedlungsgebiet. Ihre politische Herrschaft konnten sie später auch über die Alemannen und Baiern (und die noch nicht erwähnten Sachsen) ausdehnen, und vorher hatten sie schon durch den Sieg von 531 die oberen Mainlande in ihre Gewalt gebracht. Aber hier verebbte ihre Kraft zu geschlossener Siedlung. Die Herrschaft über die Thüringe bedeutete keine Landnahme, jedenfalls keine auch nur annähernd völlige Verdrängung der Vorbevölkerung. So ist es zu verstehen, daß in diesen Gebieten rund um Würzburg bis heute die Sprache zwar mancherlei Frankonismen aufgenommen hat, in ihrem Grundcharakter aber doch elbgermanisch bestimmt ist. Wir rechnen daher das ‹Ostfränkische›, das hier gesprochen wird, zu den oberdeutschen Mundarten. Es ist eine fränkische Kolonialmundart und nimmt eine Mittelstellung zwischen den oberdeutschen Dialekten Alemannisch und Bairisch und den mitteldeutschen, z. T. sogar niederdeutschen Dialekten des fränkischen Rheinlandes ein.

Der nördlichste der späteren deutschen Stämme sind die Sachsen. Aus kleinen nordalbingischen Anfängen sind sie entstanden, haben sich später in Kämpfen gegen Thüringe und Franken, dann auch gegen die Slawen, zu einem mächtigen Kampfverband entwickelt, haben aber nach innen die Formen eines lockeren Bündnisses gewahrt. Sie kannten — wie vielleicht auch die Alemannen — nicht einmal die gemeinsame Volksversammlung des Gesamtbundes und beugten sich nur in schweren kriegerischen Verwicklungen, und stets nur auf kurze Zeit, einem als Herzog (d. h. ‹Heerführer›) gewählten gemeinsamen Oberhaupt. Von einer den ganzen Stamm erfassenden Verkehrsgemeinschaft kann hier kaum die Rede sein, und so konnte es auch nicht zur Ausbildung einer umfassenden Stammesmundart kommen. Im Kerngebiet des Stammes dürften nordseegermanische Mundarten den Vorrang gehabt haben, am Südostsaum ist mit elbgermanischen, im südwestlichen Gebiet mit weser-rheingermanischen Mundarten zu rechnen.

Die historischen Verhältnisse können also, abgesehen vielleicht von den Baiern, bei den späteren deutschen Stämmen nirgends völlig einheitliche Mundarten hervorgebracht haben. Zahlreiche Unterdialekte, zum Teil aus der Werdezeit, zum Teil durch die verschiedenen Bedingungen der Landnahme, dürfen wir überall vermuten. Anderseits waren aber doch die Stämme in ihrem Gesamtumfang politisch recht dauerhafte Gebilde, und wenn wir auch die einstigen Stammesgrenzen zum großen Teil historisch nicht feststellen können, so darf man doch behaupten, daß die heutige sprachliche Gliederung Deutschlands, was die Hauptmundarten anbelangt, auf die in der Völkerwanderung erworbenen Stammesgebiete zurückgeht.

Das Frankenreich

Unsere knappe Übersicht läßt jedenfalls deutlich erkennen, daß die Stämme der Franken, Sachsen, Thüringe, Baiern und Alemannen ganz verschiedener Herkunft waren, ganz und gar ihre eigene Geschichte hatten und voneinander unabhängige Verkehrsgemeinschaften mit eigener, wenn auch überall germanischer Sprache bildeten. Die frühe Geschichte weiß mehr von Kämpfen der Stämme gegeneinander als von gemeinsamem Wirken. Ein übergreifendes Gemeinschaftsbewußtsein konnte nicht vorhanden sein, eine Verkehrsgemeinschaft über die Stammesgrenzen hinaus gab es nicht, und mithin gab es auch keine bewußt gemeinsame Sprache. Die Stämme sprachen verschiedene germanische Mundarten, aber nicht ‹deutsch›. Es bleibt daher noch darzustellen, unter welchen historisch-politischen Bedingungen eine größere, die Stämme übergreifende Verkehrsgemeinschaft entstehen und aus den verschiedenartigen Stammesmundarten die deutsche Sprache erwachsen konnte.

Der politische Raum, in dem das geschah, ist das Frankenreich, und zwar genauer gesagt der östliche Teil des fränkischen Großreiches, der von den später deutschen Stämmen besiedelt war und der sich in mancherlei Reichsteilungen schließlich ganz vom westfränkischen Herrschaftsgebiet löste. Dieses mächtige Frankenreich war, nachdem mehrere Jahrhunderte harter Kämpfe vorausgegangen waren, um das Jahr 500 von CHLODWIG, dem großen König aus dem Hause der Merowinger, auf ehemals römischem Boden in Gallien, dem heutigen Frankreich, gegründet worden. In einem jahrhundertelangen Ringen wußten CHLODWIG und seine Nachfolger die anderen germanischen Stämme der fränkischen Herrschaft gefügig zu machen. Wir beschränken uns auf die Angabe einiger Daten: Thüringen wurde 531, Alemannien 746, Baiern 794, Sachsen 804 endgültig unterworfen, nachdem die einzelnen Stämme sich jahrzehntelang, die Alemannen sogar mehrere Jahrhunderte hindurch, hartnäckig gegen die fränkische Vorherrschaft zur Wehr gesetzt hatten. Erst

KARL DEM GROSSEN (768–814) gelang es zu vollenden, was CHLODWIG dreihundert Jahre vorher begonnen hatte.

Unterwerfung der germanischen Stämme: das bedeutete Beseitigung der einheimischen Herzöge und Einführung der zentralen, vom fränkischen Hof mit starker Hand gelenkten Grafschaftsverfassung mit fränkischen Grafen und Beamten, die die Verwaltung der unterworfenen Stammesgebiete übernahmen. Da sie nach Lehnsrecht für ihre Dienste durch Grundleihe belohnt wurden, entstanden fränkisch besetzte oder jedenfalls fränkisch geleitete Gutshöfe, soweit die zentrale Reichsverwaltung reichte. Es blieb nicht aus, daß auch die Großen anderer Stämme in den Reichsdienst eintraten, hier und dort im weiten Reich ihre Lehen empfangend, und daß sie mit den anderen Verwaltungsinstanzen und mit dem fränkischen Hof in enge Kontakte traten. So wurden die politischen Bedingungen geschaffen, unter denen die neue, über die Einzelstämme weit hinausgreifende Verkehrsgemeinschaft entstehen konnte.

Die weitere historische Entwicklung braucht hier nicht dargestellt zu werden. Nur das ist zu betonen, daß nach dem Zerfall des Großreiches unter den Nachfolgern KARLS DES GROSSEN das Westreich und das Ostreich ihre eigenen politischen Wege beschritten. Die wechselvollen Schicksale des Mittelreiches Lotharingien, die zum Teil dadurch verursachten Auseinandersetzungen um die Grenzgebiete zwischen Deutschland und Frankreich, auch Verlauf und Verschiebungen der germanisch-romanischen Sprachgrenze dürfen hier außer Betracht bleiben. Für die deutsche Sprachgeschichte ist allein die eine historische Tatsache wichtig, daß in der germanisch sprechenden östlichen Hälfte des fränkischen Großreiches der politische Raum geschaffen wurde, in dem das Deutschtum, ein deutsches Geschichts- und Kulturbewußtsein und eine deutsche Sprache entstehen sollten.

Fassen wir noch einmal die Vereinigung der verschiedenen germanischen Stämme im ostfränkischen Reichsteil ins Auge, so ist es in sprachlicher Hinsicht bemerkenswert, daß die alten Stammesmundarten mit Ausnahme des Altthüringischen auch in der neuen Verkehrsgemeinschaft sich recht kräftig behaupten konnten. Die Thüringe, Grenznachbarn der Franken, die sich rhein- und mainaufwärts vorgeschoben hatten, waren derjenige Stamm, der mit geringem Kraftaufwand und über zwei Jahrhunderte früher als die anderen Stämme unterworfen wurde. Seine angestammte Sprache, die nach unserer Vermutung dem Schwäbischen einigermaßen nahegestanden haben könnte, wurde in der fränkisch-thüringischen Verkehrsgemeinschaft seit dem 6. Jahrhundert so stark umgebildet, daß man, obwohl ihre oberdeutschen Elemente bis heute vorwiegen, doch mit Recht den fränkischen Sprachanteil durch die Dialektbezeichnung ‹Ostfränkisch› als bemerkenswert anerkennt. Wegen dieser die Extreme ausgleichenden Verbindung oberdeutscher mit fränkisch—mitteldeutschen Sprachelementen wird übrigens das Ostfränkische in der philologischen Erörterung, vorab in der grundlegenden ‹Althochdeutschen Grammatik› von WILHELM BRAUNE, gern als die ‹Normalform› des Althochdeutschen betrachtet und als ‹Normalalthochdeutsch› bezeichnet. Das mag unter didaktischen Gesichtspunkten berechtigt sein, ist aber historisch gesehen falsch. Es gibt kein Normalalthochdeutsch, jedenfalls nicht in dem Sinne, daß eine bestimmte Sprachform als allgemeingültige Norm gesetzt und alle Abweichungen davon als mundartlich erklärt werden dürften. Es gibt keine allen gemeinsame althochdeutsche Schriftsprache, sondern nur althochdeutsche Dialekte, und jeder uns überlieferte althochdeutsche Text trägt seine besonderen Dialektmerkmale.

Nur das Altthüringische also ist, infolge besonders enger Verkehrsgemeinschaft, der Mundart des obsiegenden Frankenstammes stark angenähert worden. Das Bairische und das Alemannische (sowie auch das Altsächsische, bei dem allerdings besondere Bedingungen gelten) zeigen sich von fränkischem Einfluß nur oberflächlich berührt. In den altbairischen und altalemannischen Schriftdenkmälern sind es vor allem nur gewisse Lautformen (z. B. die zur Vereinheitlichung tendierende Entwicklung der Stammsilbenvokale), die man auf fränkischen Einfluß zurückführt. Die Alltagssprache ist davon aber, wie die heutigen Mundarten ausweisen, nur wenig beeinflußt worden. Aus dieser Selbstbehauptung der alten Dialekte darf man schließen, daß die neue politische Wirklichkeit des ausgehenden 8. Jahrhunderts, die großfränkische Verkehrsgemeinschaft, den Alltag des Stammeslebens nur wenig beeinflußte. Dort blieben die hergebrachten Ordnungen und Verkehrsgemeinschaften in Kraft, und dementsprechend wandelte sich auch die Sprache nur wenig. Daher konnte der Alltag des fränkischen, des alemannischen, des bairischen Bauern und Werkmannes auch nichts zur Herausbildung einer gemeinsamen deutschen Sprache beitragen. Die Ursachen für die Entstehung der deutschen Sprache müssen an anderer Stelle und auf höherer Ebene gesucht werden.

Nicht von unten her, nicht aus dem werktäglich schaffenden Zusammenleben der vordeutschen Stämme ist die deutsche Sprache erwachsen, und als ‹vordeutsch› dürfen wir diese germanischen Stämme und ihre verschiedenen germanischen Mundarten überhaupt nur im Hinblick auf das ihnen bevorstehende politische Schicksal bezeichnen. Dieses sollte sie in einem Staatsverband vereinigen, dem es bestimmt war, ‹deutsch› zu werden. Denn in der Zeit der Merowinger gab es ganz gewiß noch kein Deutschtum. Es konnte nur ein fränkisches, bairisches, alemannisches Stammesbewußtsein geben, das bestenfalls — da alle Stämme aus germanischen Traditionen lebten — durch ein gewisses Gefühl für gemeinsame Art und Herkunft überwölbt werden mochte. Selbst bei KARL DEM GROSSEN darf man füglich zweifeln, ob er schon in großer politischer Konzeption und visionär erschauen konnte, was dereinst zum Inhalt des Deutschtums werden sollte. Soviel aber ist sicher, daß dieser größte Sohn des Karolingerhauses die großen geistigen Leitlinien entwarf, nach denen das werdende Deutschtum sich entwickelte. Allerdings: KARL selbst war noch nicht ein ‹Deutscher›. Er fühlte sich als Franke und den stolzen Traditionen seines Stammes verpflichtet, der in harten Auseinandersetzungen zu immer größerer Macht gelangt war und endlich das Erbe des weströmischen Reiches angetreten hatte. Aber der große Kaiser war sich auch seiner germanischen Art bewußt, und von der hohen Warte, auf der er als Lenker seines gewaltigen Reiches stand, mußte er die tiefen Unterschiede zwischen dem von römischer Geistigkeit geprägten romanischen und dem eigenwüchsigen germanischen Wesen sehr deutlich erkennen. Auch seine germanischen Völker in das geistige Erbe Westroms einzusetzen, war das Grundanliegen seiner Kulturpolitik, ihr Ergebnis die Entstehung des Deutschtums.

Entwicklung des Volks- und Sprachbegriffs ‹Deutsch›

Bevor wir uns aber auf das staatsmännische Werk KARLS DES GROSSEN einlassen, ist es nützlich, durch Erörterung der Entstehungsumstände des Wortes und Begriffs ‹deutsch› das Verständnis für KARLS Wirken vorzubereiten. Erinnern wir uns, daß mit der Gründung des fränkischen Großreiches der politische Raum für die Entstehung des Deutschtums geschaffen war, bedenken wir aber auch, daß die in den Reichsverband gezwungenen Stämme den fränkischen Eroberern gewiß noch auf lange Zeit hinaus nur Abneigung und Opposition entgegenbrachten. Auch war das Reich nicht allgemein germanisch, sondern fränkisch bestimmt. Als der östliche Reichsteil seit der letzten Teilung von 840 endgültig seinen eigenen politischen Weg zu gehen begann, wurde er doch noch auf lange Zeit hinaus offiziell als Francia Orientalis, d. h. ‹östliches Frankenreich› bezeichnet. Fränkisch ward es genannt, und fränkisch wurde es regiert. Solange aber das der Fall war, konnten es Baiern, Alemannen und Sachsen nicht ernstlich als das ihre ansehen. Viele gemeinsame politische Schicksale mußten die vier Stämme erleben, bis ein alle verbindendes Staatsbewußtsein erwachsen konnte, bis auch das Bewußtsein einer gemeinsamen, alle verbindenden Sprache sich durchsetzte. An der Entstehungsgeschichte des Wortes ‹deutsch› läßt sich ablesen, wie aus dem Ostfrankenreich allmählich ein ‹Deutschland› wurde.

Wir besitzen ein wertvolles Zeugnis, das uns den sprachlichen Zustand der beiden Reichshälften um die Mitte des 9. Jahrhunderts erkennen läßt. Am 14. Februar 842 schworen zwei Söhne Kaiser LUDWIGS DES FROMMEN, LUDWIG DER DEUTSCHE, der das Ostreich beherrschte, und KARL DER KAHLE, Herrscher des Westreichs, die ‹Straßburger Eide› (s. Anhang I). Sie verbündeten sich darin gegen ihren ältesten Bruder, den Kaiser LOTHAR, dem das Mittelreich zugefallen war. Er wird in der Eidesformel als der gemeinsame Gegner erwähnt. LUDWIG und KARL erscheinen in Straßburg, jeder an der Spitze eines Heeres, und in gemeinsamer Heeresversammlung werden die Eide ausgetauscht. Die beiden Brüder schwören sich treues Zusammenhalten gegen LOTHAR, und die beiden Heervölker werden durch einen Schwur zum Abfall vom eigenen Herrn verpflichtet, falls dieser seinen Eid brechen sollte. Bemerkenswert ist nun für unsere Untersuchung der sprachliche Befund: *Lodhuuicus romana, Karolus vero teudisca lingua iuraverunt,* heißt es in dem überlieferten Bericht, ‹Ludwig schwur in romanischer, Karl aber in deutscher Sprache›. Jeder der beiden Herrscher leistet also den Eid in der Sprache des andern, natürlich um sich dessen Heer verständlich zu machen. Vorher aber haben beide, wie der Chronist berichtet, ihr eigenes Heer in der eigenen Sprache angeredet, um es über die Bedeutung der feierlichen Staatshandlung zu unterrichten. Und nachher schwören auch die beiden Heere in ihrer eigenen Sprache. Deutlich haben sich also bis 842 in den beiden Reichsteilen zwei eigene Sprachen entwickelt (der romanische Text wird als das erste Denkmal in altfranzösischer Sprache bezeichnet), die jedenfalls der gemeine Mann im anderen Reichsteil nicht verstehen kann. Die Herrscher, und wohl überhaupt die führenden Schichten, sind beider Landessprachen mächtig, und daher wechseln sie die Sprache, je nachdem, welches der beiden Heere sie anzureden haben.

Bei der Übersetzung des Ausdrucks *teudisca lingua*, der uns in den Straßburger Eiden begegnet, sind wir in einiger Verlegenheit. Wenn wir ihn als ‹deutsche› Sprache übersetzen, so eilen wir den historischen Ereignissen weit voraus. Denn die ‹Straßburger Eide› sind nicht in einem allgemeinen ‹Deutsch›, sondern in dem damaligen rheinfränkischen Dialekt abgefaßt, in jener Mundart, die unseres Wissens in karolingischen Hofkreisen gesprochen wurde. Dieses Rheinfränkisch wurde von Alemannen, Baiern und Sachsen gewiß hinlänglich gut verstanden, nicht aber selbst gesprochen. Wenn der Chronist hier trotzdem von der *lingua teudisca* spricht, so muß uns die Geschichte des Wortes ‹deutsch› darüber aufklären, was er zu seiner Zeit darunter verstanden haben kann.

Es ist seltsam und hat der Sprachwissenschaft viel Kopfzerbrechen bereitet, daß das Wort ‹deutsch› in lateinischen Quellen mehr als zwei Jahrhunderte vor dem ersten Beleg in einem deutschen Text auftaucht. Im Jahre 786 berichtet der päpstliche Nuntius GEORG VON OSTIA dem Papst HADRIAN I. über zwei Synoden, die er in England abgehalten hatte. In der zweiten Versammlung hatte er die Beschlüsse der ersten vorlesen lassen *tam latine quam theodisce, quo omnes intellegere potuissent* (‹sowohl lateinisch wie in der Volkssprache, damit alle es verstehen könnten›). Das ist der älteste Beleg unseres Wortes, und ist es auch in England aufgezeichnet worden, so ist doch seine Lautform mit dem *eo* sicher nicht englisch, sondern westfränkisch. Der Italiener GEORG VON OSTIA war seit 753 wiederholt im Frankenreich gewesen und spätestens 768 zum Bischof von Amiens ernannt worden. Wenn er also das Wort ‹deutsch› auch verwendet, um damit die englische Volkssprache zu bezeichnen, so lehren die Umstände, daß er es als Bezeichnung für die germanische Volkssprache im Frankenreich kennengelernt haben muß. In diesem Zusammenhange ist ein sehr ähnlicher Beleg aus dem Jahre 813 bemerkenswert. Auf der Synode von Tours tauchte das Problem der Zweisprachigkeit in der dortigen Diözese auf, und KARL DER GROSSE ließ den Geistlichen einschärfen, sie sollten nicht nur lateinisch predigen, sondern die Predigten auch übersetzen *in rusticam Romanam linguam aut theotiscam, quo facilius cuncti possint intellegere, quae dicuntur* (‹in die romanische Vulgärsprache oder die des germanischen Volksteils, damit alle um so leichter verstehen, was gesagt wird›). Da die Begründung für die Anwendung der Volkssprache bis in die Formulierung hinein identisch ist mit dem 25 Jahre früher geschriebenen Brief des fränkischen Bischofs GEORG VON OSTIA, wird man annehmen dürfen, daß GEORG wie auch die Synodalen von Tours sich einer amtlichen Ausdrucksweise bedienen, in der sich die Kulturpolitik KARLS DES GROSSEN widerspiegelt.

Wie aber kam es überhaupt zu der Entstehung dieses mittellateinischen Wortes? Im Lateinischen ist es ein Lehnwort aus dem Germanischen, und seine Bildung ist völlig durchsichtig. Es ist von germ. * *theudō* ‚das Volk‘ abgeleitet, und das Adjektiv * *theudiskaz* bedeutet also ‚zum Volk gehörig, völkisch‘. LEO WEISGERBER (LH 80) hat gezeigt, daß dieses Wort nur in der Grenzsituation entstehen konnte, im Westen des germanischen Siedlungsraumes, wo germanisches und romanisches Volkstum aufeinandertrafen. Das Fremde, was die Germanen dort täglich beobachteten, erfaßten sie unter dem alteingebürgerten Wort *walhisk* (‚welsch‘). Dem so bezeichneten fremden Volkstum und seinen Gebräuchen, Einrichtungen und Sprachgewohnheiten setzten sie das eigene als * *theudisk* (‚zu unserem, zum eigenen Volk gehörig‘) gegenüber. THEODOR FRINGS (LH 81) gelang dann auf Grund der Lautentwicklung der Nachweis, daß das vom lateinischen Lehnwort vorausgesetzte * *theodisk* genau dem westfränkischen, zwischen Maas und Schelde gesprochenen Dialekt entspricht.

Im westlichen Grenzland also ist das Wort im Munde der dort lebenden Franken entstanden. Die romanische Bevölkerung aber muß es sich rasch zu eigen gemacht haben. Denn der Frankenname, mit dem sie ursprünglich wohl ihre germanischen Nachbarn bezeichnete, war infolge der sozialen Entwicklung als Volksbezeichnung in ihrem Munde untauglich geworden. Als *Franci* bezeichneten sie schon längst die freigeborenen, hochgestellten und bevorrechteten Mitglieder beider Volksteile. So mußte den Romanen das neue Wort * *theodisk* zur Bezeichnung ihrer germanischen Nachbarn willkommen sein, das in ihrem Munde nun die Bedeutung ‚nichtromanisch‘ oder ‚zum germanischen Volksteil gehörig‘ annahm. Wirklich hat es im Nordwestfranzösischen in der Form *tiedeis, tieis, tiois* bis ins 13. Jahrhundert bestanden und lebt noch heute in den wallonischen Dialekten Belgiens weiter. Auch in Ortsnamen hat es sich erhalten, so z. B. in frz. *Thionville*, d. i. deutsch *Diedenhofen*, das also auf die Siedlung eines germanisch-fränkischen Besitzers hindeutet.

So war die sprachliche Situation, als KARL DER GROSSE im Jahre 768 die Herrschaft über das Frankenreich antrat. Das Wort des Grenzlandes war damals weder im romanischen noch im germanischen Landesinnern bekannt oder gar volkstümlich verbreitet. Aber KARL DER GROSSE, seine Ratgeber und Mitarbeiter bemächtigten sich sofort des neuen Wortes. In der germanischen Osthälfte seines Reiches war es das energisch betriebene Ziel der kaiserlichen Innenpolitik, die auseinanderstrebenden und selbstbewußten germanischen Stämme zur Einheit zusammenzuschließen. Die Verwandtschaft der Stämme äußert sich am augenfälligsten in der Gemeinsamkeit ihrer

Sprache, die man am Gegensatz zum Romanischen erfahren kann. Es ist daher kein Zufall, daß KARL der Pflege und Rangerhöhung dieser Sprache seine ganz besondere Aufmerksamkeit zuwandte, und das latinisierte *theodiscus* wird in den Verlautbarungen seiner Regierung zum Programmwort dieser Politik.

Was das Wort in dieser Beziehung leistet, wird aus einem frühen Beleg vom Jahre 788 deutlich. Damals fand eine Reichsversammlung statt, an der *Franci et Baioarii, Langobardi et Saxones* teilnahmen. Die Versammlung verurteilte den Baiernherzog TASSILO zum Tode wegen eines Verbrechens, *quod theodisca lingua harisliz dicitur* (‹das in der gemeinsamen Sprache der Stämme *hari-sliz* – ‚Heerspaltung, Fahnenflucht‘ – genannt wird›). Die überregionale Bedeutung des Wortes ist hier deutlich erkennbar, und offensichtlich ist es als Programmwort klug gewählt. Es betont die sprachliche Gemeinsamkeit aller im Reiche vereinigten Germanenstämme, zeigt das große Ziel der karolingischen Kulturpolitik und schont dennoch die partikularistischen Empfindlichkeiten der anderen Stämme, indem es den Frankennamen vermeidet und die anderen Stämme mit den Franken auf die gleiche Stufe stellt.

Das Wort *theodiscus* verbreitete sich durch die karolingische Kulturpropaganda in der lateinischen Gelehrtensprache rasch durch das ganze Reichsgebiet; es waren aber zunächst auch wohl nur die Gelehrten, d. h. Geistliche, und die Hofbeamten in der Lage, den tiefen, das Gemeinsame betonenden Gehalt des Wortes zu begreifen. Offenbar hat es Jahrhunderte gedauert, bis das Wort auch in die Volkssprache der deutschen Dialekte eindringen konnte. Ein beredtes Zeugnis dafür liefert durch sein Schweigen der Mönch OTFRID VON WEISSENBURG, im nördlichen Elsaß, der um 870 sein Evangelienbuch vollendete. Er war im Kloster Fulda von HRABANUS MAURUS erzogen worden, dem energischsten Parteigänger des Kaisers in seiner deutschen Kulturpolitik. OTFRID hat dort ohne Zweifel den tiefen Sinn des Wortes *theodiscus* kennengelernt, und dementsprechend verwendet er auch das Wort in den lateinischen Teilen seines Werkes ungehemmt und offensichtlich in der Bedeutung: ‹die gemeinsame Sprache der im Ostreich vereinigten Stämme›. Im deutschen Text dagegen sagt er immer nur *in frenkisgon, in frenkisga zungun*. Auch wo er ganz offenbar die gemeinsame Sprache aller Stämme meint, hat er in der eigenen Mundart nur das Adjektiv *frenkisg* ‚fränkisch‘ zu seiner Verfügung. Ganz sicher hätte er an mehreren Stellen das Wort *thiudisg (so müßte es in seiner Mundart gelautet haben) verwendet, wenn er es gekannt hätte. Es ergibt sich also, daß das künstliche Wort der Kulturpolitik noch nicht in die Volkssprache eingedrungen war, als OTFRID schrieb.

Der erste, bei dem das Wort in deutscher Sprache vorkommt, ist NOTKER VON ST. GALLEN. Sechsmal taucht das Wort in seinen Schriften auf, in der Formel *in diutiscun* ‚auf deutsch'. Aber fünf von diesen Belegen finden sich auf engem Raum beisammen in NOTKERS ‹Aristoteles›-Übersetzungen, und dabei hätte dieser geniale Übersetzer hundertfach Gelegenheit gehabt, es zu verwenden. Es scheint daher, als habe er — gewiß unter dem Einfluß der gelehrten Tradition — in einer bestimmten Periode seines Schaffens das lateinische *theodiscus* ins Deutsche zurückübersetzen wollen; wenn er aber davon alsbald wieder abläßt, so darf man daraus entnehmen, daß dem feinhörigen und sprachgewaltigen Manne die Formel *in diutiscun* doch allzu ungewohnt erschien. Auch in seiner alemannischen Mundart wird also das Wort um das Jahr 1000 noch nicht lebendig gewesen sein.

In den lateinischen Quellen, bei OTFRID und bei NOTKER taucht das Wort nur als Sprachbezeichnung auf. Das entspricht genau dem, was wir von dem offiziellen Programmwort der Kulturpolitik erwarten. Denn vom hohen Standort der großen Politik aus erkennt man am deutlichsten den Gegensatz der Sprachen in der westlichen und östlichen Reichshälfte. Nur im Alltagsleben des Grenzlandes dagegen bemerkt man die Unterschiede von Dorf zu Dorf, nicht nur in der Spache, sondern auch in den Bräuchen und in allen Lebensgewohnheiten. Kein Wunder, daß im Landesinnern die neue Gemeinbezeichnung ‹deutsch› so lange ungewohnt blieb. Nur im Norden des Sprachgebiets scheint sich das Wort im Volksmunde von Schelde und Maas aus ganz langsam nach Osten ausgebreitet zu haben. Um 1090 ist im Kloster Siegburg, rechtsrheinisch in der Nähe von Köln gelegen, das ‹Annolied› entstanden, ein Gedicht zum Preise des Bischofs ANNO VON KÖLN. Darin wird zum ersten Male unbefangen das Wort ‹deutsch› gebraucht, und zwar nicht nur als Sprachbegriff wie im Karolingerlatein und bei NOTKER, sondern in der ganzen Anwendungsbreite, die das Wort bei seiner Entstehung im westlichen Grenzsaum gehabt haben muß. Neben dem Sprachbegriff *diutischin sprechin* (Vers 318) wird hier auch von den Menschen gesprochen: *diutischi liute* (474) und *diutschi man* (479); und auch das Land wird ‹deutsch› genannt: *in diutischemi lande* (112; ähnlich 274, 406).

Der Abt KUNO des Klosters Siegburg wurde im Jahre 1126 Bischof von Regensburg. Diese Stadt war damals unter der eben beginnenden Herrschaft des Kaisers LOTHAR, der sich auf die bairischen Welfen stützte, zwar nicht die offizielle Hauptstadt, wohl aber der politische und geistige Mittelpunkt des Reiches. Man horchte auf das, was in Regensburg getan, gesagt und geschrieben wurde. Hierhin nun brachte Bischof KUNO das ‹Annolied› mit. So wenigstens ist zu vermuten; denn den Schöpfern der eben in Regensburg entstehen-

45

den, berühmten ‹Kaiserchronik› wurde das ‹Annolied› bekannt. Und in dieser Dichtung wird das Wort *diutisk* nun abermals reichlich und in seinem ganzen Bedeutungsumfang verwendet. Um 1150 wird die ‹Kaiserchronik› abgeschlossen und ist bald in zahlreichen Handschriften über das gesamte Sprachgebiet verbreitet. Ob das Wort ‹deutsch› damals endlich auch volkstümlich geworden ist, läßt sich nicht nachprüfen, aber jedenfalls ist der literarische Durchbruch nunmehr vollzogen. ‹Annolied› und ‹Kaiserchronik› bezeugen uns, daß — wenn noch nicht im Munde des Volkes, so doch jedenfalls in der Vorstellungswelt der Dichter — das Bewußtsein eines gemeinsamen, die Stämme verbindenden Deutschtums lebendig geworden ist. Im ‹Annolied› wird zum ersten Male in einer deutschen Dichtung von der deutschen Sprache geredet, und das ist gewissermaßen die Geburtsurkunde unserer Sprache, das erste sichere Zeugnis, daß deutschsprechende Menschen ihre Sprache nicht mehr als fränkisch, bairisch, alemannisch oder sächsisch empfanden. Jetzt hatten sie das Gemeinsame erkannt und konnten es bezeichnen. Damit befinden wir uns aber bereits in der zweiten Periode unserer Sprachgeschichte, in der mittelhochdeutschen Zeit. Es zeigt sich, eines wie langen Weges es bedurfte, daß ein Gemeinsamkeitsgefühl der deutschen Stämme seinen sprachlichen Ausdruck fand.

Die Kulturpolitik Karls des Großen

Das im Volksmunde entstandene Wort *deutsch* mußte in der Tat KARL DEM GROSSEN und seinem Hofkreise hochwillkommen sein. Denn dem Kaiser lag sehr viel daran, die eben erst endgültig unterworfenen Germanenstämme seines östlichen Reichsteils zu versöhnen und, die ehemaligen Gegner zu Genossen und Freunden machend, zur Mitarbeit an seinem großen politischen Werk zu gewinnen. Dazu war das neue Wort, das das allen Stämmen aus germanischem Erbe Gemeinsame betonte, gerade recht, und so wurde es — in der gelehrten lateinischen Form der offiziellen Amtssprache — zum Programm- und Fahnenwort der deutschen Politik des großen Herrschers. Er war sich seiner und seiner Getreuen Herkunft aus germanischem Stamme mit Stolz bewußt, und wenn er die Abfassung einer deutschen Grammatik forderte, die allerdings nicht zur Ausführung gelangte, und die Sammlung der germanischen Heldenlieder veranlaßte (ein unschätzbarer Verlust, daß sie nicht erhalten blieb), so war er gewiß nicht so engherzig, dabei nur an eine fränkische Grammatik und die Sammlung fränkischer Lieder zu denken. Ihm lag es vielmehr am Herzen, zu bewahren, zu pflegen und auszubauen, was *theotisce*, das heißt in den Sprachen aller in seinem Reiche vereinigten Germanenstämme, überliefert war. Als dem Lenker des riesigen germanisch-romanischen Reiches mußte ihm und dem führenden Kreise seiner Staatsmänner das unter dem Begriff *theotiscus* erfaßte alle Stämme Verbindende und Gemeinsame durch den Kontrast gegen alles Romanische viel deutlicher hervortreten als das Provinzielle und oft Egoistische, das Franken und Baiern und Alemannen und Sachsen voneinander unterschied. Dies Gemeinsame aber allen Stämmen bewußt zu machen, oder jedenfalls ihren führenden Schichten, war im Interesse des Gesamtreiches ein dringendes Erfordernis.

Aber mit der Erkenntnis des Gemeinsamen allein, mochte sie auch lebhaft gefördert werden, war es nicht getan. Nicht in beschaulicher Betrachtung, sondern in tätigem Wirken sollte sich die neue große Gemeinschaft festigen und bewähren. Man darf insbesondere den Wert und die Würde der germanischen Traditionen in dem Großreich der Merowinger und der Karolinger nicht übermäßig in den Vordergrund stellen. Die germanischen Völker, immer noch einem heimlichen Heidentum ergeben und eben noch von den Romanen als barbarische Zerstörer einer alten Kultur verachtet, sollten nach dem Willen des großen Herrschers nicht nur durch die bewußte Pflege gemeinsamer Überlieferung, sondern vor allem in der Bewältigung neuer, gemeinsamer Aufgaben geeint werden. KARL DER GROSSE war sich dessen voll bewußt, und darin lag seine Größe, daß seine Germanen nach der Zerstörung des gewaltigen römischen Kulturstaates nun auch die verpflichteten Erben des Römischen Reiches und römischer Kulturgesinnung geworden waren. Die Großen des Reiches, die leitenden Beamten, sollten von römischer Staats- und Verwaltungskunst lernen, die Gelehrten sollten sich, z. B. in KARLS berühmter Akademie und an den großen klösterlichen Kulturstätten des Landes, nacheifernd um die Aneignung antiken und christlichen Geistesguts bemühen. Das waren aber Aufgaben, die nur den führenden und hochgebildeten Schichten gestellt werden konnten und die im übrigen die Beherrschung der lateinischen Kultursprache erforderten. Zur Förderung der Studien sorgt KARL für die Errichtung von Gelehrtenschulen in Klöstern und an Bischofssitzen, und er versichert sich zu diesem kulturellen Aufbauwerk der Mithilfe des hochgelehrten Angelsachsen ALKUIN, der vorher Leiter der berühmtesten Schule in England, der Domschule in York, gewesen war. Zur Ausbildung der deutschen Sprache konnten diese Bestrebungen zunächst allerdings nur indirekt beitragen, wiewohl sie dafür unerläßlich waren. Denn man mußte im Lateinischen firm sein, mußte sich die poetischen und die gelehrten Werke der lateinischen Literatur zu eigen gemacht haben, mußte sich in der antiken und christlichen Tradition frei bewegen können, um den Versuch zu wagen, ihre Inhalte auch in deutschem Denken und in deutscher Sprache zu bewältigen.

KARLS DES GROSSEN Kulturprogramm war aber von vornherein auf noch viel weitere Ziele ausgerichtet. Auch der letzte Mann sollte dem Reiche gewonnen werden und sollte darin an seinem bescheidenen Platz seine kulturelle Aufgabe erfüllen. Grundpfeiler aller Reichskultur war das Christentum, und darum wurde jedem einzelnen die Aneignung und gläubige Pflege des Christentums zur Aufgabe gestellt, übrigens den Bewohnern der romanischen Gebiete ebenso wie denen des germanischen Reichsteils. Immer wieder schärft der Herrscher in seinen Erlassen allen Untertanen ein, *ut symbolum et orationem dominicam pleniter discant et memoriter teneant* («daß sie das Glaubensbekenntnis und das Gebet des Herrn gründlich erlernen und auswendig können sollen»). Es ist hier nicht ausdrücklich gesagt, aber gemeint ist, wie sich aus anderen Zusammenhängen ergibt, die Kenntnis der Glaubensformel und des Vaterunsers in der Muttersprache, und die vielen althochdeutschen Übersetzungen des ‹Vaterunsers› (vgl. Anhang II) beweisen, daß die gelehrte Geistlichkeit sich bemühte, in Erfüllung des kaiserlichen Willens das Gebet in die Volkssprache einzubürgern. (Über die Schwierigkeiten, die dieser Aufgabe entgegenstanden, vgl. die Analyse der Übersetzungen des ‹Vaterunsers›, S. 86 f und S. 194 ff.)

Denn die Geistlichen macht KARL DER GROSSE für die strenge Durchführung der großen volkserzieherischen Aufgabe verantwortlich. In der großen ‹Admonitio Generalis› von 789 (Monumenta Germaniae, Capitularia I, Hannover 1881, S. 52–62), dem wichtigen Gesetz über Lebens- und Amtsführung der Geistlichen und über die kirchliche Volkserziehung, heißt es (S. 60): *Unusquisque sacerdos orationem dominicam et symbolum populo sibi commisso curiose insinuet ac totius religionis studium et christianitatis cultum eorum mentibus ostendat* (‹Ein jeglicher Priester soll das Gebet des Herrn und das Glaubensbekenntnis der ihm anvertrauten Gemeinde sorgfältig einprägen und soll den Eifer für den Glauben und die Pflege des Christentums ihrem Verständnis eröffnen›). In diesem religiösen Grundgesetz, das für das ganze Reich gilt, ist nichts darüber gesagt, aber aus vielen anderen Erlassen geht eindeutig hervor, daß Predigt und Christenlehre sich der Volkssprache bedienen sollen, und wiederholt werden die Geistlichen verpflichtet, an jedem Sonn- und Festtag zu predigen.

Aber nicht nur den Geistlichen, sondern jedem einzelnen Untertanen werden in der ‹Admonitio Generalis› und in vielen anderen Erlassen immer erneut ihre christlichen Verpflichtungen eingeschärft.

Jeder wird zur strengen Einhaltung der Sonntagsruhe und zu regelmäßigem Kirchenbesuch an Sonn- und Feiertagen verpflichtet. Auch zu fleißigem Gebrauch der Beichte wird ermahnt. Vor allem aber erwächst den Taufpaten aus ihrer religiösen Verantwortung für den Täufling die Pflicht zu christlicher Unterweisung. Wie ernst nach dem Willen des Kaisers gerade diese Pflicht genommen wurde, geht auch daraus hervor, daß ihre Vernachlässigung in mehreren Beichtformularen der karolingischen Zeit als Unterlassungssünde aufgezählt wird. So heißt es in der sogenannten ‹Reichenauer Beichte›: *Ih gihu, daz ih mine funtdivillola so nelerda, sose ih in dar antheizo uuard* (‹Ich beichte, daß ich meine Taufkinder — lat. *fontis filioli* — nicht so belehrt habe, wie ich es als Bürge für sie gelobt hatte›).

Die Christenpflichten, die dem Laien durch solche Vorschriften des Kaisers auferlegt wurden, und die Verpflichtung zur christlichen Volkserziehung, die dem Klerus oblag, waren ohne eine Entwicklung der Volkssprache zur Vermittlerin des christlichen Gedankengutes überhaupt nicht zu erfüllen. Im Rückblick aus heutiger Zeit fordert es ein sehr starkes Einfühlungsvermögen, die unerhörte Schwierigkeit der Forderungen zu ermessen, die der Kaiser damit an seine Untertanen stellte. Es kann hier außer Betracht bleiben, daß in den germanischen Landen des Reiches das Heidentum noch keineswegs überall überwunden war. Noch mehrere Jahrhunderte lang müssen die deutschen Herrscher immer wieder mit harter Strafandrohung gegen Aberglauben und heidnischen Brauch einschreiten. Aber selbst für den Gutwilligen, dem christlichen Glauben schon Gewonnenen: welche Schwierigkeit, die Glaubenslehren verstehend zu begreifen. Man denke nur an das ‹Vaterunser›, wie es einer jung bekehrten Gemeinde nahegebracht werden soll. Es beginnt mit der Vorstellung eines Vaters im Himmel, die zwar mit germanischen Worten ausgedrückt werden kann, für die es aber in der germanisch-heidnischen Vorstellungswelt kaum ein Äquivalent gibt. Und wie soll eine junge Gemeinde das ‹*Geheiligt* werde Dein Name. Dein *Reich* komme› verstehen? Wie soll sie ferner die christlichen Begriffe der Schuld und Vergebung, der Versuchung und Erlösung auffassen? Bietet aber das schlichte Gebet des Herrn schon soviel Schwierigkeiten, wie unermeßlich schwierig muß es dann gewesen sein, das Glaubensbekenntnis — befrachtet mit viel dogmatischer Begrifflichkeit aus dem Geiste frühchristlicher Theologen — zu verstehen? Und wieviel anderes christliches Gedankengut galt es aufzunehmen!

Die Geistlichen und die gelehrten Theologen des Reiches waren selbstverständlich imstande, das Christentum und seine Lehren, die Bibel und die Schriften der Kirchenväter zu verstehen. Sie konnten sie auch auslegen und konnten mit eigenen Werken zur Förderung des Christentums beitragen. Aber die Sprache der Kirche und überhaupt der abendländischen Gelehrsamkeit war das Lateinische, und lateinisch war selbstverständlich auch die karolingische Geistlichkeit gebildet. Nicht darin lag die Schwierigkeit, sondern in der Vermittlung der Glaubenstatsachen und der Grundlagen des Christentums an die breite Menge des Volkes, das an der lateinischen Bildung keinen Anteil hatte. Wie ungewohnt den Geistlichen dieser Gebrauch der Volkssprache (im östlichen Reichsteil natürlich der *lingua theotisca*) war, ersieht man aus den wiederholten scharfen Ermahnungen des Kaisers. Trotzdem ist uns durch zahlreiche Zeugnisse bekannt, daß viele Geistliche vor dieser Aufgabe versagten. Es war eben unendlich schwierig, die christlichen Gedanken in der heimischen Sprache auszudrücken.

Die eben noch heidnischen Germanen kamen ja aus einer Sphäre handfest bäuerlicher Kultur und eines unbekümmerten Kriegertums. Sie hatten ihre eigenwüchsige öffentliche Ordnung gehabt, ihre nach Volksrechten gehandhabte Gerichtsbarkeit, ihre gewiß hochstehende, aber heidnisch geprägte Sittlichkeit. Mit der Eingliederung in das fränkische Reich traten sie in eine völlig andere Welt ein. Hier wirkten antike Institutionen, vor allem auch antike Bildungsgrundlagen nach, und das Vorstellungs- und Gedankengut des Christentums mußte anfangs unerhört und fremdartig erscheinen. Hunderte und Tausende von Begriffen der christlichen Glaubenslehre und darüber hinaus der philosophischen Abstraktion mußten neu erworben werden, für die die angestammte Sprache überhaupt keine Ausdrücke hatte.

Sich das antike und christliche Bildungsgut anzueignen, und mehr als das: es in der eigenen Muttersprache zu meistern, das war die kulturpolitische Aufgabe, die der Kaiser seinem Volke stellte. Er muß erkannt und gewußt haben, daß sie nicht von heute auf morgen zu bewältigen war. Sein Programm wies in eine ferne Zukunft, und jahrhundertelang haben die besten Köpfe der Nation darum gerungen, es auch nur einigermaßen zu erfüllen.

Von der Höhe des Erreichten und des in langem geistigen Ringen Gesicherten aus ist es sehr schwer, sich die rechte Vorstellung von der unendlichen, qualvollen Mühsal der Anfänge zu machen. Wenn heute ein nur einigermaßen begabter Primaner seinen Cicero ohne viel Schwierigkeiten übersetzt, wenn der junge Theologiestudent den griechischen und lateinischen Bibeltext leicht in die Muttersprache überträgt, so verdanken sie diese (relative) Mühelosigkeit der unermeßlich schwierigen Arbeit an der Entwicklung der deutschen Sprache, die die Gelehrten der althochdeutschen Zeit auf sich nahmen. Wir werden die Mühsal der Anfänge noch sorgsam zu erörtern haben (s. unten S. 86 f und Kap. XI) und greifen jetzt nur ein Beispiel aus tausenden heraus: Für den Gebildeten von heute ist die Übersetzung von *misericordia* durch ,Barmherzigkeit' oder ,Erbarmen' eine Selbstverständlichkeit. Ohne viel nachzudenken lernt man die ‹Vokabel› in der Schule und hat sie dann für alle vorkommenden Fälle zur Verfügung. Aber in der heidnischen Vorstellungswelt der Germanen fehlte der Begriff *misericordia*, und die frühen christlichen Übersetzer mußten schwer darum ringen, ihn angemessen in deutscher Sprache auszudrücken. *Miltida, miltnissa* (vgl. nhd. Milde), *ginâda* (nhd. Gnade), *êregrehtî* (Bedeutung etwa ‹ehrbare Rechtlichkeit›), *armherzîn, irbarmherzî, irbarmherzida, irbarmida, gabarmida:* das ist eine noch unvollständige Liste der althochdeutschen Versuche, des Begriffes *misericordia* in deutscher Sprache habhaft zu werden. Man erkennt leicht, was es mit diesem ‹Übersetzen› auf sich hat. Nur *ginâda* ist (so kann man wenigstens vermuten) ein altererbtes Wort, das aber ursprünglich etwa ,Schutz, Hilfe' bedeutet hat. *Miltida* und *miltnissa* sind Ableitungen (Substantivierungen) des Adjektivs *milti*, das eigentlich ,gütig, freundlich' bedeutet, und die Substantivierung muß althochdeutschen Ohren anfangs so fremd geklungen haben, wie wenn wir zum Adjektiv *milde* das Substantiv *Mildheit* bilden wollten. Noch künstlicher und fremdartiger mußten alle die anderen Übersetzungsversuche wirken. Man sah sich also gezwungen (und das bei Tausenden von lateinischen Wörtern), um den lateinischen Vorstellungsgehalt wiederzugeben, in manchen Fällen deutsche Wörter in einer neuen Bedeutung zu gebrauchen (*ginâda, milti*). Sehr viel häufiger aber war man zugleich auch zu ganz neuen künstlichen Wortbildungen gezwungen, was dieser damaligen Übersetzungssprache einen von uns kaum noch nachzuempfindenden papiernen Ton gegeben haben muß. Allerdings macht im sprachlichen Leben die Gewohnheit sehr viel aus, und im täglichen Gebrauch verliert das Neue rasch seine Fremdartigkeit und klingt bald altvertraut. Gleichwohl ist oft jahrhundertelang um die Eindeutschung lateinischer Begriffe gerungen worden. Man erprobt und verwirft und erprobt aufs neue, bis sich endlich in einem glücklichen, wortschöpferischen Augenblick diejenige Übersetzung einstellt, die dem lateinischen Vorbild am besten gerecht wird und die gleichzeitig dem deutschen Sprachgefühl angemessen ist.

Die große Aufgabe konnte nicht im ersten Anlauf gelöst werden; auch die späteren Jahrhunderte des Mittelalters haben noch fortwährend um ihre Bewältigung gerungen, und erst mit MARTIN LUTHER kam die Entwicklung zu einem gewissen Abschluß. Aber LUTHER, vielleicht der sprachgewaltigste Übersetzer, den Deutschland hervorgebracht hat, brachte mit all seiner sprachschöpferischen Kraft doch

51

eigentlich nur die Ernte ein, die in althochdeutscher Zeit ausgesät und in der mittelhochdeutschen Periode in ihrem langsamen Weiterwachsen pfleglich gefördert worden war. Schon das Mittelhochdeutsche allerdings hatte die Freiheit erlangt, neben der weiteren Arbeit an der Eindeutschung lateinischer und christlicher Sprachinhalte sich neuen Interessen und anderen sprachlichen Aufgaben zuzuwenden. Diese Entlastung aber dankt die mittelhochdeutsche Sprachperiode der ungeheuren Anstrengung, mit der in den ersten drei Jahrhunderten der deutschen Sprachgeschichte an der sprachlichen Rezeption der lateinischen Begriffs- und Gedankenwelt gearbeitet wurde. In allererster Linie besteht die Literatur der althochdeutschen Zeit aus Übersetzungen lateinischer Werke, und nur mit Ehrfurcht kann man auf diese zum Teil großartigen, immer aber ungemein ernsthaften Leistungen zurückblicken. Die besten Köpfe einer jugendfrischen Nation hatten sich, von unbezähmbarem Drang nach geistiger Eroberung beseelt, ans Werk gemacht, sich die höchsten Werte der römisch-christlichen Kulturwelt zu eigen zu machen.

Werdendes Deutsch

Wir denken nicht gering von der Trefflichkeit, Ausdruckskraft und herben Schönheit der altgermanischen Sprachen, und wir sind gern bereit, den vordeutschen Stammesdialekten dieselben edlen Eigenschaften zuzubilligen. Aber sie waren ihrer Herkunft nach ganz unberührt von der in Hellas und Rom erblühten Geisteskultur und von den großen monotheistischen Glaubensvorstellungen des Orient und des daraus erwachsenen Christentums. Darum bedeutet die Aneignung der antiken und christlichen Traditionen nicht nur eine wahrhaft unermeßliche Erweiterung der muttersprachlich erfaßten Welt; sie bedeutet vor allen Dingen die gemeinsame Europäisierung der vordeutschen Dialekte, ganz ähnlich wie die auf den gleichen germanischen Grundlagen erwachsene englische Sprache schon ein Jahrhundert früher den Weg in das abendländische Europa eingeschlagen hatte. Wir dürfen nicht übersehen, daß Antike und Christentum an der Wiege des gesamten Abendlandes gestanden haben, und wie die anderen europäischen Völker hat auch das deutsche erst durch die Aneignung der antiken und der christlichen Bildungsgüter seinen Weg in die *Roma Christiana*, d. h. in das Abendland gefunden. Daß seine Sprache es auf diesem Wege begleitet hat, ist nicht zum wenigsten das Verdienst der althochdeutschen Übersetzer. Es ist nicht selbstverständlich, daß es so kam. Die keltischen Völker Galliens und die Iberer der Pyrenäenhalbinsel haben, allerdings unter ganz anderen historischen Voraussetzungen, ihren Eintritt in das abendländische Europa mit der Preisgabe ihrer angestammten Sprachen erkauft. Den Westgoten in Spanien und Südwestfrankreich, den Burgunden in Südostfrankreich und den Langobarden in Oberitalien ist es nicht anders ergangen. Den im ostfränkischen Reich vereinigten Stämmen dagegen blieb die Muttersprache erhalten.

Den historischen Weg von den Stämmen zum deutschen Volk können wir hier nicht nachzeichnen. Es sei nur betont, daß außer vielerlei Umständen der äußeren politischen Geschichte diese den Stämmen gemeinsam aufgetragene Aneignung des antiken und christlichen Bildungsgutes Wesentliches zur Volkwerdung beigesteuert hat. Untrennbar damit verbunden ist aber auch der Entwicklungsweg der Sprache. Keiner der alten Dialekte, weder das Fränkische noch das Alemannische noch das Bairische, erwies sich als stark genug, die anderen zu überlagern und zu verdrängen. Sie bestanden nebeneinander fort. Aber sie alle erfuhren durch die neue gemeinsame Aufgabe einen starken Wandel, viel Neuerung und Ausweitung und geistige Vertiefung. Daran nahmen sie alle gemeinsam teil, und die neuen sprachlichen Errungenschaften wurden Gemeingut aller. Die äußerlichen Unterschiede, vor allem in Intonation und Lautbildung, auch wohl im Wortschatz und den gängigen Ausdrucksweisen, blieben zwar zu einem Teil erhalten und machen bis heute die Dialektunterschiede aus. Aber das Unterscheidende verlor immer mehr an Bedeutung und wurde gar zu nichts gegenüber der einen entscheidenden Tatsache: An der Aneignung der neuen Geistesbildung waren alle hochdeutschen Dialekte gleichmäßig beteiligt, und indem sie diese Kulturaufgabe gemeinsam bewältigten, wuchsen sie zu der deutschen Sprache zusammen. In der sprachlichen Aneignung der abendländischen Kultur entstand aus den verschiedenen Dialekten, die wir — ohne sie damit herabsetzen zu wollen — als Bauernmundarten charakterisieren dürfen, etwas Neues, sie alle Überwölbendes und Einbeziehendes: die deutsche Sprache.

Ein Wort ist noch über den Entwicklungsweg des Altsächsischen erforderlich. Es stand den hochdeutschen Dialekten beträchtlich fern. Der Unterschied war wohl nicht so groß wie der zwischen dem heutigen Deutsch und dem Holländischen, aber doch so bedeutend, daß die meisten Germanisten geneigt sind, das Altsächsische nicht als einen Dialekt, sondern als eine eigene germanische Sprache anzusehen. Sie hatte sich auch auf nordseegermanischer Grundlage in den langen Jahrhunderten der trotzigen sächsischen Selbständigkeit ganz anders entwickeln müssen als die Mundarten der hochdeutschen Stämme. Erst als KARL DER GROSSE die Sachsen unterwarf, wurden die Voraussetzungen für eine neue, viel weitere politische und kulturelle

Verkehrsgemeinschaft geschaffen. Reichlich dreißig Jahre nach diesem Ereignis, um das Jahr 840, entstand der ‹Heliand›, das große altsächsische Bibelepos. Wo er gedichtet und niedergeschrieben wurde, ist nicht sicher ermittelt, seine Mundart hat sich in dem weiten sächsischen Raum nicht lokalisieren lassen. Seine Sprache zeigt, besonders in der einen der beiden Haupthandschriften, kräftige Einflüsse der fränkischen Mundart, vor allem in der Verwendung nichtsächsischer Vokale. Aber das ist ein Versuch ohne Folgen geblieben, die späteren niedersächsischen Dialekte verraten nichts mehr von diesem lautlichen Einfluß. Aber der Dichter des ‹Heliand› war im Kloster Fulda erzogen worden, der Hochburg und dem Zentrum der deutschen Bildung karolingischer Zeit; das verraten seine Gedankenwelt und sein christlicher Wortschatz. So wird auch das Altsächsische von derselben Integrationsbewegung ergriffen, die die hochdeutschen Dialekte einem neuen höheren Ziel entgegenlenkt. Im ‹Heliand›, der noch sehr viel Sächsisch-Eigenwüchsiges enthält, sind nur erst die Anfänge dieser Entwicklung wahrnehmbar, und danach verstummen zunächst die altsächsischen Sprachzeugnisse. Als drei Jahrhunderte später die Quellen wieder zu fließen beginnen, hat sich die Sprache entscheidend gewandelt. Die Integration ist fortgeschritten, der deutsche Charakter ihres Wort- und Ausdrucksschatzes tritt nun viel auffälliger hervor. Mit Recht wird dieser neue Sprachzustand nicht mehr als Sächsisch, sondern als Mittelniederdeutsch bezeichnet. Offensichtlich ist die fremde, wenn auch nahe verwandte germanische Sprache der Altsachsen in der Zwischenzeit eingedeutscht worden.

Dies ist nicht nur ein besonders deutliches Beispiel für die sprachbeeinflussende Wirkung der Verkehrsgemeinschaften, d. h. des großen politischen Verbandes des ostfränkischen Reiches. Es beweist zugleich, daß auch der nördlichste deutsche Stamm sich an der kulturellen Aufgabe, die allen gestellt ist, beteiligt und daß dadurch auch seine Sprache an dem großen Integrationsgeschehen teilnimmt.

Wollten wir sehr genau sein, so müßten wir das Fränkische, Alemannische und Bairische des 8.–10. Jahrhunderts, und erst recht das Altsächsische, noch als ‹vordeutsche› germanische Dialekte bezeichnen. So weit wollen wir nicht gehen; denn wir müßten dann auch die gewohnte zusammenfassende Bezeichnung ‹Althochdeutsch› opfern. Man braucht auch nicht so rigoros zu verfahren, wenn man die weitere Entwicklung im Auge hat; denn die Bewegung der Dialekte auf ein gemeinsames Ziel hin hat ja schon begonnen. Aber auch unter diesem Gesichtspunkt müssen wir, solange wir uns mit der althochdeutschen Zeit beschäftigen, von ‹werdendem Deutsch› reden. Das große historische Ereignis unserer Sprachgeschichte ist eben dieses, daß die alten, noch dem heidnischen Germanentum verbundenen Dialekte unter dem Zwang der politischen Entwicklung einander angenähert und unter dem Einfluß von Antike und Christentum gemeinsam europäisiert werden. In diesem Integrationsvorgang schließen sie sich zu der neuen deutschen Kultursprache zusammen. Der Augenblick, in dem von den Stämmen diese neue Gemeinsamkeit erkannt und anerkannt wird, ist nicht nur die Geburtsstunde eines deutschen Volksbewußtseins, sondern auch die der deutschen Sprache. NOTKERS *in diutiscun* wirkt wie ein Vorklang, eine aufdämmernde und wieder preisgegebene Erkenntnis. Erst im ‹Annolied› und in der ‹Kaiserchronik› ist ‹deutsch› zu einem festen, bleibenden Begriff geworden.

IV. DAS ALTHOCHDEUTSCHE IM KREISE DER GERMANISCHEN SPRACHEN

Der eigentlich erregende, historisch bedeutsame Vorgang ist die innere Geschichte der deutschen Sprachwerdung, eben die sprachliche Aneignung von Antike und Christentum und damit der Eintritt des Deutschen in den Kreis der europäischen Kultursprachen. Bevor wir uns aber dieser Entwicklung zuwenden, scheint es erforderlich, doch wenigstens in Umrissen auch ein äußeres Bild von der Eigenart des Althochdeutschen und seiner Stellung im Rahmen der anderen germanischen Sprachen zu skizzieren.

Gotisch und Westgermanisch

In Nr. II des Anhangs sind der gotische, je ein altenglischer und altsächsischer und sechs verschiedene althochdeutsche Texte von Übersetzungen des ‹Vaterunsers› abgedruckt. Sie sollen als Grundlage dienen, um Gemeinsamkeiten und Unterschiede in diesen vier germanischen Sprachen festzustellen. Unschwer entdeckt man im gotischen Text eine Reihe von Wörtern, die ganz ähnlich im Altenglischen (Ae.), Altsächsischen (As.) und Althochdeutschen (Ahd.) wiederkehren.

Unter den Hauptwörtern kommt *namo* im Got., Ahd. und As. vor, und ae. *nama* gleicht dem Wort der anderen Sprachen bis auf die Endung. Ebenso gleichen sich auch got. *airthai*, ahd. *erthu, erdu, erdo*, as. *erdo*, ae. *erthan*. Auch got. *wilja*, ahd. *willeo, willo*, as. *willeo*, ae. *willa* sind einander ziemlich ähnlich. Das got. *skulam* findet sich wenigstens im altbair. *scolom* (II, 5) wieder, und got. *hlaif* in ae. *hláf*. Dieses Wort ist zufällig nicht in den altdeutschen ‹Vaterunser›-Texten überliefert, es ist aber auch im Deutschen heimisch und lebt noch heute weiter in unserem ‹ein Laib Brot›.

Auch die gotischen Zeitwörter kommen zum Teil in den anderen Texten wieder vor, vor allem got. *qimai* und *wairthai* in ahd. *qhueme, queme, chome* und *werdhe, werde*, as. *cuma, werda*, ae. (mit besonderen Vorsilben) *tóbecume* und *geweorthe*. Got. *gif* ist identisch mit as. *gef*, ahd. *gib, kib, kip* und dem an anderer Stelle stehenden ae. *forgyf*. Got. *aflêt* gehört zum Infinitiv got. *lêtan*, as. *lâtan*, ahd. *lâzan* ‚lassen‘; das Wort kommt, wenn auch mit anderen Vorsilben, überall in den deutschen Texten vor und fehlt nur zufällig im Ae. Got. *lausei* ist dasselbe Wort, das uns im Ahd. als *lôsi, arlôsi*, im Ae. als *âlŷs* begegnet, und got. *briggais* kehrt im ‹altbairischen Vaterunser› (Nr. 5 a) als *princ* wieder.

Die Pronomina ‚wir, uns, unser, dein‘ zeigen ebenfalls Verwandtschaft in allen vier Sprachen, wenn auch Unterschiede vorhanden sind, und das got. *ak* ‚sondern‘ findet sich zwar nicht im Ahd., wohl aber im As. und Ae. In allen diesen Übereinstimmungen haben wir es mit altgermanischem Spracherbe zu tun, das aus alter Zeit überkommen in allen Sprachen weiterlebt.

In anderen Fällen ist die Verwandtschaft spürbar, aber die Dialekte zeigen doch eine eigene Entwicklung. Die zweite Silbe von got. *himinam*, Nominativ *himins*, weicht ab von ahd. as. *himil;* und as. *heban*, ae. *heofon* zeigen wieder eine andere Bildung. Daß got. *himma daga* ‚an diesem Tag‘ mit ahd. *hiutu, hiuto* verwandt ist, kann nur der Etymologe erkennen, und im ae. *tó daeg* ist zwar wie im Got. das Wort ‚Tag‘ erkennbar, aber der erste Bestandteil fehlt dem Got. und dem Ahd. Das got. *weihnai* ‚geheiligt werde‘ ist zwar im Stamm mit ahd. as. *giwîhit sî* verwandt, ist aber in der Form ganz anders gebildet. Trotz spürbarer Verwandtschaft steht hier also das Gotische den westgermanischen Sprachen doch einigermaßen fern.

Deutlicher noch zeigt sich die Sonderstellung des Gotischen in einigen Wörtern und Wortbildungen. Wo im As. Ae. Ahd. *rîki, rîce, rîhhi* steht, hat das Got. einmal *thiudangardi* ‚Königreich‘ und einmal das Abstraktum *thiudinassus*, das man etwa mit ‚Königtum‘ wiedergeben kann. Zwar kommt das Grundwort got. *thiudans* ‚König‘ als *théoden* auch im Ae. vor, aber die Weiterbildungen fehlen im Ae., und im Ahd. und As. ist auch das Grundwort nicht belegt. Auch das got. *fraistubnjai*, Nominativ *fraistubni* ‚Versuchung‘ ist ein im germanischen Westen unbekanntes Wort. In unseren westlichen Denkmälern wird es durch ahd. *korunga, kostunga*, ae. *costnung* daneben *costung*) ersetzt, die mit ‚küren, kiesen, kosten‘ verwandt sind. Auch das got. *sinteins* ‚immerwährend‘ (in der ersten Silbe mit lat. *semper* ‚immer‘ verwandt) kommt im Westen nicht vor. Daß in den althochdeutschen Texten das lat. *cotidianus* teils durch *tagalîh*, teils durch *emezzîg* ‚immerwährend‘ (in unserem *emsig* fortlebend) übersetzt wird, bezeichnet keinen Dialektunterschied, sondern geht auf unterschiedliche gelehrte Auslegung des lateinischen Textes zurück.

Wir könnten, selbst anhand unserer kurzen Textproben, noch auf manche weitere Unterschiede hinweisen. Nur ein lehrreiches Beispiel sei noch angeführt. Wenn die vollen gotischen Endungen im Westgermanischen geschwächt erscheinen oder gar geschwunden sind (got. *unsaraim*: ahd. *unsarêm, unseren*, ae. *ûrum*, got. *qimai, wairthai*: ahd. *queme, werde*, ae. *cume, weorthe*, got. *lausei*: ahd. *lôsi, lôse*, ae. *lŷs*), so haben wir das einer allgemeinen Entwicklungstendenz der germanischen Sprachen zuzuschreiben. Da das Germanische den im

Indogermanischen beweglichen Akzent stets auf die erste Silbe zurückzieht und da diese Silbe durch starken Nachdruck vor den unbetonten hervorgehoben wird, werden die Mittel- und Endsilben vernachlässigt und verfallen allmählich. Am radikalsten hat sich diese Entwicklung im Englischen durchgesetzt, wo die germanischen Erbwörter heute zum größten Teil einsilbig geworden sind. Aber nicht alle Unterschiede der ahd., as. und ae. Endungen vom Gotischen lassen sich auf diese Weise erklären. Aus dem *a* in got. *wilja* kann nach den uns bekannten Lautgesetzen nicht das *o* von ahd. as. *willeo*, *willo* werden (wohl aber aus diesem das ae. *willa*), und nie könnte eine Abschwächung von got. *airthai* zu ahd. as. *erthu*, *erdo* führen. In einer Form wie ahd. *furlâzemês* statt got. *aflêtam* ist sogar ein Zuwachs festzustellen. Fälle solcher Art weisen genau wie die vorher erwähnten Unterschiede des Wortschatzes und der Wortbildung darauf hin, daß das Gotische und die westgermanischen Sprachen verschiedene Entwicklungswege gegangen sind, und der Sprachvergleicher erkennt aus der Fülle gleichartig gelagerter Fälle, daß das Gotische zu der als ostgermanisch bezeichneten Sprachgruppe, das Deutsche aber zu der westgermanischen gehört.

Westgermanische Spracheinheit

Wir haben eben auf die Sonderentwicklung einiger Flexionsendungen in den westgermanischen Sprachen hingewiesen. Vollständigkeit ist dabei nicht beabsichtigt; aber die auffälligste Erscheinung dieser Art muß doch kurz erörtert werden, obwohl sie an ‹Vaterunser›-Übersetzungen nicht zu beobachten ist. Das Indogermanische verfügte über ein sehr reich entwickeltes Formensystem beim Zeitwort (das Altgriechische spiegelt diese Verhältnisse einigermaßen deutlich wider), darunter auch mehrere Zeitformen der Vergangenheit. Die germanischen Vergangenheitsformen sind nun im allgemeinen aus dem idg. Perfekt entwickelt worden. Die entsprechenden Formen in der 2. Person der Einzahl lauten dementsprechend im Gotischen und Altnordischen auf -*t* aus, z. B. got. *halft*, an. *halpt* ‚du halfst‘. Während nun in den anderen Vergangenheitsformen die westgermanischen mit den ost- und nordgermanischen Sprachen übereinstimmen, bilden sie diese 2. Person aus einer alten idg. Aoristform: ahd. *hulfi*, as. *hulpi*, ae. *hulpe*, *hylpe*. Das ist eine unerklärte Unregelmäßigkeit, die alle westgermanischen Sprachen gemeinsam haben, um so merkwürdiger, als sie nur bei den starken Verba vorkommt, während die sogenannten Präteritopräsentia das -*t* im Westgermanischen genauso wie der Osten und Norden bewahrt haben: ‚Du magst‘ z. B.

heißt im gesamten germanischen Sprachgebiet *maht*, ,du sollst'
scalt, ein Zeichen, daß diese regelmäßige Endung auch im Westen bekannt war.

Wichtiger und charakteristischer ist eine andere Erscheinung, die
alle westgermanischen Sprachen gegenüber dem Osten und Norden
verbindet, die sogenannte westgermanische Konsonantendehnung.
Sie läßt sich in vielen Hunderten von Wörtern nachweisen, wenn
auch der Text unserer Übersetzungen zufällig nur ein einziges Beispiel bietet. Got. *wilja* erscheint im An. in der Form *vilja*, *vili* (*v* ist
wie *w* zu lesen); sämtliche ahd., as. und ae. Texte zeigen dagegen
Formen mit *ll*, nämlich *willeo, willo, wille*, und im Altfriesischen lautet das Wort wie im Ae. *willa*.

Das Lautgesetz, das aus Beobachtungen wie dieser abgeleitet wird,
besagt, daß in den westgermanischen Sprachen vor unmittelbar folgendem *j* jeder Konsonant außer *r* gedehnt wird; in beschränkterem
Umfang können auch unmittelbar folgende *w*, *r*, *l* und vermutlich
auch *m* und *n* dieselbe Wirkung haben. Da aber gerade das *j* in der
germanischen Wort- und Formenbildung eine sehr wichtige Rolle
spielt, bildet diese Konsonantendehnung ein sehr wichtiges gemeinsames Charakteristikum der westgermanischen Sprachen. So lautet
z. B. unser heutiges Wort *bitten* ahd. *bitten*, as. *biddian*, ae. *biddan*,
dagegen got. *bidjan* und an. *bidia*. Ein altes *j* im Präsens ist für den
Konsonantenunterschied im heutigen *sitzen, gesessen* verantwortlich
(vgl. as. *sittian, gisetan*), und ebenso lassen sich heutiges *heiß — hit-*
zig, biegen — bücken, schöpfen — geschaffen und viele andere Paare
mit ungleichen Konsonanten durch Fehlen oder Vorhandensein eines
alten *j* erklären.

Diese gemeinsamen Neuerungen der westgermanischen Sprachen,
von denen hier nur die beiden auffälligsten erwähnt wurden, lassen
mit Sicherheit darauf schließen, daß zwischen den westlichen Germanenstämmen längere Zeit hindurch eine Verkehrsgemeinschaft bestanden haben muß, an der der Norden und Osten Germaniens keinen Anteil hatten.

Nordseegermanisch

Stehen also in den genannten Erscheinungen die westgermanischen
Sprachen geschlossen dem Gotischen und Nordischen gegenüber, so
lassen doch schon unsere knappen Textproben erkennen, daß innerhalb des Westgermanischen das Altenglische und Altsächsische gegenüber dem Hochdeutschen gemeinsame Züge aufweisen und enger bei-
einanderstehen. Am auffälligsten sind in unseren Textproben die

mancherlei Formen mit Nasalschwund im Ae. und As. Wo die ahd. Texte übereinstimmend mit dem Gotischen *uns* bieten, heißt es im Ae. und As. *ûs*, und für got. ahd. *unsar* steht im As. *ûsa*, im Ae. *ûre* nebst *ûrne* und *ûrum* (aus älteren *ûsre*, *ûs(a)rne*, *ûsrum*). Die Etymologie beweist durch die Verwandtschaft mit lat. *nos*, *noster*, daß das *n* in diesen Formen alt ist. Während also das Got. und Ahd. den ererbten Bestand bewahren, sind im Ae. und As. (dazu im Afries.) gemeinsame Neuerungen eingetreten.

In unserem as. Text können wir die gleiche Erscheinung noch an dem Wort *ôdrum* ,anderen‘ beobachten; dies fehlt zwar in der ae. Textprobe, aber man braucht nur an das heutige engl. *other* zu erinnern, um auch hier die as. ae. Gemeinsamkeit festzustellen. Ebenso steht dem got. ahd. Zahlwort *fimf*, *finf* ,fünf‘, das as. ae. afries. *fîf* gegenüber. Diese wenigen Beispiele reichen hier zur Demonstration der Lautregel aus, daß in den westgermanischen Küstenmundarten *n* (und *m*) vor den stimmlosen Reibelauten *f*, *th* und *s* ausgefallen ist, wobei der vorhergehende Vokal gelängt wurde (Ersatzdehnung). Nur vor dem vierten stimmlosen Reibelaut, dem *h* (zu sprechen wie unser *ch*) ist der *n*-Ausfall unter Ersatzdehnung in allen germanischen Sprachen durchgedrungen; daher steht noch im heutigen Deutsch die *n*-lose Form *dachte* neben *denken*: got. *thagkjan* (*gk = nk*) — *thâhta*, an. *thekkia* — *thâtta* (aus *thenkia* — *thâhta*) ahd. as. *thenken*, *denken* — *thâhta*, *dâhta*, ae. *thenkean* — *thôhte*. Man kann somit feststellen, daß eine Lautentwicklung, die in den anderen germanischen Sprachen nur durch das *h* bewirkt wird, also in den Anfängen steckengeblieben ist, in den Küstenmundarten konsequent weitergeführt wurde.

Als weitere Gemeinsamkeit beobachten wir an unseren ae. und as. Texten eine Pronominalform ohne -*r*: as. *wî*, ae. *wê*, wo das Ahd. *wîr* hat, entsprechend dem got. *weis*, dessen *s* sich lautgesetzlich später zu *r* wandeln mußte. Ebenso heißt ,ihr‘ im As. Ae. *gi*, *ge* ohne *r*, und das Pronomen ,er‘, got. *is*, ahd. *er*, wird im Ae. und As. von einem anderen Wortstamm gebildet und lautet dort *he*.

Man könnte noch viele weitere Übereinstimmungen zwischen dem Altsächsischen, Altenglischen und Altfriesischen anführen, und in vielen Fällen schließt sich auch das Niederfränkische in den Mündungsgebieten von Rhein, Maas und Schelde diesem Kreise an. Entscheidend ist dabei, daß es sich um gemeinsame Neuerungen und Abweichungen vom Ererbten handelt. Wir haben es also, genau wie bei den früher erörterten Neuerungen des Westgermanischen, gewissermaßen mit sprachlichen Moden zu tun, die sich über ein bestimmtes Gebiet ausbreiten. Das setzt aber voraus, daß dieses Gebiet in einer Verkehrsgemeinschaft vereinigt war, bis zu deren Grenzen die sprachlichen Neuerscheinungen sich ausbreiten konnten. Man wird auch leicht einsehen, daß zur Feststellung einer derartigen Gruppierung die Bewahrung des ererbten Alten nichts beiträgt; denn das Alte kann natürlich überall und unabhängig von der Nachbarschaft bewahrt werden. Nur gemeinsame Neuerungen lassen den sicheren Schluß auf sprachliche Gruppenbildung zu, und da die hier erwähnten Neuerungen deutlich auf die an den Küsten der Nordsee gesprochenen germanischen Mundarten beschränkt sind, sprechen wir heute von einer nordseegermanischen Verkehrsgemeinschaft und Sprachgruppe. FERDINAND WREDE (L H 71), der 1919 als erster auf diese Gemeinsamkeiten aufmerksam machte, nannte diese Sprachen ‚ingwäonisch', indem er sie für jüngere Zeugen der Sprache des von TACITUS erwähnten Ingwäonen-Bundes hielt. Inzwischen hat man aber, wie oben in Kapitel II erörtert, gelernt, die jüngeren, historisch nachweisbaren Völkerbewegungen als sprachbildende Faktoren zu erkennen, und wir können nicht mehr annehmen, daß sich in den oben skizzierten Neuerungen noch die Verhältnisse aus der Zeit um Christi Geburt widerspiegeln. Daher die neue Bezeichnung ‹Nordseegermanisch› und die historisch begründete Ansicht, daß diese Verkehrsgemeinschaft etwa in der Zeit vom 3. bis zum 8. Jahrhundert zu den gemeinsamen Neuerungen in den Küstensprachen führte. Wir halten also das Nordseegermanische für jünger als die westgermanische Verkehrs- und Sprachgemeinschaft, für eine Ausgliederung also. Es läßt sich allerdings nicht leugnen, aber auch nicht nachweisen, daß uralte Sonderformen, die dann wohl ingwäonisch genannt werden dürften, in den Küstenmundarten auch während der engeren westgermanischen Gemeinschaft bewahrt geblieben sein könnten.

Noch das heutige Niederdeutsch hat alte nordseegermanische Züge, z. B. die erwähnten r-losen Pronomina, zäh bewahrt, in vielen anderen Fällen aber sind nordseegermanische Spracheigentümlichkeiten, die das Altsächsische noch zeigt, seither ausgemerzt worden. Als etwa drei Jahrhunderte nach der Niederschrift des ‹Heliand› die Texte wieder einsetzen, hat die Mundart sich stark gewandelt. Die Formen ôthar, ôdrum des ‹Heliand› z. B. finden sich nirgends mehr, überall heißt es ander, anderen. Viele Beispiele ähnlicher Art sind Anzeichen, daß das Niederdeutsche sich aus der nordseegermanischen Gemeinschaft gelöst hat. Formen wie ander können nur aus hochdeutschem Bereich stammen und beweisen, wie weit in der Zwischenzeit die Eindeutschung fortgeschritten ist. Die sprachlichen Auswirkungen des Überganges aus einer Verkehrsgemeinschaft in die andere werden hier deutlich wahrnehmbar.

Der bisherige Vergleich hat gezeigt, daß das Hochdeutsche viele Erscheinungen mit allen germanischen Sprachen gemeinsam hat; ferner sind im Hochdeutschen Neuerungen zu erkennen, die in sämtlichen westgermanischen Sprachen durchgedrungen sind. Von der nordseegermanischen Gruppe innerhalb des Westgermanischen sahen wir es dagegen ausgeschlossen. Es fragt sich nun, ob das Hochdeutsche nur konservativ die westgermanischen Traditionen fortsetzt, oder ob es nicht auch spezifische Neuerungen gibt, die die Gruppe der hochdeutschen Mundarten deutlich aus dem Kreis der übrigen westgermanischen Sprachen herausheben.

Derartige Neuerungen sind in der Tat vorhanden. Wir sehen davon ab, daß das germanische Wort *fadar*, *fader*, got. as. *fadar*, ae. *fæder* in allen unseren ahd. Textproben als *fater* erscheint, germ. *d* also zu *t* geworden ist, und von einigen anderen Konsonanten- und Vokalveränderungen, die in anderem Zusammenhang erwähnt werden sollen. Nur eine einzige Lauterscheinung ist von grundsätzlicher Bedeutung, und sie genügt vollauf, dem Althochdeutschen eine Sonderstellung innerhalb der westgermanischen wie überhaupt der germanischen Sprachen zuzuweisen.

In allen abgedruckten Probetexten des althochdeutschen ‹Vaterunsers› kommt das Wort *rîhhi*, *rîchi*, *rîche* vor. Im As. lautet es *rîki*, im Ae. *rîce* (*c* ist hier wie *k* zu sprechen), und im Got. heißt es *reiki* (in unserer got. Textprobe nicht bezeugt). Wo also die anderen germanischen Sprachen den Verschlußlaut *k* bieten, hat sich im Ahd. ein Reibelaut (Spirans) entwickelt; denn die ahd. *hh*, *ch*, oft auch nur *h*, wie in der Probe 5 b, bezeichnen den heutigen Laut *ch*, und zwar den velaren *Ach*-Laut, nicht den palatalen *Ich*-Laut. Für diesen Lautübergang ist zwar in den Textproben *rîhhi* zufällig das einzige überall vorkommende Beispiel; aber dieser Übergang vom Verschluß- zum Reibelaut tritt lautgesetzlich fast überall ein, wo die anderen germanischen Sprachen ein altes *t*, *p* oder *k* bewahren, und gibt dem Hochdeutschen bis heute sein besonderes und unverwechselbares Gepräge. Es handelt sich dabei um ein Lautgesetz, das in seinen Grundzügen von Jacob Grimm aufgedeckt und als ‹zweite› oder ‹hochdeutsche Lautverschiebung› bezeichnet wurde.

Althochdeutsche Rechtschreibung

Bevor wir allerdings darauf eingehen, muß ein Problem wenigstens angedeutet werden, das dem philologisch nicht geschulten Leser erhebliche Schwierigkeiten bereitet, nämlich die Frage der althochdeutschen Orthographie. Alle im Anhang abgedruckten Textproben lassen erkennen, wie uneinheitlich die althochdeutsche Rechtschreibung ist. Die altdeutschen Schreiber standen vor der unüberwindlichen Schwierigkeit, sich der 24 Zeichen des lateinischen Alphabets bedienen zu müssen, die ganz ungeeignet waren zur Wiedergabe des völlig anders gearteten altdeutschen Lautsystems, und gerade die neuen, durch die zweite Lautverschiebung entstehenden Laute widersetzten sich besonders hartnäckig der eindeutigen schriftlichen Fixierung. Daher die vielfältigen Schreibungen für das Wort *rîchi*. In den ‹Straßburger Eiden› (Anhang I) kommt die orthographisch auffällige Form *forbrihchit* vor. Im As. würde sie *farbrikid* heißen; ahd. *hch* ist also Zeugnis für einen Vorgang der Lautverschiebung, und der Schreiber hat sich bemüht, einen Doppellaut wiederzugeben, den wir etwa durch *ch-ch* wiedergeben müßten, wenn er in unserer heutigen Sprache noch vorhanden wäre. Aber in anderen Texten könnte man auch die Schreibungen *bricchit, brihhit, brichit* finden, und immer wäre dieser Doppellaut gemeint. Man muß schon geschulter Philologe sein, um zu wissen, daß diese *hh, ch* in *brihhit* einen anderen Lautwert bezeichnen als in *rîhhi*, wo nach den Lautgesetzen nur ein einfaches *ch* gemeint sein kann. Und wenn *khorunka, chorunka* geschrieben wird, so lehren die Verschiebungsgesetze, daß in diesem Fall der Laut *kch*, eine Verbindung von Verschluß- und Reibelaut (Affrikata) gemeint ist.

Auch das Zeichen z unserer Texte ist vieldeutig. In *emezzîg, ûzzan* und *lâzzemês* ist ein gedehntes stimmloses *s* damit gemeint (etwa wie unser *ß, ss* in *Schloß, Schlösser*, aber von längerer Zeitdauer). Ungedehnt liegt dieses stimmlose *s* auch in *lâz* und *tagalîhhaz* vor. Unser heutiger z-Laut (Verbindung von *t* mit stimmlosem *s*, also eine Affrikata) ist dagegen in ahd. *zuhti* (Nr. 8) gemeint. Zur Verdeutlichung verwendet man in grammatischen Schriften, und so auch in den folgenden Beispielen, das Zeichen z zur Wiedergabe der Affrikata, zz oder tz zur Bezeichnung der gedehnten Affrikata (etwa = t-ts), dagegen ʒ und ʒʒ, um den einfachen und den gedehnten Reibelaut (unser *ß, ss*) wiederzugeben. Dagegen bezeichnet das *s* im Ahd. einen hinter der Zahnreihe (postdental) gebildeten Laut (zwischen heutigem *s* und *sch* stehend), den unsere heutige Sprache nicht mehr hat. Der Unterschied zwischen den beiden s-Lauten *s* und ʒ muß aber im Althochdeutschen deutlich wahrnehmbar gewesen sein; denn bei sorgfältigen Schreibern kommen niemals Verwechslungen zwischen beiden vor.

Die althochdeutsche Rechtschreibung stellt den Philologen noch vor zahlreiche weitere Probleme. Es gab eben noch keine einheitliche

Regelung, und oftmals mußten sogar die gleichen lateinischen Zeichen dazu dienen, in den einzelnen Dialekten ganz verschiedenartige Laute zu bezeichnen. So kann z. B. das Zeichen *b* je nach Dialekt bald einen Reibelaut (*v*), bald eine stimmhafte Media, bald auch eine stimmlose Lenis bezeichnen. In solchen Fällen hilft auch dem Fachmann nur die vorsichtige Anwendung von Erkenntnissen der modernen Mundartforschung auf jene längst vergangene Zeit, und vor Irrtümern ist man dabei nicht immer sicher. In jedem Kloster, wo überhaupt deutsch geschrieben wurde, entwickelten sich in althochdeutscher Zeit eigene Schreibtraditionen. Da aber die Mönche oft aus weiter Ferne kamen, brachten sie nicht selten auch ihre Schreibgepflogenheiten von weither mit. Wenn außerdem Handschriften, die man aus fremden Klöstern entliehen hatte, abgeschrieben wurden, so entstanden oft die seltsamsten Mischungen zwischen der eigenen Orthographie und der der Vorlage, wobei man natürlich auch noch etwaige Dialektunterschiede zwischen Vorlage und Abschrift zu berücksichtigen hat. Um die Ergebnisse der hochdeutschen Lautverschiebung einigermaßen verständlich zu machen, bedienen wir uns daher im Folgenden einer normalisierten Schreibung, wie sie in dieser Regelmäßigkeit in keiner einzigen althochdeutschen Handschrift verwirklicht ist.

Die hochdeutsche Lautverschiebung

Nur drei Konsonanten sind von der ahd. Lautverschiebung betroffen, nämlich die germanischen stimmlosen Verschlußlaute *p, t, k*. Daraus entstehen im Althochdeutschen regelmäßig gedehnte Konsonanten, und zwar je nach der Stellung im Wort entweder gedehnte Reibelaute (Spiranten) nämlich *ff, ʒʒ* (= nhd. *ss*) und *hh* (d. h. *ch-ch*) oder die Verbindungen von Verschluß- und Reibelaut (Affrikaten) *pf, z* (= *ts*) und *kh, ch* (= *kch*).

Steht germ. *p, t, k* im Inlaut eines Wortes nach Vokal, so entstehen die gedehnten Spiranten. Aus systematischen Gründen ist anzunehmen, daß auch im Wortauslaut nach Vokal zunächst gedehnte Reibelaute entstanden. Doch müssen diese schon vor Beginn der schriftlichen Überlieferung gekürzt worden sein; das zeigt sich orthographisch in der von Anfang an herrschenden Einfachschreibung der Spiranten im Auslaut.

Folgende Beispiele zeigen das Ergebnis der Lautverschiebung (1. im Inlaut, 2. im Auslaut nach Vokal):

germ. *p* wird zu ahd. *ff*:		1. as. *opan*	ahd. *offan* ‚offen'
		2. as. *skip*	ahd. *skif* ‚Schiff'
t	*ʒʒ*:	1. as. *etan*	ahd. *eʒʒan* ‚essen'
		2. as. *hwat*	ahd. *hwaʒ* ‚was'
k	*hh*:	1. as. *makôn*	ahd. *mahhôn* ‚machen'
		2. as. *ik*	ahd. *ih* ‚ich'

Gegenüber der Verschiebung der germ. *p*, *t*, *k* zu gedehnten Spiranten sieht die Verschiebung zu Affrikaten unfertig aus. Man kann sich vorstellen, daß z. B. germ. *p* in einem langwierigen Prozeß über *ph* (behauchtes *p*, wie es heute in Norddeutschland gesprochen wird), allmählich zu *pf* und erst im Endergebnis zu *ff* geworden ist. Unter dieser Sicht darf man die Verschiebung, die nur bis zur Affrikata führt, als eine unvollständige ansehen. Sie wäre also auf halbem Wege stehengeblieben. Für diese Auffassung spricht, daß die Verschiebung von *p*, *t*, *k* zur Affrikata überall dort eintritt, wo die Stellung des Lautes im Wort der vollen Verschiebung gewisse Hindernisse entgegensetzt, nämlich im Anlaut (1), im In- und Auslaut nach Konsonant (2, 3) und in dem Sonderfall der Doppelkonsonanz (4). Wir führen folgende Beispiele an:

germ. *p* wird zu ahd. *pf*:		1. as. *plegan*	ahd. *pflegan* ‚pflegen'
		2. as. *kempio*	ahd. *kempfo* ‚Kämpfer, Kämpe'
		3. as. *gelp*	ahd. *gelpf* ‚Hohn'
		4. as. *skeppian*	ahd. *skeppfen* ‚schöpfen'
t	*z*:	1. as. *tehan*	ahd. *zehan* ‚zehn'
		2. as. *herta*	ahd. *herza* ‚Herz'
		3. as. *holt*	ahd. *holz* ‚Holz'
		4. as. *sittian*	ahd. *sitzen* ‚sitzen'
k	*kh, ch*:	(Diese Verschiebung ist nur im Süden des hochdeutschen Sprachgebiets eingetreten. Unsere heutige Schriftsprache zeigt hier überall unverschobenes *k*)	
		1. as. *korn*	ahd. *khorn, chorn* ‚Korn'
		2. as. *dunkar*	ahd. *tunchal* ‚dunkel'
		3. as. *folk*	ahd. *folch* ‚Volk, Schar'
		4. as. *akkar*	ahd. *acchar* ‚Acker'

Daß die Verschiebung von germ. *t*, *p*, *k* in den Lautverbindungen *st*, *sp*, *sk* und in *ht*, *ft*, *tr* unterbleibt, sei ohne Angabe weiterer Beispiele als Ausnahme notiert.

In vielen grammatischen und sprachgeschichtlichen Darstellungen ist es üblich, auch die Veränderungen der germanischen stimmhaften Reibelaute *b̄*, *d̄*, *g* im Althochdeutschen unter dem Gesichtspunkt der zweiten Lautverschiebung zu betrachten. Diese Laute können im Althochdeutschen, je nach dem Dialekt, in sehr verschiedener Gestalt auftreten, das alte *b̄* (dem *v* in *Vase* ähnlich) als *b*, *p*, *v* oder *f*, das *d̄* (wie *th* in engl. *that*) *als d* und *t*, das *g* (stimmhafter *Ach*-Laut) als *g*, *k* und *ch*. Aber einerseits gehen parallele Lautentwicklungen weit über das hochdeutsche Sprachgebiet ins Westgermanische hinaus, anderseits sind einige dieser Lautwandlungen auf das Bairische und Alemannische beschränkt und haben selbst in diesen Dialekten nur zeitweise Gültigkeit gehabt. Es ist daher vorteilhafter, diese untypischen und schwankenden Lautänderungen nicht unter dem Begriff ‹Lautverschiebung› mitzuerfassen. Man betrachtet sie besser unabhängig davon als Erscheinungen eigener Art.

Überhaupt ist die gemeinsame Behandlung der germ. *p*, *t*, *k* und der mißverstandenen germ. *b*, *d*, *g* (statt *b̄*, *d̄*, *g*; der spirantische Charakter dieser Laute wurde erst spät erkannt) nur aus der Geschichte der germanistischen Wissenschaft zu erklären. Denn die Tenues *p*, *t*, *k* und die Mediae *b*, *d*, *g* (aber nicht nur diese beiden indogermanischen Lautreihen) wurden schon von der ersten germanischen Lautverschiebung betroffen. Daher glaubte man, unter dem von JACOB GRIMM geprägten Begriffswort ‹erste und zweite Lautverschiebung› zweimal einen gleichartigen Vorgang erkennen zu sollen.

Aber schon die Bezeichnung ‹Lautverschiebung› ist unglücklich. Zahlreich sind die Lautveränderungen in der Geschichte aller Sprachen. Dagegen erweckt der nur auf die germanischen Sprachen und hier nur auf eine einzige von vielen Veränderungen angewandte Ausdruck ‹Verschiebung› den Anschein, als handle es sich um eine ganz einzigartige Erscheinung. Vor allem aber behindert die gemeinsame Bezeichnung die Einsicht, daß die germanische und die althochdeutsche Lautverschiebung ihrem Wesen nach zwei völlig verschiedene Erscheinungen sind. In der germanischen Lautverschiebung, einschließlich der durch Verner's Gesetz erklärten Ausnahme, wird immer ein indogermanischer Konsonant durch einen einzigen germanischen ersetzt, und zwar unabhängig von der Stellung des Konsonanten im Wort. In der althochdeutschen Lautverschiebung dagegen entstehen aus dem einfachen germanischen Konsonanten regelmäßig gedehnte oder gedoppelte Konsonanten, noch dazu in zwei durch ihre Artikulationsart klar geschiedenen Reihen. Man kann diesen wesentlichen Unterschied zwischen der ersten und der zweiten Verschiebung nicht deutlich genug betonen, um der romantischen Vorstellung entgegenzuwirken, daß eine urgermanische

Entwicklung sich am konsequentesten im Althochdeutschen fortgesetzt habe. Will man die althochdeutsche Lautverschiebung überhaupt in einen größeren Zusammenhang stellen, so darf man eher an die westgermanische Konsonantendehnung erinnern. Wenigstens im Ergebnis, der Entstehung gedehnter Konsonanten, stimmen ja die beiden Erscheinungen überein. Trotzdem darf man auch in diesem Fall höchstens die Neigung zu gedehnten Konsonanten als westgermanische Gemeinsamkeit betrachten. Denn die westgermanische Erscheinung ist immer abhängig von dem folgenden Laut; sie tritt nur ein, wenn ein *j* (*w*, *r*, *l*, *m*, *n*) folgt, und die Artikulationsart des gedehnten Konsonanten bleibt unverändert. Die ahd. Dehnung erfolgt dagegen unter gleichzeitiger Änderung der Artikulationsart spontan bei allen alten *p*, *t*, *k*, soweit diese nicht durch die oben als Ausnahmen erwähnten Lautverbindungen (*st* usw.) geschützt sind.

Wenn man allerdings Gleichungen wie as. *slâpan*, *lâtan* mit ahd. *slâfan*, *lâzan* betrachtet, erkennt man auch auf der ahd. Seite keine gedehnten Konsonanten. Aber der Schein trügt. Die ältesten althochdeutschen Sprachdenkmäler überliefern noch reichlich genug Formen wie *slâffan*, *louffan*, *lâzzan*, *heizzan*, die den gedehnten Konsonanten beweisen, und in unseren ältesten Textproben (Nr. 5 a und b, Nr. 6) finden sich noch *flâzzamês*, *farlâzzêm*, während in dem — freilich sehr alten — ‹St. Galler Paternoster› (Nr. 4) und in den jüngeren Texten (Nr. 7—9) -*lâzamês*, -*lâzêm*, -*lâzen* vorkommen. Der Befund ist klarer, als die knappen Proben erkennen lassen: Erst sekundär in weiterer Entwicklung wurde der gedehnte Konsonant nach Langvokal und Zwielaut (Diphthong) gekürzt; ausreichende Belege beweisen, daß auch hier durch die althochdeutsche Lautverschiebung zunächst gedehnte Konsonanten entstanden waren. Das Ergebnis der althochdeutschen Lautverschiebung war also zunächst durchaus einheitlich.

Nicht ebenso einheitlich allerdings ist ihre geographische Verbreitung über das hochdeutsche Sprachgebiet. Die Lautbewegung entstand im Süden, und zwar, wie WALTHER MITZKA neuerdings mit sehr einleuchtenden Gründen behauptet hat, bei den Alemannen. Was er als Ursache ansieht, ‹ein sprachliches Selbstbewußtsein›, nämlich ‹die Emphase der Kriegersprache in erfolgreicher Landnahmezeit› (LH 88, S. 2), bleibe unerörtert. Einleuchtender als solche ‹affektische Lautänderung› scheint doch die Annahme einer Substratwirkung, d. h. Umwandlung der germanischen Laute im Munde einer im Lande verbliebenen Vorbevölkerung. Dafür, daß Eroberer sich später solchem Wandel anbequemen, gibt es mehr Beispiele, und auch diese Substrattheorie würde auf Entstehung der Lautverschiebung bei den Alemannen deuten (die Langobarden scheiden nach

MITZKAS guten Gründen als Urheber aus); denn die Baiern sind ja erst spät und dann in menschenleere Räume eingerückt, in denen kein Substrat auf ihre Sprache einwirken konnte. Jedenfalls betont MITZKA mit Recht, daß der alemannisch-bairische Gesamtraum viel zu groß sei, als daß die Lautverschiebung darin überall gleichzeitig und spontan hätte entstehen können. Sie hat sich früh im alemannischen Kerngebiet ausgebildet und ist von dort, wofür MITZKA Beweise bringt, in die alemannischen Randgebiete, zu den Baiern und nur teilweise zu den Langobarden vorgedrungen.

Die weite fränkische Landschaft verhielt sich uneinheitlich. Sicher ist, daß die Lautverschiebung von Süden her aufgenommen wurde und sich in langsam abnehmenden Wellen nach Norden ausbreitete, bis sie an der ‹Benrather Linie› zum Stillstand kam. Das ist die Linie, oder besser ein bald schmälerer, bald breiterer Grenzgürtel, der die nördliche, unverschobene Form *maken* von der südlichen, verschobenen *machen* trennt. Mit der Grenze für *maken/machen* fallen auch die Grenzlinien für *lopen/laufen* und *Water/Wasser* nahezu zusammen. Da also die drei wichtigsten Merkmale der Lautverschiebung hier auslaufen, gilt die Benrather Linie als die Scheide zwischen Hoch- und Niederdeutsch; denn das besondere Charakteristikum des Niederdeutschen ist es, daß es an der Lautverschiebung nicht teilnimmt. In dieser Hinsicht ist also die Eindeutschung des Sächsischen nicht erfolgt. Die Linie verläuft (alle genannten Orte liegen südlich von ihr auf hochdeutschem Sprachgebiet) von Eupen über Aachen, Linnich, Grevenbroich, Benrath, Siegen, Kassel, Nordhausen, Dessau, Wittenberg, Frankfurt an der Oder, Birnbaum an der Warthe, Elbing; auf niederdeutschem Boden, nördlich der Linie liegen Erkelenz, Neuß, Düsseldorf, Solingen, Magdeburg, Küstrin und Königsberg.

Bei der Diskussion dieser Sprachscheide bewährt sich die Annahme einer einstigen nordseegermanischen Sprachgruppe. Fragt man nämlich nach den Gründen, warum die Lautverschiebung gerade an dieser Benrather Linie auslief, so ist trotz gewisser Einwendungen, die erhoben werden, die einleuchtendste Erklärung die, daß hier die alte Stammesgrenze der Sachsen verlaufen sei und daß die Sachsen sich der Lautverschiebung widersetzt hätten. Diese Erklärung ist allerdings nicht umfassend genug; denn in ihrem westlichen Teil durchtrennt die Linie altes fränkisches Stammesgebiet, das niemals sächsisch war. Bedenkt man jedoch, daß die Franken des Rheinmündungsgebiets nordseegermanischer Herkunft waren, so darf man für ihre Nichtbeteiligung an der Lautverschiebung ähnliche Ursachen wie bei den Sachsen vermuten.

Freilich stehen die alten Stammesgrenzen nicht fest, und erst

68

recht nicht die der hypothetisch erschlossenen Nordseegemeinschaft. Aber man kann auch an anderen Stellen nicht umhin, diese alten Grenzen als bis heute wirksame Mundartscheiden anzusehen, und ungefähr jedenfalls scheint der Verlauf der Benrather Linie mit der alten Sachsengrenze zusammenzufallen (wobei der ostelbische Verlauf der Linie auf später erworbenem Kolonialboden außer Betracht bleibt). Daß sich in Einzelfällen ein Vorschieben der Linie nach Norden noch in relativ neuer Zeit nachweisen läßt, ist kein Gegenbeweis; hier haben wir es mit sekundären Einwirkungen der spätmittelalterlichen Territorien zu tun. Das gilt z. B. von der sogenannten ‹Ürdinger Linie›, der *ik/ich*-Linie, die heute nördlich von Krefeld, Ürdingen und Solingen verläuft, bis sie sich bei Olpe mit der Benrather Linie vereinigt. Hier ist aus territorialen Gründen eine vereinzelte hochdeutsche Wortform im späten Mittelalter weit in das niederdeutsche Gebiet hinein vorgeprellt.

Nur südlich der Benrather Linie zeigten sich also die fränkischen Mundarten aufnahmebereit für die Lautverschiebung. Ziemlich rückhaltlos wurden die neuentstandenen Reibelaute *ch*, *(f)f*, *(ʒ)ʒ* aufgenommen, wenn sich auch nach Norden hin die Ausnahmen, d. h. die Bewahrung unverschobener Formen, mehren. Von den Affrikaten dagegen fand nur das z *(ts)* allgemeine Verbreitung. Man erklärt das damit, daß die Laute *ch*, *f*, *ʒ* und z im Fränkischen auch vorher schon vorhanden waren, es also lautlich keine Mühe machte, sie auch in neue Wortzusammenhänge einzuführen. Die Affrikaten *pf* und *kch* (letztere von geringerer Wichtigkeit, da selbst für das Alemannische und Bairische nicht durchaus typisch) kamen dagegen im Fränkischen nicht vor, und daher wurden sie auch nicht vom Süden her aufgenommen. Hier gibt es allerdings eine wichtige Ausnahme: Der ostfränkische Dialekt zaudert nicht, auch das *pf* zu übernehmen. Die *appel/apfel*- und die *pund/pfund*-Linie trennt das Alemannische und Bairische mit dem Ostfränkischen von den fränkischen Mundarten an Rhein und Mosel. Die *appel/apfel*-Linie verläuft heute etwa an der Nordgrenze des Elsaß, überschreitet hart südlich von Speyer den Rhein, bei Heidelberg den Neckar und unterhalb von Miltenberg den Main; dann zieht sie sich nach Norden auf den Thüringer Wald zu. Mag sie sich auch im Laufe der Jahrhunderte um ein weniges nach Norden vorgeschoben haben, so galt doch in dem weiten Gebiet am oberen Main rund um Würzburg auch schon in althochdeutscher Zeit das verschobene *pf*. Die rheinfränkische Mundart in Speyer, Worms und Mainz hat dagegen bis heute das unverschobene *p* bewahrt. Daß also das Ostfränkische in der Lautverschiebung mit dem Alemannischen und Bairischen geht, kann man als einen der Beweise dafür betrachten, daß diese Kolonialmundart zwar fränkisch überschichtet, nach Ursprung und Anlage aber oberdeutsch ist. Wie die Benrather Linie das Hoch- und Niederdeutsche voneinander trennt, so scheidet im hochdeutschen Bereich die *appel/apfel*-Linie das Mitteldeutsche vom Oberdeutschen. Auch hier bewähren sich uralte Stammes- und Verkehrsgrenzen, deren Verlauf im einzelnen wir freilich nicht kennen, als Mundartscheiden. Denn Bairisch, Alemannisch und Thüringisch (Ostfränkisch) sind alte Stammesmundarten, alle drei aus elbgermanischer Tradition erwachsen. Mögen sie sich auch deutlich voneinander unterscheiden, was aus der besonderen Geschichte jedes einzelnen Stammes zu erklären ist, so haben sie doch aus sehr alter Zeit gemeinsame Eigentümlichkeiten zäh bewahrt, die sie bis heute vom Fränkisch-Mitteldeutschen trennen.

Ob in der sprachlichen Gliederung des alten fränkischen Stammesgebietes noch uralte Dialektunterschiede aus der Entstehungszeit des Stammes nachwirken, bleibe dahingestellt. Die Absonderung des Niederfränkischen z. B. darf man wohl auf diese Weise erklären. Für die deutlichen Mundartunterschiede zwischen dem Mittelfränkischen um Köln und Trier und dem Rheinfränkischen um Mainz, Worms und Speyer könnten aber auch andere historische Zusammenhänge verantwortlich gemacht werden. Gewiß hat bei der Ausbildung dieser Mundarten auch die Landschaftsgestalt mitgewirkt, vornehmlich die engen, eigene Verkehrseinheiten bildenden Flußtäler und die quer zum Rhein verlaufenden Gebirgszüge, die sich als Verkehrsscheiden und damit auch als Mundartgrenzen geltend machen.

Althochdeutsche Texte als Zeugen der Mundart

Mundartforscher, die sich mit der heutigen Gliederung der deutschen Sprachlandschaften befassen, gewinnen die Grundlagen für ihre Arbeit gewöhnlich durch Fragebogen, in denen nach bestimmten Spracherscheinungen gefragt wird und die in großer Zahl an Lehrer, Pfarrer, Bürgermeister und andere Gewährsleute in dem zu untersuchenden Gebiet geschickt werden. So legt man ein möglichst engmaschiges Netz über die Sprachlandschaft. Diese indirekte Methode wird dann durch die sogenannte ‹Feldforschung› ergänzt, indem der Forscher selbst in den einzelnen Dörfern und Höfen des ihn interessierenden Gebietes Nachfrage hält. Auf diese Weise gelingt es, die Grenzlinien einzelner Spracherscheinungen zu ermitteln und in Landkarten einzutragen. Insbesonders die ‹Lautgeographie›, d. h. die Verbreitung der einzelnen Lauterscheinungen, und die ‹Wortgeographie›, also die landschaftliche Verbreitung verschiedener Wörter für die gleiche Sache (z. B. *Treppe, Stiege* und *Staffel* oder *Brunnen, Born, Pütz* und *Soot*), lassen sich sehr gut kartographisch darstellen. Auch die *maken/machen*-Linie und die *appel/apfel*-Linie, die oben erörtert wurden, sind unter Anwendung solcher Methoden festgestellt worden.

Wie diese und viele andere Trennungslinien in althochdeutscher Zeit verlaufen sind, kann man im allgemeinen nicht wissen. Aber es kommt ja nicht nur auf die Grenzen an. Mögen auch die Ränder nur unscharf erkennbar sein, so liegen doch die Kerngebiete der einzelnen Mundarten fest, und man kann die mundartlichen Spracherscheinungen auch einigermaßen sicher charakterisieren. Soweit es möglich ist, überträgt man dazu die modernen dialektgeographischen Methoden auch auf die althochdeutsche Zeit. So lehrt die Wortgeographie, daß auch damals bestimmte Wörter nur landschaftsgebunden vorkommen. Zum Beispiel ist in den im Anhang abgedruckten Übersetzungen des ‹Vaterunsers› das lat. *temptatio* ‹Versuchung› in einigen Texten durch *khorunka, chorunka, chorunga* (4, 5, 9), in anderen durch *costunga* (6, 7; vgl. ags. *costnunge* in Nr. 2) wiedergegeben. *costunga* ist ein Wort des Nordens, *corunga* ein Wort des Südens. In anderer Verteilung, aber ebenfalls zwischen Süd und Nord unterschieden, finden wir *sanctificetur* durch *giwîhit* und *giheilagôt* übersetzt.

Aber nicht jeder Text enthält Wörter, die eine geographische Unterscheidung ermöglichen, und einfacher ist es auf jeden Fall, die Mundart aus lautlichen Erscheinungen abzulesen. Denn da es eine einheitliche Rechtschreibung noch nicht gab, lassen auch die geschriebenen Texte oft die Mundart ihrer Schreiber gut erkennen. So ist in *chorunga* und *costunga*, die beide von ahd. *kiosan* ‚wählen, erproben' (vgl. unser altertümlich feierliches *erkiesen*) abgeleitet sind, nicht nur ein Unterschied der Wortbildung zu erkennen. Die Rechtschreibung verrät vielmehr auch lautliche Unterschiede. Wir betrachten nur den Anlaut. Beide Wörter beginnen mit germ. *k*, wofür im Ahd. nach lateinischem Muster oft *c* geschrieben wird. Die *kh* und *ch* einiger Texte müssen nun als *kch* verstanden und gesprochen werden, und diese Verschiebung des Verschlußlautes *k* zur Affrikata kommt nur im Alemannischen und Bairischen vor. Die Texte 4, 5 und 9 müssen also schon aus diesem Grunde oberdeutsch sein unter Ausschluß des Ostfränkischen, während die unverschobenen *k* in 6 und 7 auf fränkisch-mitteldeutsche Herkunft (in diesem Falle einschließlich des Ostfränkischen) weisen. Übrigens wird die Verschiebung zur Affrikata *kch* auch durch die uns seltsam anmutende Schreibung *qhueme* in 4 und 5 a ausgedrückt, was etwa wie *kchweme* auszusprechen ist. Die Verschiebung ist nicht vorhanden in den fränkischen Texten 6—8. Wenn allerdings der altbairische Text 5 b ebenfalls *queme* bietet, so folgt der Schreiber entweder einer fremden, fränkischen Vorlage oder er ist mit der schwierigen Orthographie nicht fertig geworden. Das Verb *queman* hat sich später zu *koman*, unserem ,kommen', entwickelt. In den Texten 9 a und 9 b ist diese Veränderung schon eingetreten; aber wiederum beweist die Schreibung *chome*, daß *kch* gemeint ist, die Texte also oberdeutsch sind. Sonstige Unterschiede im Verhalten der einzelnen Dialekte zur Lautverschiebung, etwa die Bewahrung des germ. *p* bzw. die Verschiebung zur Affrikata *pf*, lassen sich an unseren geringfügigen Textproben nicht beobachten, sind aber — wo vorhanden — natürlich ebenfalls Hinweise auf den Dialekt des Schreibers.

Aufschlußreich ist auch die Behandlung der Konsonanten *b* und *g* in den verschiedenen Texten des ‹Vaterunsers›. In den fränkischen Fassungen 6—8 liest man z. B. *gib*, in den alten oberdeutschen Texten 4, 5 a und 5 b *kip*, in der späteren Fassung 9 b allerdings wieder *gib*. Hier haben wir es mit der sogenannten Schärfung der Medien *b* und *g* zu tun, die im Bairischen und Alemannischen vom 8. bis zum 10. Jahrhundert zu beobachten ist, später aber allmählich wieder zurücktritt. So heißt es in 5 a auch *princ* gegenüber got. *briggais* (Nr. 1; lies *bringais*), während man in fränkischen Texten nur *bringan, bring* finden würde. Das *kib* bei NOTKER (9 a) darf uns nicht täuschen. Auch seine Normalform ist *gib*. In diesem besonderen Falle ist das anlautende *k* durch ‹Notkers Anlautgesetz› bewirkt, weil nämlich am Ende des vorhergehenden Wortes ein stimmloser Laut steht. Es ist eine Besonderheit der St. Galler Rechtschreibung, und NOTKER hatte dafür ein besonders gut geschultes Ohr, daß man dort die geringfügigen Lautunterschiede in der Aussprache der *d, b, g* zu erfassen trachtete. Nach einem stimmhaften Laut klingen sie etwas weicher als nach einem stimmlosen oder im Satzanfang, und die härtere Aussprache wird gern durch *t, p, k* wiedergegeben. Vornehmlich in seinen frühen Schriften hat NOTKER, der später darauf nicht mehr besonderes Gewicht legte, diese feinen Unterschiede der Aussprache sehr sorgfältig bezeichnet. So heißt es in seinem ‹Boethius› in einer Betrachtung über die Jahreszeiten:

Taz er dia erda geziere mit pluomon … Unde uuer daz kebe daz ter herbest chome geladenêr mit rîfen beren…

(… daß er, der Lenz, die Erde mit Blumen ziere. … Und wer das gebe, daß der Herbst beladen mit reifen Trauben komme).

Hier sehen wir die *d* und *t* (*dia, daz* gegenüber *ter, taz*) und die *b* und *p* (*beren*, aber *pluomon*), *g* und *k* (*geziere, geladenêr, aber kebe*) in strenger Regelung wechseln. Es ist dies freilich kein eigentliches Dialektmerkmal, denn so fein unterscheiden die althochdeutschen Schreiber im allgemeinen nicht. Aber es ist, wo es auftritt, ein deutlicher Hinweis auf die St. Galler Schreibtradition.

Es kann hier nicht darauf ankommen, die Dialektunterschiede oder gar die individuellen Eigentümlichkeiten von Autoren und Schreibern in allen Einzelheiten darzustellen. Nur auf gewisse Merkmale, die als Beispiele dienen mögen, sei die Aufmerksamkeit gelenkt. Da ist die Entwicklung des germ. *th* (als Reibelaut zu sprechen wie in engl. *thing*) lehrreich. Die *thu, thein, airthai, wairthai* des gotischen, bzw. des altenglischen und des altsächsischen ‹Vaterunsers› zeigen in den ahd. Textproben recht charakteristische Entwicklungen. Der Reibelaut *th* ist erhalten geblieben in *thu* des altalemannischen Textes Nr. 4, während dort *dîn, werde, erdu* schon mit *d* geschrieben werden. Nur *d* haben die altbairischen Texte 5 a und 5 b, ebenso auch der jüngere alemannische Text 9 a. Von den fränkischen Texten hat der älteste (Nr. 6) noch durchaus den Reibelaut *thu, thîn, werdhe, erthu;* so übrigens auch die ‹Straßburger Eide› (Anhang I). Der ostfränkische ‹Tatian› (Nr. 7) hat im Anlaut noch *th,* nämlich in *thu* und *thîn,* dagegen inlautend in *erdu* den Verschlußlaut; ebenso verhält sich der südrheinfränkische OTFRID (Nr. 8). Am Ende ist in allen deutschen Dialekten, auch im Niederdeutschen, der Reibelaut *th* zum Verschlußlaut *d* übergegangen. Man sieht aber an den Textproben, daß das nicht überall zur gleichen Zeit geschieht. Das Bairische hat schon in den ältesten Texten fast ausnahmslos *d,* im Alemannischen kommt in Texten des 8. Jahrhunderts noch ziemlich häufig *th* vor. Die Probe Nr. 4 ist ein gutes Beispiel aus der Übergangszeit, in der der Laut schon zum *d* geworden ist (*dîn, werde, erdu*), wo aber aus älterer Schreibgewohnheit gelegentlich noch ein *th* (wie in *thu*) auftaucht. Im Ostfränkischen ist um 825 (Nr. 7) ein deutlicher Unterschied zwischen Anlaut *th* und Inlaut *d* festzustellen, aber im Laufe des 9. Jahrhunderts setzt sich das *d* in allen Stellungen durch. An den rheinfränkischen Texten Nr. 6 und 8, die etwa 60—70 Jahre auseinanderliegen, bemerkt man deutlich den Übergang von dem noch überall geltenden Reibelaut (Nr. 6) zu einer dem Ostfränkischen ähnlichen Unterscheidung (Nr. 8). Allerdings vollzieht sich im Rheinfränkischen diese Entwicklung erst 30 bis 50 Jahre später als im Ostfränkischen, das also auch hierin dem Oberdeutschen näher steht, und erst im 10. Jahrhundert haben die rheinfränkischen Denkmäler überall das *d,* wo einst ein germanisches *th* stand.

Diese Beispiele zeigen, wie früher schon die Behandlung der *b* und *g* im Oberdeutschen, daß man bei der Bestimmung des Dialekts oft auch die Abfassungszeit der Texte in Rechnung zu stellen hat.

So kann z. B. *thu* im 8. Jahrhundert alemannisch und fränkisch, aber kaum noch bairisch sein, von etwa 800–850 kann es ost- oder rheinfränkisch sein, nach 850 nur noch rheinfränkisch. Nach 900 haben dann alle Dialekte *du*; der Laut *d* kann fortan nicht mehr zur Unterscheidung dienen. Umgekehrt können Formen wie *kip, princ* stets nur oberdeutsch sein, aber diese Lauterscheinung tritt nur während einer verhältnismäßig kurzen Zeit auf.

Ähnliche Zeitverhältnisse lassen sich auch bei der Entwicklung der Vokale beobachten. Besonders die germanischen Langvokale und die Diphthonge erleiden im Althochdeutschen charakteristische Veränderungen. Zwar geben die aus den verschiedenen Dialektgebieten stammenden Übersetzungen des ‹Vaterunsers› zu dieser Frage kein Beobachtungsmaterial her, aber die Probe aus dem ‹Abrogans› (Anhang III) kann aushelfen. Dieser sehr alte, von einem alemannischen Schreiber aus bairischer Vorlage abgeschriebene Text zeigt z. B. noch das germanische lange *o* in *aotmot, ungafori*, hat daneben aber auch schon den Diphthong *oa* in *samftmoat, moatscaffi, witharzoami, cahroarit*. In den fränkischen Dialekten würden diese Wörter schon im 8. Jahrhundert meistens, im 9. Jahrhundert regelmäßig mit *uo* erscheinen: *ungifuori, ôd-, sanftmuot, muotsceffi, gihruorit*. Dagegen ist das *oa* des ‹Abrogans›, der noch im 8. Jahrhundert geschrieben wurde, damals Kennzeichen beider oberdeutscher Dialekte. Im Alemannischen tritt dafür im 9. Jahrhundert *ua* ein (so auch in OTFRIDS südrheinfränkischem Dialekt: *guato, gimyato*, Anh. II, 8), während das Bairische noch viel länger beim *oa* bleibt, das dann zu *uo* übergeht, wie im 10. Jahrhundert auch das alemannische *ua*. Im *uo* stimmen dann alle hochdeutschen Dialekte überein, während im Niederdeutschen das alte germanische *ō* erhalten bleibt.

Hier ist nicht der Raum, alle die Lautwandlungen auch nur zu erwähnen, die sich in den ersten drei Jahrhunderten der damals recht stürmisch verlaufenden deutschen Sprachgeschichte vollzogen haben, und auch auf das unterschiedliche Verhalten der einzelnen Dialekte können wir nicht weiter eingehen. Wichtig aber ist es zu betonen, daß es sich bei den meisten Lautveränderungen, wie auch bei Änderung der syntaktischen Formen und des Wortschatzes, um ‹Sprachbewegungen› handelt. Von einer bestimmten Landschaft nehmen die neuen Spracherscheinungen ihren Ausgang, und sie verbreiten sich dann allmählich weiter, wobei die wichtigeren Änderungen vor den Dialektgrenzen nicht haltmachen. Als Faustregel kann gelten: Konsonantenveränderungen treten zuerst in den oberdeutschen Mundarten auf und breiten sich nach Norden aus. Umgekehrt stellen sich Wandlungen der Vokale zuerst im Fränkischen ein, greifen im Lauf der Zeit zunächst auf das Alemannische über, und das Bairische wird davon zuletzt ergriffen. So ist es jedenfalls in der althochdeutschen Periode, im Mittelhochdeutschen liegen später die Verhältnisse verwickelter.

Oft verlieren die Neuerungen bei solchem allmählichen Vorrükken an Wirkkraft, was wir ja bereits oben S. 68 ff an der Lautverschiebung festgestellt haben, die sich nur im südlichsten Teil des hochdeutschen Sprachgebiets voll auswirkt und im Vordringen nach Norden mehr und mehr verebbt, bis sie an einer äußersten *ich/ik*-Linie überhaupt zum Stillstand kommt. Am Beispiel des *i*-Umlauts läßt sich darstellen, daß es solche Sprachbewegungen auch in nord-südlicher Richtung gibt und daß auch diese im immer weiteren Vorrücken an Stoßkraft einbüßen. Wenn wir heute zu *Gast* den Umlaut-Plural *Gäste* bilden, so geht das darauf zurück, daß in voralthochdeutscher Zeit der Singular *gast*, der Plural aber *gasti* lautete. Das *i* der Pluralendung bewirkte den Umlaut des kurzen *a* in der Stammsilbe, und so lautet die Form im Ahd. *gesti*. Durch dieses Umlautgesetz ist es auch zu erklären, wenn heute noch bei starken Verba Umlautformen neben nicht umgelauteten stehen. Es heißt *ich fahre*, aber *er fährt*, ahd, *faru* und *ferit*, welches wegen des folgenden *i* aus *farit* umgelautet wurde. Diese Umlautbewegung nun dringt von Norden nach Süden vor, und in der Textprobe aus dem ‹Abrogans› (Nr. III) finden wir noch die Endung *-scaffi* und das Partizip *analacgente* (aus *analagjante*; das *j* hat dieselbe Umlautwirkung wie das *i*). Das sind sicher noch Spuren der altbairischen Vorlage, die der alemannische Schreiber nicht beseitigte. Daraus hat sich freilich selbst im Bairischen noch im 8. Jahrhundert *-sceffi* und *analecgente* entwickelt, was dann die gemeinsame Form aller deutschen Dialekte war. Aber wir finden im ‹Abrogans› auch *farsahhit*, und in diesem Falle, vor *hh* aus germanisch *k*, tritt im Altbairischen der Umlaut niemals ein. Im fränkischen ‹Tatian› dagegen lautet das bekannte ‹Dreimal wirst du mich verleugnen› der Bibel (Matth. 26, 34) *thriio stunt forsehhis mih*, wo das gleiche Verbum den Umlaut zeigt. Es gibt im Oberdeutschen und besonders im Bairischen noch viele weitere umlauthindernde Konsonantenverbindungen, z.B. *l* und *r* mit Konsonant, und wenn es im Fränkischen *heltit* ‚er hält‘ und *kelbir* ‚die Kälber‘ heißt, so lauten die Formen im Alemannischen oft, im Bairischen stets *haltit* und *chalbir*, und in südbairischen Mundarten ist dieser Zustand bis heute bewahrt geblieben. Wie also die Lautverschiebung auf ihrem Wege von Süden nach Norden, so verliert die Umlautbewegung im Vorrücken von Norden nach Südosten an Kraft, und bis heute hat keine der beiden Sprachbewegungen das gesamte hochdeutsche Sprachgebiet völlig durchdringen können. Sucht man nach Zusammenhängen zwischen Sprache und

Geschichte, so kann man im allgemeinen sagen, daß in der althochdeutschen Periode das politische und kulturelle Übergewicht der Franken im karolingischen Reich die Ausbreitung fränkischer Spracherscheinungen auch über die anderen Mundartgebiete begünstigt hat. In späterer Zeit haben dann durch den Wechsel der Einflußzentren auch andere deutsche Sprachlandschaften ihre Wirkung auf die allmähliche Herausbildung einer allgemeinen deutschen Sprache ausgeübt. Von solcher Allgemeinheit und Einheit der deutschen Sprache ist aber die althochdeutsche Periode, in der die Stämme gerade erst beginnen, zur Nation zusammenzuwachsen, noch sehr weit entfernt.

Es scheint also ganz einfach zu sein, im Besitz der erforderlichen Sprachkenntnisse den Dialekt althochdeutscher Sprachdenkmäler zu bestimmen. Wie das aber in der Praxis oft aussieht, sei abschließend an einem instruktiven Beispiel dargestellt. In einer auf das Jahr 821 datierbaren und in Regensburg geschriebenen Handschrift findet sich unter anderem ein kleines deutsches Gebet, so kurz, daß wir es ganz hier einrücken können:

> *Truhtin god, thû mir hilp indi forgip mir gauuitzi indi*
> *guodan galaupun, thîna minna indi rehtan uuilleon, heilî*
> *indi gasuntî indi thîna guodûn huldî.*
> (Herr Gott, hilf du mir und verleih mir Verstand und
> guten Glauben, Liebe zu dir und rechten Willen, Heil
> und Gesundheit und deine gute Gnade.)

Wer die althochdeutschen Dialekte kennt, stutzt schon bei den ersten beiden Wörtern. Sie stimmen nicht zusammen. *truhtin* ist bairisch, aber *god* kann nur rhein- oder mittelfränkisch sein. In Baiern müßte man um 820 *cot* oder allenfalls *got* erwarten. Bairisch sind auch die Vorsilben *for-* und *ga-* und die *p* in *forgip* und *galaupun*. Diese Wörter müßten im Fränkischen um 820 *firgib* (ostfränkisch *forgib*) und *giloubon* lauten. Sicher fränkisch sind dagegen die *thu* und *thina*, das *d* in *god, guodan, guodun* und in *indi*, wohingegen das *t* in *gasuntî* wieder nicht zum Fränkischen stimmt. Die Entscheidung zwischen Rhein- oder Ostfränkisch bringt schließlich die Form *hilp*, die mit ihrem unverschobenen *p* auf das Rheinfränkische weist. Freilich könnte diese Form auch mittelfränkisch sein, aber mittelfränkische Herkunft des Gebets kann man aus anderen Gründen ausschließen.

Was ist hier also geschehen? Sicher war es ein bairischer Schreiber, der das Gebet in Regensburg aufschrieb, und er brachte die bairischen Formen in den Text. Er begann z. B. gleich mit dem ihm vertrauten Wort *truhtin*, das im Fränkischen *drohtin* lauten würde. Aber ganz offensichtlich schrieb er aus einer Vorlage ab, und schon vom zweiten Wort an versuchte er, die Orthographie dieser Vorlage zu kopieren. Bei den Vorsilben gelang ihm das nicht, sie schienen ihm in der fränkischen Lautform wahrscheinlich gar zu fremd, und geriet er dann an ein vertrautes Wort, das er vermutlich schon oft geschrieben hatte, so verfiel er sofort in seine heimische Orthographie. Dadurch entstanden aus *giloubon* und *gisundi* seine *galaupun* und *gasunti*. Übrigens machte er beim Abschreiben wohl auch andere Fehler, wenn nicht die Vorlage bereits fehlerhaft war. Denn eigentlich müßte es heißen *rehtan giloubon* und *guodan uuilleon*; im Text sind also die Attribute vertauscht worden. Wir haben es also in dem kleinen Gebet mit der bairischen Abschrift aus einem rheinfränkischen Original zu tun, oder jedenfalls aus rheinfränkischer Vorlage. Denn auch diese kann natürlich bereits Abschrift gewesen sein.

Nur ganz wenige Originalhandschriften sind aus althochdeutscher Zeit erhalten geblieben. Von OTFRID wird ein eigenhändig korrigiertes Manuskript des Evangelienbuches in der Wiener Nationalbibliothek verwahrt. Aber auch er, der so stolz auf sein Fränkisch war, beklagt sich doch in seiner lateinischen Zuschrift an den Erzbischof LIUTBERT von Mainz bitter über *huius linguae barbaries*, was mit ‹die Unkultiviertheit dieser Sprache› nur unzulänglich zu übersetzen ist. Denn aus dem Folgenden geht deutlich hervor, daß OTFRID nur den Mangel einer festgeregelten Orthographie, wie der Gelehrte sie im Lateinischen und Griechischen gewohnt ist, als barbarisch empfindet. Er setzt dem Erzbischof die Schwierigkeiten auseinander, die er mit der Rechtschreibung gehabt habe, und bekennt, daß er ihrer nicht immer Herr geworden sei. Was aber ihm trotz ernster Bemühungen und sehr bewußten Strebens nicht gelang, das konnte dem großen Heer der Schreiber, wenn sie auch gelehrte Leute waren, erst recht nicht glücken. So geraten schon die Originaltexte oft recht kraus, besonders aber die Abschriften oder gar Abschriften von Abschriften, und das vor allem, wenn es dabei von einem Dialekt in den andern geht. Für diese Schwierigkeiten gibt es ein recht amüsantes Beispiel. In einer heute in Heidelberg verwahrten OTFRID-Handschrift versuchte um das Jahr 1000 ein Alemanne auf einigen frei gebliebenen Pergamentblättern ein Loblied auf den Heiligen Georg niederzuschreiben. Aber fast jedes Wort geriet ihm falsch. Mit unendlichen Mühen und unzähligen Verbesserungen quälte er sich durch 60 Langverse hindurch; dann brach er mitten im Gedicht die mühselige Arbeit mit dem Schlußvermerk *ihn nequeo Uuisolf* ab. Nach der langen Qual mit dem deutschen Text begann er hier noch einmal in deutscher Sprache. *Ih ne kan*, ‹ich kann nicht›, wollte er wohl schreiben. Aber sowie er die Vorlage verlassen hatte, kehrte er doch zu seinem viel vertrauteren Latein zurück, und das lateinische *nequeo*, das ihm offenbar ganz ungesucht in die Feder kam, ist ungefähr das einzige richtig geschriebene Wort in diesem ganzen Opus des Schreibers WISOLF. Offensichtlich machte es ihm keine Mühe, in seiner lateinischen Schul- und Klostersprache zu schreiben, dagegen stellte ihn ein Text in seiner Muttersprache vor unüberwindliche Schwierigkeiten. Das ist nun ganz gewiß ein extremer Fall; er läßt aber doch die Mühsal ahnen, unter der die frühen deutschen Texte entstanden sind. Man darf sich daher nicht wundern, wenn uns althochdeutsche Schreiber in ihrer Unbeholfenheit manchmal vor schier unlösbare Rätsel stellen.

V. ZUR SPRACHLICHEN STRUKTUR DES ALTHOCHDEUTSCHEN

Zwar geht es in diesem Buch vor allem um die innere Entwicklung der deutschen Sprache in althochdeutscher Zeit. Dennoch scheint es vorteilhaft, wenigstens ein gewisses Bild von der sprachlichen Struktur des Althochdeutschen zu geben; desto leichter wird es gelingen, auch für die innere Sprachgeschichte Verständnis aufzubringen.

Als Ausgangspunkt mögen ein paar Zeilen aus dem im Jahre 881 oder 882 gedichteten ‹Ludwigsliede› dienen. König LUDWIG III., Herrscher im Westreich, fordert seine Getreuen zum Kampf gegen die Normannen auf:

> *Trôstet hiu, gisellion, mîne nôtstallon.*
> *Hera santa mih god ioh mir selbo gibôd,*
> *ob hiu rât thûhti, thaz ih hier gevuhti,*
> *mih selbon ni sparôti, uncih hiu gineriti.*
> *Nû willih thaz mir volgôn alle godes holdon.*

Dieser Text, der allerdings leichter verständlich ist als sehr vieles in althochdeutscher Zeit Geschriebene, läßt sich fast Wort für Wort ins Neuhochdeutsche übertragen: ‹Tröstet euch, Gesellen, meine Notgefährten. Gott sandte mich her, und er selbst gebot mir, sofern es euch rätlich dünkte, daß ich hier fechten sollte und mich selbst nicht schonte (sparte), bis ich euch gerettet hätte. Nun will ich, daß mir alle Holden Gottes folgen.›

Man erkennt: Es ist ‹deutsch›, was der Dichter schreibt, nicht allzu sehr verschieden von der deutschen Sprache heutiger Zeit. Allerdings haben wir einzelne Wörter nicht mehr, die der Dichter verwendet (*nôtstallon*), oder wir gebrauchen sie in anderer Bedeutung (*gineriti* führt mit Bedeutungswandel zu heutigem *nährte, ernährte*). Auch einzelne Formen sind uns ungewohnt geworden: *gevuhti* lebt in *föchte* weiter, aber diesen Konjunktiv verwenden wir kaum noch, und *deuchte*, aus dem ahd. *thûhti* entstanden, ist völlig veraltet. Stärker ist schon der Unterschied im Gebrauch der Vorsilben zwischen damals und heute, und daß das ahd. *gi-, ge-* in Verbformen wie *gevuhti, gineriti* den Abschluß der Handlung oder auch ihren Anfang ausdrücken kann (‹daß ich zu fechten *beginne* und mich nicht schone, bis ich euch *endgültig* gerettet habe›), ist unserer heutigen Sprache fremd geworden. Sieht man aber von diesen Unterschieden ab, so ist es vor allem die schöne Klangfülle, die das Althochdeutsche aus altem Erbe noch bewahrt hat. Man muß einmal Verse wie den Eingang des ‹Hildebrandliedes› voll auf sich wirken lassen (ich be-

zeichne die jedem Halbvers zukommenden Tonsilben durch **Akzente**,
um das wuchtige Pathos des schwerschreitenden, gemessenen **Vortra-
ges** anzudeuten):

> *Ik gihôrta dat séggen*
> *dat sih úrhêttun aénon múotîn,*
> *Híltibrant enti Hádubrant untar hériun twêm.*

(‹Ich hörte das sagen, daß sich Herausforderer einzeln trafen, Hil-
debrant und Hadubrant, zwischen zwei Heeren›). Über eine so stark
verdichtete Sprachgewalt gebietet der Dichter des ‹Ludwigsliedes›
nicht mehr; aber ein Abglanz davon liegt doch auch über seinem
Schaffen und überhaupt über der Sprache der althochdeutschen Zeit.

Im Mittelhochdeutschen würden die oben zitierten Verse, Wort für
Wort übertragen, wie folgt lauten:

> *Troestet iuch, gesellen, mîne nôtgestallen.*
> *Her sante mich got joh mir selbe gebôt,*
> *ob iu rât diuhte, daz ich hier gevühte,*
> *mich selben ne sparete, unz ich iuch generete.*
> *Nû wil ich daz mir volgen alle gotes holden.*

An den Stammsilbenvokalen hat sich nicht allzuviel geändert; dagegen sind im Mittelhochdeutschen die Vokale aller Endungen und
überhaupt nahezu aller unbetonten Silben zu einem farblosen, unbetonten *e* verblaßt. Das führt dann, da auf diese Weise viele Endungen lautlich zusammenfallen, im Mittelhochdeutschen auch zu
einer gewissen Eintönigkeit des grammatischen Formensystems, von
der das Althochdeutsche noch weit entfernt ist.

Aus der Formenlehre

Wie noch die heutige deutsche Sprache hat auch das Althochdeutsche
ein Deklinationssystem der Substantiva mit Singular und Plural und
je vier Kasus (dazu noch Überresten älterer, indogermanischer Kasus, vor allem des Instrumentalis), hat die starke und die schwache
Deklination der Adjektiva und verfügt über starke und schwache
Verba mit den beiden Zeitformen Praesens und Praeteritum (ahd.
quimu, quam, nhd. *ich komme, ich kam*), die auch das heutige Deutsch
und alle anderen germanischen Sprachen besitzen. Die zusammengesetzten Zeiten (Futur, Perfekt usw.) beginnen dagegen gerade erst,
sich zu entwickeln, und auch die Bildung des Passivs ist bei den althochdeutschen Autoren sozusagen noch in einem Experimentiersta-

dium, nachdem ein uraltes indogermanisches Passiv, von dem im Gotischen noch geringfügige Reste bewahrt sind, in den westgermanischen Sprachen völlig verlorengegangen war. Die Entfaltung eines neuen Systems zusammengesetzter Zeiten geschieht unter dem starken Einfluß der lateinischen Sprachstruktur, behält aber im Deutschen lange den Beigeschmack des fremdartig Ungewohnten und gelangt erst im späten Mittelalter zu der systematischen Ausgewogenheit, deren sich das Neuhochdeutsche rühmen kann.

Beim Substantiv sind im Althochdeutschen die aus dem Indogermanischen ererbten Deklinationsklassen noch deutlich an ihren verschiedenen Endungen erkennbar. Einige Beispiele sollen wenigstens einen geringen Eindruck von der Fülle geben. Zu *tag* ,der Tag' (*a*-Deklination) lauten die Formen der vier Fälle im Plural *taga, tago, tagum, taga*, zu *gast* ,der Gast, der Fremdling' (*i*-Deklination) *gesti, gesteo, gestim, gesti*, zu *geba* ,die Gabe' (*ô*-Deklination) *gebâ, gebôno, gebôm, gebâ*, zu *hôhî* ,die Höhe' (*î*-Deklination) *hôhî* oder *hôhîn, hôhîno, hôhîm, hôhî (hôhîn)*. In Formen wie *sunu* ,der Sohn' oder *fridu* ,der Friede' sind noch Überreste der alten *u*-Deklination bewahrt, in *friunt* ,der Freund' und *fîant* ,der Feind' leben uralte Partizipia (‹der Liebende, der Hassende›) weiter, und die im Mittelhochdeutschen ganz eintönig gewordene schwache oder *n*-Deklination bewahrt noch deutlich in den Endungen den Unterschied der drei Geschlechter: *namon, herzun, zungûn* ,die Namen, die Herzen, die Zungen'.

Ähnlich farbig wie die Substantiva sind auch die Adjektiva in ihren Endungen. Schon die endungslosen Formen zeigen allerhand Abwechslung, die sich aus alten Unterschieden mehrerer Deklinationsklassen erklärt, z. B. *guot* ,gut' (*a*-Dekl.), *festi* ,fest' (*ja*-Dekl.), *garo* ,bereit, gar' (*wa*-Dekl.). Auch die Ableitungssilben haben noch einen vollen Klang, z. B. bei *irdîn* ,irden', *heilag* ,heilig', *mahtîg* ,mächtig', *manlîh* ,männlich'. Die starken Formen (nhd. *ein alter Mann, eine alte Frau, ein altes Buch*) lauten *altêr, altiu, altaz*, die schwachen (nhd. *der alte Mann* usw.) *alto, alta, alta*, und so geht es weiter in farbiger Fülle durch die vier Kasus im Singular und Plural. Für die Steigerung gibt es zwei Reihen: *lioht — liohtôro — liohtôsto* ,hell, licht' und *suozi — suoziro — suozisto* ,süß'. Das *i* der Mittelsilbe kann Umlaut bewirken, wie in *lang — lengiro — lengisto* ,lang', und an nhd. Formen wie *länger, älter, jünger* erkennt man noch heute die Nachwirkungen der alten Steigerungsreihe mit *i*. Beide Reihen sind z. B., um dieses noch einmal zu zitieren, im ‹Hildebrandlied› verwendet. Hildebrand wird darin *degano dechisto* ,der Liebste der Helden (Degen)' genannt, und an anderer Stelle *hêrôro man, ferahes frôtôro* ,der ältere Mann, der Lebenserfahrenere'.

Äußerst vielfältig sind auch die Verba im Althochdeutschen gestaltet; von der ganzen Fülle der Formen auch nur annähernd einen Begriff zu geben, ist auf engem Raum unmöglich. Beim starken Verbum weisen schon die Stammformen eine viel größere Mannigfaltigkeit auf als im Neuhochdeutschen: *biotan, ih biutu, ih bôt, wir butun, gibotan* lauten sie im Althochdeutschen, wo im Neuhochdeutschen drei knappe Formen *bieten, bot, geboten* vorliegen. Viel farbiger sind auch die Personalendungen, z. B. im Präsens *faru, feris, ferit* (da das *i* Umlaut bewirkt, heißt es noch heute *ich fahre*, aber *du fährst, er fährt*), *faramês, faret, farant*. Hinzu kommt dann die Fülle der reichlich gebrauchten Konjunktivformen mit ihren *ê-* und *î*-Klängen. Durch volle Vokalklänge unterscheiden sich auch die drei Reihen der schwachen Verba sehr deutlich voneinander, etwa in *frummen* ‚fördern', *dionôn* ‚dienen' und *lernên* ‚lernen' mit den Praeterita *frumita, dionôta, lernêta*. Auf weitere Unterschiede einzugehen, fehlt hier der Raum.

Es ist eine überwältigende Vielzahl der Formen, über die das Althochdeutsche verfügt, eine Fülle, die durch die starken Dialektunterschiede bis zur Verwirrung gesteigert und deren man nur durch ein sehr sorgfältiges Studium Herr wird. Es wäre aber ein Irrtum zu glauben, daß die Vielfalt nur durch die Menge der vollen Nebensilbenvokale und ihre zahlreichen Kombinationsmöglichkeiten verursacht würde. Der übergroße Formenreichtum ist vielmehr eine Erbschaft aus indogermanischer Zeit und ist im Altenglischen, im Altsächsischen und im Altnordischen nicht weniger verwirrend als im Althochdeutschen. Nicht ganz so reichhaltig ist der Formenschatz des Gotischen, obwohl es aus älterer Zeit überliefert ist als die westgermanischen Altsprachen. Das liegt einerseits daran, daß uns im Gegensatz zu den anderen Sprachen vom Gotischen nur ein einziger Dialekt, strenggenommen sogar nur die Schriftsprache eines einzigen Mannes, nämlich des Bibelübersetzers WULFILA, überliefert ist. Wichtiger ist aber, daß das Gotische als Kolonialsprache sehr früh Vereinfachungen und Angleichungen erlebt hat, zu denen die anderen Sprachen erst sehr viel später gelangt sind.

Man muß nämlich sehen, daß sprachliche Systeme immer wieder von jüngeren Entwicklungen durchkreuzt werden und daß es oft lange dauert, bis so entstandene Unregelmäßigkeiten in neuer Systematik ausgeglichen werden. Als Beispiel diene das nhd. Verb *heben, hob, gehoben*, heute als starkes Verb mit geregeltem Ablaut und auch sonst regelmäßig gebildet. Es ist verwandt mit lat. *capere* ‚nehmen, greifen' und hat ursprünglich wie dieses ein sogenanntes *j*-Praesens (lat. *capio*, das auch als *capjo* gesprochen werden kann). Völlig regelmäßig entsteht daraus ein germanischer Infinitiv *hafjan*, wie er im Gotischen bezeugt ist. Nun muß aber nach einem bekannten Lautgesetz, dem alle germanischen Sprachen unterliegen (Verner's Gesetz) im Plural des Praeteritums statt *f* ein *b* (ursprünglich *ƀ*) eintreten, also germ. *hôƀum*, ahd. *huobun*. Im Westgermanischen ruft ferner das *j* Konsonantendehnung hervor, dazu noch Umlaut, so daß der Infinitiv zu ahd. *heffen* wird. Die 2. und 3. Person des Praesens hat aber kein *j*, sondern ein *i*, das keine Dehnung hervorruft, wohl aber Umlaut. So entsteht dann ahd. *heffju*, *heffu* ‚ich hebe,' aber *hefis*, *hefit* ‚du hebst, er hebt'. Und nicht nur das: Das ungedehnte germ. *f* wird in althochdeutscher Zeit zu einem schwächeren Laut, geschrieben *v*. So stehen dann *heffen*, *heffu* und *hevis*, *hevit* und *huobun* als Formen des gleichen Verbs nebeneinander. Das ist in der Rückschau äußerst verwirrend, war aber der althochdeutschen Zeit selbst offenbar ganz vertraut. Dagegen hatte das Gotische schon vier Jahrhunderte vorher die Einheitlichkeit des Systems durch analogischen Ausgleich wiederhergestellt, indem dort nach dem Muster von *hafjan* auch *hôfum* mit *f* gebildet wurde.

Bei diesem Wort hat sich auch im Neuhochdeutschen die Regelmäßigkeit wieder durchgesetzt, indem der Konsonant *b* in alle Formen eingeführt wurde. Ähnliches geschah auch bei nhd. *werden, wurden*, wo ahd. *werdan, wurtun* noch unterschiedliche Konsonanten haben. Dutzende derartiger Unregelmäßigkeiten, der sogenannte ‹grammatische Wechsel› (den der dänische Sprachforscher VERNER als lautgesetzlich erklären konnte), sind im Neuhochdeutschen ausgeglichen worden, aber in *schneiden — schnitten, waren — gewesen* besteht die Unregelmäßigkeit bis heute. Die Folgen der westgermanischen Dehnung, die aus germ. *skapjan — *skôpum* im Althochdeutschen *skepfen*, aber *skuofun* entstehen ließen, sind neuhochdeutsch dadurch ausgeglichen, daß zwei regelmäßige Verba entstanden, nämlich *schöpfen — schöpften* und *schaffen — schufen*, aber in nhd. *sitzen — saßen* aus germ. *sitjan — *saetum*, ahd. *sitzen — sâzun*, besteht die Unregelmäßigkeit fort. Nach einem anderen Lautgesetz entstand ahd. *senten — santa*, heute noch in *senden — sandte* erhalten. Dagegen wurde bei dem identisch gebildeten ahd. *setzen — sazta* der Unterschied des Stammvokals in nhd. *setzen — setzte* beseitigt.

Manchmal erhalten sich demnach solche durch Lautentwicklungen verursachten Unregelmäßigkeiten durch lange Zeiträume, manchmal werden sie früher oder später beseitigt. Wann und ob überhaupt ein Ausgleich erfolgt, läßt sich niemals voraussagen. Soviel aber ist sicher: Im Gegensatz zu späteren deutschen Sprachperioden zeigt sich das Althochdeutsche fast unempfindlich gegen solche Unregelmäßigkeiten. Auch das trägt sehr viel zu seiner erstaunlichen Formenfülle bei.

Der befremdliche Eindruck einer fast undurchschaubaren Vielfalt des Althochdeutschen wird noch erheblich verstärkt durch die ungemessene Zahl neuer, kühner Wortbildungen, die allenthalben in den überlieferten Texten auftauchen. So wird die Beschäftigung mit jedem einzelnen Sprachdenkmal stets von neuem zu einem philologischen Abenteuer, und die Wissenschaft ist noch weit entfernt von der Lösung aller sprachlichen Probleme, die die althochdeutsche Überlieferung ihr aufgibt. Es sei nur an die oben S. 51 erwähnten neun verschiedenen Übersetzungen des lateinischen Wortes *misericordia* erinnert und daran, daß dies nur eine Auswahl aus einer noch größeren Zahl von Übersetzungsversuchen ist. Die Bildungen auf *-î*, *-în, -ida, -nissa*, die darin vorkommen, sind formal erklärbar, obwohl auch in dieser Beziehung Erkenntnislücken noch zu schließen sind. *Miltida* z. B. ist ganz regelrecht von dem Adjektiv *milti* gebildet. Man nennt das eine Ableitung. Wie aber kommt es zu *gabarmida?* Hier besteht kein Adjektiv, von dem es abgeleitet sein könnte. Die Geschichte derartiger Sprachentwicklungen läßt sich freilich erforschen. In diesem Falle z. B. muß eine analogische Übertragung der Ableitungssilbe auf neue Gruppen von Stammwörtern oder von Wortstämmen vorliegen, und durch sorgfältige Einzeluntersuchung kann man sich über den Gang der Entwicklung Klarheit verschaffen. Anders steht es um die Ermittlung der durch solche Wortbildungen ausgelösten Empfindungswerte. Wie reagiert das althochdeutsche Sprachgefühl auf Bildungen wie *miltida* und *miltnissa?* Neu gebildet sind beide Formen. Klang etwa die eine vertrauter, «deutscher» als die andere? Oder waren beide dem unverfälschten Sprachgefühl gleich fremd? Waren es papierene, gelehrte Wörter, nur entstanden unter dem Zwang, einen lateinischen Begriff in deutscher Sprache wiedergeben zu müssen, oder lag ihre Schaffung so nahe, daß niemand sie beanstanden konnte? Auf den ersten Blick scheint die Übersetzung von *misericordia* durch das schon eingebürgerte Wort *ginâda* ungezwungener. Aber die Sprachentwicklung ist auch darüber hinweggegangen. Diese scheinbar glücklichere Übersetzung scheiterte vermutlich daran, daß das alte Wort zum Ausdruck der neuen Bedeutung nicht hinlänglich geeignet war. Weshalb sich schließlich die im Althochdeutschen überhaupt noch nicht vorkommende Wortbildung *Barmherzigkeit* und der substantivierte Infinitiv *Erbarmen* durchgesetzt haben, ist schwer zu erkennen. In diesem und in jedem ähnlich gelagerten Fall ist einerseits an Auswahlvorgänge innerhalb der alltäglichen Volkssprache zu denken, worüber die schriftliche Überlieferung nur in den seltensten Fällen Aufschluß gibt. Soweit es sich um Wörter christlichen Gehalts handelt, darf insbesondere auch an den sprachbildenden Einfluß bedeutender Prediger gedacht werden. Anderseits muß man die literarische, also schriftsprachliche Wirkung besonders weit verbreiteter Werke in Erwägung ziehen. Doch ist es in den seltensten Fällen möglich anzugeben, warum die Entscheidung gerade so und nicht anders ausfiel.

Mit den *Misericordia*-Übersetzungen haben wir nur ein vereinzeltes, willkürliches Beispiel herausgegriffen. Es kann aber ohne Übertreibung gesagt werden, daß Tausende von lateinischen Wörtern im Althochdeutschen nicht ihr genaues Äquivalent hatten und daher neue deutsche Wortbildungen herausforderten. Jeder beliebige althochdeutsche Übersetzungstext ist voll davon. Es ist nicht erforderlich, die unübersehbare Zahl der Wortbildungsversuche und -möglichkeiten systematisch darzustellen; doch wird eine auswählende Übersicht über besonders häufig vorkommende Typen der ahd. Wortbildung willkommen sein.

Wenig auffällig, ja fast nicht als Neuerung in Erscheinung tretend, ist die Bildung von neuen Komposita. Wenn z. B. zu dem Substantiv *rîhhi* ‚das Reich‘ ein Kompositum *erdrîhhi* längst eingebürgert ist, so kann eine Neubildung von *himilrîhhi* zur Übersetzung von lat. *regnum caelorum* ‚das Reich der Himmel‘ niemand befremden. Die zwanglose Bildung von Zusammensetzungen ist ein aus dem Indogermanischen ererbter Zug, den die germanischen Sprachen z. B. mit dem Altindischen und Altgriechischen gemeinsam haben und der vor allem im Deutschen bis heute ein ungemein beliebtes Mittel zur Bildung neuer Ausdrücke ist. Schon die germanische Dichtersprache und dann zu allen Zeiten die Sprache der deutschen Dichter hat gern von diesem Mittel Gebrauch gemacht. Kein Wunder, daß gerade auch gute, sprachempfindliche althochdeutsche Übersetzer gern Komposita verwenden. Es macht keinen Unterschied, ob lat. *oratorium* durch ahd. *betahûs* ‚Bethaus‘ (eigentlich ‚Bittehaus‘), ein vielleicht schon länger eingebürgertes Wort, oder graeco-lat. *thus* durch *wîhrouch* ‚Weihrauch‘ (eigentlich ‚heiliger Rauch‘), eine sichere Neubildung, übersetzt wird. Beide Wörter entsprechen dem deutschen Sprachgefühl und fügen sich unauffällig in den Wortschatz ein. Wenn lat. *orbis terrarum* ‚Erdkreis‘ durch *mittingart* oder *mittilgart* wiedergegeben wird, so ist das keine genaue Übersetzung; hier wird ein altgermanisches Wort, welches das Mittelreich zwischen Himmel und Unterwelt bezeichnet, umgemünzt. Es ist aber seiner Bildung nach ein Kompositum und eignet sich daher formal recht gut zur Wiedergabe des komplexen lateinischen Ausdrucks. NOTKER versucht anstelle des mit heidnischen Vorstellungen belasteten Wortes die Neubildungen *erdring* und *werltring*, heutigem Sprachgefühl befremdlich, weil wir *orbis* nicht mehr mit *Ring*, sondern mit *Kreis* übersetzen, einem mit *kritzeln* verwandten Wort, das in althochdeutscher Zeit noch ‚Umriß‘ bedeutet. Bei NOTKERS Zeitgenossen um das Jahr 1000 dagegen konnten *erdring* und *werltring* ‚Weltkreis‘ als ganz natürliche Wortbildungen nicht den mindesten Anstoß erregen.

Selten freilich fügt es sich, daß lateinische Ausdrücke auf eine so elegante Weise übertragen werden können. Im Gegensatz zu den germanischen Sprachen hat das Lateinische mit seinen romanischen Tochtersprachen die andere im Indogermanischen bereits angelegte Möglichkeit der Wortbildung durch Ableitung sehr stark ausgebaut. Das eben erwähnte lat. *oratorium* ist abgeleitet von dem Verbum *orare* ‚beten, reden‘. Ableitungen davon sind aber auch *oratio* ‚das Gebet, die Rede‘ und *orator* ‚der Redner‘. Da diese Substantiva von Verba stammen, werden sie in der Philologie als Verbalabstrakta bezeichnet. Ebenso heißt *dignitas* ‚Würde‘, weil vom Adjektiv *dignus* ‚würdig‘ abgeleitet, ein Adjektivabstraktum. Das Wort ‚abstrakt, Abstraktum‘ wird also philologisch nicht in dem gleichen Sinne wie im philosophischen Sprachgebrauch als Gegensatz zu ‚konkret‘ verwendet. Aber es fügt sich, daß sehr viele lateinische Wörter auch in diesem letzteren Sinne Abstrakta sind, und daran war das Althochdeutsche wie alle germanischen Altsprachen ausgesprochen arm. Daher die ungeheure Schwierigkeit, lateinische Vorstellungen und Begriffe angemessen ins Deutsche zu übertragen.

Ein gutes Beispiel findet sich in den im Anhang II abgedruckten Übersetzungen des ‹Vaterunsers›. Da war das Wort *debitor* ‚Schuldner‘ zu übersetzen, im Lateinischen abgeleitet von dem Verbum *debere* ‚sollen, schulden‘, wozu auch *debitum* ‚die Schuld‘ (eigentlich ‚das Geschuldete‘) gehört. *Sicut et nos dimittimus debitoribus nostris* (‚Wie auch wir unseren Schuldnern vergeben‘) heißt es in der ‹Vulgata›. Recht bezeichnend ist nun das Verhalten der beiden poetischen, frei nachschaffenden Texte. Im ‹Heliand› (II, 3) steht *al sô wê ôdrum mannum doan* (‚ganz wie wir andern Menschen tun‘), und OTFRID (II, 8) läßt den Hinweis auf die *debitores* ganz beiseite: *sô wir ouh duan wollen* (‚wie wir auch tun wollen‘). Am Rande sei bemerkt, daß beide Dichter die Wiederholung des *dimitte*: *âlât* (Hel.), *bilâz* (Otfr.) ‚vergib‘ vermeiden, indem sie das Verb durch *duan* ‚tun‘ wiederaufnehmen, wie es heute noch üblich ist. Darin setzen wir also eine sehr alte Ausdrucksgewohnheit fort. Wichtiger ist in unserem Zusammenhang, daß in beiden Texten *debitor* nicht übersetzt wird. Die sprachempfindlichen Dichter scheuen sich vor einem künstlich gebildeten Wort. Die Übersetzer dagegen sind eng an ihre Vorlage gebunden; sie sind gezwungen, für lat. *debitor* einen angemessenen Ausdruck zu finden. Die Texte 5 a, b und 6 verwenden dazu das Wort ahd. *scolo*, das auch schon in got. *skula* (II, 1) vorliegt und von *sculan* ‚sollen‘ abgeleitet ist. Die Texte 4, 7 und 9 a substantivieren lieber das Adjektiv *sculdîg*, sagen also ‚den uns Schuldigen‘ (4) oder ‚unseren Schuldigen‘ (7, 9 a). Seltsam mutet das *scolâre* in 9 b an. Hier ist das alte *scolo* in die modernere Ableitung auf ahd. *-âri*, mhd. *-aere*, nhd. *-er* umgewandelt und seiner Bildung nach müßte man *scolâre* durch *der Soller* nachahmen, d. h. ‚einer der soll, der schuldet‘.

Man könnte vermuten, daß ahd. *scolo* ein schon veraltendes und deswegen von manchen Übersetzern gemiedenes Wort wäre. Daß es aber auch in dem sehr alten St. Galler Text (II, 4) fehlt, spricht gegen solchen Verdacht. Eher ist es ein neu gebildetes Wort der gotischen Bibelsprache, das in den oberdeutschen Dialekten bekannt, aber nicht recht heimisch wurde. Jedenfalls lehrt der Gesamtbefund, daß die Übersetzung durch ein substantiviertes Adjektiv dem althochdeutschen Sprachempfinden angemessener schien, obwohl auch *sculdîg* ein erst neu gebildetes Wort ist. Ganz Ähnliches beobachtet man nämlich, um nur noch dieses eine Beispiel anzuführen, bei der Wiedergabe des vom Verbum *peccare* ‚sündigen‘ abgeleiteten Substantivs *peccator* ‚Sünder‘: *suntîg man* ‚sündiger Mensch‘ oder die substantivierten Formen von *suntîg* ‚sündig‘, bei Dichtern auch *unwerd* ‚unwürdig‘ oder *firdân* ‚verworfen‘, müssen zur Übersetzung von *peccator* dienen. Die erste Bildung eines Substantivs, nämlich *sundâre* (es müßte ahd. **suntâri* lauten), mhd. *sündaere*, nhd. *Sünder*, taucht erst an der Wende zur mittelhochdeutschen Zeit in deutschen Glossen zu NOTKERS ‹Psalmen› auf, während der äußerst sprachbewußte NOTKER selbst nur *sundig* und *sundig man* verwendet.

Man darf sich durch die sehr große Anzahl von althochdeutschen Substantiva auf *-âri* (z. B. *scrîbâri* ‚Schreiber‘, *trinkâri* ‚Trinker‘, *huotâri* ‚Wächter, Hüter‘, *gartâri, gartenâri* ‚Gärtner‘) nicht irreführen lassen. Sie sind alle durch lateinische Vorbilder provoziert. Sogar das Suffix *-âri* selbst ist nach vorherrschender Ansicht aus lat. *-arius* entlehnt; es wird aber auch schon im Gotischen zur Bildung neuer Wörter benutzt (z. B. got. *laisâreis* ‚Lehrer‘, *bôkâreis* ‚Buch-, Schriftgelehrter‘). Im Althochdeutschen wird es zunächst mit Zurückhaltung verwendet, aber bald produktiv, d. h. in zunehmendem Maße zur Bildung neuer Wörter herangezogen. Umgekehrt veraltet die Bildungsweise auf *-o* wie in *scolo*. Sie wird unproduktiv, nachdem in älterer Zeit sehr viele Substantiva so gebildet worden waren. *Skenko* ‚(Mund)schenk‘, *ferio* ‚Ferge, Fährmann‘, *boto* ‚Bote‘ und manche andere Wörter dieses Typs haben sich bis heute erhalten. Andere wie *forasago* ‚Prophet (Vorhersager)‘, *êwarto* ‚Priester‘, *manslago* ‚Totschläger‘ sind untergegangen, wieder andere, wie *hloufo* ‚Läufer', *trinko* ‚Trinker', *widarsacho* ‚Widersacher', haben wie *scolo*, das durch *scolâre* ersetzt wurde, schon in spätalthochdeutscher Zeit das modernere Suffix -*âri* angenommen. Aber so altertümlich die Wörter auf -*o* wirken mögen: man darf sich auch hier nicht täuschen lassen und hat in jedem einzelnen Fall zu prüfen, ob es nicht doch erst unter lateinischem Einfluß neu gebildet worden ist.

Dasselbe gilt auch für andere, seltenere und noch altertümlichere Bildungsweisen. Wörter wie *tregil* ‚Träger', *grebil* ‚Gräber', *butil* ‚Bote, Büttel' können ererbt, können aber auch nach altheimischem Muster zur Übersetzung lateinischer Wörter neugebildet sein. Das hochaltertümliche *leitid* ‚Leiter, Führer' scheint einheimisch zu sein, aber das genauso gebildete *sceffid* ‚Schöpfer' ist erst unter Einfluß von lat. *creator* entstanden.

Vielfältig sind auch die Möglichkeiten zur Bildung von Adjektivabstrakta. Die einfachste und im Althochdeutschen weitverbreitete Art ist die Substantivierung durch -*î* (in ältester Zeit -*în*), das an den Stamm des Adjektivs gefügt wird. Zu *hôh, breit, milti* entstehen so die Substantiva *hôhî, breitî, miltî*, die heute noch als *Höhe, Breite, Milde* vorhanden sind. Aber auch mit dem Suffix -*ida* werden Adjektivabstrakta gebildet. Zu *frao* (Stamm *fraw*-) ‚froh' entsteht *frawida* oder mit Umlaut *frewida*, das heutige *Freude*, das also — um eine vergleichbare Wortbildung anzuwenden — etwa als ‹Frohheit› zu deuten ist. Nicht ganz so beliebt, doch häufig genug ist auch die Substantivierung durch -*nissa* (mit den Nebenformen -*nissi*, -*nessi, -nussi* und — in Kombination mit -*ida — -nussida*). Das oben erwähnte *miltnissa* ist in dieser Weise aus dem Adjektiv *milti* gebildet. Zu *berht, beraht* ‚hell, glänzend' entsteht nach dem Vorbild von lat. *clarus: claritas* ein Substantiv *berahtnissi* ‚Glanz'. Aber auch *berhtî* kommt vor, wie zum Adjektiv *milti* alle drei Bildungsmöglichkeiten, nämlich *miltî, miltida* und *miltnissa* verwirklicht worden sind. Eine Regel, wann die eine, wann die andere vorgezogen wird, ist nicht zu entdecken. Neubildungen sind diese Substantiva fast alle, und für die Wahl des einen oder des anderen Ableitungs-Suffixes scheint neben dem Sprachgefühl des Übersetzers die Tradition der Schreibstube, in der er arbeitet, und der Klosterschule, die er besucht hat, maßgebend zu sein.

Berufs- und Täterbezeichnungen (Nomina agentis), mit denen wir uns eingangs beschäftigten, scheinen im Germanischen wenig üblich gewesen zu sein; man bevorzugte anscheinend die verbale Ausdrucksweise. Adjektivabstrakta waren wenigstens mit germanischen Sprachmitteln leicht zu bilden und können germanischen Ohren kaum fremd geklungen haben, wenn auch der stärkste Strom dieser

Neubildungen erst unter lateinischem Druck zu fließen begann. Eine dritte Gruppe von Ableitungen endlich, die aus Verba gebildeten Handlungssubstantiva (Nomina actionis) waren im Germanischen fast ebenso beliebt wie im Lateinischen. Besonders häufig sind die von starken Verba abgeleiteten Substantiva auf *-t*, also der Typ ahd. *fart* zu *faran* ('Fahrt, fahren'), *gift* zu *geban* ('Gabe, geben', vgl. *Mitgift*), *fluht* zu *fliohan* ('Flucht, fliehen'). Diese Substantiva gehören zur *i*-Deklination und wurden im Germanischen mit dem im Althochdeutschen nicht mehr erkennbaren Suffix *-ti* gebildet; man bezeichnet sie daher als *ti*-Abstrakta. Ob diese Bildungsweise im Althochdeutschen noch produktiv war, ist schwer zu entscheiden. Vermutlich war eine Produktivität hier gar nicht mehr erforderlich, weil die starken Verba schon seit germanischer Zeit ihr Substantiv auf *-ti* neben sich hatten. Ein ahd. *ginist* 'Heil, Rettung' könnte zu *ginesan* gebildet sein, um lat. *salvatio* zu übersetzen; aber es hat schon eine Parallele in got. *ganists*. Sind also Wörter dieser Art neugebildet, so fügen sie sich doch reibungslos dem heimischen Sprachgebrauch ein.

Anders steht es mit den Abstraktbildungen zu schwachen Verba; sie sind in germanischer Zeit kaum üblich gewesen und werden im Althochdeutschen fast immer erst unter dem Zwang des Lateinischen neugebildet. So entstehen zahlreiche Substantiva auf *-unga*, wie *bredigunga* 'Predigt' zu *bredigôn* 'predigen' nach dem Muster von lat. *praedicare: praedicatio*. Aus den althochdeutschen Übersetzungen des ‹Vaterunsers› gehören *korunga* und *kostunga* 'Versuchung' hierher, die von *korôn* und *kostôn* abgeleitet sind wie das lateinische Vorbild *temptatio* von *temptare*. In aller Regel werden diese Substantiva auf *-unga* nur von schwachen Verba gebildet. Ob sie althochdeutschen Ohren vertraut oder ungewohnt klangen, ist nicht zu ermitteln. Wenn aber die meisten dieser Bildungen bald in Vergessenheit gerieten (ahd. *manunga*, unser *Mahnung*, ist eine seltene Ausnahme), so werden sie nicht gerade volkstümlich gewesen sein. Man konnte sie jedoch bei Bedarf, wie es heute noch der Fall ist, jederzeit leicht bilden. Wo aber gar unter dem Zwang des Lateinischen solche Bildungen von starken Verba versucht werden, wie *participatio: teilnemunga* 'Teilnahme' oder *resurrectio: irstantunga* 'Auferstehung', da handelt es sich um gelehrte Notlösungen, die sprachfremd blieben. Das Papierdeutsch des Stubengelehrten ist nicht erst eine Unart unserer Tage, ist damals aber anders begründet (s. u. S. 201 f).

Nicht nur Substantiva, auch Verba müssen im Althochdeutschen in großer Zahl neu gebildet werden, um das Lateinische möglichst genau zu übersetzen. Während aber im Lateinischen sehr oft das

Substantiv aus dem Verbum stammt, wie *peccatum* ‚Sünde‘ aus *peccare* ‚sündigen‘, ist es in der althochdeutschen Übersetzersprache oft gerade umgekehrt. Da ist z. B. das Substantiv *sunta* zuerst da (auch dieses, jedenfalls in der christlichen Bedeutung, eine Neuerung), und dann erst wird um der Entsprechung zum Lateinischen willen das Verbum neu gebildet: *suntôn*. In der weitaus überwiegenden Mehrzahl aller Fälle richten sich die Neubildungen nach der schwachen Konjugation. Von deren drei Klassen ist die erste auf *-jan* (das ahd. zu *-en* wird) trotz ihrer großen Beliebtheit im älteren Germanischen im Althochdeutschen fast gar nicht mehr produktiv. Die Neubildungen richten sich zumeist nach der zweiten oder dritten Klasse auf *-ôn* und *-ên*. Aber auch hier ist keine Regel zu erkennen. Das Verbum *volgên* — so die üblichere Form — erscheint in dem obigen Zitat aus dem ‹Ludwigslied› (s. S. 79) als *volgôn*. Es gibt viele Beispiele solcher Unsicherheit, und daß das Fränkische die *ôn-*, das Bairische eher die *ên-*Formen bevorzuge, ist nicht mehr als eine Faustregel, die mancherlei Ausnahmen erleidet. Im allgemeinen kann man allerdings feststellen, daß die *ôn-*Klasse für Neubildungen bei weitem bevorzugt wird.

Systematik des Wortschatzes

Wo ein so starker Einfluß des Lateinischen auf die deutsche Sprache — oder ganz allgemein ausgedrückt: einer Sprache auf eine andere — zu beobachten ist, muß der Sprachwissenschaft daran gelegen sein, den Wortschatz seiner Herkunft nach zu sondern und zu ordnen. Nach altem philologischen Herkommen pflegt man den Wortschatz in Erbwörter, Lehnwörter und Fremdwörter einzuteilen. Es ist an dieser Stelle nicht zu erörtern, ob nicht die Einführung einer weiteren Kategorie ‹Neuwörter› zweckmäßig wäre. Es gibt genügend Beispiele dafür, daß zu jeder Zeit völlig neue Wörter entstehen können, insbesondere solche lautnachahmender Art, wie *Töff-Töff* ‚Auto‘ und ähnliche. Auch Lallwörter der Kindersprache wie *Papa* und *Mama* oder gotisch *atta* ‚Vater‘ entstehen zum Teil spontan und lassen sich nicht immer als Entstellungen aus schon vorhandenen Wörtern etymologisieren. Was allerdings die neugebildeten Wörter des Althochdeutschen angeht, so sind sie immer aus bereits vorhandenem Sprachmaterial gebildet, sei es nun wie bei *miltnissa* und *manunga* aus ererbten germanischen Elementen, oder sei es wie bei *bredigunga* aus einem Lehnwort, dem ein germanisches Suffix angehängt ist. Man kann also *miltnissa*, *manunga* und viele andere zu den Erbwörtern rechnen, wenn man nur darauf reflektiert, daß der Wortstamm germanischer Herkunft ist. Den Begriff des ‹Erbes› noch weiter zu treiben, empfiehlt sich nicht. Denn es sind zwar nachweisbar sehr viele Wortstämme (seltener die Wörter selbst) aus dem Indogermanischen durch das Germanische hindurch bis in das Deutsche gelangt. Es gibt aber auch eine beträchtliche Menge Wörter, die sicher schon germanisch sind, im Deutschen also zum ererbten Bestand gehören, die aber trotzdem nicht an indogermanisches Wortgut angeknüpft werden können. Im Sinne der oben S. 13 f skizzierten Substrattheorie muß man zum mindesten mit der Möglichkeit rechnen, daß sie einer nichtindogermanischen Altsprache entstammen. Wenn also im folgenden zu rascher Verständigung der Begriff ‹Erbwort› gelegentlich verwendet wird, so möge man bedenken, daß er schlecht definiert ist und daß in unserem Zusammenhang immer nur die Herkunft aus germanischem Bestand gemeint ist.

Mit den Termini ‹Fremdwort› und ‹Lehnwort› steht es nicht viel besser. Jedes fremde Wort in einer Sprache ist aus irgendeiner anderen entlehnt oder aus entlehnten Bestandteilen gebildet, und jedes Lehnwort kommt ursprünglich aus sprachlicher Fremde. Nur Gradunterschiede trennen Fremd- und Lehnwörter voneinander. Die Einverleibung beginnt in dem Augenblick, da das fremde Wort in die eigene Sprache übernommen wird. Schon die geringste Veränderung der Intonation, des Lautbestandes, eine Modifikation der Endung, der leiseste Wandel der Bedeutung sind Anzeichen, daß das Wort in seine neue sprachliche Umgebung hineinwächst. Die Grenze zwischen noch fremd und schon angeeignet ist daher nur mit Willkür zu ziehen. Vorsichtiger, als von Erb-, Lehn- und Fremdwörtern zu reden, ist es daher, nur heimisches und entlehntes Wortgut zu unterscheiden. Aber man geht besser noch einen Schritt weiter. Auch unter den Wortbildungsmitteln und sogar unter den Mitteln der syntaktischen Verknüpfung findet sich entlehntes Gut; besser also unterscheidet man zunächst einmal heimisches und entlehntes Sprachgut, wozu dann als Untergliederung neben anderem auch das Wortgut gehört.

Die Bereicherung der altdeutschen Sprache durch Übernahme sehr mannigfacher Anregungen aus dem Lateinischen hat in den vergangenen Jahrzehnten ein lebhaftes sprachwissenschaftliches Interesse gefunden, und im Verlauf der Erörterungen ist der Begriff der Entlehnung tiefer durchdacht und beträchtlich weiter gefaßt worden. Die Diskussion wurde vorerst zum Abschluß gebracht durch WERNER BETZ (LH 90), dessen Systematik und Terminologie wir uns zu eigen machen, ohne auf die für unseren Darstellungszweck unerheblichen feineren Unterteilungen einzugehen.

Wie groß der Anteil der Entlehnungen aus dem Lateinischen in

althochdeutschen Texten sein kann, mögen einige Zeilen aus dem
‹Fränkischen Taufgelöbnis› erkennen lassen, das um das Jahr 800
entstanden ist:

> Gilaubistû einan got almahtîgan in thrînissa
>   inti in einnissa? Ih gilaubu.
> Gilaubistû heilaga gotes chirichûn? Ih
>   gilaubu.
> Gilaubistû thuruh taufunga sunteôno forlâz-
>   nessi? Ih gilaubu.

(‹Glaubst du den einzigen allmächtigen Gott in der Dreiheit und in
der Einheit? Ich glaube. —
Glaubst du die heilige Kirche Gottes? Ich glaube. —
Glaubst du Vergebung der Sünden durch die Taufe? Ich glaube›).

Hinter jedem Wort spürt man in diesem althochdeutschen Text die
lateinische Vorlage, und doch ist nur ein einziges Wort darin mit
Sicherheit unmittelbar der fremden Sprache entlehnt: *chirichûn*, Akkusativ zu *chiricha (kirihha)* ‚Kirche‘ ist ein graeco-lateinisches Wort
(s. u. S. 118), das an dieser Stelle lat. *ecclesia* (ebenfalls griechischer
Herkunft) übersetzt. Daß es zur Übersetzung, das heißt doch zur
Verdeutschung, eines anderen fremden Wortes dienen kann, beweist, wie fest es schon eingebürgert ist; *kirihha* ist also ein echtes
Lehnwort. Unsicher ist ein zweites Zeugnis. Das Wort *suntea, sunta* ‚Sünde‘ wird gern mit lat. *sons*, Akkusativ *sontem* ‚schuldig‘
in Verbindung gebracht. Doch ist es umstritten, ob *sunta* wirklich
daraus entlehnt ist, oder ob es nicht doch ein Erbwort ist. Wäre es
also nicht Lehnwort, so hätte es jedenfalls unter christlich-lateinischem Einfluß eine neue Bedeutung angenommen. Es gehörte dann
in die große, reich gegliederte Gruppe der Lehnprägungen.

So nämlich ist nach Betz’ Terminologie das *Lehngut* einzuteilen:
Was nicht in der fremden Lautgestalt, also als *Lehnwort*, übernommen wird, ist *Lehnprägung*. Lehnprägungen liegen immer dann vor,
wenn eine fremde Sprache dem heimischen Sprachmaterial ihr Gepräge aufdrückt.

Lehnprägungen beeinflussen nicht nur den Wortschatz, sondern
die Ausdrucksmittel der Sprache insgesamt. Außerhalb des Wortschatzes liegen die *Lehnwendungen* und die *Lehnsyntax*. Dafür bietet das ‹Fränkische Taufgelöbnis› keine Beispiele, aber sie finden sich
andernorts. Das *Fünklein Wahrheit*, von dem man auch heute noch
redet, findet sich im Deutschen zuerst bei Notker in der ahd. Form
funcho dero wârheite. Aber auch Notker entzündete diesen Funken
nicht; seine Wendung ist übersetzt aus lat. *scintilla veritatis*. Hier
haben wir es also mit einer Lehnwendung zu tun, und zwar in die-

sem besonderen Falle mit einer aus dem Lateinischen entlehnten metaphorischen Ausdrucksweise.

Als eines von vielen Beispielen für Lehnsyntax sei das Bibelwort *aedificaturus est domum tibi dominus* (‚der Herr wird dir ein Haus bauen‘) zitiert, das im althochdeutschen ‹Isidor› übersetzt wird durch *druhtin dhir ist huus zimbrendi.* Dieses ‹ist zimmernd› wird offenbar zur möglichst genauen Wiedergabe der zusammengesetzten lateinischen Verbform gewählt. Der Versuch hat sich allerdings wie sehr vieles, was die althochdeutsche Zeit an Nachahmung der lateinischen Syntax wagte (Partizipialkonstruktionen, Akkusativ mit Infinitiv), auf die Dauer nicht durchsetzen können.

In den Bereich des Wortschatzes, aber nicht in den der Wortbildung gehört die dritte, sehr wichtige Untergruppe der Lehnprägungen, die *Lehnbedeutungen* oder *Bedeutungslehnwörter*. Deren enthält die Stelle aus dem Taufgelöbnis mehrere. Es handelt sich um echte ererbte Wörter, die unter dem Einfluß des christlichen Lateins eine neue Bedeutung erhalten. *Gilauben* z. B. bedeutet nach seinem etymologischen Zusammenhang mit *liob* ‚lieb‘ ursprünglich ‚sich etwas lieb machen, sich vertraut machen mit etwas‘. Damit es lat. *credere* übersetzen konnte, mußte es also seine Bedeutung wandeln. (Es sei bemerkt, daß sich auch im Lateinischen unter christlichem Einfluß sehr starke Bedeutungsveränderungen vollzogen.) Auch das Erbwort *got* wurde christlich umgedeutet (s. u. S. 112), ebenso *heilag* ‚heilig‘, das ursprünglich ‚der Gottheit eigen‘ bedeutete. Ahd. *taufen, toufen,* wovon *taufunga* des Textes abgeleitet ist, hatte, ehe es die Lehnbedeutung annahm, die Allgemeinbedeutung ‚untertauchen‘ (s. u. S. 150 f).

Taufunga zeigt aber zugleich eine besondere Art der Wortbildung, und das führt uns auf die auffälligste Untergruppe der Lehnprägungen, die BETZ *Lehnbildungen* nennt. Dazu gehören alle unter fremdem Einfluß, aber aus heimischem Bestand neu gebildeten Wörter, und zwar kann man, von strikter Gebundenheit der nachahmenden Wortbildung zu größerer Freiheit fortschreitend, drei Arten von Lehnbildung unterscheiden, die *Lehnübersetzung,* die *Lehnübertragung* und die *Lehnschöpfung.* Was die Wörter, die zu einer dieser Untergruppen gehören, gemeinsam kennzeichnet, ist, daß sie ohne den fremden Einfluß gar nicht gebildet worden wären.

Lehnübersetzungen sind im ‹Fränkischen Taufgelöbnis› z. B. die Wörter *drînissa* und *einnissa.* Sie sind genau nach lat. *trinitas* und *unitas* gebildet, so wie in anderen Texten *wârnissa* zu *wâr* nach dem Vorbild von *veritas: verus* gebildet wird. NOTKERS oben zitiertes Wort *wârheit* ist eine jüngere Bildung, aber ebenfalls zur Wiedergabe von *veritas* entstanden, also Lehnübersetzung. Auch *forlâz-*

nessi: remissio ‚Vergebung' des Taufgelöbnisses gehört in diese Kategorie. Daß *remissio* zum Verbum *remittere* ‚vergeben' gehört, erkennt der Übersetzer natürlich, und wie das Verbum durch *forlâzan* lehnübersetzt wird, so wird nun dazu auch das Substantiv entsprechend übersetzt, d. h. neu geschaffen. Auch *almahtîg* ist höchstwahrscheinlich kein germanisches Erbwort, sondern als Lehnübersetzung von *omnipotens* entstanden. Die Zahl der althochdeutschen Lehnübersetzungen geht in die Tausende. Es sind vor allem deshalb so viele, weil diesen rein formal bestimmten Neubildungen in ganz besonderem Maße papierdeutsche Künstlichkeit anhaftet und die Übersetzungsversuche immer erneut wiederholt werden, bis einmal eine annehmbare Bildung gelingt. Es ist daher kein Zufall, daß von allen eben erörterten Lehnübersetzungen nur die eine wirklich gelungene *omnipotens: almahtîg* die althochdeutsche Zeit überdauert hat. Aber irgendwann einmal gelingt die lehnübersetzende Eindeutschung, und so ist auch das heutige Deutsch voll davon. *compassio: Mitleid* (erst im 17. Jahrhundert, mhd. *miteleidunge, miteleiden*), *conscientia: Gewissen* (ahd. bei NOTKER *giwizzanî*), *saecularis: weltlich* (schon ahd. *weraltlîh*, zu *saeculum: weralt*) sind nur ein paar Beispiele. Aber auch so unscheinbare Wörter wie *ankommen* und *umgeben* sind als Lehnübersetzungen von *advenire* und *circumdare* entstanden.

Lehnübersetzung bedeutet ängstlich gewissenhafte Nachbildung des fremden Vorbildes. Lehnübertragungen pflegen demgegenüber einen etwas freieren Umgang mit der Vorlage. Sie setzen mehr Geistesfreiheit voraus und sind daher in einer Zeit, die zunächst nur aufnehmen und lernen will, ziemlich selten. Das ‹Fränkische Taufgelöbnis› bietet kein Beispiel. Wir greifen daher zum ‹Weißenburger Katechismus›, der zu Beginn des 9. Jahrhunderts im Kloster Weißenburg im Elsaß geschrieben wurde. Er stellt eine hochstehende Übersetzerleistung dar (vgl. auch Anhang II, 6). Dort war im Credo der folgende Satz über die zwei Naturen Christi zu verdeutschen: *perfectus deus, perfectus homo, ex anima rationali et humana carne subsistens, aequalis patri secundum divinitatem, minor patre secundum humanitatem* (‹vollkommener Gott, vollkommener Mensch, aus vernunftbegabter Seele und menschlichem Leibe bestehend, gleichartig dem Vater in seiner Göttlichkeit, geringer als der Vater in seiner Menschlichkeit›). Das wird wie folgt übersetzt:

> *Thuruhthigan got, thuruhthigan man, fona sêlu*
> *redhihafteru endi mannisgînimo fleisge untar uuesenter.*
> *Ebanêr fatere after gotcundnisse,*
> *minniro fatere after mennisgî.*

Die einzige streng dem Lateinischen nachgebildete Lehnübersetzung in diesem Text ist *humanitas: mennisgî,* Adjektivabstraktum zu *humanus: mennisk* ‚menschlich'. Die sonstigen Nachbildungen, die vorkommen, sind Lehnübertragungen. *Perfectus* (zu *facere* ‚tun' und sonst wohl durch *duruhtân, foltân* lehnübersetzt) wird hier mit *duruhdigan* wiedergegeben, einer Partizipialbildung zu *dîhan* ‚gedeihen'. ‚Ganz gediehen' ist also etwa die Bedeutung des althochdeutschen Wortes. Formal kommt darin das *per-* des lateinischen Vorbildes und auch dessen Bildung als Partizip zum Ausdruck, aber statt der wörtlichen Übersetzung wird eine freiere Übertragung gewählt. Lat. *ratio* heißt ahd. *redia,* und das davon abgeleitete *rationalis* wird von sklavischen Übersetzern z. B. durch *redilîh* nachgeahmt. Der Weißenburger wählt dagegen ein Kompositum. *haft* bedeutet ‚behaftet', *redihaft* also ‚mit Vernunft behaftet, vernunftbegabt'. *Divinitas* ist abgeleitet von *divinus* ‚göttlich', und dieses wird im Althochdeutschen lehnübersetzt mit *gotelîh,* freier wiedergegeben durch *gotcund,* was etwa ‚göttlichen Geschlechts, göttlicher Herkunft' bedeutet. Davon ist *gotcundnissa* eine formal genaue Ableitung. Die Beispiele zeigen, daß auch die Lehnübertragungen dem lateinischen Vorbild nahebleiben und daß sie dessen Formalia nachzuahmen suchen. Aber mehr als die Lehnübersetzungen tragen sie auch den Erfordernissen der eigenen Sprache Rechnung.

Sehr viel seltener als Lehnübersetzung und Lehnübertragung kommt die Lehnschöpfung, die formal völlig unabhängige Nachahmung eines fremden Vorbildes vor. BETZ (S. 116) entnehme ich das Beispiel *findunga* zur Wiedergabe von *experimentum* im Sinne von ‚Erfahrung'. Es wird sonst meistens durch Ableitungen von *suochen* und *kostôn* ‚erproben' wiedergegeben. Mit dem Wort *findunga* hat der Übersetzer der lateinischen Vorstellung einen völlig eigenen, spontan erfundenen Ausdruck gegeben. Aber das deutsche Wort wäre ohne die Anregung des Lateinischen vermutlich gar nicht erst entstanden. Wortschöpfung also unter fremder Anregung, und daher die Bezeichnung *Lehn*schöpfung. Im übrigen haben die drei Arten der Lehnbildung dies eine gemeinsam: Die so entstehenden Wörter wären niemals geschaffen worden, wenn nicht der Zwang, ein fremdes Wort wiederzugeben, ihre Bildung veranlaßt hätte. Es sind Neubildungen nach fremdem Muster, und dieser fremde Anstoß wird dadurch anerkannt, daß man diese scheinbar eigensprachlichen Wörter als Lehnbildungen bezeichnet.

Das Dilemma, vor das sich Übersetzer immer wieder gestellt sehen, war in der althochdeutschen Zeit, da die Entwicklung des Deutschen zur christlichen Literatursprache eben erst begonnen hatte, besonders drückend: Oft und oft hält die eigene Sprache keinen

Ausdruck zur Übersetzung des lateinischen Wortes bereit. Entweder muß dann der Übersetzer den Weg der umschreibenden Wiedergabe wählen, um einigermaßen im Rahmen des muttersprachlich Üblichen zu bleiben; dann entfernt er sich aber vom Grundtext. Oder er bleibt so nahe wie möglich bei der lateinischen Vorlage; dann muß er seiner Muttersprache befremdliche und gewaltsame neue Wortbildungen aufzwingen. Beide Wege sind in althochdeutscher Zeit beschritten worden (vgl. u. S. 194 ff), aber die Mehrzahl der Übersetzer ging den zweiten, den beschwerlicheren und wenig volkstümlichen Weg. Es war der Weg in das christlich-lateinische Abendland.

VI. KULTUR- UND SPRACHEINFLÜSSE
DER RÖMERZEIT

Die deutsche Sprache geht aus der Integration der vordeutschen Mundarten in die aus antiken Wurzeln genährte christlich-lateinische Tradition hervor, und diesen Entwicklungsweg sehen wir in seinen entscheidenden Zügen als ein literarisches Ereignis an. In der sprachlichen Aneignung der Bibel und der liturgischen Texte des christlichen Kultes, in der Nachschöpfung christlicher Poesie und in der Auseinandersetzung mit der theologischen Literatur vollzieht sich diese Sprachwerdung. In geistiger Auseinandersetzung entwickkelt, ist das werdende Deutsch der Nachwelt nur in schriftlicher Überlieferung erhalten geblieben. Als Schriftsprache präsentiert es sich in seiner geistigen Höhenlage, auch wohl in seinen gelegentlichen papierenen Entgleisungen, die doch aus abstraktem Denken und der Bemühung um die Bewältigung lateinischer Denkinhalte erklärlich sind. Das Althochdeutsche ist freilich nicht Schriftsprache im modernen Sinne einer äußerlich streng geregelten, einheitlichen Sprachform. Vielmehr besteht hier, aufsteigend aus der farbigen Fülle der Mundarten, das Charakteristikum der Schriftsprache in dem unalltäglichen abstrakten Wortschatz, der keiner einzigen Mundart angehört. Er ist auf hoher Warte geschaffen und keineswegs volkstümlich. Im Schriftbilde aber und in der Lautform können diese neuen schriftsprachlichen Wörter nur immer in der Gestalt auftreten, die ihnen die Mundarten in den verschiedenen Landschaften verleihen. Man vergleiche etwa das althochdeutsche Wort für ‚Versuchung‘ in den ‹Vaterunser›-Übersetzungen (Anhang II): *khorunka, chorunka, chorunga* sind die mundartlich gefärbten Erscheinungsformen des Wortes, und wenn man heute gern die ostfränkische Form *corunga* als ‹Regelform› bezeichnet, so ist das eine Abstraktion moderner Grammatiker. Im Althochdeutschen war dies nur eine mundartliche Form neben den anderen.

Man kann die Intensität der lateinisch-deutschen Sprachbeziehungen und ihre Folgen für die Entstehung einer gemeindeutschen Sprache nicht stark genug betonen. Dennoch darf nicht übersehen werden, daß die werdende Schriftsprache durch Predigt und Christenlehre nicht nur in die Alltagssprache des Volkes hineinwirkt. Sie empfängt vielmehr von dort auch viel Gutes und Wertvolles. Es ist ja kein völlig neuer Anfang, vor dem die althochdeutschen Interpreten des Christentums stehen. Längst weiß man in deutschen Landen vom Christenglauben. Missionare haben die Heilslehre verkündet und bereits so manchen Heiden bekehrt. Schon gibt es Klöster und Kirchen und christliche Gemeinden, und wo Menschen sich zum Glauben an CHRISTUS bekennen, müssen auch die Anfänge eines christlichen Wortschatzes in der Volkssprache bereits vorhanden sein. Zwar kann man im Rückblick die vorschriftlichen Anfänge eines religiösen Ausdrucksschatzes nur noch bruchstückhaft erkennen, und dies nur so weit, wie spätere schriftliche Überlieferung davon zufällige Kunde gibt. Was aber überliefert ist, ist auch philologischer Untersuchung zugänglich. Man kann unter anderem auch mittels philologischer Methoden die Altersschichten des Wortschatzes voneinander abheben. Nicht nur gelingt es, das voralthochdeutsche Sprachgut von dem zu sondern, was erst durch althochdeutsche Übersetzerleistung neu geschaffen wurde. Man erkennt, jedenfalls in großen Zügen, auch die zeitliche Abfolge der vorschriftlichen Sprachneuerungen. Um die spätere Entwicklung recht zu verstehen, insbesondere auch, um die Andersartigkeit der schriftsprachlichen Schöpfungen althochdeutscher Zeit richtig einzuschätzen, ist es förderlich, wenigstens einen Blick auf die frühen Fremdeinflüsse zu werfen, die auf die germanischen Sprachen und später auf die vordeutschen Mundarten eingewirkt haben.

Älteste germanische Lehnbeziehungen

Solange es Sprachen gibt, gibt es auch zwischensprachliche Beziehungen. Wenn Völker nicht in abgeschlossenen Landschaften leben, etwa in Hochtälern unzugänglicher Gebirge oder inmitten unwegsamer Urwälder oder auf verkehrsfernen Inseln, haben sie immer auch Berührung mit anderssprachigen Nachbarn. Irgendwelche Beziehungen, seien sie auch feindlich, sind stets vorhanden, und irgend etwas gibt es immer, was man von den anderen lernen und übernehmen kann. Mit der fremden Sache wird meistens auch die fremde Bezeichnung übernommen, und so zeigen sich die Sprachen verkehrsoffener Gemeinschaften zu allen Zeiten zur Aufnahme von Lehnwörtern bereit. Davon machen weder die altgermanischen noch ihre Nachbarsprachen eine Ausnahme. Auch die Germanen hatten Kulturgüter zu geben, und daher hat auch ihre Sprache auf andere ausgestrahlt. Es gibt germanische Lehnwörter in den klassischen Sprachen des Altertums, auch im Keltischen und sehr zahlreich in den slawischen Sprachen, die im Mittelalter und in der Neuzeit aus germanischen Sprachen und vor allem aus dem Deutschen sehr viel Lehngut aufgenommen haben. Wegen ihrer hohen Altertümlichkeit sind vor allem die vielen Entlehnungen aus dem Altgermanischen in das Finnische für die philologische Wissenschaft von großer Wichtigkeit. Denn die ältesten germanischen Lehnwörter sind schon vor oder doch während der ersten Lautverschiebung dort eingedrungen, und da das Finnische eine im höchsten Grade konservative Sprache ist, kann man noch aus der heutigen Lautform seiner Lehnwörter willkommene Aufschlüsse über die frühesten Lautentwicklungen des Germanischen erhalten.

So bemerkenswert die kulturelle und damit verbunden die sprachliche Expansionskraft der Germanen ist, muß doch in unserem Zusammenhang der umgekehrte Vorgang, die Aufnahme fremden Gutes in die germanischen Sprachen, das größere Interesse beanspruchen. Schon in den ältesten Zeiten haben die Germanen Sachen und Wörter nicht nur gegeben, sondern auch von fremden Nachbarn empfangen. Etwa gleichzeitig mit den Entlehnungen in das Finnische hat das Germanische auch die ersten nachweisbaren Wörter aus östlichen Sprachen aufgenommen. Das Wort *Hanf*, ahd. *hanaf*, as. *hanap*, ae. *henep*, anord. *hanpr* gehört zu dieser ältesten Schicht. Als *kánnabis* kommt es auch im Altgriechischen vor, ist aber auch dort nicht heimisch. Es wurde sowohl von den Griechen wie von den Germanen aus einer unbekannten Sprache des Ostens entlehnt, und das bedeutet natürlich, daß beide Völker auch die Sache von dort übernahmen. Ähnliches gilt von dem heute noch im Bairischen lebendigen Wort *Pfeid* ‚Hemd‘, das schon im Gotischen in der Form *paida* und ferner auch im Althochdeutschen, Altsächsischen und Altenglischen vorkommt. Wieder steht daneben ein griechisches *báitē* ‚Hirtenkleid‘, und auch dieses Wort drang von Osten her in beide Sprachgruppen ein. Da in der ersten, germanischen Lautverschiebung *k* zu *h* und *b* zu p (dieses weiter zu ahd. *pf* bzw. *ff*) wird und da die Belege in allen germanischen Sprachen diese Entwicklung des alten *k* und *b* (vgl. die griechischen Belege) erkennen lassen, müssen beide Wörter schon vor der ersten Lautverschiebung in das Germanische eingedrungen sein und dann den germanischen Lautwandel mitgemacht haben.

Von Illyrern — so wird heute angenommen — entlehnten Germanen und Kelten mit der Sache auch das Wort für ‚Eisen‘, urkelt. *ῑsarno-*, urgerm. *ῑsarna-*, got. *eisarn*, ahd. *ῑsarn* usw. Das muß in der Hallstattzeit (ca. 800—500 v. Chr.) geschehen sein. Späterhin, aber noch tief in prähistorischer Zeit, hat man mit lebhaften Kulturbeziehungen zwischen Germanen und Kelten zu rechnen. Aus dem Keltischen stammen die in allen germanischen Sprachen vorhandenen Wörter *Reich* (ursprüngliche Bedeutung: ‚Herrschaft, Macht‘), *reich* (ursprünglich ‚mächtig‘) und *Amt* (ahd. *ambaht*, *ambahti* ‚Dienst, Amt‘, *ambaht* ‚Diener‘), vermutlich auch *Eid* und *Geisel*. Es sind also Wörter aus dem Staats- und Rechtsleben, die die Germanen von den Kelten entlehnt haben. Zu irgendeiner frühen Zeit war also wohl das öffentliche Leben bei den keltischen Nachbarn höher entwickelt als bei den Germanen. Diese haben dann, selbst nach staatlicher Ordnung strebend, keltische Staatseinrichtungen und mit ihnen auch die dafür geltenden Bezeichnungen übernommen.

Einwirkungen der römischen Profankultur

Jünger, aber viel nachhaltiger und folgenreicher als die angedeuteten prähistorischen Sprachbeziehungen sind die Kulturberührungen zwischen Römern und Germanen und ihre Wirkung auf die germanischen Sprachen. Schon im ersten und zweiten nachchristlichen Jahrhundert angeknüpft, haben diese Beziehungen sogar den Untergang des Weströmischen Reiches überdauert. Denn in den Berührungen zwischen den romanischen Tochtervölkern Roms und den germanischen Stämmen, insbesondere in dem engen Neben- und Miteinander der Galloromanen und der Franken, haben diese Beziehungen sich fortgesetzt bis zu der Zeit, da die fränkischen Reichsteile auseinanderbrachen. Der Austausch zwischen den beiderseitigen Grenzmundarten hat auch späterhin nicht aufgehört. Aber er steht fortan im Schatten der schriftsprachlichen Entwicklung und ist kaum erforscht.

Wir suchen einen zusammenhängenden Text, um einen Eindruck von den ältesten Entlehnungen aus der Sprache der Römer zu geben, und wenden uns zunächst einer frühmittelhochdeutschen Dichtung zu. Der althochdeutsche Zeitraum muß also übersprungen werden, doch wird diese scheinbare Abschweifung alsbald ihre Rechtfertigung finden. In einer poetischen Nacherzählung des ersten Buches Mose, in der sogenannten ‹Wiener Genesis›, die um 1060 von einem unbekannten Geistlichen im bairisch-oesterreichischen Dialekt abgefaßt wurde, schildert der Dichter das Paradies. Obst gedeiht dort, Lilien und Rosen blühen und herrliche Bäume von allerlei Art. Wer deren Duft einatmet, bedarf keiner weiteren Nahrung. Von den Wohlgerüchen des Paradieses sucht der Dichter nun einen Eindruck zu erwecken, indem er eine Menge stark duftender Kräuter, Gewürze und Aromata aufzählt (Vers 487 ff):

> *Sinamin unt zitawar,*
> *galgan unt pheffar,*
> *balsamo unt wirouch,*
> *timiam wahset der ouch*
>   (‚auch Thymian wächst dort‘),

mirrun also vile,
so man da lesen wile
   (‚soviel Myrrhen, wie man nur pflücken mag‘),
crocus unt ringele,
tille iouch (‚und‘) *chonele,*
mit dem fenechele
diu suoze lavendele,
peonia diu guota,
salvaia unt ruta,
nardus unt balsamita,
der stanch wahset so wita
   (‚deren Duft breitet sich sehr weit aus‘),
minz unte epphich,
chres unt lattouch,
astriza unt wichpoum
habent ouch suozen toum
   (‚süßen Duft‘).

Einen recht bemerkenswerten Katalog hat der gelehrte Dichter hier
zusammengestellt. Das Paradies liegt, so versichert er, im fernsten
Osten *an der werlte orte,* ‚am Ende der Welt‘. Darauf stimmt er seine Hörer oder Leser gleich durch die Nennung der indischen Gewürze *Zimt* und *Pfeffer* ein, die einen Hauch der Paradiesesdüfte
bis in unsere nüchterne Welt tragen. Gleichzeitig mit diesen seit alters bekannten Gewürzen nennt er auch die orientalischen *Zitwer*
und *Galgant.* Das sind aromatische Pflanzenwurzeln, die erst jüngst
durch arabische Händler unter ihrem arabischen Namen als Arznei-
mittel bekannt geworden waren. Auch die Pflanzennamen der Bibel
entstammen der Wunderwelt des Orients und dürfen in diesem geistlichen Paradiesesgarten nicht fehlen. Die Narde nennt der Dichter mit
ihrem lateinischen Namen *nardus,* wie er auch andere Pflanzennamen ursprünglich griechischer Herkunft, *crocus, balsamita, peonia*
und *ruta* (nhd. *Raute* ist Lehnwort!) lateinisch benennt. Er wird diese
Namen aus den vielen lateinischen Kräuter- und Arzneibüchlein oder
wohl eher aus der Fachsprache der Gärtner gekannt haben. Ein inni-
geres Verhältnis als zu der Narde hat der Dichter zu Myrrhen und
Weihrauch, die er daher nicht lateinisch zu benennen braucht. Sie
sind allen Christen bekannt und vertraut durch die biblische Erzählung von den Heiligen Drei Königen, die dem Christuskinde *aurum,*
thus et myrrham ‚Gold, Weihrauch und Myrrhen‘ darbrachten (Matth.
2, 11). *Brâhtun imo gold inti uuîhrouh inti myrrûn,* heißt es schon
um 825 im althochdeutschen ‹Tatian›. Schon dort zeigt sich das Wort

myrra mit seiner deutschen Endung als ein eingebürgertes **Lehnwort**. Noch besser ist es gelungen, das graecolateinische Wort *thus* einzudeutschen. Es bezeichnet das duftende Harz, das als Räucherwerk im Gottesdienst verwendet wird, und schon im 8. Jahrhundert ist dafür in der süddeutschen Kirchensprache die deutsche Bezeichnung *wîhrouh* ‚heiliger Rauch‘ vorhanden. Das Wort ist eine Lehnschöpfung (s. o. S. 95) und eine besonders glückliche Leistung volkstümlichen Sprachschaffens.

Der Genesisdichter nennt weiter den *wîchpoum* (ahd. *wîhboum*). Obwohl aber das Wort gänz ähnlich wie *wîhrouh* gebildet ist, stammt es doch nicht aus volkstümlichem, sondern aus gelehrtem Bereich. Es ist auch gar kein eigentlicher Pflanzenname, sondern eine Umschreibung. Dahinter verbirgt sich die *casia* oder *cassia* der Bibel (z. B. Ps. 44, 9), mit der das Mittelalter keine rechte Vorstellung verbindet. So erläutert man *casia* durch *wîhboum*, d. h. ‚ein heiliger (weil in der Bibel erwähnter) Baum‘.

Auf andere Pflanzennamen des Textes, wie auf die Lehnwörter *lavendele* aus lat. *lavendula* und *salvaia* aus lat. *salvegia* oder auf die einheimischen *tille* ‚Dill‘ und *ringele* ‚Ringel-‘ oder ‚Sonnenblume‘ brauchen wir nicht einzugehen. Nur die Gruppe *pheffar, fenechele, minz, epphich* und *lattouch* bedarf einiger Erörterung. Auch hier liegen lateinische Bezeichnungen zugrunde, nämlich *piper, feniculum, menta, apium* und *lactuca,* aber das lateinische Grundwort ist in den deutschen Lehnwörtern nicht mehr ganz leicht zu erkennen, denn sie sind lautlich stark verändert. Die *p*-Laute in *piper, apium,* das *t* in *menta,* die *k* in *feniculum* und *lactuca* (lat. c = k) haben an der althochdeutschen Lautverschiebung teilgenommen, deren Beginn man in das 6. Jahrhundert setzt. Die Wörter müssen also schon vor dieser Zeit ihr Heimatrecht in der deutschen Sprache erworben haben. Die Beteiligung an der Lautverschiebung ist aber nicht das einzige Kriterium für die Datierung. In *apium* ist das *p* z. B. nicht zu *ff* geworden, wie es die Regeln der Lautverschiebung bei Stellung des einfachen *p* zwischen Vokalen verlangen. Unser Text zeigt vielmehr die Schreibung *pph,* was man als *ppf* oder jedenfalls als *pf* zu lesen hat. Es entstand hier also durch die Lautverschiebung eine Affrikata, und das ist ein sicherer Hinweis, daß das Wort von der Lautverschiebung auch noch die westgermanische Konsonantendehnung erlebt haben muß. Es wird anfangs in germanischem Munde etwa wie **apjum* gelautet haben, und *j* (nicht aber *i*) ruft in allen westgermanischen Sprachen die Dehnung des vorhergehenden Konsonanten hervor. So mußte also zunächst **appi,* dann **apfi* und schließlich mit Umlaut als Regelform ahd. *epfi* entstehen. Daneben gibt es auch die Form **eppi**, und im Mittelhochdeutschen stehen *epfich* und *eppich* (mit der

Endung -ich nach Analogie von *Lattich, Rettich*) nebeneinander. Darin erkennt man leicht die Wirkung der *apfel-* / *appel*-Grenze, und wenn es heute *Eppich* heißt, so hat sich in der Schriftsprache die nördlichere, mitteldeutsche Form des Wortes durchgesetzt.

Sehr alte Lauterscheinungen zeigen sich auch in *piper : pfeffar* mit dem Übergang des *i* zu *e* vor folgendem *a*, und in *menta : minza* mit *e* zu *i* vor Nasalverbindung. Auch daß alle diese Pflanzennamen nicht nur im Hochdeutschen vorkommen, sondern ebenso auch im Niederdeutschen, Niederländischen und Altenglischen, zum Teil auch im Friesischen und Nordischen, ist ein Zeichen hohen Alters. Besonders wenn das Englische beteiligt ist, kann man argumentieren, daß solche Wörter vor dem Abzug der Angelsachsen vom Festland, also spätestens im 4. Jahrhundert, aus dem Lateinischen in die germanischen Sprachen eingedrungen sind. Bei diesen in allen germanischen Sprachen heimisch gewordenen Pflanzennamen besteht aber die Vermutung, daß sie bereits lange vor dem 4. Jahrhundert aus dem Lateinischen entlehnt wurden. Denn Römer und Germanen waren ja entlang des Niederrheins schon vor Christi Geburt Grenznachbarn geworden, und spätestens seit dem 2. nachchristlichen Jahrhundert gestalteten sich die nachbarlichen Beziehungen für längere Zeit so friedlich, daß man mit einem lebhaften Kulturaustausch zwischen den beiden Völkern rechnen darf. Späterhin entstanden durch die germanische Expansion weitere Kontaktzonen am Mittelrhein, entlang des römischen Limes und in beschränktem Umfange auch an der Donaugrenze.

Wie stark die nachbarlichen Beziehungen gewesen sein müssen und wieviel sich die Germanen von den Kulturerrungenschaften der Römer zu eigen gemacht haben, erkennt man leicht an der großen Zahl der Lehnwörter, die in die germanischen Sprachen aufgenommen wurden. Etwa 400 Lehnwörter aus dem Lateinischen sind gleichermaßen bei den Festlandgermanen und den Angelsachsen verbreitet, und will man diese große Zahl recht würdigen, so hat man zu bedenken, daß Weiteres (es wird nicht wenig gewesen sein) in den schriftlosen Jahrhunderten vor dem Einsetzen der altenglischen und, etwa ein Jahrhundert später, der althochdeutschen Literatur wieder untergegangen sein dürfte.

Was in den ältesten Zeiten entlehnt wurde, sind vor allem die Ausdrücke des praktischen, alltäglichen Lebens. Aus Garten- und Feldbau, besonders dem Anbau von Gemüse, Wein und Obst, aus Jagd und Fischerei, aus der Flußschiffahrt, aus Handwerk und Kleinhandel, aus dem Bauwesen des Alltags, dem Errichten steinerner Häuser mit Speichern und Ställen, aus der Haushaltung mit Haus- und Küchengerät, aus dem Bereich der Kleidung und eines bescheidenen Luxus stammen diese Lehnwörter. Die Germanen lernten im täglichen Verkehr mit ihren höher zivilisierten römischen Nachbarn viele neuartige Dinge, Einrichtungen und Arbeitsweisen kennen, und mit den neuen Sachen, die sie übernahmen, entlehnten sie bereitwillig auch die neuen Bezeichnungen dafür. Waren diese aber einmal eingebürgert, so wurde das fremde Sprachgut wie das eigene behandelt. Es wurde in Betonung und Lautform, besonders auch in den Flexionsendungen, den eigenen Sprachgewohnheiten mundgerecht angepaßt und machte fortan alle die Laut- und Formveränderungen mit, denen auch das angestammte Sprachgut unterworfen war. Die Lehnwörter, deren fremde Herkunft man alsbald vergaß, wurden wie echte, eigene Wörter behandelt.

Um von Art und Umfang dieser frühen Entlehnungen einen Begriff zu geben, sei hier eine Auswahl derjenigen uralten Lehnwörter genannt, die in der heutigen Sprache noch weiterleben. Aus dem Gebiet des Bauwesens stammen *Schindel, Ziegel, Kalk, Mörtel; Mauer, Wall, Estrich, Pflaster, Pfeiler, Pfosten, Pfahl; Fenster, Pforte, Küche, Keller, Kammer, Stube, Speicher, Söller.* Gerätenamen lateinischer Herkunft sind *Kelter, Presse, Torkel, Trichter, Spund, Kufe; Tisch; Fackel, Kerze;* dazu die Bezeichnungen für Gefäße *Bottich, Bütte, Schüssel, Kessel, Pfanne, Becken; Becher, Kelch; Kiste.* Aus dem römischen Gartenbau stammen außer den oben schon erwähnten Pflanzennamen z. B. *Pflanze; Kohl, Kappes, Rettich, Beete, Zwiebel, Kürbis, Pilz; Borretsch, Kerbel, Kümmel, Senf; Baldrian, Enzian; Frucht, Feige, Birne, Kirsche, Pflaume, Pfirsich; Wein, Most.* Römischer Herkunft sind auch die Bezeichnungen *Winzer, Müll(n)er, Pfister, Koch,* dazu die Verba *kochen* und *pflanzen* und ahd. *orzôn* ‚Gartenbau treiben‘, gebildet aus lat. *hortus* ‚Garten‘. Vom Handelsverkehr berichten u. a. ahd. *koufo* ‚Kaufmann‘ (aus lat. *caupo* ‚Schankwirt, Marketender‘), *Münze, Pfund, Sechter* (ein Hohlmaß), *eichen, kaufen, Sack, Schrein, Kette, Zoll, Straße.*

Man könnte noch mancherlei Wörter aus verschiedenen Gebieten des öffentlichen und des wirtschaftlichen Lebens nennen; aber es kommt nicht auf Vollständigkeit an. Viele hier nicht genannte Lehnwörter sind bis heute nur mundartlich, vor allem im Westen und Südwesten Deutschlands verbreitet und nicht zu schriftsprachlicher Geltung gelangt. Dazu gehören weitere Ausdrücke aus dem Garten- und besonders dem Weinbau, Fisch- und Gerätenamen der Fischerei, die Bezeichnungen von Fahrzeugen und Einrichtungen der Flußschifffahrt und vieles andere mehr.

Im praktischen Leben und im täglichen Verkehr zwischen germanischen und römischen Nachbarn wurde das Kulturgut übernommen, und im Gespräch von Mund zu Mund wurden die zugehörigen Bezeichnungen weitergegeben. Es ist beiderseits die Schicht der Bauern und Werkleute mit ihren Familien, unter denen sich dieser Austausch vollzieht. Vom Vulgärlatein (s. u. S. 108) gehen die Wörter in die Alltagsmundart der Germanen über. Zwar gab es auch in diesen für die Germanen noch schriftlosen Zeiten schon eine germanische ‹Literatur›. Man weiß von uralter germanischer Götter- und Heldendichtung, von Weissagung, Weisheits- und Zaubersprüchen und von allerhand Kleindichtung. Aber in der Dichtung hatten die Alltagswörter keinen Platz, weder heimische noch entlehnte. Ebensowenig ist ihnen die geschriebene althochdeutsche Literatur günstig, welche die germanische Dichtung ablöst. Gewiß schafft der Zufall hie und da Gelegenheit, ein Alltagswort niederzuschreiben, wo etwa eine Bibelstelle von Haus und Hof und Acker redet. Aber das bleiben Ausnahmen. Das Bildungsstreben nach Aneignung der christlichen Lehre und ihrer gedanklichen Gehalte bietet nur selten Raum für den volkstümlichen Alltag und seinen Wortschatz. Dieser beginnt erst in die Literatur einzugehen, als die Dichter Freude daran finden, die heiligen Geschichten der Bibel so zu erzählen, als hätten sie sich mitten im Alltag der eigenen Zeit und des eigenen Volkes ereignet. Dazu kommt es aber erst in frühmittelhochdeutscher Zeit. Da kann um die Mitte des 11. Jahrhunderts ein Geistlicher mit breitem Behagen und in volkstümlicher Anschaulichkeit die Genesis nacherzählen, und dem Umstand, daß sein klösterlicher Kräutergarten ihm das Muster für die Schilderung des Paradieses liefert, verdanken wir die frühe Aufzeichnung einer Gruppe alltäglicher Pflanzennamen neben den vornehmeren Wundergewächsen des Orients und der Bibel.

Es ist eine bemerkenswerte Tatsache, daß uraltes Sprachgut — und nicht nur Lehnwörter — sich viele Jahrhunderte lang in der Volkssprache, d. h. in den Alltagsmundarten, von Generation zu Generation und abseits aller literarischen Traditionen forterbt. Die Mundartforschung hat erst seit etwa 80 Jahren durch sorgfältige Bestandsaufnahme ermitteln und nachweisen können, wieviel Uraltes in den Mundarten treu bewahrt ist, ohne jemals schriftlich aufgezeichnet zu sein. Da lebt ein hochaltertümlicher, farbiger Ausdrucksschatz im täglichen mündlichen Sprachgebrauch weiter und liegt jederzeit bereit, wenn die Schriftsprache sich seiner bedienen will. Für die Geschichte der Schriftsprache ist das nicht unwichtig. Es gibt volksnahe und volksferne Epochen der Geistesgeschichte und entsprechende Literaturperioden, und besinnt sich eine Zeit auf die Kräfte des Volkstums, so dringt auch Volkssprachliches in größerem Umfang in die Schriftsprache ein. Nach allem bisher Dargestellten leuchtet aber ein, daß die Literatur der althochdeutschen Zeit sich zu ihrem größten Teil in der Volksferne bewegt. Sie ist daher wenig geneigt, volkstümliches Sprachgut aufzunehmen, so daß dessen schriftliche Bezeugung in dieser ersten Periode deutscher literarischer Bemühungen kaum zu erwarten ist.

Erst aus späteren Literaturperioden, zum Teil sogar erst durch die heutige Mundartforschung, ist der größere Teil der Entlehnungen aus dem Lateinischen bekannt geworden. Angesichts der reichen Gliederung des Lehnguts, wie sie im systematischen Überblick (s. o. S. 91 ff) erörtert wurde, könnte es auffallen, daß von den frühesten Kulturberührungen zwischen Römern und Germanen nur Lehnwörter, Wörter lateinischer Herkunft also, Kunde geben. Aber gerade das ist der Weg volkstümlich-alltäglicher Sprachaneignung. Man lernt die fremde Sache kennen, und es ist ein ganz natürlicher Vorgang, sich mit der Sache zugleich auch den fremden Namen zu eigen zu machen. Dagegen gehört das ganze Gebiet der Lehnbildungen, also Lehnübersetzungen, Lehnübertragungen und Lehnschöpfungen, in andere Bereiche von höherer Geistigkeit. Dort würde es ein bequemes Ausweichen bedeuten — was gleichwohl oft genug vorkommt —, wollte man das fremde Wort einfach übernehmen. Seinen begrifflichen Inhalt zu erfassen und ihn anderen mitzuteilen, verlangt in solcher Sphäre, sich ihn auch sprachlich zu eigen zu machen. Zwar hatten wir in unseren Beispielen neben lauter Lehnwörtern auch eine einzige Lehnschöpfung, nämlich *thus* : *wîhrouch*, zu erörtern. Aber auch der mit der Sprachgeschichte nicht Vertraute spürt, daß man sich da in einer anderen Zeit und in einer anderen geistigen Umgebung bewegt als bei den *pfeffar, epfich* und *lattûch*. In der Tat kann die Lehnschöpfung *wîhrouch* kaum vor dem 8. Jahrhundert entstanden sein, und sie wurde geschaffen von einer christlichen Gemeinde, die nicht mehr mit Römern oder Romanen in unmittelbarer nachbarlicher Berührung stand. Im Gottesdienst lernte sie den Weihrauch kennen als etwas verwunderlich Fremdes und Namenloses. Die Gemeinde kannte nicht den fremden Namen, und sie fragte nicht danach; aus Eigenem schuf sie die angemessene Bezeichnung. Nicht von dem fremden Wort, sondern von der Sache selbst geht hier die Anregung aus.

Anders als mit den Lehnbildungen steht es mit Lehnwendungen und Lehnsyntax. Nach Analogie moderner Grenzmundarten, die überreich an derartigen Lehnprägungen sind, darf angenommen werden, daß diese Spracherscheinungen in der römisch-germanischen Berührungszone ebenfalls in nicht geringem Maße vorhanden waren. Aber was und wie man damals redete, ist unwiederbringlich verklungen, und sollte die eine oder andere Lehnwendung aus frühesten Zeiten noch in heutiger Mundart weiterleben, so wäre sie nicht zu erkennen, weil das Vergleichsmaterial aus der schriftlosen Frühzeit fehlt.

Viele Jahrhunderte hat der römische Einfluß auf die germanischen Sprachen angedauert, er ist aber in den einzelnen Landschaften verschieden stark gewesen. Auch darüber hat die Wissenschaft manches ermitteln können. Die kulturgeographische Sachforschung und die dialektgeographische Untersuchung der Sprache haben vereint tiefe Einblicke in Zeit und Landschaft der sprachlichen Entlehnungen getan.

Ganz besonders lebhaft und nachhaltig war, wie diese Forschungen erkennen lassen, der Kulturaustausch zwischen Römern und Germanen in der rheinischen Tiefebene. Zahlreiche stark besetzte Truppenlager schützten das weite, fruchtbare Land, Wasserwege und Heerstraßen erschlossen es dem Verkehr. So siedelte sich schon im 1. Jahrhundert der christlichen Ära eine immerfort durch neuen Zuzug wachsende Bevölkerung an, und sie entfaltete rasch ein blühendes und vielseitiges Wirtschaftsleben. Reger Austausch verband die Siedler mit dem gallischen Hinterland, das selbst bald völlig romanisiert wurde, und so entstanden große Wirtschafts- und Kulturräume, die auf die benachbarten Germanen eine starke Anziehungskraft ausübten. Auf deren frühzeitiges Einsetzen darf man von der Sprache her immer dann schließen, wenn römisches Lehngut in allen germanischen Sprachen gleichmäßig verbreitet ist. Was sich im Hoch- und Niederdeutschen, im Friesischen und Altenglischen gleichmäßig findet, muß sich immerhin im germanischen Sprachschatz schon gefestigt haben, bevor die Angelsachsen nach den britischen Inseln abwanderten. Sind aber die Lehnwörter zugleich auch im Gotischen und im Altnordischen nachweisbar, so ist eine besonders frühe Entlehnung zu vermuten, wobei freilich im Altnordischen stets zu prüfen ist, ob das Lehnwort nicht erst sekundär durch angelsächsische oder niederdeutsche Vermittlung bekannt wurde. Was sich also auch bei den Goten und genuin im Norden nachweisen läßt, gehört zu einer ältesten Schicht von Entlehnungen, die spätestens aus dem 2. Jahrhundert stammen dürften; was bei Festlandgermanen und Angelsachsen verbreitet ist, wird in der Regel bis zum 4. Jahrhundert in die germanischen Sprachen aufgenommen sein. Was aber in so früher Zeit eindrang, kann schon deshalb nur in den unteren Rheinlanden übernommen worden sein, weil die germanische Ausdehnung nach Süden und damit die Erweiterung der Kontaktzonen mit den Römern vorher noch kaum begonnen hatte.

Lateinisches Lehngut, das sich außer im Hochdeutschen nur im Niederfränkischen, Niederdeutschen und Friesischen oder gar nur in einzelnen dieser Sprachen findet, ist im allgemeinen nicht ebenso hohen Alters. Muß man nicht mit zufälligem Verlust im Angelsächsischen rechnen oder ergeben sich aus der kultur- und wirtschaftshistorischen Forschung keine Gegenargumente, so rechnet man in solchen Fällen mit Entlehnungen frühestens vom Ende des 4. Jahrhunderts an. Bleibt dabei das Hochdeutsche ausgeschlossen, was nicht selten vorkommt, so hat man wegen der geographischen Beschränkung auf die nördlichen Festlandstämme abermals mit Entlehnung im niederrheinischen Gebiet zu rechnen.

Zwischen dem 1. und dem 4. Jahrhundert hat sich aber auch die lateinische Sprache erheblich verändert. Überhaupt stammen die entlehnten Alltagswörter auch in den früheren Jahrhunderten meistens aus dem Vulgärlatein, der Alltagssprache der römischen Siedler, die sich von Landschaft zu Landschaft sehr verschieden ausprägt und die in Laut-, Formen- und Wortschatz vom klassischen Latein sehr stark abweichen kann. Das Vulgärlatein entwickelt sich in den einzelnen römischen Provinzen in Auseinandersetzung mit den vorgefundenen Volkssprachen. In Frankreich entstand auf dem Wege, der endlich zum Altfranzösischen führen sollte, eine Übergangsstufe, die man als galloromanisch bezeichnet, die auch ihrerseits keineswegs einheitlich war, sondern in dem weiten Lande sehr verschiedenartige Dialektausprägungen erfuhr. Der galloromanische Sprachzustand ist nicht direkt bezeugt, ist aber durch Rückschlüsse aus den modernen dialektgeographischen Verhältnissen Frankreichs und Belgiens teilweise rekonstruierbar. Durch Verbindung der dialektgeographischen Methode, die neben vielen anderen Gelehrten auf romanistischer Seite besonders von Jakob Jud (LH 93 und 121), auf germanistischer von Theodor Frings (LH 92) zu bewundernswürdigen Ergebnissen geführt wurde, ist es gelungen, für einen großen Teil des lateinischen und des galloromanischen Lehngutes nicht nur die ungefähre Zeit der Entlehnung, sondern auch die Landschaft, in der die Übernahme erfolgte, zu ermitteln. Auf gewisse Einzelheiten wird bei der Erörterung des christlichen Wortschatzes einzugehen sein. Zunächst genügt die Feststellung, daß die niederrheinische Ebene freilich das weitaus einflußreichste und stärkste Ausstrahlungsgebiet römischer Kultureinflüsse war, aber doch nicht das einzige blieb.

Ein weiteres römisches Einflußzentrum entwickelte sich in Stadt und Siedlungsraum Trier. Der breite römische Kulturstrom, der sich von Italien her auf der Rhone-Maas-Straße in die nördlichen Ebenen um Köln und Utrecht ergoß, verzweigte sich in Gallien und gelangte von Süden her auf der Moselstraße auch in das weite Trierer Bekken. Besonders zu der Zeit, als Trier die Machtstellung einer Hauptstadt des Römischen Reiches genoß, und in der Nachwirkung noch lange nachher, strahlten von hier starke Kulturanregungen zum Mittelrhein und wohl auch in das Maintal aus. Köln im Norden und Trier in der Mitte waren außerdem schon in früher christlicher Zeit bedeutende Bischofssitze, und anscheinend riß die Kontinuität der christlichen Traditionen auch in Not und Drang der germanischen Landnahmezeit niemals ganz ab. So waren die beiden Städte die bedeutendsten Mittelpunkte der römischen Einflußnahme auf die Germanen, und sie sollten es selbst dann noch bleiben, als das römische Gallien längst dem Ansturm der Franken erlegen war.

In den sprachlichen Auswirkungen viel schwerer zu erfassen und bei weitem nicht so bedeutend wie die beiden anderen Ausstrahlungsgebiete ist der römische Kultur- und Sprachimport, der auf der alten Völkerstraße durch die Burgundische Senke zum Bodensee und an den Oberrhein gelangte. Einerseits wurden diese Landschaften am nördlichen Alpenrand erst spät von germanischen Völkerschaften in Besitz genommen, und anderseits hatte hier auch in Römerzeiten nicht dasselbe intensive Kultur- und Wirtschaftsleben geherrscht wie an der Mosel um Trier und vor allem in den Rheinniederungen. Sehr spät erst werden auch die Alpenpässe zu wirksamen Verkehrswegen zwischen Süd und Nord, und das Lehngut, das auf diesem Wege zu den Germanen kam, muß der Entlehnungszeit wegen eher romanisch als römisch genannt werden. Auch entlang der Donaugrenze waren die kulturellen Berührungen nicht sehr stark. Ihre von Süden her schwer zugänglichen Landschaften waren für Rom vornehmlich von militärischer Bedeutung. Festungen und Truppenlager, dazu Veteranensiedlungen charakterisieren dieses kulturell nicht besonders hoch entwickelte Randgebiet. Auf der germanischen Nordseite der Grenze aber scheinen weite Räume zeitweise unbesiedelt geblieben zu sein oder doch wandernden Stämmen nur vorübergehend eher zur Rast als zu fester Ansiedlung gedient zu haben. Unter solchen Umständen kann die kulturelle Berührung, die auch zu sprachlichen Entlehnungen geführt hätte, nicht sonderlich wirksam gewesen sein. Wirklich gibt es kaum römischen Sprachimport in den Donaulanden, der sich über die Merowingerzeit zurückdatieren ließe. Manches ist gar erst karolingisch, später Nachklang der Römerzeit, deren Traditionen sich nur an wenigen bevorzugten Plätzen, z. B. in der alten Bischofsstadt Augsburg, so lange hatten halten können.

Fassen wir zusammen, was über die lateinischen und romanischen Einflüsse auf die germanischen Sprachen ermittelt worden ist, so hat der rheinische Norden sowohl zeitlich wie auch seinem kulturellen Gewicht nach den Vorrang vor den südlich anschließenden Landschaften. Zu Köln und Utrecht, um mit den Ortsnamen die ganze Landschaft zu bezeichnen, gesellen sich nacheinander Trier, die Gebiete um den Oberrhein und die Donaulande. Das liegt einerseits an den kulturgeographischen Verhältnissen des Weströmischen Reiches, anderseits auch, wie mehrfach angedeutet, an der von Norden nach Süden gerichteten Völkerbewegung der Germanen, die in den nordwestlichen Ebenen zuerst und am nachhaltigsten in Beziehungen zu den Römern traten.

Es ist nicht unwichtig, im Hinblick auf die intensive Auseinandersetzung des Althochdeutschen mit dem Lateinischen die früheren römisch-germanischen Kultur- und Sprachbeziehungen im Auge zu behalten, obwohl sie oder gerade weil sie — soziologisch und sprachhistorisch gesehen — von ganz anderer Art sind. Man hat auch zu bedenken, daß die um die Zeitwende beginnenden und sich in der Folgezeit verstärkenden Kulturberührungen fortdauerten, als aus Römern längst Romanen geworden waren und als die Festlandgermanen nach und nach dem jungen fränkischen Reiche eingegliedert wurden. Die Kontinuität der volkssprachlichen Beziehungen zwischen beiden Völkern reicht bis an die Schwelle der althochdeutschen Zeit und dauert in den Grenzmundarten sogar weiterhin an. Es ist daher nichts grundsätzlich Neues, was in der althochdeutschen Zeit sprachlich geschieht; aber es vollzieht sich auf einer ganz anderen soziologischen Ebene.

Erörtert man die römisch-germanische Kulturberührung und ihre romanisch-fränkische Fortsetzung, so darf man die ältesten Berührungen mit dem Christentum nicht unberücksichtigt lassen. Auch sie beginnen schon in der Spätantike, und käme es allein auf die zeitliche Gliederung an, so wäre der älteste christliche Lehnwortschatz der Germanen zugleich mit dem der Profankultur zu erörtern gewesen. Es sind aber im Bereich des christlichen Wortschatzes mancherlei Probleme eigener und besonderer Art zu behandeln. Auch die zeitliche und räumliche Gliederung ist hier in unserem Zusammenhang sorgfältiger zu prüfen, als es beim Profanwortschatz notwendig war. Wir ziehen es daher vor, der Berührung mit dem Christentum und seiner Sprache ein eigenes Kapitel zu widmen.

VII. ÄLTESTE BERÜHRUNGEN MIT DEM CHRISTENTUM

Mit den Worten *trohtîn got almahtîgo, dir uuirdo ih suntîgo pigih-tic* (‹Herr allmächtiger Gott, dir werde ich Sündiger in der Beichte geständig›) beginnt die ‹jüngere bairische Beichte›, niedergeschrieben nach einer viel älteren Vorlage im 10. Jahrhundert. Etwa aus der gleichen Zeit stammt die ‹Würzburger Beichte›, an deren Anfang es heißt: *Trohtîne gote almahtîgen bigiho mîna sunta* (‹Dem Herrn allmächtigen Gotte beichte ich meine Sünden›). Ohne das Attribut *almahtîg* fanden wir die Anfangsworte *truhtîn god* auch bereits in dem Rheinfränkischen Gebet (s. o. S. 76), und schon im althochdeutschen ‹Isidor›, der noch im 8. Jahrhundert entstand, wird lat. *deus et dominus* durch ahd. *got joh druhtîn* wiedergegeben. Damit steht das Althochdeutsche nicht allein; genauso häufig ist die Verbindung der beiden Gottesbezeichnungen auch im Altsächsischen und im Altenglischen, ein sicherer Beweis für ihr hohes Alter. Im altsächsischen ‹Heliand› wird die Bibelstelle Matth. 6, 26 von den Vögeln unter dem Himmel frei wiedergegeben: *Thoh gibid im drohtîn god dago gehuuilikes helpa uuidar hungre* (‹Doch gibt ihnen der Herr Gott jeglichen Tag Hilfe gegen den Hunger›). Im Lateinischen heißt es *Et pater vester caelestis pascuit illa* (‹Und euer himmlischer Vater ernährte sie›). Hier ist also *drohtîn god* nicht durch den lateinischen Text gefordert, und wenn der ‹Heliand›-Dichter die Worte dennoch verwendet, so müssen sie ihm aus eigenem, volkstümlichem Sprachgebrauch ganz vertraut sein. Dasselbe ließe sich auch an althochdeutschen und altenglischen Belegen nachweisen. Die beiden Gottesbezeichnungen und ihre Verbindung wurden demnach schon in der Zeit der westgermanischen Verkehrsgemeinschaft fester Besitz der Volkssprache.

Im Gegensatz zu den vielen Lehnwörtern aus römisch-germanischer Kulturberührung, die im vorhergehenden Kapitel erwähnt wurden und die auch im ältesten christlichen Wortschatz eine große Rolle spielen (s. u. S. 117 ff), sind die beiden Bezeichnungen des Christengottes *deus* und *dominus* nicht als Lehnwörter übernommen worden. Aus heimischem Sprachmaterial sind die germanischen Bezeichnungen entstanden. Das ist nicht selbstverständlich, und es verdient auf dem Ruhmesblatt germanischen Geistes verzeichnet zu stehen, daß er sich die Grundlage des Christentums, den monotheistischen Gottesbegriff, sprachlich ganz zu eigen machte. Wir haben auf die Geschichte dieser beiden Wörter etwas ausführlicher einzugehen.

Alle germanischen Sprachen besitzen das Wort *Gott* in seiner christ
lichen Bedeutung. Diese lückenlose Verbreitung beweist, daß die
Germanen sich schon sehr früh mit dem neuen, ihnen noch fremden Glauben beschäftigt haben. Das ist freilich kein Anzeichen für
eine ebenso frühe Bekehrung, läßt aber doch erkennen, wie nach-
denklich man den einen Herrn Himmels und der Erden mit dem
eigenen Vielgötterhimmel verglich. Man setzte nicht etwa den Chri-
stengott mit dem eigenen obersten Gott gleich, so wie man in den
Wochentagsnamen die römischen mit den heimischen Göttern iden-
tifizierte (s. u. S. 136 ff), und darin prägt sich die ahnende Erkenntnis aus, daß dieser Gott, den die Christen verehrten, mit den hergebrachten heidnischen Begriffen nicht zu erfassen war.

Das Wort *Gott* selbst allerdings stammt aus uraltem germanischen Spracherbe, und es muß daher eine andere Bedeutung gehabt
haben, bevor es sich mit christlichem Inhalt füllte. In seiner christlichen Bedeutung ist es also ein Bedeutungslehnwort (s. o. S. 93).
Aber die christliche Lehnbedeutung ist hier schon in so früher Zeit
geprägt, daß sie alle Spuren einer älteren heidnischen Bedeutung
völlig verwischt hat. Nur aus dem etymologischen Vergleich mit
anderen indogermanischen Sprachen kann man versuchen, die ursprüngliche Bedeutung zu ermitteln. Aber auch das führt gerade
hier zu keinem sicheren Ergebnis. Das Wort, dessen germanische
Grundform als * *gudam* anzusetzen ist, ist neutralen Geschlechts und
seiner Bildung nach ein Partizip, also eine Verbform. Je nachdem,
an welche indogermanische Wurzel es anzuknüpfen ist, kann es bedeuten «das Angerufene» oder «das (Wesen), dem man Opfer bringt»
oder endlich — freilich weniger wahrscheinlich — «das (in Erz) Ge-
gossene». Von der erstgenannten Bedeutung her wäre die spätere
Verwendung im christlichen Bereich am ehesten zu verstehen. Jedenfalls hat das Wort aber auch in seiner heidnischen Bedeutung bereits der numinosen Sphäre angehört. Daß * *gudam* ein Neutrum
war, deutet an, daß es ein Unnennbares und Unfaßbares bezeichnete. Es mag, wie das Schicksal, hinter und über den Göttern gestanden haben, die man zu kennen glaubte und mit Namen anrufen
konnte. Ist das richtig, so hätten die Germanen schon in der Bezeichnung, die sie wählten, ausgedrückt, wie unbegreiflich fern und
hoch für sie der eine Gott der Christen über der vertrauten Welt der
eigenen Götter stand. Zwar nehmen manche Forscher an, das Wort
sei von Missionaren zur Bezeichnung des Christengottes ausersehen worden. Aber das hat wenig Wahrscheinlichkeit. In der frühen
Zeit, in der die christliche Bedeutung des Wortes entstanden sein

muß, um sich über alle germanischen Sprachen ausbreiten zu können, ist von einer Missionstätigkeit noch nichts bekannt. Wie sollte sie auch, wenn wirklich schon früh hie und da einsetzend, so weite Kreise gezogen haben? Und wie hätten Missionare, die man doch als Sprachfremde zu betrachten hat, aus der Fülle von möglichen Ausdrücken gerade ein mehr verhüllendes als ein deutlich bezeichnendes Wort auswählen sollen, dabei die christliche Vorstellung des persönlichen Gottes, wie die Wahl eines Neutrums beweist, zunächst aufgebend? Die Übertragung des *deus*-Begriffs ins Germanische kann vielmehr nur als eine germanische Leistung verstanden werden.

Vom unbegreiflichen, fernen Es geht der Weg des Verständnisses zum Er. Erst in engerer Berührung mit dem Christentum rückt den Germanen auch der christliche Gott näher. Sein Bild wandelt sich zu dem des persönlichen Gottes und Herrn der Schöpfung. Sprachlich drückt sich das darin aus, daß das einst sächliche Wort sich in allen germanischen Sprachen zum männlichen wandelt. Nur in Spuren ist der ältere grammatische Sachverhalt noch zu erkennen. So entbehrt das Wort im Gotischen, obwohl als Maskulinum gebraucht, der Endung der Maskulina, und im Althochdeutschen heißt das Kompositum, das den Götzen oder Heidengott bezeichnet, *daz abgot*. Aber auch dies war nicht eine Leistung der Missionare, sondern die Umprägung kann nur im Volke selbst durch immer engere Vertrautheit mit dem Wesen des Christengottes entstanden sein. Im Munde der Missionare (eines oder gar aller?) wäre eine solche Änderung des grammatischen Geschlechts ein Akt sprachlicher Willkür gewesen, und unmöglich könnten alle germanischen Sprachvölker sich gleichmäßig einer solchen Willkür gebeugt haben. Entwicklungen solcher Art gehen nur in langen Zeiträumen und auf ganz ungezwungene Weise vor sich.

Lat. dominus: ahd. frô, truhtîn, hêrro

Von den drei Wörtern, die im Althochdeutschen zur Wiedergabe von lat. *dominus* verwendet werden, kann nur ahd. as. *frô*, ae. *fréa*, got. *frauja* von etwa gleichem Alter wie die Übersetzung von *deus* durch *Gott* sein. Den noch lange heidnischen Norden hat das Wort in seiner christlichen Verwendung allerdings nicht mehr erreicht; doch ist *frô* identisch mit dem altnordischen Götternamen *Freyr*, der eigentlich ein Appellativum ist und ‚Herr‘ bedeutet. Jünger ist ahd. *truhtîn*, as. *drohtîn*, ae. *dryhten* (ins Nordische ebenfalls erst spät als christliche Entlehnung aus dem Altenglischen eingedrungen).

Die Goten haben an dieser Bezeichnung keinen Anteil mehr; das Wort hat also nur westgermanisches Alter. *Hêrro* endlich ist die jüngste der drei Bezeichnungen, die sich in weiter Verbreitung nur im Althochdeutschen und Altsächsischen findet. Sporadisches *hearra* im Altenglischen ist aus dem Althochdeutschen entlehnt, und noch später gelangt das Wort in der Form *herra* aus dem Englischen in den Norden.

Anders als *deus: got*, das immer unangefochten im religiösen Bereich steht, haben *dominus* und seine Übersetzungen stets zugleich eine weltliche Bedeutung, und das Sprachgeschehen wird hier von dem alltäglichen profanen Gebrauch bestimmt, dem der religiöse sich anpaßt. Das zeigt sich deutlich schon in der Abfolge der germanisch-deutschen Übersetzungen. Das Wort *frô*, in ältester Zeit überall verbreitet, ist im Deutschen schon in althochdeutscher Zeit außer Gebrauch gekommen und schließlich untergegangen. Nur in erstarrten Resten ist es im Neuhochdeutschen noch vorhanden, in *Fronleichnam* mit religiöser Bedeutung, im weltlichen Bereich nur noch in veraltenden Wörtern wie *Fronvogt* und *Frondienst*. Etwas lebendiger sind noch die Wörter *Fron* ‚harte Arbeit (für einen Herren)‘ und *frönen* ‚(einem Herren) Dienst leisten‘. *Frô* bedeutet ‚Herr, Gebieter, Machthaber‘ ohne Rücksicht auf den Stand des Untergebenen; dieser mag frei oder unfrei sein.

Das jüngere Wort *truhtîn* ist anderer Art. Es gehört zu einem Wortstamm, der auch in ahd. *truht* ‚Kriegerschar, Gefolge‘ vorliegt, und bedeutet demnach ‚Herr der Gefolgschaft‘, wohl auch ‚Kriegsherr‘, weil sich in Krieg und Kampf das Gefolgschaftsverhältnis und die Treue zwischen dem Herrn und dem Gefolgsmann am deutlichsten bewähren. Der Gefolgsmann und Krieger aber ist freien Standes. In freiwilliger Unterordnung schließt er sich seinem *truhtîn* an. Man hat aus der Wahl dieses Wortes geschlossen, daß die Westgermanen ihre Stellung zu Gott unter dem Bilde eines Gefolgschaftsverhältnisses, sich selbst als die streitbare Kriegsschar des Himmelsherrn angesehen hätten. Sehr weitgehende Folgerungen über die besondere Art des germanischen Christentums sind aus dieser vermeintlichen Bedeutung des Wortes *truhtîn* gezogen worden. Gleichwohl müssen erhebliche Bedenken gegen diese Auffassung angemeldet werden. Lange, ehe *truhtîn* als Gottesbezeichnung verwendet wurde, muß das Wort schon im weltlichen Bereich gegolten haben, und man hat nicht genügend beachtet, daß es schon hier einen entscheidenden Bedeutungswandel erlebt haben kann. *Truhtîn* übersetzt lat. *dominus*, und *dominus* war Bezeichnung und Anrede des Kaisers im spätantiken Westrom. Sehr wohl können die Tausende von germanischen Söldnern im römischen Heeresdienst ihren kaiserlichen *dominus,* der zugleich ihr oberster Feldherr war und häufig im Heerlager weilte, in ihrer eigenen Sprache als *truhtîn* bezeichnet haben, heimische Vorstellungen auf den Kaiser übertragend. Von der Gefolgstreue germanischer Krieger zu ihrem kaiserlichen römischen Herrn, die oft genug mit dem Tode besiegelt wurde, künden viele Zeugnisse. Der Kaiser war aber kein Gefolgsherr im germanischen Sinne, nicht *primus inter pares,* sondern er war Herr schlechthin, unumschränkter Gebieter über Freie und Unfreie. Wurde nun *truhtîn* auf den kaiserlichen *dominus* angewandt, so mußte das Wort allmählich in die weitere Bedeutung einrücken, die in den germanischen Sprachen vorher nur dem Worte *frô* zukam.

Wir werden in unserer Auffassung durch das gotische Wort *gadrauhts* ‚Soldat‘ bestärkt. (Got. *au* ist hier wie kurzes *o* zu sprechen; das Wort gehört zu dem gleichen Stamm wie ahd. *truht* und *truhtîn*). Auch *gadrauhts,* das ursprünglich nur ‚das (freie) Mitglied einer Gefolgschaft‘ gemeint haben kann, bezeichnet in der gotischen Bibel den rechtlich und ethisch ganz anders gestellten Söldner der römischen Heere. Auch hier liegt also die Wandlung von der germanisch-kriegerischen zur römisch-militärischen Wortbedeutung vor. Man darf deshalb annehmen, daß das Wort *truhtîn* in den römischen Truppenlagern seine alte und edlere, aber engere Bedeutung einbüßte und in den ganzen weiten Bedeutungsbereich von lat. *dominus* eintrat. Als dann der Dominus des Römerreiches zeitweilig in Trier residierte, mag die neue Übersetzung sich bei den westgermanischen Völkerschaften weiter ausgebreitet haben, zunächst in weltlicher Bedeutung. Dann aber mußte das Wort auch späterhin, als es im religiösen Bereich auf den Herrn im Himmel angewandt wurde, seine neue breitere Bedeutung beibehalten. Weil es also mit *frô* gleichbedeutend geworden war, konnte es auch diesen älteren Ausdruck allmählich verdrängen. Denn zwei völlig gleichbedeutende Wörter erträgt keine Sprache; eines wird gewöhnlich abgestoßen, und meistens ist es das jüngere, das ‹modernere› Wort, das den Sieg behält.

Noch einmal wiederholt sich der Vorgang, daß für *dominus* im weltlichen Bereich ein neues Wort aufkommt, das später auch als religiöse Bezeichnung dient. In den romanischen Sprachen wird es seit dem 6. Jahrhundert Mode, nicht mehr die alte lateinische Anrede *dominus* zu gebrauchen, sondern statt dessen *senior* ‚der Ältere‘ zu sagen (vgl. frz. *seigneur,* ital. *signore,* span. *señor* usw.). Dieser romanische Brauch pflanzt sich im Frankenreiche auch zu den Germanen fort, und spätestens seit dem Einsetzen der althochdeutschen Schriftquellen im 8. Jahrhundert, vermutlich aber schon viel früher, gilt auch im Althochdeutschen und im Altsächsischen die Anrede und Bezeichnung *hêrro*. Dies ist grammatisch ein Komparativ zu ahd. *hêr* ‚hehr, erhaben, durch Alter ehrwürdig', und *hêrro* ist zu *hêr* gebildet wie der lat. Komparativ *senior* zu *senex* ‚alt'. Das Altenglische nimmt, wie oben erwähnt, an dieser festländischen Entwicklung nicht mehr teil. Im Frankenreich, zum mindesten in dessen zweisprachigen Gebieten, weiß man natürlich, daß lat. *dominus* und das neue romanische *senior* bedeutungsgleich sind, und so kann die germanische Neubildung *hêrro* nicht nur *senior* übersetzen, sondern auch überall dort eintreten, wo ein lat. *dominus* zu übersetzen ist.

Hier ergeben sich allerdings in der althochdeutschen Übersetzersprache bemerkenswerte und aufschlußreiche Unterschiede. In dem sehr altertümlichen althochdeutschen ‹Isidor›, wo *dominus* nur in religiöser Bedeutung zu übersetzen war, herrscht *truhtîn*. *Hêrro* kommt kein einziges Mal vor. Dabei muß der Schöpfer dieser vor dem Jahre 800 im westlichen Reichsteil oder jedenfalls nahe der Sprachgrenze entstandenen Übersetzung das neue Wort *hêrro* gekannt haben. In der etwa gleichaltrigen ‹Monseer Matthäus›-Übersetzung, die in der Schule des ‹Isidor›-Übersetzers entstand, steht neben mehr als 40 Belegen des Wortes *truhtîn* ein einziges *dominus*: *hêrro* (Matth. 18, 34), und da ist ein weltlicher Herr gemeint. Nicht anders ist es in dem um 825 in Fulda entstandenen althochdeutschen ‹Tatian›. Bei etwa 160 Belegen für die Übersetzung *dominus : truhtîn* ist fast immer Gott oder Christus und nur achtmal ein weltlicher Großer gemeint, letzte Spuren eines älteren, umfassenderen Gebrauchs des Wortes. Dagegen kommt nahezu fünfzigmal die Übersetzung *dominus : hêrro* für irdische Herren vor. Ähnlich liegen die Dinge bei OTFRID, dessen ‹Evangelienbuch› um 870 vollendet wurde. Der Befund redet eine deutliche Sprache. Wo es um Herren auf Erden geht, nehmen die Übersetzungen keinen Anstoß an dem neuen Wort *hêrro*, das sie sogar gern gebrauchen. Im göttlichen Bereich dagegen halten sie an *truhtîn* fest. Die Sprache der Kirche ist konservativ, und offenbar hat sie sich in fränkischen Landen schon gefestigt, so daß die Übersetzer eine klare Richtschnur haben; für die göttlichen Personen bleiben sie bei dem älteren Wort. Dennoch ist es mühselig, stets die beiden Bedeutungsbereiche von lat. *dominus* auseinanderzuhalten, und wo die Aufmerksamkeit erlahmt, kommt drei- oder viermal auch die Übersetzung *hêrro* in Anwendung auf Gott vor. Diese setzt sich im Laufe der Zeit weiter durch. Am Ende der althochdeutschen Sprachperiode, bei NOTKER, herrscht zwar immer noch *truhtîn* vor, das aber niemals mehr auf weltliche Gestalten angewandt wird, doch wird nicht selten *hêrro* verwendet, und zwar unterschiedslos in beiden Bereichen. Die konventionelle Kirchensprache ist drauf und dran, vor der lebendigen Kraft der Sprache des Volkes zu kapitulieren, und in der Volkssprache ist *truhtîn* durch das weithin gleichbedeutende *hêrro* verdrängt worden, wie jenes vorher das noch ältere *frô* verdrängt hatte.

Anders als die althochdeutschen Texte verhält sich der altsächsische ‹Heliand›. Auch hier überwiegt *drohtîn*, wobei gewiß auch die stilistische Höhenlage und die poetische Würde des Wortes eine Rolle spielen. Aber der ‹Heliand›-Dichter scheut auch den Gebrauch des Wortes *hêrro* nicht und nennt ganz unbefangen und ziemlich oft Gott und Christus mit diesem Namen. Er legt sich darin keine Zurückhaltung auf. Die Erklärung liegt nahe. In dem eben erst bekehrten Sachsenlande hat die Sprache der Kirche noch keine Tradition, hat noch keinen durch älteres Herkommen gefestigten und gesicherten Ausdrucksschatz. Sie ist noch offen für die Sprache des Volkes. Das Volk aber, leicht dem Reiz des Neuen nachgebend, zieht offenbar das frische Wort *hêrro* dem alten gravitätischen *drohtîn* vor.

Frühe christliche Lehnwörter

Es gibt aus der Frühzeit der vordeutschen Sprachentwicklung nur wenige Beispiele, daß übernommene Vorstellungen mit eigenen Wörtern bezeichnet werden. Daß sie mit Lehnbedeutung übersetzt werden, wie *deus* und *dominus*, bleibt eine seltene Ausnahme. Die Schöpfung eines eigensprachlichen Ausdrucks, wie das Wort *Gott* ihn darstellt, mag es sich auch erst langsam mit seinem vollen christlichen Gehalt füllen, setzt doch von Anfang an eine einfühlende geistige Beschäftigung mit dem Christentum voraus, und die christliche Verwendung der drei *dominus*-Übersetzungen ist überhaupt nur innerhalb einer christlichen Gemeinde denkbar. Was dagegen der noch heidnische germanische Nachbar zunächst vom römischen Christentum wahrnahm, unterschied sich für ihn nicht von der römischen Profankultur. Er brauchte sich den neuen, fremden Glauben noch gar nicht zu eigen machen; aber übersehen konnte er nicht, was bei dem anderssprachigen Volke vorging. Was aber die Aufmerksamkeit erregte, darüber sprach man auch, und zwar mit den Ausdrücken, die die fremde Sprache dafür anbot. Das Kirchengebäude, die Geistlichen, Kultgegenstände und öffentliche Kulthandlungen, kurz alles, was auch der Außenstehende mit Interesse wahrnimmt, sind daher in den westgermanischen Sprachen mit Lehnwörtern aus dem Lateinischen bezeichnet. Nur sind in dieser kirchlichen Lehnwortschicht auch die ältesten Lehnwörter jünger als die frühen profanen Entlehnungen. Denn das Christentum mußte sich zuerst im Römerreich selbst ausbreiten, ehe die Germanen etwas davon wahrnehmen konnten, und erst im 4. Jahrhundert wurde es Staatsreligion. Bis dahin war aber auch schon mancher Germane Christ geworden, und der Ruf des neuen Glaubens muß bereits zu vielen germanischen Völkerschaften gedrungen sein.

Nicht vor dem 4. Jahrhundert können die ältesten kirchlichen Lehnwörter aufgenommen sein. Sie stammen aus dem weströmischen Kulturbereich und aus denselben Kontaktzonen, die auch den profanen Lehnwortschatz vermittelten. Die ostgermanischen Goten wurden von dieser Welle neuer christlicher Ausdrücke längst nicht mehr erreicht. Sie waren schon vorher in den griechisch sprechenden Kulturbereich Ostroms eingedrungen und hatten sich dort zum Christentum bekehrt. Im Westen nehmen die Angelsachsen nur noch kurze Zeit an der neuen Entwicklung teil. Ihre Wanderbewegung nach England hat schon begonnen, und auf dem Festland werden sie nur noch von den ersten der neuen kirchlichen Lehnwörter erreicht. Späterer Lehnworterwerb bleibt auf das Hoch- und Niederdeutsche einschließlich des Niederfränkischen beschränkt, und manches andere kommt überhaupt nicht über regionale Verbreitung hinaus.

Eines der ältesten kirchlichen Lehnwörter ist das Wort *Kirche* selbst. Es ist bei allen westgermanischen Völkern verbreitet und später mit der Mission auch nach Skandinavien gedrungen. Entlehnt ist es aus einem griechischen Wort *kyriakón* oder eher aus dessen Vulgärform *kyrikón*, die beide ,das dem Herrn gehörige (Haus)', also ,Haus des Herrn' bedeuten. Hier ist nun auf der gebenden Seite ein ähnliches Nacheinander zu beobachten wie bei der Übersetzung von *dominus* auf der empfangenden. Die älteste Bezeichnung für das Kirchengebäude ist *basilica*. Diese wurde später verdrängt durch *ecclesia*, was ursprünglich ,Versammlung, Gemeinde' bedeutete, dann aber auch auf das Versammlungsgebäude übertragen wurde. Das jüngste der drei Wörter ist *kyrikon*. Alle drei sind griechischer Herkunft, mindestens die ersten beiden wurden aber auch in die Sprache der lateinisch sprechenden Kirche entlehnt. *Basilica*, eigentlich ,Königshalle', bezeichnet im weltlichen Sprachgebrauch auch die ,Markthalle'. Wohl wegen dieser lästigen Profanbedeutung wurde das Wort im kirchlichen Sprachgebrauch und in den meisten vulgärlateinischen Dialekten schon sehr früh durch *ecclesia* verdrängt (vgl. frz. *église*). Dagegen hat sich *kyrikon* in den romanischen Sprachen nicht durchgesetzt. Es war ein zeitlich und landschaftlich beschränkter Ausdruck. Im 4. Jahrhundert — so nimmt man an — wurde es zum Modewort in dem von Griechen stark durchsetzten kaiserlichen Trier. Aber auch in Köln und am Niederrhein gab es damals Griechen genug, auch griechische Gemeinden, und man braucht sich den Gebrauch von *kyrikon* nicht auf Trier beschränkt zu denken; die Angelsachsen z. B. konnten es eher von Köln oder Utrecht aus empfangen. Jedenfalls aber war das 4. Jahrhundert die Zeit, in der die westlichen Germanen sich für das Christentum und seine äußeren Erscheinungen zu interessieren begannen. So entlehnten sie das in ihrer Nachbarschaft gerade moderne Wort, dem auf romanischem Boden nur eine kurze Dauer beschieden war. Ahd. *kirihha*, as. *kirika*, ae. *cirice* sind die sprachlichen Zeugen dieser Entlehnung. Sie hat dieselbe westgermanische Verbreitung wie *dominus: truhtîn*, und beide dürften gleichen Alters sein.

Schon zu derselben Zeit könnte auch die Amtsbezeichnung *Bischof* entlehnt worden sein, die sich ebenfalls über das ganze westgermanische Sprachgebiet ausbreitete. Auch dieses Wort stammt aus dem Griechischen und war als Lehnwort in der Form *episcopus* in das kirchliche Latein übernommen worden. In altromanischen Mundarten entstand daraus ein **piscopu* und weiterhin **biscopu*, und von dieser vulgären Ausgangsform sind as. afries. *biscop*, ae. *bisceop* und mit Lautverschiebung ahd. *biscof* herzuleiten. Und noch ein drittes Wort griechischen Ursprungs gehört zeitlich in diese Reihe. Unser Wort *Almosen*, ahd. *alamuosa*, as. *alemosa*, ae. *aelmesse*, kann nicht auf das kirchenlateinische Lehnwort *eleemosyna* zurückgeführt werden, sondern nur auf eine daraus entstellte mündliche Sprachform vulgärlateinischer Dialekte. In mündlicher Rede, im nachbarlichen Gespräch also, sind diese Wörter aus dem Lateinischen ins Germanische übertragen worden, nicht anders, als es mit den Lehnwörtern aus der Profansphäre zu geschehen pflegte.

Der offiziellen Kirchensprache gehören die lateinischen Wörter *offerre* und *signare* an, die — nach ihrer ebenso weiten Verbreitung zu schließen — zu etwa derselben Zeit wie die obengenannten Wörter entlehnt sein müssen. Wenn ersteres auch keine vulgärlateinischen Merkmale trägt, ist doch auch hier die Entlehnung von Mund zu Mund sicher. *Offerre* bedeutet im kirchlichen Sprachgebrauch ‚Gott etwas darbringen‘ und ‚den Armen etwas darbringen‘, d. h. ‚Almosen geben‘. Mit diesen beiden Bedeutungen wurde das Wort in die westgermanischen Sprachen übernommen als ahd. *offerôn*, as. *offrôn*, ae. *offrian*. Dem lat. *offerre* erwuchs später in einigen Gegenden eine Konkurrenz in dem Wort *operari*, das eigentlich ‚arbeiten‘ bedeutet, aber eine Zeitlang in der Bedeutung von *offerre* als Modewort Geltung hatte. Es wurde in der Form *opfarôn* ins Althochdeutsche entlehnt und daraus das Substantiv *opfar* zurückgebildet; es sind die heutigen Wörter *opfern* und *Opfer*. Da das althochdeutsche Wort noch an der Lautverschiebung teilgenommen hat, muß es spätestens im 6. Jahrhundert entlehnt worden sein. Es blieb aber lange Zeit auf den Süden des hochdeutschen Sprachgebiets beschränkt. Daher kann es, wie die Dialektgeographie lehrt, nicht über die Kontaktzonen von Köln oder Trier eingewandert sein, sondern muß aus dem Süden oder Südwesten kommen.

Signare und seine vulgäre Nebenform *segnare*, zu lat. *signum* ‚Zeichen‘ gehörig, bedeutet im kirchenlateinischen Sprachgebrauch ‚das (Segens)zeichen des Kreuzes machen‘. In die westgermanischen Sprachen ist das Wort als ahd. *seganôn*, as. *segnôn*, ae. *segnian* eingegangen und lebt in nhd. *segnen* fort. Erst auf germanischer Seite ist daraus das Substantiv *Segen*, ahd. as. *segan*, ae. *segn*, zurückgebildet worden, ähnlich wie *opfar* aus *opfarôn*. Das Verb mußte aber schon fest eingebürgert sein, damit das Sprachgefühl eine solche Rückbildung zulassen konnte. Darüber vergeht Zeit, und trotzdem findet sich schon um das Jahr 600 auf einer langobardischen Runeninschrift das Wort *segun* ‚Segen‘. Auch dies spricht neben der weiten westgermanischen Verbreitung für das Alter der Entlehnung von *segnen*.

Man braucht aus diesen Lehnwörtern noch nicht zu schließen, daß die Germanen zur Zeit der Übernahme, d. h. doch wohl: im 4. Jahrhundert, selbst schon Christen waren. Das Kirchengebäude, der hohe Geistliche in seinem Ornat, das Segenszeichen der Christen mußten auch dem heidnischen Nachbarn auffallen, und das Almosen kannte der Empfänger, auch wenn er Heide war, ebensogut wie der christliche Spender. Diese ältesten Lehnwörter beweisen also nur die Berührung mit dem Christentum; sie lassen noch nicht auf Bekehrung schließen.

Was die Frage der Bekehrung angeht, so stellt uns dagegen das Wort *Sünde* vor ein schwieriges und noch ungelöstes Problem. Das Wort tritt in den Formen ahd. *suntia, suntea, sunte*, as. *sundia*, afries. *sende*, ae. *synn* auf, ist also über die ganze Westgermania verbreitet und muß demnach spätestens im 4. Jahrhundert in seiner christlichen Bedeutung entstanden sein. Keiner der vielen Versuche, Sünde als germanisches Erbwort nachzuweisen, ist überzeugend gelungen. Eher scheint es aus lat. *sons*, Akk. *sontem* ‚schuldig‘ entlehnt. Aber auch das ist unsicher. Denn die lateinischen Kirchenwörter für ‚Sünde‘ sind *delictum* und vor allem *peccatum*. Bei *sons* hätte man also an altromanischen, vulgären Sprachgebrauch zu denken, der aber nicht nachweisbar ist. Auch ist *sons* Adjektiv, *suntea* usw. dagegen sind Substantiva. Ein solcher Wechsel der Wortart ist bei Entlehnung ganz ungewöhnlich. Wichtiger noch als die ungelöste Frage nach der Etymologie ist aber das geistes- und religionsgeschichtliche Problem: Wie konnten die Germanen den christlichen

Begriff und das Wort *Sünde* kennenlernen, solange sie selbst noch Heiden waren? Kann die Gruppe *Kirche, Bischof, Almosen, segnen, offerôn* nichts für ein frühes germanisches Christentum beweisen, so steht es hier doch anders. Man muß das Wort in eine Linie mit *deus: Gott* und *dominus: frô, truhtîn* stellen. Zwar sagten wir, das Wort *Gott* könne auch von Heiden in geistiger Auseinandersetzung mit dem Christentum geschaffen sein. Aber schon die Anwendung des *dominus* und seiner Übersetzungen konnten wir uns nicht außerhalb, sondern nur innerhalb der christlichen Gemeinde vorstellen, und das muß erst recht von Begriff und Wort der *Sünde* gelten. Es kann nur von germanischen Christen geschaffen sein, und wenn das Wort alle westgermanischen Völker erreichen konnte, so muß es bei ihnen allen schon früh mehr als ein nur sporadisches Christentum gegeben haben. Das Wort gibt also einen starken Hinweis für die Annahme, daß wenigstens der Kern von germanischen Christengemeinden schon im 4. Jahrhundert vorhanden gewesen sein muß.

Christliche Lehnwörter des 6. Jahrhunderts

Hatten wir auch mit dem relativ jungen Wort *hêrro* bereits die älteste Schicht christlicher Wörter in den westgermanischen Sprachen verlassen, so bestand doch bei allen anderen bisher erörterten die berechtigte Vermutung, daß sie nicht nach dem Ende des 4. Jahrhunderts aufgenommen sein können. Was im Folgenden zusammenzustellen ist, läßt sich vielfach nicht genau datieren; einiges mag später, anderes auch schon früher in die vordeutschen Dialekte eingedrungen sein. Zum Teil aber verlangen die Lauterscheinungen, insbesondere die Teilnahme an der althochdeutschen Lautverschiebung, eine Datierung spätestens in das 6. Jahrhundert. Zum Teil sind es auch die historischen Bedingungen, die die Entlehnung in dieser Zeit wahrscheinlich machen. Vor allem beginnt das Klosterwesen sich erst im 6. Jahrhundert über das ganze Abendland auszubreiten, und wir datieren danach eine Reihe von hierher gehörigen Wörtern auf diese Zeit.

Hier ist in erster Linie das Wort *Kloster* selbst zu erörtern. Es kommt von lat. *claustrum* oder vielmehr von der vulgärlateinischen Nebenform *clostrum*, ist also wie früher schon *Kirche, Bischof* usw. durch die mündliche Alltagsrede vermittelt. Im Englischen, wo das Wort erst spät auftaucht, heißt es *cloister*, und dies geht auf afranz. *cloistre* zurück, welches nicht aus *clostrum*, sondern einer anderen Vulgärform *clostrium* stammt. Demnach muß das Wort ins Altfranzösische und weiterhin ins Englische aus einem anderen altromanischen Dialektgebiet eingedrungen sein als das deutsche Lehnwort. Deutsch und Englisch gehen hier anders als bei den Lehnwörtern des 4. Jahrhunderts getrennte Wege, und das ist bei den Lehnwörtern aus jüngerer Zeit die Regel. Wir dürfen daher fortan die englische Entwicklung außer Betracht lassen.

Als *clostrum*, ahd. *klôstar*, wurde anfangs nur der abgeschlossene Teil des Klosters bezeichnet, der allein den Mönchen und Geistlichen vorbehalten war. Es ist jener Bezirk, den man heute mit einem Fremdwort *die Klausur* nennt. Die Gesamtanlage mit allen ihren Gebäuden heißt lateinisch *monasterium*. Daraus entstand ahd. *munistri*, nhd. *Münster*. Dieser Bedeutungswandel von ‚Kloster‘ zu ‚Klosterkirche‘ kann nur im Munde christlicher Laien entstanden sein. Die Mönche hatten keinen Anlaß, das Wort *monasterium* in diesem eingeschränkten Sinne zu verwenden. Suchte aber der gläubige Christ, der selbst nicht Mönch war, das Kloster auf, so geschah es zum öffentlichen Gottesdienst in der Klosterkirche. Für ihn waren also der Gang ins Kloster und der Kirchgang gleichbedeutend, und wenn er vom *Kloster* sprach, so meinte er nur die *Kirche* des Klosters. Das althochdeutsche Wort erlebte späterhin in seinem neuen Geltungsbereich eine Bedeutungserweiterung. Denn jede größere Kirche, an der mehrere Geistliche im Konvikt zusammenlebten, wurde dann als Münster bezeichnet. Übrigens ist auch ahd. *munistri* wieder im mündlichen Umgang mit den romanischen Nachbarn entlehnt worden. Es kann nämlich nicht auf die schriftsprachliche Form *monasterium*, sondern nur auf eine Vulgärform *munisterium* zurückgehen. Mit dem vornehmlich im Süden und Südwesten gebrauchten Wort *Münster* konkurriert schon in ahd. Zeit das Wort des Nordwestens *Dom*, ahd. *tuom* (vgl. Ulmer, Straßburger Münster, aber Kölner, Bremer Dom). Ahd. *tuom* ist eine abkürzende Entlehnung aus *domus ecclesiae* ‚Haus der Kirche‘, womit eigentlich ein Gemeindehaus, vor allem die gemeinsame Wohnung der Geistlichen bezeichnet ist. Auch hier ist also, wie bei *Münster*, das besondere Merkmal, daß mehrere Geistliche derselben Kirche dienen, was bei kleineren Pfarrkirchen nicht der Fall ist. Ob *tuom* ebenso früh entlehnt wurde wie *munistri*, läßt sich nicht ermitteln. Jedenfalls ist das Wort so alt, daß es noch die althochdeutsche Lautentwicklung von *d* zu *t* und von *ō* zu *uo* mitgemacht hat. Die heutige Form *Dom* ist eine gelehrte Neubildung der Humanistenzeit nach lat. *domus*.

Auch *Nonne* und *Mönch*, ahd. *nunna* und *munih*, wurden schon in der Anfangszeit des Klosterwesens entlehnt aus lat. *nonna* und *monicus*, einer vulgären Nebenform des kirchenlateinischen *monachus*. Auch ahd. *klîrih* ‚der Kleriker‘ und *knunih* ‚der Kanoniker‘ müssen ihrem Lautbilde nach schon früh aus Vulgärformen von lat. *clericus* und *canonicus* entstanden sein. Beide Wörter sind allerdings nur je einmal in sehr alten südwestdeutschen Handschriften bezeugt und sind früh ausgestorben. Sie hatten vermutlich nur eine regional sehr beschränkte Verbreitung. Nicht ganz so früh wird die Bezeichnung für den Vorgesetzten der Mönche und Kanoniker entlehnt worden sein. Aus dem kirchenlateinischen *praepositus* ‚Vorgesetzter' entstand ein vulgäres *propostus*, und daraus stammt ahd. *prôbôst*; unser *Propst*. Die Entwicklung des zweiten *p* zu *b* ist romanisch; befremdlich ist aber, daß das erste *p* in keinem deutschen Beleg die ahd. Verschiebung zu *pf* zeigt. Entweder ist daher die Entlehnung relativ jung, etwa dem 7. oder gar 8. Jahrhundert zuzuweisen, oder aber das Wort wurde im Nordwesten des hochdeutschen Sprachgebiets entlehnt, der an der Verschiebung zu *pf* keinen Anteil hat. Letzteres ist wahrscheinlicher; das Wort dürfte in der Kölner Kirchenprovinz aufgekommen sein. Jedenfalls ist ahd. *prôbôst* eine volkssprachliche Entlehnung aus mündlicher Rede. Der Name des *Abtes* hingegen, ahd. *abbât* aus lat. *abbatem*, Akkusativ zu *abbas* — auch dieser nicht an der Lautverschiebung des *t* beteiligt — wurde anscheinend in anderen Bereichen entlehnt. Die kirchenlateinische Lautform ist hier so treu bewahrt, daß man an den offiziellen Sprachgebrauch des Klosters bei der Entlehnung und Tradierung des Wortes zu denken hat.

Der Aufseher über eine kleinere Gruppe von Mönchen, sozusagen ihr ‹Stubenältester›, heißt lat. *decanus*. Daraus wird ahd. *techan*, heutiges *Dechant*. Das Wort hat also an der Lautverschiebung teilgenommen und ist demnach ebenfalls etwa im 6. Jahrhundert entlehnt worden. Unter dem Einfluß der Kirchensprache steht freilich immer die lateinische Form daneben, und sie lebt bis heute in unserer Bezeichnung *Dekan* weiter. In althochdeutscher Zeit hat es nun nicht an Versuchen gefehlt, das fremde Wort durch Lehnübersetzung verständlicher zu machen. Daß *decanus* ‚der Aufseher über zehn Leute' von lat. *decem* ‚zehn' abgeleitet ist, weiß man natürlich, und so werden Lehnbildungen wie ahd. *zehaning* und *zehaningâri* versucht. Aber das sind künstliche Papierwörter, und sie können sich gegen den im Volksmunde längst gebräuchlichen *techan* und den gelehrten *decan(us)* nicht durchsetzen. Der Fall ist lehrreich, denn es gibt viele Hunderte von Übersetzungsversuchen ebenso künstlicher Art. Wo auf diese Weise ein in der deutschen Sprache noch nicht vorhandener Begriff erworben wird, ist man auf die künstliche Neubildung angewiesen, und indem man sich an ihren Gebrauch gewöhnt, verliert sich die Fremdheit. Steht aber für den gleichen Begriff bereits ein vom Volksmunde angenommenes Wort zur Verfügung, dann hat die Neubildung kaum Aussicht, sich durchzusetzen.

Die älteste Bezeichnung eines Geistlichen ist der schon erörterte Name des *Bischofs,* der ganz besonders früh entlehnt wurde. Es ist aber bemerkenswert, daß ahd. *biscof* nicht ausschließlich den Inhaber eines bestimmten Ranges in der kirchlichen Hierarchie bezeichnet, sondern daneben den geweihten Priester überhaupt meinen kann. Ja, in der althochdeutschen Übersetzungsliteratur werden auch jüdische und sogar heidnische Priester nicht selten als *biscof* bezeichnet. Diese umfassende Bedeutung des Wortes gibt einen weiteren sicheren Hinweis darauf, daß es schon früh und durch den Volksmund entlehnt wurde, und zwar zu einer Zeit, als die Germanen das Wort von romanischen Christen hörten, ohne zu erkennen, daß nicht jeder Geistliche Anspruch auf den Titel habe.

Ein Wort wie ahd. *jacuno* oder *jachono,* entlehnt aus lat. *diaconus,* verrät dagegen schon tiefere Einsicht. Es konnte erst von Christen entlehnt werden, die am Gottesdienst teilnahmen und bemerkten, daß der Bischof am Altar von einem geistlichen Helfer unterstützt wurde. In der Lautform *jacuno, jachono* kommt das Wort allerdings nur in bairischen und alemannischen Glossen des 8. Jahrhunderts vor und ist später ausgestorben. Die Lautform beweist, daß das Wort aus romanischen Dialekten Oberitaliens stammen muß, wie übrigens vielleicht auch das oben erwähnte *klîrih.* In der fränkischen Kirche waren beide Bezeichnungen anscheinend unbekannt. Für den *diaconus* galt dort vielmehr ein Lehnwort in der Form *diacan,* die bald nach 800 in Texten aus Fulda auftritt und auch im Mittelniederländischen und Mittelniederdeutschen als *diaken* oder ähnlich weiterlebt.

Sowohl die Südform *jacuno* wie die Nordwestform *diacan* sind jünger als das Wort *Bischof,* das anfangs offensichtlich allein zur Bezeichnung jedes zum Priester geweihten Geistlichen dienen mußte. Mit der Bekehrung zum Christentum und der wachsenden Einsicht in die kirchliche Organisation wurden jedoch andere, unterscheidende Bezeichnungen erforderlich. Hier gehen nun, wie beim *Diakon,* die oberdeutschen Dialekte und das Fränkische getrennte Wege, und das beweist, daß die Aneignung unterschiedlicher Benennungen für die Geistlichkeit jedenfalls schon vor der Errichtung einer starken fränkischen Zentralgewalt vonstatten ging. Sie mag zwischen dem Ende des 6. und der Mitte des 8. Jahrhunderts erfolgt sein. Im Bairischen und im Alemannischen wird der Priester mit der ehrwürdigen heimischen Bezeichnung *êwart* oder, schwach dekliniert, *êwarto* benannt. Das Wort bedeutet eigentlich ,Wahrer des Gesetzes'. Das Gesetz aber steht nach germanisch-heidnischer Auffassung in engem Zusammenhang mit dem Willen der Götter, mit geheiligtem Brauch und kultischer Handlung. Der *êwart* ist daher in erster Linie der Hüter des religiösen Gesetzes und des unverbrüchlichen Kultbrauches. Er steht neben oder eher über dem *êsago*, dem ‚Gesetzessprecher', der die weltliche Aufgabe hat, der Volksversammlung den Gesetzestext zu künden.

Das Wort *êwart* stammt, wie wir meinen, aus heidnischer Zeit und Vorstellungswelt. Ob alle Westgermanen die Einrichtung eines priesterlichen Gesetzeshüters hatten, steht dahin. Das in den oberdeutschen Mundarten überaus reich bezeugte Wort taucht im deutschen Norden erst spät und nur spärlich auf, und auch die wenigen angelsächsischen Belege (ae. *aeweweard*) sehen nach deutschem Import aus. Sind Sache und Wort alt (manche Forscher halten es für eine erst unter christlichem Einfluß entstandene Neubildung), so hat man jedenfalls zuerst im alemannischen oder im bairischen Mundartgebiet begonnen, die Priester des neuen, fremden Glaubens mit demselben Wort zu benennen, mit dem man vorher den heidnischen Priester bezeichnete. Allerdings ist das Wort, das in der oberdeutschen Literatur bis in das 13. Jahrhundert kräftig fortlebt, anscheinend niemals recht volkstümlich gewesen. Anders als *Bischof* und das noch zu erörternde *Pfaffe* (s. u. S. 150) hat es in Volksmundarten und in Ortsnamen nicht die geringste Spur hinterlassen. Nun sind in der gehobenen Sprache der germanischen Dichtung und auch des Rechts Zusammensetzungen mit *ward*, ahd. *wart*, sehr beliebt. Im ‹Heliand› wird z. B. Gott als *hebanes ward* ‚Hüter des Himmels' bezeichnet. So wird auch *êwart* aus der Sprache des Kults, des Rechts und der Dichtung stammen. In seiner Bedeutung wird es ebenso weit gefaßt wie das Wort *biscof*; es geht sogar darüber noch hinaus. Noch im 12. Jahrhundert wird im Eingangsgebet des ‹Rolandsliedes› Gott selbst als *oberister êwart* angeredet. Das ist möglich, weil sich auch das Wort *ê* oder *êwa* ‚Gesetz' mit christlichem Inhalt gefüllt hat und das göttliche Gesetz bezeichnet. (Das Alte und das Neue Testament heißen *diu alte ê* und *diu niuwe ê*). Gott wird daher als der oberste und eigentliche Wahrer seines Gesetzes angesprochen.

Mag dies eine spätere Entwicklung sein, so wird doch das Wort für den christlichen Priester schon sehr früh gegolten haben, jedenfalls bevor die Bezeichnung *Bischof* (unseres Erachtens ein Westwort, das zuerst bei den Franken gebraucht wurde) bei Alemannen und Baiern bekannt wurde. Denn *êwart* und *biscof* haben beide anfangs die gleiche Bedeutungsbreite, werden unterschiedslos auf christliche, jüdische und heidnische Priester angewandt, und im Oberdeutschen kann auch der Bischof *êwart* genannt werden. Dieses Nebeneinander zweier gleichbedeutender Wörter läßt sich aus den kulturgeographischen Bedingungen erklären. Im germanischen Westen lernt man die christliche Kirche der Römer unmittelbar kennen, und man übernimmt dort auch die christlichen Bezeichnungen aus romanischem Munde. Im deutschen Süden dagegen hat man nicht diese enge tägliche Berührung mit dem neuen Glauben. Man erfährt davon durch Hörensagen, die fremden Bezeichnungen bleiben unvertraut, und man schafft sich die erforderlichen Wörter durch Umdeutung aus dem eigenen Sprachschatz. Später setzt sich unter dem zentralistischen fränkischen Einfluß auch in den oberdeutschen Gebieten die Bezeichnung *biscof* durch, und das alte, edle Wort *êwart* kann sich nun wieder in den esoterischen Kreis der Dichtersprache zurückziehen.

Je mehr nun die hierarchische Gliederung erkannt und *biscof* als Bezeichnung eines bestimmten geistlichen Ranges benutzt wurde, desto notwendiger wurde eine Allgemeinbezeichnung für den Geistlichen. Diese schuf sich die fränkische Kirche in dem Wort *Priester*. Es entspricht einem graecolateinischen Kirchenwort *presbyter*, aus dem zwei vulgärlateinische bzw. altromanische Dialektformen entstanden, nämlich *preste* und *prestre*. Beide sind durch Entlehnung auch in das Althochdeutsche gelangt, als *prêst* und *prêstar*, wobei das *ê* sich gesetzmäßig über *ia* zu *ie* entwickelte, so daß die althochdeutschen Regelformen *priest* und *priestar* lauten. Beide wurden erst so spät aus romanischen Mundarten entlehnt, daß sie sich der Verschiebung des *p* zu *pf* entzogen, frühestens also im 7. Jahrhundert. Die kürzere Form *priest* scheint vom Südwesten aus, vom südlichen Rheinfränkischen, durch Alemannien nach Baiern vorzudringen, während *priestar* von Nordwesten kommt. Es verbreitet sich den Rhein aufwärts und allmählich über das ganze deutsche Sprachgebiet, wodurch *priest* schließlich ganz verdrängt wird.

Die fränkischen Kirchenwörter wie *Kirche, Bischof, Priester* setzen sich offenbar unter dem Zugriff der fränkischen Obrigkeit ohne viel Schwierigkeit im ganzen deutschen Sprachgebiet durch. Kirchliche Wörter aus dem vorfränkischen Sprachschatz der Alemannen und Baiern hatten dagegen einen schweren Stand und mußten nicht selten unterliegen. Die früh untergegangenen *klîrih* und *jacuno* sind Beispiele dafür, und auch das in die literarische Sprache abgedrängte *êwart*. Wo aber ein wirklicher Bedarf bestand, konnten sich auch oberdeutsche Volkswörter durchsetzen. Dafür zunächst zwei Beispiele aus den Bezeichnungen für den Geistlichen. Im Spätalthochdeutschen taucht zum ersten Male in den Schriftquellen das Wort *pfarrâri*, unser *Pfarrer*, auf. Es ist abgeleitet von *pfarra* ‚der Pfarrbezirk', und dieses geht auf eine vulgärlateinisch verstümmelte Form von griech. *paroikía*, kirchenlat. *parochia* zurück. Auch *pfarra* ist wieder wie die meisten der bisher erörterten Wörter von Mund zu Mund aus dem Altromanischen übertragen und muß, wie seine Lautform erkennen läßt, aus einer Mundart Tusciens oder Umbriens stammen, kam also von Süden her über die Alpen, vermutlich zuerst zu den Alemannen. Dabei zeugt die Lautverschiebung von *p* zu *pf* für das hohe Alter der Entlehnung. Der *pfarrâri* ist der *presbyter plebanus*, der ‚Landgeistliche‘ im Gegensatz zum städtischen Bischof. Diesen Stand hatte man im Fränkischen als *gawipriestar* ‚Gaupriester‘ zu bezeichnen versucht. (Die ältesten Belege für dieses Wort stammen zufällig aus Baiern, aber die fränkische Herkunft ist deutlich). Da aber Gau und Kirchengemeinde sich nicht decken, setzte sich endlich das soviel geeignetere Südwort *pfarra* und damit auch der *pfarrâri* durch. Es ist aber doch bezeichnend, daß diese Wörter, die im oberdeutschen Volksmund jahrhundertelang tradiert sein müssen, erst nach langem Zögern, im 10. Jahrhundert, erstmalig auf das Pergament gelangten.

Auch das Wort *Pfaffe*, ahd. *pfaffo*, gehört hierher. (Zur Wortgeschichte vgl. u. S. 150.) Es bezeichnet den Geistlichen im allgemeinen, ohne seine besondere Stellung in der Rangordnung der Kirche zu berücksichtigen, und auch dieses Wort muß, da es an der Lautverschiebung teilgenommen hat, sehr alt sein. Trotzdem hat sich die fränkische Kirche seinem Gebrauch offenbar widersetzt; es müßte sonst viel häufiger und lange vor dem 10. Jahrhundert in der althochdeutschen Literatur auftauchen. Aber andere Versuche, den Geistlichen zu bezeichnen, wie *klîrih*, blieben lokal beschränkt, klangen auch wohl zu gelehrt, und althochdeutsche Klostererfindungen wie *heithaft man*, etwa ‚Mann von (geistlichem) Stande‘, *kirchman*, *gotes man*, *gotes scalch* (‚Knecht‘), *gotes boto* (‚Bote, Diener‘) waren zu wenig bezeichnend und zu umständlich. So konnte schließlich das oberdeutsche Volkswort *pfaffo* gegen alle Widerstände auch in die Schriftsprache eindringen.

Um endlich noch den Namen des *Papstes* zu erörtern, müssen wir nochmals in den fränkischen Sprachbereich zurückkehren. Das lateinische *pâpa*, ursprünglich eine Anrede für hochgestellte Geistliche, war im 5. Jahrhundert zur Bezeichnung des Bischofs von Rom geworden. In der deutschen Literatur taucht allerdings auch dieses Wort erst im 10. Jahrhundert in der Form ahd. *bâbes* auf. (Im Mittelhochdeutschen heißt es dann meist *bâbest*, wobei das *t* in Erinnerung an Superlative wie *höchst*, *best* eingedrungen sein mag. Die heutige Schreibung und Aussprache *Papst* ist eine Kompromißform zwischen *pâpa* und *bâbest* und geht auf gelehrte Einflüsse des 17. oder 18. Jahrhunderts zurück.) Die *b* für *p* in ahd. *bâbes* weisen auf romanische Vermittlung, und auf nordfranzösische Dialekte geht die Endung *-es* zurück. Das Wort ist also vom Niederrhein aus vorgedrungen, aber wohl auch dort im Nordwesten kaum vor dem 8. Jahrhundert gebräuchlich geworden. Im deutschen Süden dagegen hat bis zum Ende der althochdeutschen Zeit nur das Fremdwort *pāpa* gegolten.

Frühe Bezeichnungen des Kultgerätes

Mit Vorbedacht verweilten wir länger bei den Bezeichnungen für die Geistlichkeit, weil sich hier an einem Musterfall sowohl das zeitliche Nacheinander wie das räumliche Gegen- und Nebeneinander bei der Übernahme christlicher Bezeichnungen deutlich machen ließ. Auch die sprachliche Schichtung, Kulturwörter heidnischer Herkunft *(êwart)*, kirchensprachliche Gebrauchswörter (Entlehnungen wie *Bischof* und *Priester*) und volkstümliches Sprachgut *(Pfaffe)*, ließ sich hier an einleuchtenden Beispielen beobachten. Die Methodik, wie man Ort und Zeit der Entlehnung ermitteln kann, ist damit im Grundsätzlichen bereits klargestellt worden, und es bedarf keiner umfänglichen Erörterungen mehr, wenn wir zu einer anderen großen Gruppe von christlichen Lehnwörtern aus voralthochdeutscher Zeit übergehen, den Bezeichnungen für das Kultgerät und überhaupt für die Einrichtungsgegenstände des Kirchengebäudes.

Das Symbol des Christentums, das Kreuz, mußte den noch heidnischen Germanen als äußeres Zeichen gewiß zu allererst auffallen. Die altertümlichste Bezeichnung dafür ist ahd. *galgo* ‚Galgen‘, die noch im 10./11. Jahrhundert bei NOTKER vorkommt und selbst im Mittelhochdeutschen nicht ganz selten ist. Das Wort ist auch bei Goten und Angelsachsen verbreitet und hat demnach bereits sehr früh zur Bezeichnung des Kreuzes CHRISTI gedient. Viel jünger ist unser Wort *Kreuz* ahd. *crûci*. Es ist vielleicht erst im 8. Jahrhundert entlehnt worden, und jedenfalls erst, nachdem im Lateinischen aus dem *k*-Laut *c* vor hellen Vokalen ein Zischlaut geworden war. Früher schon wurde ahd. *kelih* aus lat. *calix*, Akkusativ *calicem*, ‚Kelch‘ entlehnt. Wieder bestätigt sich, was früher schon zu beobachten war. Das christliche Kreuz sieht auch der heidnische Germane. Er macht sich seine eigenen Gedanken darüber und benennt es mit einem heimischen Wort, das freilich später der kirchlichen Bezeichnung weichen muß. Den Kelch und seine Bedeutung lernt erst der bekehrte Christ kennen, und mit dem Gerät auch seinen fremden Namen, den er sofort übernimmt.

Der *Altar*, lat. *altare*, ist im Althochdeutschen nur als Lehnwort *altâri* oder stärker eingedeutscht *alteri* bezeugt. Im Gotischen heißt er *hunslastaths* ‚Opferstätte‘ und im Altenglischen *wîhbeod* ‚Tempeltisch‘. Beide Sprachen verwenden also heimisch-heidnische Elemente (*hunsl* ‚Opfer‘, *wîh* ‚Heiligtum, Tempel‘) zur Bildung der christlichen Bezeichnung. Sollten auch im Vordeutschen ähnliche Bezeichnungen vorgekommen sein, so sind sie jedenfalls nicht belegt. Sicher ist *altâri* das offizielle Wort der fränkischen Kirche; denn auch der Altarraum in der Apsis des Kirchengebäudes wird als *altârhûs* ‚Altarhaus' bezeichnet, mit einem Wort freilich, das erst im 11. Jahrhundert schriftlich bezeugt ist. Aus dem Lateinischen stammt auch das Wort *Kanzel*, ahd. *kanzella*. Der Sache nach war damit ursprünglich ein Lesepult gemeint, das an den Chorschranken (*lat. cancelli*) stand. Das Lesepult selbst hieß lateinisch *lectorium*, althochdeutsch mit deutlich noch fremdem Klang *lector*. Diese drei Wörter sind, wie ihr Lautstand beweist (unverschobenes *t* in *altâri*, unverschobenes *k (c)* in *lector*, lat. *k (c)* zu z in *kanzella*), erst spät entlehnt, und sie sind offensichtlich im innerkirchlichen Sprachgebrauch der Geistlichkeit entstanden. Dafür sprechen die Herkunft aus dem Schriftlatein und der sorgfältig bewahrte lateinische Lautstand. So wird vor allem *altâri* der gepflegten amtlichen Sprache der Geistlichkeit angehören. In der Sprache des Volkes entsteht daraus schon früh in althochdeutscher Zeit die Form *alteri*, die sich weiter vom lateinischen Vorbild löst. Ähnlich steht es mit lat. *ampulla*. In seiner vollen Form, aber mit deutschen Endungen (also ahd. *ampulla, ampullûn* usw.) wird das Wort in der offiziellen Sprache der Kirche in der Bedeutung ‚Ölkrug' und ‚Salbgefäß' verwendet. Daneben kommt in gleicher Bedeutung die volkstümliche Form *ampla* vor, aus der nhd. *Ampel* (ursprünglich ‚die Öllampe') hervorgeht. Wieder weist das unverschobene *p* auf eine Entlehnung nicht vor dem 7. Jahrhundert hin.

Die Lehnschöpfung *wîhrouh* ‚Weihrauch', die sicher im Volksmunde, und zwar im Gebiet der süddeutschen Kirche aufkam, wurde schon oben S. 106 erwähnt. Danach wird das Räuchergefäß, lat. *incensarium*, im Althochdeutschen als *wîhrouhfaz* bezeichnet. Aber auch dieses Wort hat volkstümlichen Klang. Daneben findet sich einmal bei OTFRID die Bezeichnung ahd. *zinseri*, die natürlich aus *incensarium* entlehnt ist. Aber dieses Wort klingt mit seiner Vernachlässigung der lateinischen ersten Silbe nicht eben ‹offiziell›. Es kann kaum dem amtlichen Sprachgebrauch der Kirche entstammen. Viel eher ist es ein Wort aus der internen täglichen Verkehrssprache der Geistlichkeit, sozusagen ‹Klosterjargon›.

Weiteres Wortgut aus der älteren Kirchensprache

Wir sind bereits auf verschiedene Sprachschichten gestoßen, die an der entlehnenden Übernahme der lateinischen Bezeichnungen beteiligt waren, auf die Volkssprache, auf die offizielle Amtssprache der Kirche und zuletzt auch auf die nicht eben sorgfältige Umgangssprache der Geistlichkeit im inneren alltäglichen Verkehr. Mag hier auch die Irrtumsgefahr groß sein, so ist es doch unter soziologischem Gesichtspunkt notwendig, solche Unterscheidungen wenigstens zu versuchen. Eine Anzahl von weiteren frühen Entlehnungen ermöglicht einen Vorstoß auf diesem Wege. Da ist zunächst das lateinische Wort *infernum* mit seiner kirchlichen Bedeutung ‚Hölle‘, und *Hölle* ist das Wort, das alle germanischen Sprachen zur Übersetzung verwenden: got. *halja*, ahd. *hellia, hella*, as. *hellja*, afries. *helle*, ae. *hell*. In heidnischer Zeit wurde damit ‚das Reich der Hel, die Unterwelt‘ bezeichnet. Die früher verteidigte Ansicht, das germanische Wort sei von den Goten christlich umgedeutet und von dort in der neuen Bedeutung in alle anderen germanischen Sprachen gelangt, läßt sich nicht aufrechterhalten. Die Dreiteilung Himmel — Erde — Unterwelt, der heidnischen Antike ebenso vertraut wie den Germanen, wenn auch die Vorstellungen sich im einzelnen unterscheiden, liegt so nahe, daß auch das christliche *Infernum* zwangsläufig mit der germanischen Unterwelt gleichgesetzt werden mußte, so wie lat. *orbis terrarum* mit dem germanischen *mittilgart* identifiziert wird (s. o. S. 85). Die Übersetzung *infernum: Hölle* ist gewiß sehr alt, mag sie sich auch erst im Laufe von Jahrhunderten bei wachsender Einsicht mit dem vollen christlichen Bedeutungsgehalt gefüllt haben.

Es scheint aber, als sei *halja, hella*, noch lange Zeit mit heidnischen Vorstellungen belastet, allzu indifferent erschienen, um die Billigung kirchlicher Kreise zu finden. Zuerst im Süden des Sprachgebiets findet sich für *infernum* auch die Übersetzung *bech, pech*, ein Lehnwort aus romanischen Nachfolgern von lat. *pix*, Akkusativ *picem*, ‚Pech‘, und zwar eine Entlehnung hohen Alters, wie die *k*-Verschiebung beweist. Wenn die Hölle als *Pech* bezeichnet wird, so ist das ein bildhafter Ausdruck. Es ist dabei an brennendes Pech gedacht, in das die Verdammten zu ewiger Qual gestoßen werden. Daneben kommt, ebenfalls zuerst im Süden, auch der Ausdruck *wizzi* oder verstärkt *hellawizzi* vor. *Wizzi* heißt Strafe und steht hier als abgekürzte Chiffre für den ‚Ort der ewigen Strafe‘. Beide Wörter, *pech* und *wizzi*, scheinen von Missionaren zuerst in der Bedeutung ‚Hölle‘ gebraucht worden zu sein, von eifernden Predigern, die nicht kraß genug die ewige Pein des Unbekehrten zu schildern wußten. Diese bildhaften Ausdrücke wurden in der gesamten althochdeutschen Zeit gern gebraucht, doch konnten sie trotz ihres Pathos das nüchternere *hellia* nicht völlig verdrängen.

Eine weitere eigentümliche Bezeichnung findet sich im ‹Heliand›, der oft und gern das Wort *hellia*, daneben auch poetische Umschreibungen wie *êwîg fiur* ‚ewiges Feuer‘, *bittar lôgna* ‚beißende Lohe‘ u. ä. verwendet. Mehrmals gibt er lat. *infernum* aber auch durch as. *fern* und *infern* wieder. Auf dem Boden der altsächsischen Volkssprache können diese beiden Lehnwörter kaum entstanden sein. Sie schmecken wie ahd. *zinseri* nach Klosterjargon. Es ist schon eine gewisse zutrauliche Gewöhnung an den Umgang mit dem Heiligen, auch mit seinen Tabus und seinen Schrecknissen nötig, ehe ein Wort aus diesen Bereichen einen so familiären, nachlässigen Klang annehmen kann. Der Mönch, dem das *incensarium* im täglichen Gebrauch zu einem Topf wie jeder andere wird und für den das *infernum*, vor dem er sich durch seinen Eintritt ins Kloster gesichert glaubt, durch die ständige Erwähnung viel von seinen Schrecken verliert, kann wohl im leichtfertigen Alltag solche verstümmelten Lehnwörter verwenden, die etwas unbekümmert Formloses an sich haben. In der jungen sächsischen Kirche kann — nur eine Generation nach der endgültigen und gewaltsamen Bekehrung — ein Wort wie *fern* oder *infern* nicht entstanden sein. Eher wird es die alltägliche Umgangssprache der Mönche in dem alten Kloster Fulda widerspiegeln, wo der ‹Heliand›-Dichter seine Ausbildung empfing, ebenso wie OTFRID, dessen *zinseri* aus derselben Umgebung stammen könnte. Man könnte sogar noch einen Schritt weitergehen und annehmen, der niedersächsische Dichter des ‹Heliand› habe kein ganz sicheres Gefühl für Gewicht und Würde der hochdeutschen Wörter gehabt. Wie er arglos das Wort *hêrro* auf die göttlichen Personen anwendet, was im Hochdeutschen noch nicht geduldet wird (s. o. S. 117), so scheint er auch guten Glaubens die *fern* und *infern* zu gebrauchen, die merkwürdig unpoetisch und allzu lockeren Tones in seiner sonst von hohem Pathos getragenen altepischen Dichtersprache stehen.

In Fulda ist auch der althochdeutsche ‹Tatian› entstanden, und darin findet sich zweimal lat. *apostolus* durch ahd. *postul* wiedergegeben. Das entspricht einem altenglischen *postol* und könnte von dort übernommen sein, klingt aber mit seiner Unterdrückung der ersten Silbe ebenfalls nach dem lockeren Sprachgebrauch mönchischer Umgangssprache. Üblicher ist im althochdeutschen ‹Tatian›, wie auch sonst im Althochdeutschen, die Übersetzung *boto* ‚Bote‘, und auch *zwelifboto* ‚Zwölfbote‘ kommt vor. Beide Wörter sind in die althochdeutsche Volkssprache eingegangen, können aber nicht wohl im Volksmund entstanden sein. Die Übersetzung *boto* setzt die Kenntnis der Grundbedeutung von graecolateinisch *apostolus*, nämlich ‚Abgesandter‘, voraus. Es wird sich also um eine Lehnübertragung aus dem Kreise von Missionaren handeln. Die Dichtersprache endlich kann den Apostel auch als ahd. *degan* ‚Gefolgsmann‘ oder *kneht* ‚Knecht, Diener‘ oder auch als *hold* und *trût* ‚Vertrauter‘ bezeichnen. Aber das sind keine Übersetzungen, sondern poetische Umschreibungen, die das Verhältnis der Apostel zum Herrn zu erfassen suchen.

In der lateinischen Bibel werden die Apostel oft als *discipuli*, d. h. ,Schüler' CHRISTI, bezeichnet. Das lateinische Wort hängt mit *discere* ,lernen' zusammen und wird daher in der altenglischen Übersetzersprache durch die Lehnübersetzung *leornere* oder die Lehnübertragung *leorningcniht* ,Lernknappe' wiedergegeben. Ganz andere Wege geht hier das Althochdeutsche. Fast ausschließlich wird *discipuli* durch ahd. *jungirun* übersetzt. Diese Übersetzung kann nur entstanden sein im zweisprachigen Grenzland, wo der Gegensatz zwischen Meister und Schüler, dem Älteren und dem Jüngeren, galloromanisch durch *senior* und *iunior* ausgedrückt wurde, und zu einer Zeit, als die germanische Übersetzung *senior: hêrro (hêriro)* noch deutlich als Komparativ ,der Ältere' und nicht als Substantiv ,der Herr' verstanden wurde. Die Übersetzung *discipulus: jungiro* (eigentlich ,der Jüngere', Mehrzahl ahd. *jungirun*) kann also nur im Bereich der westfränkischen Kirche, und dort wohl spätestens im 7. Jahrhundert entstanden sein.

Es ist abschließend darauf hinzuweisen, daß auch eine Reihe von christlich gefärbten Vorgangswörtern früh entlehnt wurde. *Seganôn*, das in der Kirchen- wie in der Volkssprache entstanden sein kann, sowie *offerôn* und *opfarôn*, die beide wohl kirchlich-geistlicher Herkunft sind, wurden schon erwähnt. Recht alt und, wie der Anlaut beweist, durch romanischen Mund vermittelt ist auch ahd. *bredigôn* ,predigen' aus lat. *praedicare*. Seiner Lautform nach wird es am ehesten in der internen Umgangssprache der Geistlichkeit entstanden sein. Das gilt auch für *increbôn* ,schelten', das sich im althochdeutschen ‹Tatian› findet und aus lat. *increpare* entlehnt ist. Für dieses lateinische Wort stehen mehrere gute althochdeutsche Übersetzungen zur Verfügung, und das halblateinische *increbôn* kann eigentlich, wie *zinseri*, *fern* und *postul* nur in einer Umgebung gebraucht und verstanden werden, wo täglich gesprochenes Latein sich mit der Muttersprache vermischt. Auch die Entlehnung aus lat. *scrutari* ,suchen, erforschen' wird aus demselben Grunde ein Klosterwort sein. Sie kommt im althochdeutschen ‹Tatian› als *scrûtôn*, bei NOTKER als *scrodôn* und in der Wiener Notker-Bearbeitung in der Iterativbildung *scrudelôn* vor. Die Form des althochdeutschen ‹Tatian› richtet sich korrekt nach dem Schriftlatein, die beiden süddeutschen Formen sehen mehr nach klösterlicher Umgangssprache aus. Und im Kloster mit seiner strengen Zucht, die ständige Gewissenserforschung (lat. *scrutatio*) verlangt und häufige Schelte der Oberen (lat. *increpatio*) hervorruft, konnten diese Lehnwörter am ehesten entstehen, die durch ihren fast humoristischen Klang den Anschein erwecken, als sei es nicht allzu schwer, der harten Disziplin ein Schnippchen zu schlagen.

Auf anderem Stamm gewachsen ist das Wort *Pein*, ahd. *pîna*, das ebenfalls die Klosterdisziplin widerspiegelt. Es ist entlehnt aus lat. *poena* ‚Strafe‘, vulgärlat. *pena*. Dazu wird ein Verbum ahd. *pînôn* ‚strafen, peinigen‘ gebildet. Da im Oberdeutschen gelegentlich auch die verschobene Form *pfînôn* vorkommt, dürfte das Wort recht alt sein und schon aus dem 6. Jahrhundert stammen. Der *p*-Anlaut der meisten Belege wäre dann unter dem Einfluß von lat. *poena* wiederhergestellt worden. Möglich wäre es auch, daß das Wort zweimal, an verschiedenen Orten und zu verschiedener Zeit, entlehnt worden wäre. Aber es ist später weit verbreitet und wird stets mit vollem Ernst und Gewicht gebraucht. Hier ist keine Spur von Leichtfertigkeit und nachlässiger Gewöhnung zu bemerken. Das spricht sehr entschieden für das Alter des Wortes. Denn in den ältesten, oft von sehr strengen irischen Mönchen gegründeten Klöstern auf deutschem Boden werden die religiöse Pflicht und die Mönchsdisziplin äußerst ernst genommen; da ist kein Platz für Humor und Leichtigkeit junger Mönche und Pennäler. So sind denn *pîna* und *pînôn*, *pfînôn* immer sehr ernste, gewichtige Wörter geblieben.

Das Nebeneinander verschiedener Formen der Entlehnung wie bei *pînôn* und *pfînôn* läßt sich auch sonst beobachten. Der Kirchenzins, der sogenannte ‹Zehnte› (eine Lehnübersetzung) heißt lateinisch *decimae*, ‹den Zehnten einheben› heißt *decimare*. Dem entsprechen ahd. *tehmo* und das Verbum *tehmôn*, zwei sehr alte Lehnwörter, wie das *h* (= *ch*) beweist, das durch Lautverschiebung aus der alten lateinischen Aussprache des *c* = *k* entstanden ist. Im althochdeutschen ‹Tatian› lauten die beiden Wörter allerdings *dezemo* und *dezemôn*, sind also erneut aus den nunmehr seit langem lautlich veränderten lateinischen Wörtern entlehnt. Die gleichen Formen begegnen nun auch in zwei fränkischen Beichtformularen, der ‹Lorscher› und der ‹Reichenauer Beichte›. Man muß sie daher als offizielle Neubildungen der fränkischen Kirchensprache ansehen, als möglichst enge Anlehnungen an die lateinischen Fachausdrücke. Der volkstümliche Klang von *tehmo* und *tehmôn*, die trotzdem noch lange unvergessen blieben, mochte die älteren Entlehnungen als kirchenrechtliche Termini ungeeignet erscheinen lassen.

Noch manche alte Entlehnung könnte erörtert werden, aber es kam hier nur darauf an, die erste Aufnahme christlichen Sprachgutes in die germanischen Sprachen an einer hinlänglichen Anzahl von Beispielen zu zeigen und auf die verschiedenen Kräfte hinzuweisen, die dabei wirksam waren. Volkssprachliches Wortgut war dabei von dem

Sprachschaffen der Kirche zu trennen, und innerhalb des letzteren ließ sich eine gehobene Sprache des geistlichen Amtes von der alltäglichen Umgangssprache der geistlichen Gemeinschaft unterscheiden. Diese klösterliche Umgangssprache hat, wie leicht verständlich, vieles mit der Volkssprache gemein und läßt sich daher in vermutlich sehr vielen Fällen gar nicht von ihr unterscheiden. Sie sondert sich aber von der Volkssprache ab, indem sie eine Vorliebe für die Übernahme lateinischen Lehnguts aus den Bezirken des geistlichen Lebens zeigt, woran die Volkssprache naturgemäß keinen Anteil nehmen kann. Man hat es hier also mit dem frühen Beispiel einer Gruppensprache zu tun, d. h. der Sprache einer bestimmten engeren Gemeinschaft, wie es später Gruppensprachen der Bergleute, der Handwerker, der Schiffer, der Studenten, der Pennäler, der Soldaten und anderer Gemeinschaften gibt. Im übrigen war im Verlauf der Darstellung auf gewisse landschaftliche Unterschiede hinzuweisen, gelegentlich zwischen fränkisch, süddeutsch und altsächsisch zu unterscheiden. Auch sprachliche Beeinflussung durch germanische Nachbarvölker wie Goten oder Angelsachsen mußte hie und da schon angedeutet werden. Die damit verbundenen Fragen bedürfen aber noch besonderer Erörterung.

VIII. DIE NAMEN DER WOCHEN- UND FESTTAGE ALS BEISPIELE VERWICKELTER SPRACHGESCHICHTLICHER VORGÄNGE

Solange vom Einfluß der lateinischen Antike auf die germanisch-deutsche Sprachwerdung die Rede war, konnte es den Anschein haben, als sei die Entwicklung sehr geradlinig verlaufen: Auf der einen Seite die anfangs heidnische, später christliche Antike, und die Römer abgelöst von den romanischen Nachfolgevölkern; auf der andern Seite die Germanen, nach Süden vorstoßend, landnehmend und in immer engere Berührung mit Römern, dann Romanen tretend; aus der Anonymität einer Vielzahl germanischer Völkerschaften endlich der Großstamm der Franken hervortretend und eine deutliche Volksphysiognomie gewinnend; die Nachbarstämme von den Franken unterworfen und aus allen zusammen in einem großen Integrationsvorgang das deutsche Volk enstehend.

Dieses Bild wäre, sowohl was die historische wie die sprachliche Entwicklung betrifft, nicht ganz und gar unrichtig. Aber es wäre allzu stark vereinfacht und sehr einseitig. Bei weitem vielfältiger, als es darin erscheint, sind die geschichtlichen Kräfte, die am Aufbau des mittelalterlichen Abendlandes mitgewirkt haben, und auch die sprachlichen Kräfte sind mit einem so einseitigen Schema nicht hinlänglich zu erfassen. Es ist nicht unsere Aufgabe, auf die historischen Entwicklungen weiter einzugehen, als es zum Verständnis der Sprachgeschichte unerläßlich ist. Dem Werden der germanisch-deutschen Sprache dagegen muß alle Aufmerksamkeit gewidmet werden, und wir haben wenigstens zu skizzieren, wie verschlungen die Wege der sprachgeschichtlichen Entwicklung verlaufen. Aus der verwirrenden Fülle des sprachhistorischen Materials greifen wir zwei Gruppen von Bezeichnungen heraus, die — in sehr alter Zeit entstanden — sich geschlossen bis auf den heutigen Tag fortgeerbt haben: die Bezeichnungen für die Wochentage und diejenigen für die großen Feste der Christenheit. Die eine Gruppe ist antik-heidnischer Herkunft, die andere — ohne Ansehung ihrer viel älteren Wurzeln — christlichen Ursprungs. An der Vielfalt der einwirkenden Kräfte, die zu den heute gültigen sprachlichen Bezeichnungen beitrugen, mag man beispielhaft erkennen, daß die Sprachgeschichte niemals in gerader Linie verläuft, daß vielmehr ihre Entwicklung von vielerlei verschiedenen geistigen Einflüssen gelenkt wird, auf welche die Sprache als ein sehr feines Instrument reagiert. Zugleich wird man ermessen, wie schwierig auch die Erforschung der sprachlichen Zusammenhänge sein kann und wie die historische Sprachwissenschaft nur langsam und Stück um Stück die Erkenntnis zu fördern vermag. Dabei haben die Festtagsnamen, obwohl weniger alt, der Philologie noch mehr Rätsel aufgegeben als die Bezeichnungen der Wochentage.

Die Wochentagsnamen

Es gibt kaum eine andere Gruppe von Bezeichnungen, in denen eine so hochaltertümliche Vorstellungswelt bis heute erkennbar geblieben ist wie in einem Teil unserer Bezeichnungen der Wochentage. Macht man es sich auch nur selten klar, so sind doch in den Bezeichnungen *Donnerstag, Freitag* und weniger deutlich in *Dienstag* altheidnische germanische Götternamen bewahrt geblieben. Diese Namen der Wochentage haben eine lange Vorgeschichte. Im alten vorchristlichen Orient war die Einteilung des Jahres in Wochen und die der Wochen in sieben Tage entstanden, und schon seit alters war jeder Tag einem Gott geweiht. Bei den Babyloniern genossen die sieben Planeten der altorientalischen Astronomie und Astrologie, zu denen auch Sonne und Mond gerechnet wurden, göttliche Verehrung, und die Babylonier scheinen es gewesen zu sein, die zuerst die sieben Wochentage den sieben Planetengöttern zuordneten.

Auf verschiedenen Wegen gelangte die siebentägige Woche in das Abendland. Sie kam nach Griechenland durch die unmittelbare Kulturberührung mit dem Orient im Alexanderreich und seinen alexandrinischen Nachfolgestaaten, in das kaiserliche Rom vor allem durch eine Unzahl von chaldäischen Astrologen, auf deren Kunst man große Stücke hielt. Da aber auch das Judentum und ihm folgend das frühe Christentum die Siebentagewoche übernommen und zur Grundlage des religiösen Kults gemacht hatten (regelmäßige Wiederkehr des Gott geweihten Ruhetages), setzte sich die Wocheneinteilung überall durch, wo das Christentum seinen Einzug hielt, und blieb dort erhalten, wo die Woche schon in heidnischer Zeit gegolten hatte.

Noch aus dem Heidentum stammen im Abendland auch die Namen der Wochentage. Zwar war in dieser Beziehung schon der alte Orient nicht einheitlich gewesen, und in Griechenland z. B. gab es nach hebräischem Vorbild eine einfache Zählung der Wochentage (der *erste, zweite Tag nach dem Sabbat* usw.). Aber volkstümlicher und weiter verbreitet war doch in Griechenland und überall sonst im Abendland die Bezeichnung durch die Götternamen. Dabei wurden die orientalischen Namen gegen einheimische ausgetauscht. So wurde aus dem babylonischen Tag des Merodach (Marduk) in Griechenland der Arestag, in Rom der Tag des Mars (vgl. noch heute frz. *mardi*), und aus dem Tag der Astarte der Tag der Aphrodite bzw. der Venus (vgl. frz. *vendredi*, was aus lat. *Veneris dies* ‹Venustag› entstanden ist). Als die Germanen mit den Römern in Berührung kamen und deren Wocheneinteilung kennenlernten, setzte man die germanische Göttin Freia (ahd. *Frîa*) der römischen Venus gleich und nannte ihren Tag den *Freitag*, ahd. *frîatag*, ae. *frîgedaeg*. In ahd. *donarestag*, ae. *thunresdaeg*, dem heutigen Donnerstag wurde der germanische Gott Donar an die Stelle des römischen Jupiter gesetzt (lat. *Iovis dies* ‚Tag des Jupiter', frz. *jeudi*).

Gemeinhin wird ohne rechte Begründung angenommen, daß die Ausbildung der germanischen Wochentagsnamen nach römischem Muster erst im 4. Jahrhundert erfolgt sei. Das wäre aber jedenfalls der allerletzte Termin. Denn beide Völker können bei so unbefangenem Austausch heidnischer Götternamen vom Christentum noch nicht tief berührt gewesen sein, und vor allem das germanische Heidentum muß noch in voller Kraft gestanden haben, als die Namen aufkamen. Auch die Verbreitung der germanischen Bezeichnungen gerade im Nordseegebiet, bei Alt- und Angelsachsen, Niederfranken und Friesen läßt an eine relativ frühe Entstehung der germanischen Wochentagsnamen denken. Wegen der geographischen Verbreitung kommt wieder in erster Linie die niederrheinische Kontaktzone zwischen Römern und Germanen in Betracht, und archäologische Funde unterstützen diese Vermutung. Denn nirgends im weiten Römerreich sind die sogenannten Wochengöttersteine in so großer Zahl gefunden worden wie gerade in der römischen Provinz Untergermanien. Es handelt sich dabei um Weihegaben, um Altarsteine, die zu Ehren der sieben Planetengötter gesetzt wurden. Die Spender glaubten sich dadurch des Schutzes der so bedachten Götter zu versichern, und was konnte wirksamer schützen als die Hilfe derjenigen Götter, die jahraus, jahrein in regelmäßigem Wechsel jeden einzelnen Tag regierten? In der mit Truppenlagern dicht besetzten Provinz, wo im Schutze der Waffen ein lebhafter Handelsfleiß blühte, mochte das stets bedrohte Leben der Soldaten und die von ständiger Gefahr für Leib und Gut bedrohte Existenz des fahrenden Kaufmannes dem astrologischen Aberglauben Vorschub leisten. Jedenfalls wurde in den niederrheinischen Ebenen der Kult der Planeten- und Wochengötter wie nirgends sonst gepflegt. So konnte es gar nicht ausbleiben, daß die germanischen Nachbarn damit bekannt und unter gleichen Lebensumständen, vor allem wohl als Soldaten im römischen Heer, auch selbst davon ergriffen wurden. Mit dem Beginn dieser Entwicklung hätte man also schon im 2. Jahrhundert zu rechnen.

Wurden Jupiter und Venus mit Donar und Freia verglichen, so fand man Mercurius, den römischen Gott des Handels und Wandels, der Reisenden und der wandernden Kaufleute, in dem göttlichen Wanderer Wodan wieder. Daher erhielt der Merkurtag (vgl. frz.

mercredi) die germanische Bezeichnung **Wodanesdag*, die im Englischen als *wednesday*, bei den Niederländern als *woensdag* und in Westfalen (mit verhüllender Lautänderung) als *Gudendag* bis heute weiterlebt. Für den römischen Saturn fand man keine Entsprechung, und daher wurde dieser Tagesname, lat. *Saturni dies*, sogar unübersetzt angenommen: engl. *saturday*, nl. *zaterdag*, westf. *Saterdag*.

Lehrreich ist die Namensgeschichte des Marstages. Dem römischen Kriegsgott wurde der germanische **Tîwaz*, ahd. *Zîo*, gleichgestellt. Das Wort ist verwandt mit griech. *Zeus*, lat. *Diespiter, Iupiter* ‚Vater Zeus‘. Dieser alte Himmelsgott hatte bei den Germanen wildere Züge angenommen und wurde deshalb mit dem griechischen Ares und dem römischen Mars verglichen. Sein Tag heißt noch heute in Südwestdeutschland *Ziestag,* ahd. *zîostag,* und in England *tuesday,* ae. *tiwesdaeg.* Diese geographische Verbreitung sichert die Auffassung, daß der Name wie die andern bisher erörterten in Untergermanien entstanden ist. Desto auffälliger ist es, daß gerade am Niederrhein und von dort ausstrahlend nach Westen in das Niederländisch-Flämische und nach Osten ins Nieder- und Mitteldeutsche hinein ein anderer Name verwendet wird. Es ist das heutige Wort *Dienstag,* das niederländisch *dingsdag* lautet; in älterer Zeit war die Form *dinxendag* in Holland und Nordwestdeutschland weit verbreitet. Das kann nur auf einen ursprünglich germanischen Beinamen des Kriegsgottes zurückgehen. Er wird auf zahlreichen von Soldaten gesetzten Altären im Niederrheingebiet als *Mars Thinxus* bezeichnet, was ihn als den Schützer des Ding- oder Thingfriedens, also der Volksversammlung, ausweist. Es ist nicht ermittelt, ob Thinxus ein anderer Gott als Tiwaz-Ziu war, oder ob es sich nur um einen Beinamen handelt, der eine besondere Seite seines göttlichen Wesens benennt. Jedenfalls aber müssen Kult und Name des Thinxus am Niederrhein den des Tiwaz-Ziu verdrängt haben, aber offenbar nur auf beschränktem Raum, da im weiteren Umkreis die ältere Bezeichnung beibehalten wird. Auch dieser Vorgang ist eine willkommene Stütze für unsere Datierung der ältesten Wochentagsnamen. Denn auch der Name *dinxendag* konnte nur im 3. oder spätestens im 4. Jahrhundert entstehen. Dann aber muß die im gleichen Raum entstandene Bezeichnung *Tîwesdag* erheblich älter sein.

Gerade die Bezeichnungen des Dienstags haben die Sprachforschung aber noch vor weitere Fragen gestellt. In bairisch-österreichischen Mundarten heißt dieser Tag bis heute *Erchtag* oder *Ertag,* älter *Erntag,* altbairisch *erintag.* Auch darin verbirgt sich ein Göttername, und zwar ein unübersetzter wie in *Saterdag.* Nur ist es nicht der römische Mars, sondern seine griechische Entsprechung Ares, die in diesem bairischen Dialektwort erhalten geblieben ist. Wir fügen gleich noch weiteres aus griechischer Quelle hinzu. Der Donnerstag heißt in bairischen Mundarten noch heute *Pfinztag*, was aus griech. *pémpte heméra* (d. h. ,der fünfte Wochentag') in seinem ersten Teil entlehnt, im zweiten übersetzt worden ist. Für den Freitag gilt altbairisch *pferintag*, und das ist eine Entlehnung aus griech. *paraskeué* ,Rüsttag, Vorbereitungstag' (nämlich auf den Sabbat). Die Baiern haben aber niemals unmittelbare Berührung mit den Griechen gehabt, und auch die Lautform der bairischen Wörter läßt erkennen, daß sie nicht aus dem Griechischen selbst entlehnt sein können. Sie müssen auf einem Umweg von den Griechen zu den Baiern gelangt sein, und man verdankt FRIEDRICH KLUGE (LH 107) den unumstößlichen Nachweis, daß es die Goten waren, die diese Bezeichnungen von den Griechen übernahmen und sie später an die bairischen Nachbarn weitergaben.

Wenigstens zwei der aus dem Gotischen stammenden drei Wochentagsnamen gehören einer jüngeren Schicht an. In ihnen haben wir es mit Anschauungen und Ausdrücken einer neuen, schon christlichen Zeit zu tun. Die römisch-rheinischen Wochentagsnamen waren noch durchaus vom heidnischen Geist geprägt. In *Pfinztag* und *pferintag* dagegen sehen wir die Namen der heidnischen Planetengötter verdrängt und durch unverfängliche Ausdrücke ersetzt. Zeus, das Oberhaupt des altgriechischen Götterhimmels, ist den griechischen Christen unerträglich geworden; der Tag wird nicht mehr nach ihm genannt, sondern nur noch als ‹Fünfter› gezählt. Die Liebesgöttin Aphrodite muß es sich gefallen lassen, daß auch ihr Tag enteignet und christlich als Vorbereitung auf den Sabbat bezeichnet wird. Erst in christlicher Zeit also können die Goten diese neuen griechischen Wochentagsnamen übernommen haben, und von ihnen gelangen sie, kaum vor dem 6. Jahrhundert, zu den Baiern. Heidnisch benannt blieb allerdings bei Griechen und Goten und demzufolge auch bei den Baiern der Arestag. Wie das kam, ist schwer zu sagen. Wahrscheinlich waren die Gottheiten des Himmels und der Liebe den griechischen Christen sehr viel anstößiger als der Kriegsgott, und in der Entwicklung der Sprachen geht es selten nach festen Regeln und nie nach den strengen Gesetzen der Logik zu. Im übrigen ist zu den vielen Namen des Dienstags, dem Ares-, Mars-, Ziu-, Thinxustag, noch ein weiterer hinzuzufügen. Im Bereich des alten schwäbischen Bistums Augsburg, und nur dort, gilt dafür schon im Althochdeutschen und bis heute die Bezeichnung *Aftermontag* ,Nachmontag'. Offenbar haben der Augsburger Bischof und sein Klerus einst diese neue Bezeichnung geschaffen, um die Erinnerung an den Heidengott auszutilgen. Demnach wird vorher auch in Schwaben das alte *zîostag* gegolten haben und nicht das *erintag* der östlichen Nachbarlande. Denn daß hierin ein alter griechischer Göttername verborgen sei, kann kaum ein Germane gewußt haben; *erintag* hätte also keinen Anstoß erregen können. Dagegen war die Erinnerung an den heimischen Ziu noch lange nicht erloschen.

Verwickelt ist die Geschichte des Wortes *Samstag*, ahd. *sambaztag*. Das hebräische Sabbat-Wort war in der Form *sabbaton* ins Griechische gelangt, wo sich eine volkssprachliche Nebenform *sambaton* entwickelte. Diese muß, obwohl die gotische Bibel nur das korrekte *sabbato* überliefert, auch im Gotischen (und ähnlich im Altslawischen) etwa in der Form **sambatdags* gegolten haben. Von dort wird sie zu den Baiern gelangt sein, wie die anderen griechisch-gotischen Wochentagsnamen. Aber auch im Westen des deutschen Sprachgebiets und sogar in Frankreich, dessen *samedi* ebenfalls auf vulgärgriechisch *sambaton* zurückgeht, ist das Wort bekannt, und so weit nach Westen konnte sich der späte gotische Import unmöglich ausdehnen. Man muß daher mit einem zweiten, westlichen Einwanderungsweg rechnen, und dieser war wirklich gegeben. Denn im unteren Rhonetal um Marseille, aber auch in Lyon und — wie oben schon erwähnt — selbst in Trier gab es große, einflußreiche griechische Christengemeinden. Von diesen Zentralen aus muß sich das Sambat-Wort über Frankreich und den deutschen Südwesten ausgebreitet haben.

Neben dem Wort *Samstag*, das den deutschen Süden und Südwesten völlig durchdrungen hat, findet sich, wie schon erwähnt, in den küstengermanischen Mundarten die viel ältere Bezeichnung *Saterdag*. Aber ein viel ernsthafterer Konkurrent erwächst dem Südwort in der noch jüngeren Bezeichnung *Sonnabend*. Dialektgeographische Untersuchungen von THEODOR FRINGS (LH 92) haben ergeben, daß das Wort *Sonnabend* anfangs nur in zwei engen Bereichen, nämlich in Westfriesland und in Hessen-Thüringen vorkam, von wo aus es sich dann später weit über Nieder- und Mitteldeutschland verbreitet hat. Friesland und Hessen aber waren die beiden bevorzugten Missionsgebiete der Angelsachsen im 8. Jahrhundert. Da nun im Altenglischen neben dem alten *saeternesdaeg* auch die christliche Prägung *sunnanaefen* bezeugt ist, kann es nicht anders sein, als daß ahd. *sunnûnâband* ‚Sonnabend' nach diesem Muster geschaffen ist. Gemeint war damit zunächst nur die kirchliche Feier (Vigilia) am Vorabend des Sonntags. Aber bald wurde der ganze Tag mit dem Namen bezeichnet, der eigentlich nur seinem Ausklang galt.

Mit der Bezeichnung *Sonnabend* sind wir sprachgeschichtlich bereits hart an die Schwelle der althochdeutschen Periode gelangt, und ein weiterer Wochentagsname führt mitten in diese Zeit hinein. Der Wodanstag, der den Namen des meistverehrten Gottes der Westgermanen bewahrte, mußte christlichen Ohren besonders anstößig klingen. Trotzdem fand man dafür lange Zeit hindurch keinen geeigneten Ersatz. Die heutige Bezeichnung *Mittwoch* ist anfangs nur im Süden greifbar, schriftlich zuerst bei NOTKER VON ST. GALLEN, also erst gegen das Ende der althochdeutschen Periode bezeugt, aber doch wohl schon länger im mündlichen Gebrauch. Dieses *mittawecha* ist eine genaue Übersetzung des kirchenlateinischen, griechisch beeinflußten *media hebdomas* ‹Wochenmitte›, eine Bezeichnung, die noch heute in norditalienischen und rätoromanischen Mundarten als christlicher Ersatz für *Mercurii dies* vorkommt. Es ist daher sicher, daß die Bezeichnung von Süden her in das deutsche Sprachgebiet gelangte. Ob allerdings über Augsburg, wie *Aftermontag*, oder über eines der Schweizer Bistümer oder gar auf breiter Front, das läßt sich nicht sicher ermitteln. Die Art der Wortbildung freilich, eine Glied-für-Glied-Übersetzung, sieht nach gelehrter Schöpfung aus. Am ehesten wird *mittawecha* daher in einer bestimmten geistlichen Kanzlei entstanden sein. Das neue Wort hat sich dann rasch über den Süden und weiter fast über das gesamte deutsche Sprachgebiet ausgedehnt und das alte *Wodanestag* auf die nordwestlichen Randgebiete abgedrängt.

Unerschüttert stehen von Anfang an die Namen *Sonntag* und *Montag*, ahd. *sunnûntag, mânatag*, ae. *sunnandaeg, mónadaeg*. Auch sie sind natürlich den lateinischen Vorbildern *Solis dies* und *Lunae dies* (frz. *lundi*) nachgebildet und gehören zur ältesten Namensschicht. Da aber Sonne und Mond von den Germanen nicht als Götter verehrt wurden, klangen die Namen unverfänglich und blieben auch, als das Christentum an anderen Bezeichnungen Anstoß nahm, unangefochten in Geltung. Beim *Sonntag* ist das insofern bemerkenswert, als sich in romanischen Ländern unter christlichem Einfluß dafür die Bezeichnung *dies dominica* (‹Tag des Herrn›, frz. *dimanche*) einbürgerte. Daß solche Versuche auch im deutschen Sprachgebiet vorkamen, beweist ahd. *frôntag* ‹Herrentag›, das durch NOTKER bezeugt ist. Aber diese Tagesbezeichnung kann höchstens landschaftliche Geltung gehabt haben, und ‹Tag des Herrn› wurde auf den Sprachgebrauch der Kanzel und gehobener Literatur zurückgedrängt. Im Volksbewußtsein war seit vielen Jahrhunderten die Bezeichnung *sunnûntag* offensichtlich so fest verankert, daß sich keine Neuerung dagegen durchsetzen konnte.

Es ist nicht ganz überflüssig, die Wochentagsnamen in die Kategorien des Lehnguts einzuordnen, die oben S. 90 ff erörtert wurden. Zum Lehngut gehören sie natürlich alle, da kein einziger dieser Namen spontan entstanden ist. Lehnübersetzungen sind Wörter wie *Sonntag, Montag*, insofern als es sich beim Übergang von lat. *sol, luna* zu *Sonne, Mond* um einfache Wortgleichungen handelt.

(Hätten etwa die Germanen, die diese Bezeichnungen schufen, gleichzeitig in ihren religiösen Vorstellungen nach orientalischen Mustern Sonne und Mond zu Göttern erhoben, so wäre das ein Vorgang, der die vergleichende Religionsgeschichte, aber nicht die Sprachwissenschaft angeht.) Anders steht es mit Bildungen wie *Wodans-*, *Freitag*, in denen germanische Götternamen enthalten sind. Das sind, auch sprachlich gesehen, keine einfachen Übersetzungen, weil zu ihrer Bildung die fremde Vorstellung geistig durchdrungen und mit Heimischem verglichen werden muß. Am ehesten wird man diese Gruppe zu den Lehnübertragungen rechnen können, obwohl sonst bei Übertragungen nicht so verwickelte geistige Vorgänge im Spiele zu sein pflegen.

Eine Fügung wie *Saterdag* wird man am besten unter die Lehnwörter einordnen, obwohl hier gewisse Bedenken bleiben. Streng genommen ist nur der erste Teil des Kompositums, das sogenannte Bestimmungswort, ein Lehnwort im eigentlichen Sinne, der zweite Teil, das Grundwort, dagegen ist übersetzt. Um derartigen Sonderfällen ganz gerecht zu werden, bedürfte die Klassifizierung des Lehnguts noch weiterer Verfeinerung, was allerdings der Übersichtlichkeit und Brauchbarkeit des Systems nicht zugute kommen würde. In der gleichen Zwischengruppe befinden sich auch die gotischen Wochentagsbezeichnungen *areinsdags*, *pintdags*, *pareinsdags* und *sambatdags* gegenüber den griechischen Vorbildern; auch hier ist der erste Bestandteil entlehnt, der zweite übersetzt. Dagegen sind die bairischen Namen echte Lehnwörter aus dem Gotischen.

Ahd. *sunnûnâband* ist eine Lehnübersetzung aus dem freilich nahe verwandten ae. *sunnanaefen*, wie die ahd. Genitivendung in *sunnûn* und das nicht nach englischem Muster gebildete *âband* zeigt. Das englische Wort wurde also nicht so, wie es war, entlehnt, sondern mit deutschen Sprachmitteln nachgebildet. Lehnübersetzung ist schließlich auch *mittawecha* nach dem Muster von lat. *media hebdomas*. Das führt uns noch auf ein anderes Gebiet. Denn wenn das Wort *Mittwoch* uns auch völlig vertraut geworden ist, so fügt es sich doch, genau besehen, nicht in das System der deutschen Wochentagsbenennung. Die anderen Wochentagsnamen sind mit dem Grundwort -*tag* zusammengesetzt, und sogar der *Sabbat*, der dieses erläuternden Zusatzes gewiß nicht bedurfte, hat sich dieser Systematik fügen müssen. (Daß der *Sonnabend* abweicht, liegt an der anfangs eingeschränkten Bedeutung des Wortes, führt aber sekundär ebenfalls zu einer Durchbrechung des Bezeichnungssystems.) Man muß sich diese systematische Regelmäßigkeit der Bezeichnungen vor Augen halten, um zu ermessen, daß die Kanzleibildung *Mittwoch* anfangs ganz gewiß Befremden erregt hat. Wenn sie sich trotzdem durchsetzen konnte, so wegen des Dilemmas, in dem man sich befand. Sicherlich war es mißlich, zwischen dem verfemten Wodansnamen und dieser papierdeutschen Ersatzbezeichnung wählen zu müssen. Da mochte dann wohl klerikale Sprachregelung die Annahme des Kunstwortes schließlich erzwingen. Im übrigen gilt damals wie heute die gleiche sprachpsychologische Erfahrung: Ungelenke Neubildungen, die gegen das Sprachgefühl verstoßen, erhalten sich nicht, wenn sprachgerechtere Ausdrücke mit ihnen konkurrieren. Haben sie aber keine Nebenbuhler, so ist das Unbehagen bald beschwichtigt. Man gewöhnt sich an das neue Wort, und was eben noch fremd anmutete, wird nach kurzer Zeit als sprachüblich hingenommen. Sprachgefühl, sofern es nicht durch eine ästhetische Erziehung geschärft und verfeinert wird, ist im wesentlichen eine Sache der Gewöhnung.

Die Bezeichnungen der Festtage

Von den drei großen Kirchenfesten *Weihnachten*, *Ostern* und *Pfingsten* tragen die beiden ersten germanische, das dritte einen aus dem Griechischen entlehnten Namen. Es steckt darin das griechische Zahlwort *pentēkostē (hēméra)* ,der fünfzigste (Tag nach Ostern)'. Im weströmischen Christentum galt anfangs dafür die Übersetzung *quinquagesima;* erst im 6. oder 7. Jahrhundert drang auch in der lateinischen Kirche die griechische Bezeichnung durch. Wäre das griechische Wort aber danach erst ins Deutsche entlehnt, so könnte es kaum noch die Lautverschiebung von *p* zu *pf* mitgemacht haben, welche mhd. *pfingesten* zeigt. (Im Althochdeutschen ist das Wort zufällig nur ein einziges Mal in einer abweichenden Form belegt, s. S. 144). Die Nordseemundarten nehmen an der Lautverschiebung nicht teil, aber as. *pinkoston* und afries. *pinkostra* stimmen jedenfalls in der starken Vereinfachung des griechischen Wortes mit dem Mittelhochdeutschen überein, gehen also auf die gleiche Ausgangsform zurück und beweisen trotz Fehlens der Lautverschiebung nichts gegen das Alter des Wortes. Anders steht es mit ae. *pentecosten*, das die griechische Lautform unversehrt bewahrt hat, mit frz. *pentecôte* zusammengeht und aus dem späten Kirchenwort erklärt werden muß. Die deutschen und friesischen Formen sprechen dagegen für Entlehnung aus dem Gotischen. Wieder freilich, wie beim Sabbat-Wort, findet man im Bibelgotischen nur die korrekte Entlehnung *paintekuste;* aber die gotische Volkssprache wird den Festtagsnamen ebenso umgewandelt haben wie die Namen der Wochentage. (Man vergleiche griech. *paraskeué* mit got. **pareins-dags*).

Der einzige althochdeutsche Beleg des Festtagsnamens findet sich in einer alemannischen Glossenhandschrift vom Anfang des 9. Jahrhunderts in der merkwürdigen Form *fimfchustim*. Das ist zweifellos keine volkstümliche Bezeichnung, sondern eine gelehrte Spielerei. Der Übersetzer wußte, daß griech. *pente* ‚fünf' bedeutet und setzte das althochdeutsche Zahlwort *fimf* dafür ein; daß aber die griechische Bezeichnung im ganzen nur ein Zahlwort sei, war ihm nicht bekannt, und so entlehnte er den Rest des Wortes lautgerecht. Man kann im übrigen fragen, woher ihm überhaupt die griechischen Kenntnisse kamen, und es liegt nahe, im alemannischen Gebiet an irische Mönche als Lehrmeister zu denken. Aber das bleibt unsichere Vermutung.

Wie bei dem Wort *Pfingsten* hat man auch bei dem Namen des Osterfestes an gotische Herkunft gedacht. Zwar heißt das Fest in der gotischen Bibel *paska*, aber das brauchte kein Hindernis zu sein, da die Volkssprache erwiesenermaßen andere Wege ging. Wohl aber steht die sehr weite geographische Verbreitung einer Herleitung des Wortes aus dem gotischen Christentum entgegen. Es ist als ahd. *ôstarûn*, ae. *éastron* bezeugt, und es gibt kein einziges gesichertes Beispiel, daß ein gotisches Wort England erreicht hätte, es sei denn spät durch gelehrte deutsche Vermittlung. (Aus dem 9. Jahrhundert gibt es einzelne Beispiele wie got. *armahairts*, das zu ahd. *armherz* führte — s. u. S. 153 — und weiter zu ae. *earmheort* wurde. Aber solche Wörter tauchen in England stets nur in wenigen gelehrten Schriften auf und sind niemals in volkstümlichem Gebrauch.) Engl. *Easter*, ae. *éastron*, ist aber viel älter, so daß es nicht durch deutsche Vermittlung nach England gekommen sein kann. Schon BEDA VENERABILIS, der 735 gestorbene erste große Kirchenlehrer Englands, erwähnt das Fest und leitet es von einer angeblichen germanischen Frühlingsgöttin her, die er *Eostrae* nennt. Daher wurde seit WILHELM BRAUNE (LH 117) die Ansicht vertreten, der Name des Festes sei bei den Angelsachsen entstanden und mit deren Missionstätigkeit nach Deutschland gelangt. Aber auch diese Auffassung ist kaum mit den dialektgeographischen Tatsachen in Einklang zu bringen. Denn ‚Ostern' heißt im Altsächsischen und Altfriesischen *pásca*, im Niederländischen und Westfälischen noch heute *paschen*. Wie sollte aber die Bezeichnung *Ostern*, stammte sie wirklich von den Angelsachsen, gerade im Kerngebiet der angelsächsischen Mission ganz verdrängt worden sein, während sie im ganzen übrigen Deutschland volkstümlich wurde? Denn gerade aus diesen Gegenden müßte das Wort doch bei angelsächsischer Vermittlung seinen Siegeszug durch Deutschland angetreten haben. Außerdem hat die These, die Bezeichnung hänge mit dem Namen einer germanischen Frühlingsgöttin und des ihr geweihten Festes zusammen, auch eine bedenkliche etymologische Schwäche. *Austrô* (so müßte der Name der Göttin und ihres Festes germanisch lauten; daraus wird ein nicht bezeugtes ahd. *Ostara* konstruiert) ist nächst verwandt mit lat. *aurora*, altindisch *usra*, die beide ‚Morgenröte' bedeuten, und es gibt eine Reihe etymologisch zugehöriger Wörter in den indogermanischen Sprachen, deren Bedeutung ebenfalls auf die Morgenfrühe hinweist. Kein einziges Beispiel ist dagegen vorhanden für den Bedeutungsübergang von ‚Tagesanfang' zu ‚Jahresanfang', den die Deutung des Oster-Wortes als alte Bezeichnung eines Frühlingsfestes voraussetzt. Im übrigen ist der verehrliche BEDA, der einzige Zeuge für diese angebliche Herkunft der christlichen Festbezeichnung, gerade in dieser Beziehung nicht zuverlässig. Er hat auch einen anderen Götternamen nachweislich selbst erfunden, um damit einen ihm befremdlichen Ausdruck zu erklären.

Aus diesen Schwierigkeiten hat erst in allerjüngster Zeit JOHANN KNOBLOCH (LH 105) den Ausweg gewiesen. In der frühmittelalterlichen Kirche war Ostern das hohe Fest, an dem die Neubekehrten getauft wurden. Mit der Gemeinde durchwachten sie, in weiße Gewänder gekleidet, mit Gebet und Gottesdienst die Osternacht in der Kirche, bis der Tag und damit der Beginn des feierlichen Taufaktes heranbrach. Das Tagesgrauen aber heißt lateinisch *albae* (eigentlich ‚das Weiß-' oder ‚Hellwerden'; vgl. frz. *aube* ‚Tagesanbruch, Morgengrauen'). Danach scheint in der volkstümlichen Sprache altromanischer Christengemeinden das ganze Fest *albae* genannt worden zu sein, und ahd. *ôstarûn*, ae. *éastron* mit der Grundbedeutung ‚Morgenröte, Tagesanbruch' wäre davon eine ganz genaue Lehnübersetzung. Verhält es sich so, dann müßte das Wort *Ostern* in der Frühzeit der Kirche und wohl im Trierer Umkreis, wie *Kirche, Bischof, Almosen*, entstanden sein und sich von dort über das deutsche und englische Sprachgebiet verbreitet haben. Freilich bleibt auch dann die nordwestliche Bezeichnung *Paschen* aus dem kirchenlateinischen *pascha* zu erklären. Dies ist aber seinem Ursprung nach ein gelehrtes oder wenigstens ein kirchenamtliches Wort, und es war anfangs allein auf die Erzdiözese Köln beschränkt. Man darf daher annehmen, daß im Erzbistum Köln eine andere ‹Sprachregelung› galt als im Erzbistum Trier, dem sich späterhin auch das jüngere Erzbistum Mainz anschloß. Der Kölner Klerus wird das Eindringen des volkstümlichen Trierer Wortes verhindert haben. Das konnte aber nur in der Frühzeit geschehen. Hätten angelsächsische Missionare das Wort *Ostern* bereits populär gemacht, so wäre die Geistlichkeit, wie zahlreiche andere Beispiele lehren, kaum noch mit einer amtlich gewünschten Neuerung durchgedrungen.

Ist *Pfingsten* auf die Goten, *Ostern* auf die frühfränkische Gemeinde zurückzuführen, so stammt *Weihnachten* aus der volkstümlichen Sprache Altbaierns. Man könnte hier an eine Einwirkung der Goten insofern denken, als das Wort ahd. *wîh* ‚heilig‘, das in *Weihnachten* steckt, möglicherweise von dort zu den Baiern gelangt ist. Es gibt aber nicht die Spur eines Beweises, daß die Goten auch das Fest selbst schon so bezeichnet hätten. In Niederdeutschland, bei den Angelsachsen und bei den Nordgermanen gilt die Bezeichnung *Jul* (mnd. *jûl*, ae. *géol*, anord. *jól*), und daß die Goten sie auch gekannt haben, geht aus ihrem Monatsnamen *jiuleis* ‚Julmonat‘ hervor. *Jul* kann man etwa als ‚Zeit der Schneestürme‘ übersetzen, und es war der Name eines germanischen Mittwinterfestes. Aus dem Althochdeutschen ist keine Bezeichnung des Festes überliefert, doch scheinen spätere Mundartausdrücke wie *Christnacht* oder *Christtag* hohes Alter zu haben. Der heutige Name des Festes taucht jedenfalls erst gegen Ende des 12. Jahrhunderts in bairischen Handschriften auf, anfangs in der Form *ze wîhen naht* ‚in der heiligen Nacht‘. Diese Ausdrucksweise muß aber sehr alt sein und sich im Volksmund zäh gehalten haben. Denn im offiziellen Sprachgebrauch der Kirche galt schon seit dem Anfang des 9. Jahrhunderts nur das Wort *heilag* ‚heilig‘, und *wîh* war, wie es scheint, in kirchlichen Kreisen verpönt (s. u. S. 152 f). Bei diesem Festnamen ist also auf die zähe Beharrlichkeit volkstümlicher Sprache und ihr endliches Eindringen in den schriftsprachlichen Gebrauch hinzuweisen, einen Vorgang, der noch wiederholt zu erwähnen sein wird.

Die Geschichte der Wochentagsnamen beginnt, wie die Darstellung gezeigt hat, bereits mit den ältesten Berührungen zwischen Römern und Germanen, ist schon in heidnischer Zeit gewissen Wandlungen unterworfen (vgl. *Ziestag — Dienstag*), erlebt dann in christlicher Zeit Einwirkungen von vielen Seiten her (fränkische Kirche, Goten, Baiern, Angelsachsen) und gelangt erst in althochdeutscher Zeit (*Mittwoch*), wenigstens was die Festlegung der Bezeichnungen angeht, zum Abschluß. Wollte man freilich die ‹Sprachbewegungen› verfolgen, das Vordringen und Zurückweichen der synonymen Bezeichnungen (*Dienstag — Ertag; Samstag — Sonnabend — Satertag*), so wäre die Geschichtsschreibung dieser Wortgruppe bis auf den heutigen Tag fortzuführen.

Die Namen der christlichen Feste reihen sich erst viel später der sprachhistorischen Entwicklung ein. Aber ihre Geschichte verläuft nicht minder ereignisreich. Auch hier haben Franken, Goten und Baiern ihren Anteil, und sogar die Iren waren einmal fragend zu erwähnen. In der Form, wie sie heute üblich sind, liegen die Festbezeichnungen erst Jahrhunderte nach den Namen der Wochentage vor. Zu allerletzt festigt sich der Name des Weihnachtsfestes, und dieser hat bis heute in Bezeichnungen wie *Christfest* und *Christtag* seine Nebenbuhler. Sie sind freilich auf vereinzelte Mundartgebiete oder auf den variierenden Stil gehobener Schriftsprache beschränkt, verdienen aber doch Erwähnung. An beiden Bezeichnungsgruppen wird jedenfalls klar, daß der Verlauf der deutschen Sprachgeschichte und ihrer Vorgeschichte nicht einfach unter dem Gesichtspunkt ‹Römer — Germanen; Lateinisch — Deutsch› betrachtet werden kann. Wir müssen deshalb nunmehr auch den anderen Kräften nachgehen, die schon in vor- und frühdeutscher Zeit auf die Entwicklung der deutschen Sprache Einfluß genommen haben.

Indem wir den sprachgeschichtlichen Weg der Wochen- und Fest-
tagsbezeichnungen verfolgten, waren erste Andeutungen über die
sprachliche Mittlerrolle von Kräften zu machen, die sich außerhalb
der Zone unmittelbarer römisch-vorfränkischer Kontakte entfaltet
hatten. Zu den germanischen Völkern der Goten und der Angelsachsen und zu den keltischen Iro-Schotten war das Christentum auf
anderen Wegen als zu den Franken gelangt, hatte sich bei ihnen
früher als bei den germanischen Völkerschaften des Frankenreiches
innerlich gefestigt und war, wenigstens bei Iren und Angelsachsen
(die arianischen Goten dürfen in dieser Beziehung außer Betracht
bleiben), auch schon zu festen kirchlichen Organisationsformen gelangt, die der fränkischen Kirche noch abgingen. Bekehrer, Organi-
satoren und Reformer aus diesen drei Völkern fanden daher in dem
jungen Reich der Merowinger und bei den deutschen Nachbarstäm-
men ein dankbares Feld für ihren christlichen Glaubenseifer, und es
konnte nicht ausbleiben, daß ihr Wirken sich auch in sprachlichen
Einflüssen niederschlug.

Gotisches im althochdeutschen Wortschatz

Daß für den Dienstag und den Donnerstag in bairischen Mundarten noch heute die Bezeichnung *Ertag* und *Pfinztag* üblich sind, wurde
bereits erwähnt. Sie haben allerdings nur mundartliche Verbreitung,
und auch das untergegangene ahd. *pferintag* ‚Freitag‘ war auf Baiern
beschränkt. Am Freitag besteht aber ein kirchliches Interesse, und es
ist sehr wohl denkbar, daß aus diesem Grunde das altbairische *pferintag* so früh vor dem *frîatag* der zentralistischen fränkischen Kirche weichen mußte. (Daß darin der Name einer heidnischen Göttin
steckte, war anscheinend längst vergessen. Volksetymologisch wurde
und wird der Tagesname mit dem Adjektiv *frei*, ahd. *frî*, in Verbindung gebracht. Das war nicht gerade sinnvoll, konnte aber selbst
bei strengen Christen keinen Anstoß erregen.) Kirchlich wichtig war
natürlich auch der *Samstag*, aber diese Tagesbezeichnung gelangte,
wie oben erörtert, auf zwei verschiedenen Wegen in das deutsche
Sprachgebiet, und an den anderen beiden Tagesnamen, dem *Ertag*
und dem *Pfinztag*, konnte die Kirche kein sonderliches Interesse haben. Es ist daher auch nicht anzunehmen, daß die gotischen Tages-
bezeichnungen durch Missionare oder Prediger zu den Baiern gelangt sind. Sie werden vielmehr im Kontakt von Volk zu Volk,

zwischen Grenznachbarn also, übertragen worden sein. Als Entlehnungszeit kommt deshalb am ehesten das 5. Jahrhundert in Betracht, als die Goten noch in Pannonien, dem heutigen Ungarn, saßen. Nur durch volkstümliche Kontakte kann auch ein Wort wie got. *môta* ‚Zoll' ins Altbairische als *mûta*, heute *Maut*, entlehnt worden sein. Daß das Wort nicht etwa durch ‚Zoll' und ‚Zöllner' der Bibelsprache angeregt ist — was dann auf geistliche Vermittlung schließen ließe — geht daraus hervor, daß *mûta* schon sehr früh in bairischen Ortsnamen auftaucht. Das ist immer ein Zeichen für volkstümlichen Sprachgebrauch. Auch ist got. *môtareis* ‚der Zöllner' nicht ins Deutsche übernommen worden, und dieses Wort ist in der Bibelsprache weitaus wichtiger als *môta*. Für volkssprachlich möchte ich auch die Entlehnung des gotischen Wortes *dulths* ‚Fest' zu altbairisch *tuld* halten. Das Wort lebt heute noch im Bairischen und ist vielen bekannt durch die *Auer Dult*, das Münchner Marktfest in der Au. Das Wort wird allerdings auch religiös bezogen, und noch im 13. Jahrhundert findet man in einem bairischen Text *die ôstirn, ein grôzer dulttac* ‚Ostern, ein großer Festtag'. Aber deshalb braucht man nicht an kirchliche Vermittlung zu denken. Ein Wort für ‚Fest' überträgt sich leicht im nachbarlichen Verkehr. Übrigens sind *mûta* und *tuld* wie manche andere Wörter gotischen Ursprungs über Baiern hinaus auch bei Alemannen und in Spuren im Rheinfränkischen verbreitet. Sie hatten also eine gewisse Expansionskraft. Wenn diese den gotisch-bairischen Wochentagsnamen versagt blieb, so wohl deshalb, weil bei den anderen vordeutschen Stämmen schon ältere Bezeichnungen dafür im Schwange waren, man ihrer also nicht bedurfte.

Neben den genannten Wörtern, die man auf volkstümliche Kontakte zurückführen darf, gibt es aber auch eine Reihe von Wörtern der christlich religiösen Sphäre, die aus dem Gotischen entlehnt sind. Auch diese sind im allgemeinen im Bairischen und Alemannischen verbreitet und strahlen ins Rheinfränkische aus. Einige besonders wichtige Wörter haben sich sogar über das ganze hoch- und niederdeutsche Sprachgebiet verbreitet. Die Forschung sieht sich dadurch vor ein sehr schwieriges Problem gestellt. Denn in den Geschichtsquellen findet sich nicht die mindeste Spur einer gotischen Mission bei den oberdeutschen Stämmen. Auch ist nirgends etwas darüber ausgesagt, daß Baiern oder Alemannen anfangs Arianer gewesen wären, was man doch anzunehmen hätte, wenn arianische Goten ihnen das Christentum gebracht hätten. Hier klafft also eine breite Erkenntnislücke, die weder die Geschichts- noch die Sprachwissenschaft hat schließen können. Von der Sprache her muß jedenfalls ein sehr kräftiger christlich gotischer Einfluß festgestellt werden, und wenn nicht die Goten selbst als Missionare diese Einflüsse ausübten, dann müssen sich andere Kräfte die bei den Goten offenbar besonders früh und stark ausgebildete Sprache eines volkstümlichen Christentums zu eigen gemacht haben. Aber alle Vermutungen, die man darüber etwa äußern könnte, bleiben beim gegenwärtigen Stand der Forschung unbeweisbare Spekulation.

Das erste Wort, das hier zu erwähnen ist, mag freilich noch aus volkstümlichen Bereichen stammen. Es ist das althochdeutsche Wort *pfaffo*, nhd. *Pfaffe*, das auf got. *papa* zurückgeht. Das gotische Wort aber ist entlehnt aus griech. *papãs*, das etwa ‚Väterchen‘ bedeutet und als Bezeichnung und Anrede für jeden niederen Geistlichen gebraucht wurde. Das Wort *pfaffo* muß, wie die Teilnahme an der Lautverschiebung beweist, im 5. oder spätestens im 6. Jahrhundert entlehnt worden sein, und das konnte so gut in der Volkssprache geschehen wie im Westen die Entlehnung des Wortes *Bischof*. Von Baiern aus hat sich *pfaffo* rasch über das ganze deutsche Sprachgebiet verbreitet. Es kommt in allen Volksmundarten vor und taucht schon im 8. Jahrhundert in Ortsnamen auf. Der älteste Beleg des Wortes in einer Urkunde aus dem Jahre 739 nennt den Ort *Pfaffenhofen* im Elsaß. Ein weiter Weg aus der gotisch-bairischen Kontaktzone bis dorthin! Und das Wort mußte auch im Westen dem Volksmund ganz vertraut sein, bevor es zur Bildung von Ortsnamen benutzt werden konnte. Das Wort hat im übrigen während des Mittelalters keine geringschätzige Nebenbedeutung. Es bezeichnet den Mann von geistlichem Stande (auch die Mönche werden, nicht ganz korrekt, dazu gerechnet), und mhd. *pfaffen unde leien* ist ein ganz unanstößiger, gängiger Ausdruck für ‚Geistliche und Weltliche‘. Obwohl aber gerade für den Sammelbegriff ‚alle Geistlichen‘ im Althochdeutschen ein bequemer Ausdruck fehlt (s. o. S. 127), wird *pfaffo* erst im 10. Jahrhundert der schriftlichen Aufzeichnung gewürdigt. Die Kirche hat sich seinem Gebrauch anscheinend lange widersetzt, vielleicht, weil die gotische Herkunft unvergessen war und dem Wort der Geruch arianischer Ketzerei anhaftete. Die Assoziation mit dem Arianertum mußte sich allerdings allmählich verlieren, und das mag es der Kirche erlaubt haben, das Wort schließlich zu dulden. Seit dem 10. Jahrhundert wird es auch im schriftsprachlichen Gebrauch rasch üblich. Doch ist an diesem Wort die ungeheure Durchschlagskraft volkstümlichen Sprachgebrauchs zu ermessen. Fünf Jahrhunderte lang konnte es unterschwellig fortleben, bis es sich endlich einen Platz in der Schriftsprache erkämpfte.

Viel gewichtiger, weil in das Zentrum christlicher Überzeugungen und sakramentalen Kultbrauchs vorstoßend, ist die gotische Herkunft des Wortes *taufen*, got. *daupjan*, ahd. *toufen*, as. *dôpian*, afries.

dêpa. In seiner ursprünglichen Allgemeinbedeutung ‚eintauchen‘ ist das Verb auch im anord. *deypa* erhalten geblieben. Got. *daupjan* dient zur Übersetzung von griech. *baptízein*, das ebenfalls ursprünlich ‚eintauchen‘ bedeutet, aber in der Sprache des Neuen Testaments und der Kirche nur in seiner christlichen Sonderbedeutung verwendet wird. In dieser Bedeutung ging es auch als Lehnwort *baptizare* in das Kirchenlatein ein. Im Lateinischen war aber die alte Grundbedeutung des Wortes nicht bekannt. Nur die Goten konnten daher durch ihre Berührung mit dem griechischen Kulturkreis ein gleichbedeutendes germanisches Wort zur Übersetzung wählen und ihm nach griechischem Vorbild die christliche Lehnbedeutung geben. Wortgeschichtlich wichtig ist auch die Tatsache, daß ahd. *toufen*, as. *dôpian* sich gegen die Konkurrenz anderer Wörter durchsetzen mußten. Ein spätlateinisches **christianizare* (das Wort ist nicht belegt, kann aber aus seinen Abkömmlingen erschlossen werden), das eigentlich ‚zum Christen machen‘ bedeutet, ergab afranz. *chrestiener*, ae. *cristnian* und lebt als *kerstenen* auch im Mittelniederdeutschen und im Niederländischen weiter. Das Verbreitungsgebiet stimmt mit dem der ältesten Schicht christlicher Lehnwörter überein, und es ist nicht auszuschließen, allerdings auch nicht zu beweisen, daß es das älteste Tauf-Wort der fränkischen Kirche war. Wäre es so, dann müßte die Durchsetzungskraft des gotischen Lehnworts *taufen* um so mehr betont werden.

Auch die Herkunft des Wortes *fasten* aus dem Gotischen wird oft behauptet, und wäre das richtig, dann hätten die Goten auch eines der Kernwörter für die Forderung eines christlich disziplinierten Lebenswandels geliefert. Aber dem stehen doch erhebliche Bedenken entgegen, vor allem die Ausbreitung über das angelsächsische Sprachgebiet, das gemeinhin von Wörtern gotischer Herkunft nicht erreicht wird. Das Wort ist bezeugt als got. *fastan*, ahd. *fastên*, ae. *faestan*. Es kommt hinzu, daß dazu ein sehr altertümlich gebildetes Substantiv ‚das Fasten‘ besteht, got. *fastubni*, as. *fastunnia*, ae. *faesten*, das also auch im Altenglischen vorkommt, im Althochdeutschen aber durch *fasta* ersetzt ist. Der Gesamtbefund, Wortbildung wie Verbreitung, spricht gegen Entlehnung aus dem Gotischen. Eher wird es sich, da das Wort über alle germanischen Sprachen verbreitet ist (vgl. auch das anord. Verb *fasta*) um ein altes heimisches Kultwort handeln, das überall christlich umgedeutet wurde; denn rituelles Fasten ist ja auch aus dem Heidentum bekannt.

Ebenso unsicher und nicht eben wahrscheinlich ist es, daß der *Heide* seine religiöse Bedeutung ‚Nichtchrist‘ von den Goten erhielt. Auch dieses in der philologischen Literatur vielumstrittene Wort ist in allen germanischen Sprachen verbreitet. Nicht einmal seine

Etymologie ist völlig sicher. Am ehesten ist es von dem Femininum *die Heide* ‚Wildnis, unbebautes Land‘ abzuleiten. Die ahd. Form *heidano* würde dann etwa ‚der in der Wildnis Lebende‘ bedeuten, und das wäre eine genaue Lehnübersetzung von lat. *paganus*. Auch dieses ist ein substantiviertes Adjektiv (zu *pagus* ‚Gau, offenes Land im Gegensatz zur Stadt‘), bedeutet also ebenfalls zunächst ‚auf dem Lande lebend‘. Im kirchlichen Sprachgebrauch hat es dann die Sonderbedeutung ‚heidnisch‘ angenommen, die dann auch auf das germanische Wort übertragen wurde. Das konnte wohl an vielen Stellen unabhängig geschehen, und es bedurfte kaum der gotischen Vermittlung. Zu bemerken ist freilich, daß got. *haithnô* (zufällig ist im Gotischen nur dieses Femininum ‚die Heidin‘ belegt) und ahd. *heidan(o)* übereinstimmend anders gebildet sind als die as., ae. und an. Wörter, die eine alte Endung *-ina* voraussetzen (as. *hêthin*, ae. *haeden*). Das althochdeutsche Wort könnte daher allenfalls aus dem Gotischen entlehnt sein, nicht aber die in den anderen Sprachen vorkommenden Wörter.

Unwahrscheinlich ist auch, entgegen älterer Auffassung, daß die Wörter *Engel* und *Teufel* durch gotische Vermittlung in die deutsche und die anderen germanischen Sprachen gelangten. Gewiß sind beide Wörter griechischen Ursprungs, aber sie wurden als *angelus* und *diabolus* auch in die lateinische Bibel- und Kirchensprache übernommen. Sie kommen sehr häufig in der lateinischen Bibel vor und dementsprechend oft gewiß auch in der Predigt. Man kann daher allerorten und zu jeder Zeit mit Entlehnung in die germanischen Sprachen rechnen. Zudem gibt es im Gotischen, im Althochdeutschen und im Altenglischen starke Hinweise darauf, daß der Teufel in volkstümlicher Sprache anfangs nur mit dem germanischen Hüllwort *Unhold* (ahd. *unholdo, unholda* ‚der, die Unholde‘) bezeichnet wurde. Auch das spricht für Mitwirkung der Geistlichkeit bei der Einbürgerung des gelehrten Lehnwortes *Teufel*, und eher noch als eine gotische könnte es daher eine Schöpfung der fränkischen Kirche sein.

Mit viel weniger Berechtigung wird die Herkunft des althochdeutschen Adjektivs *wîh* ‚heilig‘ aus got. *weihs* bestritten. Es konkurriert mit ahd. *heilag* (s. u. S. 168), das sich schließlich durchsetzt. Beide Wörter waren ihrer heidnischen Bedeutung nach nicht unbedingt geeignet, den christlichen Begriff *sanctus* wiederzugeben. Dazu mußten beide eine Lehnbedeutung annehmen, und es ist wahrscheinlich, daß eine solche Entwicklung von einem einzigen Punkte ausgeht. Auch die Ausbreitung von *wîh*, die der von *pfaffo* in althochdeutscher Zeit entspricht, und die Tatsache, daß es am festesten im Bairischen verankert ist, läßt doch die Herkunft aus dem Gotischen nahezu zur Gewißheit werden. Auch dieses Wort war früh volkstümlich, wie die bairischen Ortsnamen *Weihenstephan, Weihmichl* (d. h. ‚beim heiligen Stephan, heiliger Michael') und andere beweisen. Auch in alten rheinfränkischen Texten findet sich *wîh* mit seinen Ableitungen. Aber ähnlich wie dem *pfaffo* mag die fränkische Kirche dem *wîh* Widerstand entgegengesetzt haben (was wiederum für eine gotisch-arianische Herkunft des Wortes sprechen könnte), und in diesem Falle hatte sie Erfolg, weil in *heilag* ein gutes und eingängiges Ersatzwort zur Verfügung stand.

Eine gelehrte gotische Bildung ist die Übersetzung von lat. *misericordia* ‚Erbarmen' durch got. *armahairtei*. Dieser für die christliche Ethik der Nächstenliebe so wichtige Begriff, der in den germanischen Sprachen fehlte, wurde durch eine Glied-für-Glied-Übersetzung gewonnen (lat. *miser* ‚elend', *cor, cordis* ‚Herz', entsprechend got. *arms, hairtô*). Dazu gehört das Adjektiv lat. *misericors*, got. *armhairts*. Auch in den ältesten süddeutschen Quellen kommen das Substantiv *armherzî* und das Adjektiv *armherz* vor, und diese Wortbildungen sind so auffällig, daß man nur an Übernahme aus dem Gotischen denken kann. Schwierigkeiten macht allerdings das zugehörige Verbum lat. *misereri* ‚sich erbarmen', das im Gotischen durch *arman*, schon im ältesten Deutsch aber durch *irbarmên* wiedergegeben wird. Darin steckt zwar dasselbe Grundwort wie im Gotischen, das im Althochdeutschen aber mit zwei Vorsilben, ursprünglich * *ir-ab-armên*, verbunden wird. Auch ahd. *barmên*, entstanden aus * *ab-armên*, kommt vor, und dem entspricht genau das altenglische *of-earmian*, ferner mit zwei Vorsilben mnl. *ont-f-ermen*. Wegen ihrer geographischen Verbreitung und der vom Gotischen abweichenden Bildung ist anzunehmen, daß diese Verba einem anderen Ursprungsgebiet entstammen als die sicher gotischen *armherz* und *armherzî*, nämlich der westfränkischen Kirchensprache. Aus dieser mag auch die Übersetzung von *misericordia* durch ahd. *irbarmida* und *gibarmida* stammen, die sich — offenbar von Westen her — den aus dem Gotischen entlehnten Wörtern entgegenstellen. Seit dem 10. Jahrhundert setzt sich dann von Süden her *barmherzî* bzw. *irbarmherzî* durch, eine sogenannte Kompromißform, gemischt aus *armherzî* und *irbarmida*. Vom 12. Jahrhundert an taucht auch *(er-)barmherzekeit* auf, ebenfalls von Süden nach Mitteldeutschland vordringend. Wieder bemerkt man, wie zäh sich die von der fränkischen Kirche offenbar nicht gestützte Entlehnung aus dem Gotischen erhält. Dabei ist in diesem Falle zu erwähnen, daß vom alemannischen Raume her die Übersetzung *misericordia : ginâda* (unser *Gnade*) eine Zeitlang starken Einfluß gewinnt, das von den Goten kommende *armherzî* also zweifach bedrängt wird.

Es gibt noch eine ganze Reihe von Wörtern aus dem Bereich des

Christentums, bei denen mit mehr oder weniger Recht gotische Herkunft vermutet wird. Das gilt zum Beispiel für ahd. *anst* ‚Gnade‘, das nur in sehr alten bairischen und bairisch beeinflußten Quellen zur Übersetzung von lat. *gratia* benutzt wird und genau dem got. *ansts* entspricht, seine christliche Lehnbedeutung also doch wohl von dort empfangen hat. Auch got. *ganists*, ahd. *ginist*, ‚Heil, Rettung‘ für lat. *salus* könnte in diese Gruppe gehören. Aber die Geschichte dieser und vieler anderer Wörter ist nicht hinlänglich aufgeklärt, um mit Sicherheit über Entstehung und Herkunft ihrer christlichen Verwendung urteilen zu können.

Die Anzahl der Lehnwörter, deren gotischer Ursprung feststeht, mag nicht groß sein. Aber so so wichtige Begriffe wie *taufen* und *Barmherzigkeit*, ein Festname wie *Pfingsten* und so gebräuchliche Bezeichnungen wie *Pfaffe* gehören dazu, höchstwahrscheinlich auch das später untergegangene *wîh*, das aber immerhin in *Weihnachten* und in *Weihrauch* nachlebt. Abgesehen von *Pfaffe*, das nachbarlichem Verkehr zu verdanken sein könnte wie *mûta* und *tuld*, sind es Wörter, die eine starke innere Beschäftigung mit dem Christentum voraussetzen. Sie zeugen von einer eindringlichen Verkündung des Christentums, und zwar müssen es volksnahe und volkstümliche Missionare gewesen sein, die sie mitbrachten, wenn sich auch bei dem Schweigen der Geschichtsquellen nicht nachweisen läßt, daß es Goten waren. Die Sprachgewalt dieser unbekannten Glaubenskünder ersieht man am besten daraus, daß die von ihnen mitgebrachten gotischen Wörter alsbald ihre feste Stellung in den bairischen Mundarten erhielten und sich im Volksmunde weit über Baiern hinaus verbreiten konnten. Auch das zähe Überleben dieser Wörter, die zum Teil erst nach Jahrhunderten schriftsprachliche Geltung erringen konnten, bekundet ihre sehr feste Verankerung in der Volkssprache.

Die süddeutsche Kirchensprache und die Iren

Bei Erörterung des aus dem Gotischen entlehnten Wortschatzes war wiederholt hervorzuheben, daß die süddeutschen Mundartgebiete sich willig dem gotischen Einfluß öffneten. Überhaupt aber ist dieser südliche deutsche Sprachraum durch die sehr frühe Ausbildung einer christlichen Sprache ausgezeichnet. Schon um das Jahr 750, als die ältesten Schriftquellen Zeugnis geben, muß sie sehr fest gefügt gewesen sein. Zu ihrem besonderen Wortschatz gehören insbesondere Ausdrücke aus dem Bereich des Gefühlslebens, Wörter für *dulden*, *klagen*, *trauern*, *sich freuen* und für *zweifeln*. Sie bezeichnen Gefühle, die im christlichen Leben in rechter Haltung und mit Ergebung in Gottes Willen gemeistert werden müssen. Das mit ihnen ausdrückbare Ethos einzuschärfen, ist Aufgabe der Prediger und Lehrer; über den allerersten Bedarf der Mission geht solcher Wortschatz schon weit hinaus. Man muß daher schon mit einigermaßen anspruchsvollen Gemeinden und mit eindringlicher, christliche Lebenslehre vermittelnder Predigt rechnen, damit ein solcher Wortschatz sich ausbilden konnte.

Zum ersten Male in der deutschen Sprachgeschichte zeichnet sich hier ein geschlossenes Sprachgebiet ab, das auf einem besonderen Feld des geistigen Lebens seine eigene, festgefügte Terminologie entwickelt. Den sprachlichen Rahmen, in dem das geschieht, bezeichnet man als die ‹Süddeutsche Kirchensprache›. Bei den genannten Ausdrücken aus dem Empfindungsleben steht es nun fest, daß sie eine ältere Sprachschicht verdrängen, die weniger christlich determiniert ist. Das Ältere läßt sich stellenweise noch in süddeutschen Texten fassen, vor allem aber in nördlichen Sprachbereichen, die von der süddeutschen Kirchensprache nicht oder erst allmählich erreicht werden. Vor allem der althochdeutsche ‹Tatian›, in Fulda geschrieben, und zum Teil auch der ‹Heliand› bewahren ein älteres Sprachgut, das im Süden bereits durch Neubildungen verdrängt ist.

Ein bezeichnendes Beispiel liefern die Ausdrücke für ‚dulden'. Ein sehr altes Wort, ahd. *druoên* ‚Schmerzen ertragen', ist schon zu Beginn der schriftlichen Überlieferung fast ausgestorben und kommt nur noch im ‹Tatian› häufiger vor. Weit verbreitet ist dagegen im ganzen deutschen Sprachgebiet ahd. *dolên* ‚ertragen', das auch im Mittelhochdeutschen noch bekannt und beliebt ist. Es ist aber kein eigentlich kirchlicher Ausdruck. Bei NOTKER findet man z. B. auch *uuehsal dolên* ‚einen Wandel durchmachen'. Das Wort kann also ganz allgemein menschliches Erleben, Erfahren und Erleiden bezeichnen. Die christliche Tugend der *patientia* ‚Geduld' dagegen wird im Althochdeutschen durch *gidult* ausgedrückt, und dazu gibt es eine nur im Alemannischen übliche Nebenform *dult*. Wenn nun von diesem Substantiv das Verbum *dultên* ‚christliche Geduld üben, dulden' neu gebildet wird, so kann das nur im alemannischen Mundartgebiet geschehen sein. Mit guten Gründen hat man das Kloster Reichenau als Entstehungsort, die Jahre um 750 als Entstehungszeit angenommen. Nun ist *dultên* ein ausgesprochen christliches Programmwort, und es hat sich rasch auch im bairischen Sprachraum, im fränkischen aber erst im Verlauf von Jahrhunderten verbreitet. Lange Zeit freilich blieb es überall ein Wort der gehobenen, kirchlich beeinflußten Sprache. Noch um 1200 verwenden Dichter, die der Volkssprache nahestehen, lieber *dolên* als *dultên*.

Während bei *dultên* die alemannische Herkunft feststeht, fehlt es bei den folgenden Wörtern an genaueren Untersuchungen. Aus dem süddeutschen Raum kommen sie alle, ob aber aus dem alemannischen Südwesten, das kann nicht immer mit Bestimmtheit gesagt werden. Die unchristliche Sünde des Schwankens im Glauben wird im althochdeutschen Süden durch *zwîval* ‚Zweifel‘ und *zwîvalôn* ‚zweifeln‘ ausgedrückt. Das steht nahe bei dem gleichbedeutenden got. *tweifls* und könnte von dort übernommen sein. Es verdrängt ein älteres *zweho, zwehôn*, das sich nach Norden zurückzieht. Im ‹Tatian› sowie im Alt- und Angelsächsischen ist es bewahrt geblieben. Beide Wortsippen hängen etymologisch mit dem Zahlwort *zwei* zusammen und drücken die Zwiespältigkeit aus. Man darf wenigstens vermuten, daß *zwîval, zwîvalôn* in der süddeutschen Kirchensprache bevorzugt wurde, weil dieses fremde, wie ein terminus technicus wirkende Wort besser geeignet schien, den speziell christlichen Inhalt auszudrükken als das hergebrachte *zweho, zwehôn*, das wohl für alle menschlichen Zwiespalt-Situationen gelten konnte. Dann muß aber eine starke geistliche Kraft hinter dem Wort gestanden haben, die es durchsetzte, eine Kraft zudem, die (wenigstens anfangs) auf den Süden beschränkt blieb, und, wie der ‹Tatian› beweist, Mitteldeutschland um 825 noch nicht erreicht hatte.

Ähnliches gilt von *trûrên* ‚trauern‘, eigentlich ‚das Haupt, die Augen gesenkt halten‘. Auch dieses Wort ist zuerst auf der Reichenau belegt und hat sich bald ins Bairische, nur zögernd dagegen ins Fränkische ausgebreitet. Es verdrängt ein älteres *mornên* ‚in Sorge, seelisch belastet sein‘, das auch im Gotischen als *maurnan*, im Altenglischen als *murnan* (engl. *to mourn*) vorkommt. Wieder mag der allgemeinere Ausdruck *mornên* bewußt durch *trûrên* ersetzt worden sein, weil die Geste der gesenkten Augen den christlichen Ernst, Sammlung und Gefaßtheit, zugleich auch Demut auszudrücken vermag.

Unerklärlich ist es bislang, weshalb das Wort ahd. *klaga* ‚Wehklage‘ und das davon abgeleitete Verb *klagôn* die älteren Wörter ahd. *wuoft* und *wuofen* ‚Jammer, jammern‘ verdrängen konnte. Auch im Gotischen kommt *wopjan* vor, und als *to weep* ‚weinen‘ lebt es bis heute im Englischen. Ahd. *klaga*, das anfangs nur ein Wort der Rechtssprache gewesen zu sein scheint, ist in keiner anderen germanischen Sprache belegt. Wegen seiner juristischen Bedeutung wäre es nicht ausgeschlossen, daß es die berechtigte und mithin im christlichen Sinne allein zulässige Wehklage (z. B. über Passion und Tod Christi, über die menschliche Sündhaftigkeit und ähnliches) bezeichnen sollte, während *wuoft, wuofen* für jeden menschlichen Jammer galten. Beweisen läßt sich das aber nicht. Jedenfalls ist auch dieses Wort zuerst im Alemannischen nachweisbar und hat dieselbe Ausbreitungsgeschichte wie die vorher erwähnten.

Im althochdeutschen ‹Tatian› leben auch noch sehr alte Ausdrücke für ‚Freude‘ weiter, die sich aus dem Süden dorthin zurückgezogen haben, vor allem *gifeho* ‚Freude‘, *gifehan* ‚sich freuen‘. (Vgl. got. *faheths* ‚Freude‘, ae. *geféa, geféon* ‚Freude, sich freuen‘.) Von Süden her verbreiten sich statt dessen die Wörter *frawida* und *sih frawen*. Der genaue Ursprungsort ist nicht zu erkennen. Beide Wörter sind aber im 8. Jahrhundert entstanden, und beide sind von ahd. *frao* ‚froh‘ abgeleitet. Es sind also künstliche Neubildungen, die an die Stelle altererbter Wörter treten, und wieder darf man vermuten, daß diejenigen, die diese Wörter bildeten, damit christlich spezialisierte Ausdrücke schaffen wollten gegenüber den alten *gifeho, gifehan*, die heidnisch belastet waren und allzu stark die irdische Lust betonen mochten.

In diesen Zusammenhang gehören auch ahd. *trôst*, eigentlich ‚Vertrauen, Zuversicht‘ als Übersetzung von lat. *consolatio* ‚Tröstung‘ und ahd. *trôsten* ‚trösten‘, *eigentlich ‚zuversichtlich machen‘*. In dem heutigen Adjektiv *getrost*, ahd. *gitrôst*, lebt die ursprüngliche Bedeutung ‚zuversichtlich, vertrauensvoll‘ noch weiter. Eine ältere Übersetzung von *consolatio* ist auf hochdeutschem Boden wieder nur noch im ‹Tatian› bewahrt, nämlich ahd. *fluobra*, as. *frôbra*, ae. *frôfor*, was eigentlich ‚Hilfe‘ bedeutet. Wieder erkennt man, worauf die süddeutsche Neuerung abzielt: *fluobra* kann jede Art von Hilfe bedeuten, *trôst* dagegen drückt die seelische Hilfe für den Christen aus, die in der Stärkung der Glaubenszuversicht besteht.

Deutlich hebt sich die soeben erörterte Gruppe süddeutscher Wörter von den Entlehnungen aus dem Gotischen ab. Während es sich dort vor allem um Elementarbegriffe des Christentums handelt, sollen die neuen süddeutschen Wörter einer verinnerlichten, bewußt christlichen Haltung Ausdruck geben. Es sind Programmwörter einer vertieften Christenlehre, als solche von Geistlichen geschaffen und daher wenigstens anfangs auch bei weitem nicht so volkstümlich wie die gotische Schicht. Wenn sie sich trotzdem sogar gegen im Volksmunde schon eingebürgerte Wörter wie *dolên, zwehôn, wuofen, gifehan* durchsetzen konnten, im oberdeutschen Gebiet sogar ziemlich rasch, so muß starker christlicher Wille dahinter gestanden haben. Von der fränkischen Kirche können diese Wirkungen nicht ausgegangen sein. Denn die Wörter stammen eindeutig aus nichtfränkischem Bereich, und sie sind viel älter als die karolingischen Kulturbestrebungen, die erst einen fränkischen Einfluß bewirkt haben könnten. Es ist also nach einer anderen Kraft zu suchen, die stark genug war, den neuen verinnerlichten Wortschatz zu prägen. In Auswertung historisch nachweisbarer Tatsachen muß man annehmen, daß irische Mönche und die durch sie ausgelöste Bewegung dieses Werk vollbrachten. Ihr Glaube hatte die Inbrunst, die sich in diesen Wörtern ausdrückt, und ihre eifervolle Mission die herzergreifende, das Innerste aufwühlende Kraft, die auch den Neubekehrten die christliche Ethik, ausgedrückt in den neuen Wörtern, einzuhämmern vermochte.

Auf der Grünen Insel war im Laufe des 5. und 6. Jahrhunderts ein sehr eigenwüchsiges, in Leben, Lehre und Organisation von Rom unabhängiges Christentum entstanden. Eine Diözesanverfassung mit Kirchenprovinzen und Bistümern gab es in Irland nicht. Die Grundlage der kirchlichen Organisation bildeten mächtige Klöster, die zugleich auch politische und geistige Hochburgen der einflußreichsten Sippenverbände, der Clans, waren. Die Äbte dieser Klöster stammten oftmals Generationen lang aus der gleichen Familie. Sie konnten gleichzeitig Bischöfe sein. Bekleideten sie aber nicht selbst das Amt, so wurde einer der ihnen unterstellten Mönche dazu ausersehen. So weit Macht und Einfluß des Klosters reichten, übte auch der Bischof sein geistliches Amt aus; andere Grenzen hatte sein Bistum nicht.

Trotz des weltlich politischen Wirkens der Klöster, wozu auch die Jagd und selbst Kriegszüge gehörten, lebten die irischen Mönche in strenger Disziplin nach äußerst harten Klosterregeln. Schon der leiseste Verstoß gegen die geistliche Zucht wurde mit schwersten Strafen geahndet. Gerade die äußerste Strenge aber, mit der den Mönchen Abkehr von allen Freuden dieser Welt auferlegt wurde, zog in einer religiös tief erregten Gesellschaft immer wieder die bedeutendsten Männer an, sich in klösterlicher Gemeinschaft mit Gleichgesinnten der Nachfolge Christi hinzugeben. Zu den strengen Forderungen der Askese, die viele Mönche sich noch weit über das von der Klosterregel geforderte Maß selbst auferlegten, gehörte auch die *peregrinatio pro Christo*, die Pilgerschaft in fremden Ländern, verbunden mit dem für die heimatliebenden Iren besonders schmerzlichen Verzicht auf ihr Geburtsland. Aber ihre Pilgerfahrten arteten nicht in zielloses Vagantentum aus, das es unter den frühen abendländischen Mönchen oft genug gegeben hat. Der irische Pilger entschließt sich leicht, in heimatferner Einöde zu einem Gott geweihten Einsiedlerleben ansässig zu werden. Dann beginnt er aber alsbald, mit Werken christlicher Nächstenliebe und mit christlichem Bekehrungseifer in der neuen Umgebung zu wirken, und oft zieht er andere irische Pilger nach, so daß im fernen Land neue irische Klöster entstehen. Oft bricht man auch nach dem Vorbild der Apostel bereits in kleinen Scharen aus dem Heimatkloster auf, wie denn von dem wirkungsmächtigsten der irischen Mönche, von COLUMBAN, berichtet wird, daß er mit zwölf Gefährten die Pilgerfahrt angetreten habe.

Dieser COLUMBAN — um seinen Weg als Beispiel für den vieler anderer irischer Mönche zu skizzieren — war um 550 in Leinster geboren und wurde Mönch in dem weitberühmten Kloster Bangor. Dort erhielt er eine vortreffliche humanistische Ausbildung, wurde aber vor allem zu einem christlichen Leben in strengster Askese erzogen. Die Forderungen der Askese verschärfte er später, als er selbst zu Ansehen und Einfluß gelangt war, noch sehr erheblich und legte sie in einer Klosterregel nieder, die alles Bisherige an Härte weit übertraf und die in den von ihm gegründeten Klöstern zur Richtschnur des mönchischen Lebens wurde. Um das Jahr 590 brach er von Bangor auf, durchwanderte das Frankenreich und ließ sich mit seinen zwölf Gefährten in Burgund nieder, wo er das Kloster Luxovium (Luxeuil) und später noch weitere Klöster gründete. Da seine herbe Kritik an unchristlicher Sittenlosigkeit auch vor dem königlichen Hof nicht Halt machte, wurde er im Jahre 610 vertrieben, gelangte auf abenteuerlichen Fluchtwegen an den Bodensee und entfaltete in der Gegend von Bregenz erneut seine Missionstätigkeit. Abermals mußte er der weltlichen Gewalt weichen, ging in die Lombardei und gründete dort das nachmals hochberühmte Kloster Bobbio. Streitbar bis an sein Ende, nach Zerwürfnissen mit den arianischen Langobarden und sogar mit dem Papst, starb er dort am 21. November 615.

Viele glaubensstarke irische Mönche haben in ähnlicher Weise gelebt und gewirkt. Schon im Frankenreich, wohin sie gemeinhin zuerst ihre Schritte lenkten, fanden sie fruchtbaren Boden für die militante Glut ihres Glaubens. Die fränkische Kirche war im 6. Jahrhundert verwildert, der Glaube ausgehöhlt und verflacht. Mit dem Wirken der Iren begann eine Welle religiöser Erneuerung. Ihre Klöster, durch Zuzug aus der Heimat ständig aufgefrischt, hatten sehr starken Zulauf von Franken, Burgundern, Westgoten und anderen Germanen, denen es, aufgerüttelt durch Predigt und Beispiel der Iren, um ihr Christentum ernst war. So schlossen sich auch viele germanische Männer den weiteren Pilger- und Missionsfahrten der Iren an, die sich besonders nach Alemannien und weiter auch nach Baiern-Österreich und nach Ostfranken richteten. Überall, wo man in den Anfangszeiten des deutschen Christentums Klosterbischöfe antrifft oder wo man zwischen der Gründung des ersten Klosters und des Bistums nicht unterscheiden kann (z. B. in Würzburg, Regensburg und Salzburg), muß man den Einfluß der durch die Iren ausgelösten großen Missionsbewegung vermuten. Über unmittelbar irische Klostergründungen auf später deutschem Boden fließen freilich die Nachrichten spärlich. Schon im 6. Jahrhundert soll ein Ire FRIDOLIN das Kloster Helera (Eller) zwischen Zell und Cochem an der Mosel gegründet haben, und ihm wird auch die Klostergründung auf einer Rheininsel bei Säckingen zugeschrieben. Sicher wurde von Iren im Jahre 721 das Kloster Honau auf der Rheininsel Hohe Aue bei Straßburg gegründet, und daß der Ire KILIAN, der um 689 mit zwei Gefährten den Märtyrertod erlitt, in Würzburg ein Kloster gegründet habe, ist zum mindesten sehr wahrscheinlich.

Was aber die irische Bewegung angeht, so ist in dieser Beziehung die Gründungsgeschichte des Klosters St. Gallen lehrreich. GALLUS war einer der irischen Begleiter COLUMBANS, der krank in der Bregenzer Gegend zurückblieb, als sein Meister sich in die Lombardei wandte. In seiner Klause im Steinachtal ist er 630 gestorben. Die GALLUS-Zelle wurde alsbald zum Kultort, wo irische Traditionen lebendig geblieben sein müssen, bis drei Menschenalter später der christliche Alemanne AUDOMAR (OTMAR) an dieser Stätte das Kloster St. Gallen gründete. Daß dort auch nachher noch das irische Wesen weiterwirkte, geht unter anderem aus einem St. Galler Bibliothekskatalog vom Anfang des 9. Jahrhunderts hervor, der nicht weniger als 31 *libri scottice scripti* ‚schottisch (d. h. irisch) geschriebene Bücher' aufzählt.

Wie dieser AUDOMAR von der irischen Bewegung ergriffen war, so auch viele andere Germanen, die sich der klösterlichen Askese, aber auch der Mission mit dem gleichen Eifer wie ihre irischen Lehrmeister hingaben. Der Westgote PIRMIN gründete 724 das Kloster Reichenau. Franken waren die ersten Klostergründer in Baiern, EMMERAM in Regensburg, CORBINIAN in Freising und RUPERT in Salzburg. Daß aber RUPERTS erster Nachfolger als Salzburger Bischof der Ire VIRGIL war, ein als Bischof, Missionar und Gelehrter gleich bedeutender Mann, dazu ein streng asketischer Mönch, beweist am besten, wie stark diese Missionsbewegung mit den Iren verbunden war, auch wo Germanen als ihre Träger erscheinen.

Diese glaubensstarke, aufrüttelnde Bewegung nun muß durch ihre intensive Missionstätigkeit auch auf die sprachliche Entwicklung einen gewaltigen Einfluß gehabt haben, und daß ihr die Ausbildung der süddeutschen Kirchensprache zu verdanken ist, hat höchste Wahrscheinlichkeit. Man wird freilich in erster Linie an die von der irischen Bewegung ergriffenen Germanen als ihre Schöpfer zu denken haben. Doch hat man sich auch bemüht, einen unmittelbaren irischen Einfluß nachzuweisen. So geht z. B. unser Wort *Glocke*, ahd. *glokka* auf ein irisches Wort zurück, und es ist wohl kein Zufall, daß noch heute die Herdenglocken des Alpenviehs den rechteckigen Querschnitt zeigen, der den alten irischen Glocken eigen war. Sache und Wort wurden von den irischen Missionaren in ihrem Missionsgebiet eingeführt.

Am sorgfältigsten hat LEO WEISGERBER (L H 111) das Für und Wider irischer Beeinflussung erwogen, und er ist geneigt, für die von uns früher schon erwähnten Lehnwörter *clericus*: *clîrih*, *poena*: *pîna* mit dem zugehörigen Verb *pînôn*, *pfînôn* irische Vermittlung anzunehmen. Auch ahd. *fîra* ‚Feier‘ aus lat. *feriae*, ahd. *spîsa* ‚Speise‘ aus lat. *expensa*, vulgär-lat. *spêsa*, ahd. *fers* ‚Vers‘ aus lat. *versus* führt er aus lautlichen Gründen auf irischen Einfluß zurück. Das alles bleibt einstweilen unsicher, aber den genannten Wörtern wird man im Hinblick auf die süddeutsche Kirchensprache und ihren Wortschatz der Innerlichkeit ohnehin keine allzu große Bedeutung beimessen. Wichtiger wären die Lehnübersetzungen. Aber auch, was auf diesem Gebiet bisher beobachtet wurde, kann nicht viel beweisen. Zwar gibt es Glied-für-Glied-Übersetzungen aus dem Lateinischen im Irischen wie im Althochdeutschen. So wird graeco-lateinisch *eu-angelium* genau nachgebildet im Altirischen durch *so-scélae* ‚guter Bericht‘, ahd. auf der Reichenau durch *cuat-chundida* ‚gute Kunde‘ in St. Gallen durch *kuot-ârende* ‚gute Botschaft‘. Das setzt Verständnis für die griechische Herkunft des kirchenlateinischen Wortes voraus, und die Iren konnten Griechisch! Aber eine einigermaßen sichere Kunde über die graecolateinischen Kirchenwörter war auch anderweit zu erlangen, und sind auch die Klöster St. Gallen und Reichenau im 8. Jahrhundert Zentren der Irenmission, so läßt sich eben doch der irische Einfluß auf die deutsche Wortbildung nicht bündig beweisen.

Dennoch kann man wohl durch Vergleich der beiderseitigen Wortbildungen ein Stück weiterkommen. Es gibt nämlich althochdeutsche Übersetzungen, die nicht zum Lateinischen, wohl aber zum Altirischen passen, und dafür soll ein Beispiel wenigstens zur Diskussion gestellt werden. Die lateinischen Wörter *tristis* ‚traurig‘, *tristitia* ‚Traurigkeit‘, *(con)tristare* ‚sich betrüben‘ und sinnverwandte Ausdrücke können im Althochdeutschen durch sehr verschiedene Wörter übersetzt werden. Nun ist *tristitia*, als Auflehnung gegen Gottes Willen verstanden, eine der schwersten Sünden, die der Christ begehen kann. Dafür findet sich im alemannischen Sprachraum, also in einem der Kerngebiete irischen Einflusses, die befremdliche Übersetzung ahd. *unfrao*, *unfrô* ‚traurig‘, eigentlich ‚unfroh‘, *unfrawida* ‚Traurigkeit‘ und *unfrawen*, *gaunfrawen* ‚(sich) betrüben‘. Befremdlich sind diese Übersetzungen deshalb, weil sie nicht in das althochdeutsche Übersetzungssystem passen. Es sind deutlich neugebildete Wörter, und es entspricht ganz und gar nicht der Technik althochdeutscher Übersetzer, ein lateinisches Wort durch die Negation des Gegenteils (Trauer = Nichtfreude) wiederzugeben, besonders da *morna* ‚Traurigkeit‘, *mornên* ‚trauern‘ zur Verfügung standen. Natürlich soll mit den Neubildungen, wie wir es vorher bei den anderen Neuwörtern erkannt haben, der besondere christliche Aspekt der Traurigkeit hervorgekehrt werden, und das entspricht ganz der irischen, verinnerlichten Frömmigkeit. Hier gibt es nun auch genaue irische Wortentsprechungen. Im Altirischen wird *tristis* durch *anfáilid* ,unfroh', *tristitia* durch *an-fáilte* ,Unfreude' wiedergegeben, die irischen Wörter sind demnach genau wie ahd. *un-frô, un-frawida* gebildet. Diese Übereinstimmungen sind außerordentlich bemerkenswert, weil die althochdeutsche, aus dem System fallende Neubildung hier ihre Erklärung durch die gleichartigen irischen Vorbilder finden könnte.

Wir können sogar noch einen Schritt weitergehen. Die irischen Ausdrücke für Trauer sind als Negationen der Freude-Wörter gebildet. Diese stehen im Altirischen in folgender Reihe: *fáilid* ,froh', davon abgeleitet das Substantiv *fáilte* ,Freude' und das Verbum *fáiltigid* ,sich freuen'. Genau so verhält es sich im Althochdeutschen: Ausgangspunkt ist das Adjektiv *frao*, davon sind abgeleitet das Substantiv *frawida* und das Verbum *frawen*. (Zu vergleichen ist allerdings auch lat. *laetus* — *laetitia* — *laetari*.) Der Ursprungsort der althochdeutschen Wörter ist nicht genau festzustellen, liegt aber im süddeutschen Raum, und sicher sind auch diese Wörter befremdliche Neubildungen, weil es bereits althergebrachte Ausdrücke der Freude gab. Es liegt daher nahe anzunehmen, daß die Iren, denen an einer christlichen Terminologie für Freude und Trauer liegen mußte, diese Neubildungen des Althochdeutschen nach dem Muster ihrer eigenen Sprache anregten. Man darf freilich aus einer einzigen irisch-deutschen Übereinstimmung keine weittragenden Schlüsse ziehen; auch ist die altirische Kirchensprache noch nicht systematisch untersucht. Sollten sich aber weitere Übereinstimmungen finden, so gewönne die Hypothese des irischen Einflusses auf die Ausbildung der süddeutschen Kirchensprache erheblich an Überzeugungskraft. Man hat aber auch die einheimischen und überhaupt die germanischen Kräfte dabei in Rechnung zu stellen, die von der irischen Bewegung mitgerissen wurden. Manches mag im Süden schon seit alter Zeit vorhanden gewesen sein. Die Bewahrung der gotischen Sprachanteile durch die Irenzeit hindurch läßt außerdem darauf schließen, daß die Iren und ihr Anhang gern von dem Sprachgut Gebrauch machten, das sie bereits vorfanden. So muß man in der süddeutschen Kirchensprache mit Wortgut verschiedenen Alters und verschiedener Herkunft rechnen. Aber nur bei besonders günstiger Überlieferungslage läßt sich darüber Sicheres ermitteln.

Gern wüßte man auch Genaueres über die sozialen Umstände, unter denen die neuen Wörter aufgekommen sind. Gerade die interessanteste Gruppe, die Wörter aus dem Gefühlsleben, gehört gewiß weder zum volkstümlichen Sprachgut, noch sind diese Wörter von Missionaren geschaffen, die dem Volke erstmals das Christentum predigten. Aber sie sehen auch nicht nach gelehrter Schreibtischarbeit aus. Darf man moderne Beobachtungen zum Vergleich heranziehen, so erinnern Neuprägungen wie *dultên* statt *dolên*, *frawida* statt *gifeho*, ein von Goten entlehntes Wort *zwîfal* statt des heimischen *zweho* an das sprachliche Geschehen in Diskussionsgruppen, in denen man oft neue Wörter prägt, um einen ganz bestimmten, gemeinsam erörterten Sachverhalt terminologisch zu fixieren. Ein solches gemeinsames, diskutierendes Ringen um die christliche Ethik wäre der religiös tief erregten irischen Bewegung wohl zuzutrauen, und so sprechen auch innere Gründe dafür, diese Neubildungen den Iren und ihrer gleichgesinnten Anhängerschaft zuzuschreiben. Allerdings bewegt man sich mit solchen Vermutungen weit außerhalb der Grenzen des strikt Beweisbaren.

Angelsächsische Einflüsse

Als die Irenmission um das Jahr 700 ihrem Höhepunkt zustrebte, begann die Mission der Angelsachsen auf dem Festlande sich gerade erst zu regen. Mit Bischof WILFRID VON YORK (ca. 635–710), der auf einer Romreise im Jahre 678 die ersten Versuche zur Bekehrung der Friesen machte, beginnt das Jahrhundert der angelsächsischen Mission. WILFRIDS Unternehmen wurde von dem berühmteren WILLIBRORD (657–739) fortgesetzt, der seit 690 sein Leben der Friesenmission widmete und Utrecht zu seinem Bischofssitz wählte. Die Basis seiner Missionstätigkeit wurde das von ihm gegründete Kloster Echternach im heutigen Luxemburg, daß von den fränkischen Großen mit reichen Gütern ausgestattet wurde, die sich bis nach Hessen und Thüringen erstreckten. Nachhaltiger als diese Vorgänger hat der Angelsachse WINFRID (ca. 675–754) gewirkt, der vom Papst zugleich mit dem Auftrag zur Heidenmission und zur Organisation der Kirche bei den germanischen Stämmen im Mai 719 den Kirchennamen BONIFATIUS erhielt. Nach anfänglicher Mission in Friesland wandte er sich der Bekehrungsarbeit unter Hessen und Thüringern zu. Dabei diente ihm vermutlich der Echternacher Klosterbesitz in Thüringen als Basis und Ausgangspunkt, und dort waren wohl schon vorher wenigstens die Anfänge des Christentums begründet worden.

Die politischen und religiösen Verhältnisse im Frankenreich und der päpstliche Auftrag, eine kirchliche Ordnung aufzurichten, zwangen BONIFATIUS dann jahrzehntelang, sich vor allem den Fragen der Kirchenorganisation zu widmen. Seit 739 ordnete er zunächst in heftigen Auseinandersetzungen mit den nach irischem Vorbild eingesetzten Klosterbischöfen die kirchlichen Verhältnisse Baierns und begründete danach die kirchliche Ordnung Mitteldeutschlands, indem er die Bistümer Würzburg, Erfurt und Büraburg bei Fritzlar stiftete, von denen allerdings nur das erste Bestand haben sollte. Nach welchen politischen Auseinandersetzungen er endlich in die Diözese Mainz eingesetzt wurde (damals noch ein Bistum, wenn Bonifatius selbst auch alle Ehren eines Erzbischofs zugestanden wurden, wozu ihn der Papst bereits 732 erhoben hatte), braucht hier nicht erörtert zu werden. Erst in seinen letzten Lebensjahren konnte Bonifatius sich der politisch-organisatorischen Kirchenarbeit wieder entziehen. Noch einmal wandte er sich der Mission in Friesland zu und wurde am 5. Juni 754 mit seinen Gefährten bei Dokkum von heidnischen Friesen erschlagen.

Die Beseitigung der Klosterbischöfe ohne festen Amtsbezirk und die Errichtung der Diözesanverfassung waren der bleibende Erfolg von Bonifatius' Wirken als Organisator. Die Einteilung der ostfränkischen Reichshälfte in die drei Erzbistümer Köln, Trier und Mainz wurde von ihm festgelegt. Salzburg, Hamburg-Bremen und Magdeburg kamen später als Erzbistümer hinzu. Für die Sprachgeschichte ist diese Einteilung nicht unwichtig. Denn wie bereits früher erwähnt, bilden die Erzbistümer und innerhalb ihrer Grenzen die einzelnen Bistümer Verkehrsgemeinschaften, in denen sich sprachliche Sonderentwicklungen herausbilden konnten, so daß ihre Grenzen als Mundartscheiden zu wirken vermögen. Sprachgeschichtlich bei weitem wichtiger ist dennoch des Bonifatius Missionstätigkeit. Durch die Stärke seiner Persönlichkeit wurden bis an sein Lebensende immer von neuem Helfer und Schüler aus seiner angelsächsischen Heimat angezogen. So konnte er zahlreiche Klöster gründen, deren Äbte und erste Insassen zum größten Teil Angelsachsen waren. In den noch unerschlossenen Gebieten Mitteldeutschlands wurden diese Klöster die ersten Pflanzstätten christlicher Lehre und Bildung. Bald erhielt Bonifatius auch starken Zuzug von Einheimischen, nämlich aus dem ständig wachsenden Kreis der Neubekehrten. Besonders vertraute ihm auch der christlich gewordene Adel Baierns und Mitteldeutschlands seine Söhne zur Erziehung an, und es scheint, daß vor allem der Bischofssitz in Fritzlar zu einer ersten Pflanzstätte angelsächsischer Bildung im Missionsbereich des Bonifatius ausgebaut wurde. Als die bedeutendste seiner Gründungen stiftete er im Jahre 744 das Kloster Fulda, mitten in seinem Missionsgebiet gelegen, das er sich als Alterssitz ausersehen hatte und wo auch sein Leib die letzte Ruhestätte fand. Sein Lieblingsschüler, namens Sturm, den er in Fritzlar hatte erziehen lassen, wurde der erste Abt von Fulda. Er war kein Angelsachse, sondern stammte aus edlem bairischen Geschlecht.

Auf die kulturelle und sprachgeschichtliche Bedeutung des Klosters Fulda soll im nächsten Kapitel näher eingegangen werden. Hier ist zunächst zum Vergleich mit Goten und Iren nur auf die angelsächsische Mission und ihre Wirkung auf die Ausbildung der deutschen Sprache einzugehen. Bei der intensiven Missionstätigkeit des Kreises um BONIFATIUS sollte man einen recht starken Einfluß der Mission auf die Volkssprache erwarten. Aber das ist nicht der Fall. Zwar findet man in der nahezu einzigen Quelle, dem althochdeutschen ‹Tatian›, als einem gelehrten Werk ohnehin nur verhüllte und mittelbare Auskunft über die Sprache, deren sich Bekehrer und Prediger bedient haben mögen. Aber soweit der ‹Tatian› überhaupt den volkstümlichen Wortschatz benutzt, findet sich darin nur sehr wenig Angelsächsisches, woran doch, wie sich zeigen wird, sein gelehrter Wortschatz überaus reich ist.

Daß die angelsächsische Missionssprache so wenig augenscheinliche Wirkungen ausgeübt hat, wird vornehmlich an dem besonderen Charakter der in der angelsächsischen Kirche gepflegten Sprache liegen. Sie ist ganz aus germanischem Geist erwachsen und liebt es, alte, heimische Wörter mit neuem christlichen Gehalt zu füllen. So heißt ‚taufen‘ im Altenglischen *fulwían*, eigentlich ‚vollständig weihen‘, der ‚Altar‘ heißt *wîhbeod*, daraus später *wéofod*, eigentlich ‚Tempeltisch‘; das Altarsakrament *húsl* (vgl. got. *hunsl* ‚das Opfer‘) bedeutet ursprünglich die dargebrachte Opfergabe. Das Kreuz Christi wird als *gealga* oder *rod*, ‚Galgen‘ oder ‚Rute‘ bezeichnet. Diese und viele andere Bezeichnungen sind altheidnische Kultwörter, die bei den Angelsachsen während ihrer eigenen Bekehrungszeit eine neue christliche Bedeutung erhielten. Aber davon findet sich keine Spur auf deutschem Boden im angelsächsischen Missionsbereich. Da gelten die Wörter *crûzi* und *altâri*, Entlehnungen also aus dem Lateinischen, *toufen*, das aus dem Gotischen übernommen war, und das Sakrament heißt *wizzôd*, was ursprünglich ‚Gesetz, Gebot‘ bedeutet, aber im kirchlichen Sprachgebrauch zur Übersetzung von *eucharistia* dient. Es ist anzunehmen, daß diese und alle die vielen anderen deutschen Wörter des Christentums schon durch frühere Missionsbemühungen, z. B. von Echternach aus, bekannt waren oder daß die deutschen Mitarbeiter des BONIFATIUS sie in seinem Missionsgebiet einführten. Jedenfalls erwiesen sich die Angelsachsen der Sprache ihrer Missionskinder gegenüber ebenso tolerant, wie sie sich früher in ihrer heimischen Sprache den altheidnischen Ausdrücken gegenüber gezeigt hatten. Sie bemühten sich nicht, ihre eigenen christlichen Wörter durchzusetzen. Manche Wörter, wie die oben S. 155 ff erwähnten *druoên*, *dolên*, *zwehôn*, *mornên*, *wuofen*, *gifehan*, *fluobra* kamen zwar auch in ihrer eigenen christlichen Sprache vor; sie waren aber in

Deutschland schon vor der Ankunft der Angelsachsen in Geltung und wurden nicht erst von ihnen eingeführt. Sie wurden nur, wie vieles andere, das im Angelsächsischen überhaupt nicht vorkam, im angelsächsischen Missionsgebiet, d. h. sprachlich im Mitteldeutschen, aber weiterhin auch im Altsächsischen und im Niederfränkisch-Niederländischen, durch das konservative Verhalten der Missionare geschützt und weiterhin gebraucht. Im Bereich der süddeutschen Kirchensprache dagegen waren viele dieser altüberkommenen Ausdrücke durch den festen Zugriff der irischen Missionsbewegung gegen neue, eindeutig christliche Wörter ausgetauscht worden. Da viele der Missionsgefährten des BONIFATIUS aus Baiern und dem übrigen Süddeutschland stammten, müßten ihnen die neuen Ausdrücke der süddeutschen Kirchensprache wohlbekannt gewesen sein, und man kann es nur als bewußten Verzicht betrachten, wenn die *dultên, trûren, zwîfalôn, frawen* und *trôst* im Bereich der angelsächsischen Mission zunächst keine Verwendung fanden. Zugleich wird damit der wenig volkstümliche Klang der süddeutschen neuen Wörter noch einmal von anderer Seite her bestätigt. Die Sprache der angelsächsischen Mission begnügt sich mit dem Herkömmlichen, Volkstümlichen und Allgemeinverständlichen und lehnt das Befremdende, Neue ab.

Vornehmlich in der konservativen Bewahrung altererbten Sprachgutes macht sich also der Einfluß der angelsächsischen Missionare geltend. Was sie hingegen an eigenen Ausdrücken mitbrachten, hat sich mit wenigen Ausnahmen nicht lange gehalten. Auch darin scheint sich die sprachliche Toleranz der Angelsachsen auszudrücken, die offenbar keinen Nachdruck auf die Durchsetzung ihrer eigenen Missionssprache legten. Als Beispiel diene die angelsächsische Übersetzung von *evangelium* durch ae. *gôdspell* ‚gute Kunde‘, was schon im Altenglischen selbst volksetymologisch zu *godspell* ‚Kunde von Gott‘ umgedeutet wurde. Dieses Wort wird im althochdeutschen ‹Tatian› und einigen anderen Denkmälern in der Form *gotspel* verwendet und dazu das Verbum *gotspellôn* ‚das Evangelium verkünden‘, lat. *evangelizare*, gebildet. Dabei sichert die etymologisch falsche Übereinstimmung ae. *god-*, ahd. *got-* die Übernahme aus dem Angelsächsischen. (Bei selbständiger deutscher Neubildung wäre *guot-* zu erwarten.) Aber schon OTFRID, der doch aus Fulda dieses gute englische Wort kennen mußte, gebraucht nur das Fremdwort *evangêljô*. Für die Sippe *misericors, misericordia, misereri* findet sich im althochdeutschen ‹Tatian› *miltherzî, miltida* und *milten*, ganz im Einklang mit dem angelsächsischen Sprachgebrauch. Für *gratia* ‚Gnade‘ hat er *geba*, entsprechend ae. *giefa*, mit der Grundbedeutung ‚Gabe‘. Es sollte aber nicht lange dauern, bis diese Wörter durch die süddeutschen *irbarmida, barmherzî, ginâda* usw. verdrängt waren. Eine gewisse Ausnahme ist nur bei dem Wort für ‚Demut', lat. *humilitas,* zu beobachten, das im ‹Tatian› nach angelsächsischem Muster *ôdmuoti* laut. Erst spät im Mittelalter ist es auf deutschem Sprachgebiet durch *deomuoti,* die alte süddeutsche Form, ersetzt worden. Im Niederländischen dagegen, also ebenfalls im Bereich der einstigen angelsächsischen Mission, hat es sich bis heute erhalten.

Betrachtet man die hier erörterten Wörter in ihrer Gesamtheit, so gewinnt man den Eindruck, daß die Angelsachsen bei Aufnahme ihrer Missionstätigkeit in Deutschland einen gewissen Bestand an einfachen Ausdrücken für kirchliche Einrichtungen und christliches Leben bereits vorfanden und daß sie diesen nicht antasteten. Christliche Ethik, wie sie sich in ‚Demut' und ‚Barmherzigkeit' ausprägt, und die Einsicht in Gottes Gnadenfülle hatten sie dagegen erst zu lehren, und dafür verwendeten sie, ohne besonderes Gewicht darauf zu legen, ihre eigenen kirchlichen Ausdrücke. Nachdem aber die angelsächsische Missionsbewegung gegen Ende des 8. Jahrhunderts abgeebbt war und die fränkische Kirche sich gefestigt hatte, setzten sich dann allmählich auch in Mitteldeutschland und im niederdeutschen Norden die im Süden längst eingebürgerten Wörter durch und verdrängten mit dem älteren deutschen Wortgut, das die Angelsachsen konserviert hatten, auch die geringfügigen angelsächsischen Elemente in der mitteldeutschen Kirchensprache.

Nur wenig Angelsächsisches hat sich auf die Dauer erhalten können. Von den drei im Althochdeutschen üblichen Übersetzungen für *(Christus) salvator* ‚der Erlöser' ist got. *nasjands,* ahd. as. *neriand,* ae. *nergend* die älteste und weitest verbreitete. Diese Übersetzung, ‚der Rettende' bedeutend, muß ihrer weiten Verbreitung wegen für sehr alt gehalten werden. Im Alemannischen, auf dem Boden der irischen Mission, ist *haltant* ‚der Erhaltende, Bewahrende' weit verbreitet; doch tritt das Wort erst ziemlich spät auf. Im angelsächsischen Missionsgebiet dagegen herrscht ahd. *heilant,* as. *hêliand,* mnl. *heiland.* Das Wort ist mit größter Wahrscheinlichkeit dem ae. *haelend* nachgebildet. Denn dieses Wort, ein Partizip wie die vorhergenannten, das eigentlich ‚heilend' bedeutet, hat in unaufgeklärter Bedeutungsentwicklung den Inhalt ‚zum Heil führend' angenommen, und das kann nicht unabhängig voneinander mehrmals geschehen sein. Die Angelsachsen werden es also in seiner spezialisierten Bedeutung aus ihrer Heimat mitgebracht haben. Auch OTFRIDS kühne Neubildung *heilâri,* wörtlich ‚der Heiler', aber ebenfalls als ‚der zum Heil Führende' gebraucht, kann nur unter angelsächsisch — fuldischem Einfluß entstanden sein.

Das Wort *Heiland* ist im Deutschen niemals recht volkstümlich geworden und vornehmlich ein Ausdruck der gehobenen Sprache geblieben. Daß es sich überhaupt erhielt, liegt an seiner etymologischen Beziehung zu *heilig*, ahd. *heilag*, anfr. *heilig*, as. *hêlag*. Dieses Wort ist nun sicher aus ae. *hálig* entlehnt und hat sich vom angelsächsischen Missionsgebiet aus rasch über alle deutschen Dialekte verbreitet. Einer der Gründe mag gewesen sein, daß die fränkische Kirche dem gotisch-süddeutschen *wîh* Widerstand entgegensetzte (s. o. S. 152 f). Aber entscheidend war doch wohl das Vorkommen des Wortes in der festen Verbindung lat. *spiritus sanctus*: ae. *sé hálga gást*, das in der Form *der heilago geist* ins Althochdeutsche übernommen wurde. Das in Süddeutschland dafür geltende und ältere *der wîho âtum* mußte der neuen Formel weichen, die sich rasch durchsetzte. Die Gründe dafür kann man vermuten. Die wörtliche Übersetzung von *spiritus* durch *âtum* ‚Atem‘ gibt ständig zu Verwirrungen Anlaß. Die Alltagsbedeutung ‚Hauch, Atem‘ drängt sich irritierend vor, und es ist höchst ungeschickt, ein so vielgebrauchtes Alltagswort in christlicher Terminologie in einem völlig anderen, sehr prägnanten Sinne zu verwenden. Das Wort ahd. *geist* dagegen, ursprünglich ‚Gespenst, Geist, übersinnliches Wesen‘ bedeutend und, wie es scheint, in den vordeutschen Dialekten fast nicht mehr gebraucht, konnte desto leichter nach angelsächsischem Vorbild die christliche Bedeutung annehmen. Es war dem mißverständlichen *âtum* weit überlegen, und sein Erfolg ist daher nicht verwunderlich. Das süddeutsche *wîh* hielt sich zwar in der Volkssprache zäher als *âtum*; da aber *heilag* in der Formel *spiritus sanctus* seinen festen Platz behauptete und überall gebraucht wurde, mußte auch das ahd. *wîh* endlich dem angelsächsischen Konkurrenzwort weichen.

Vom angelsächsischen Einfluß auf die deutsche Gelehrtensprache wird noch die Rede sein (s. u. S. 175 ff). Die Sprache der angelsächsischen Mission dagegen hat nur geringe Spuren hinterlassen. Weit stärker war der gotische und der von der Irenbewegung kommende Einfluß. Erwägt man weiterhin, daß vorher schon unter lateinisch-romanischen Einflüssen der Grund zu einer christlichen Volkssprache gelegt war und daß diese Grundlage sich bis in die Karolingerzeit hinein ständig verstärkte, so kommt man zu dem Schluß, daß der volkstümliche christliche Ausdrucksschatz schon gegen Ende der voralthochdeutschen Zeit weitgehend ausgeprägt und gefestigt war. Die angelsächsischen Missionare kamen daher sozusagen zu spät, um auf dem Gebiet der christlichen Volkssprache noch Wirkungen ausüben zu können. Das wenige, was sie noch neu einführen konnten, erlag bald dem Vordringen der im Süden und Südwesten schon gefestigten Tradition eines christlichen Ausdrucksschatzes, und es blieb letztlich bei der einen glücklichen Übersetzung von *spiritus sanctus*, durch die sie die deutsche Kirchensprache für die Dauer bereichern konnten.

X. KLÖSTERLICHE BILDUNGSSTÄTTEN UND
DIE ALTHOCHDEUTSCHE LITERATUR

Bislang war es uns in der Hauptsache um die allmähliche Herausbildung einer christlichen deutschen Volkssprache zu tun. Sie entwickelte sich, wie gezeigt wurde, in jahrhundertelangen Kontakten mit dem römischen, später romanischen Christentum. Dazu kam dann noch die kräftige Mitwirkung glaubenseifriger Bekehrer. Was nun den Einfluß der Missionsbewegungen angeht, so war schon bei Erörterung der irischen Mission auf sprachliche Entwicklungen hinzuweisen, die nicht oder nicht allein die Volkssprache betrafen. Wir fanden eine Gruppe von zentralen neuen Wörtern, die scharfe begriffliche Diskussion voraussetzten und nur in einem inneren Kreise geistig bemühter, in die ethischen Forderungen des Christentums bereits tief eingedrungener Menschen entstanden sein konnten. Mit einer Sprache der Bildung, wenn auch nicht notwendigerweise einer gelehrten Bildung, hat man es hier sicherlich zu tun. Zwar läßt sich nicht abstreiten, daß es unter den irischen Glaubensstreitern auch ausgesprochene Gelehrte gab, wie jenen oben erwähnten VIRGIL VON SALZBURG. Aber Förderung der Wissenschaft war nicht das eigentliche Anliegen der irischen Missionsbewegung. Ihr ging es um ein praktisch gelebtes Christentum, das mit innerster Seele ergriffen und mit Mitteln des Verstandes durchdrungen wurde. Soweit die theologische Wissenschaft diesem Ziele dienen konnte, wurde sie aufgegriffen, aber sie wurde nicht um ihrer selbst willen gefördert. Die im christlichen Sinne richtige Auffassung von Tugenden und Lastern, von Freude, Trauer, Klage, Zweifel (um nur einige Beispiele zu nennen), überhaupt die christliche Lebensführung in strenger Zucht mit Abtötung der leiblichen Begierden und irdischer Vorbereitung auf die wahre Heimat des Christen im Jenseits: das sind die bewegenden Antriebe der irischen Mission. Im Zusammenhang damit werden den Iren Sünde und Sündenstrafe, Zerknirschung und Reue zum Problem, und man hat nicht ohne Grund vermutet, daß die Beicht- und Bußpraxis der abendländischen Kirche durch die Iren die stärksten Impulse empfangen habe. Es muß angenommen werden, daß diese Seite der irischen Missionsbewegung auch ihre sprachlichen Auswirkungen gehabt hat; aber der strikte Beweis dafür hat sich nicht erbringen lassen. ‚Beichten' z. B. heißt ahd. *jehan* oder *bijehan*, wörtlich ‚offen erklären, öffentlich bekennen', und das ist auch die Grundbedeutung von lat. *confiteri* ‚beichten'. Entsprechend wird das Substantiv lat. *confessio* mit ahd. *jiht* oder *bijiht* übersetzt, was zu mhd. *bîht* und weiter zu nhd. *Beicht(e)* führt. *Bijiht* ist als *ti*-Abstraktum eine recht altertümliche Bildung und wird auch im Sinne von ‚Versprechen, Anerkenntnis‛ gebraucht, ist also nicht auf die christliche Bedeutung beschränkt. WERNER BETZ (LH 90, S. 48) schließt daraus, daß das Wort nicht erst von Christen geschaffen wurde, sondern nur eine christliche Lehnbedeutung empfing. Die Angelsachsen können ihm diese nicht verliehen haben, denn in ihrer Sprache fehlt das nur im Althochdeutschen, Altsächsischen und Altfriesischen vorkommende Wort. Es könnte also naheliegen, an irische Mitwirkung bei der christlichen Umdeutung von *bijehan* und *bijiht* zu denken, und diese Vermutung hat vieles für sich. Mit manchen anderen Wörtern aus dem Bereich des praktischen Christentums der frühalthochdeutschen Zeit geht es ebenso: Irischer Einfluß ist sehr oft nicht auszuschließen, aber auch nicht beweisbar.

Darf man überall, wo es um frühe Bezeugung eines tief erfaßten Christentums geht, irische Anstöße wenigstens in Betracht ziehen, so nimmt die deutsche Geistes- und Sprachgeschichte im Gefolge der angelsächsischen Mission und all dessen, was damit zusammenhängt, eine neue Richtung. Fortan ist auch eine intensive Beschäftigung mit den theoretischen Grundlagen des Christentums festzustellen. Diese wissenschaftliche Tätigkeit bleibt zunächst noch rezeptiv. Man ist um die verstehende Aneignung der Bibel und der theologischen Literatur bemüht, wozu unter anderm auch die Übersetzung ins Deutsche gehört. Im Rahmen einer sprachgeschichtlichen Darstellung verdient gerade diese Seite der neuen Bestrebungen besondere Aufmerksamkeit.

Wie sich die angelsächsischen Anregungen auswirken, auch wie sie umgestaltet, zu eigenem deutschen Tun entwickelt werden, läßt sich am deutlichsten am Beispiel jener Bildungsstätte darstellen, die mehr als alle andern das angelsächsische zugleich mit dem sich erst entwickelnden deutschen Element erkennen läßt. Wir meinen die bedeutendste, zukunftsreichste der Gründungen des BONIFATIUS, das Kloster Fulda. Zugleich ist aber auch jenes Mannes zu gedenken, unter dessen Leitung das Kloster zur hervorragendsten Bildungsstätte des karolingischen Ostreiches emporwuchs. Das war der *praeceptor Germaniae*, ‚der Lehrer Deutschlands‛, HRABANUS MAURUS.

Hrabanus Maurus und das Kloster Fulda

HRABANUS MAURUS, der berühmte Leiter der Klosterschule und spätere Abt des Klosters Fulda, stammte aus vornehmer fränkischer Familie. Er war im Jahre 784 in Mainz geboren und schon in kindlichen Jahren dem Kloster Fulda zur Erziehung anvertraut worden. Seine wissenschaftliche Ausbildung fand dann ihren Abschluß bei dem hochgelehrten Angelsachsen Alkuin im Kloster St. Martin in Tours. Vielleicht war Alkuins Tod am 19. Mai 804 der Anlaß, daß Hrabanus seine Studien in Tours beendete und nach Fulda zurückkehrte. Jedenfalls gründete er noch in demselben Jahre im Kloster Fulda die erste planmäßig aufgebaute Gelehrtenschule auf deutschem Boden, die sich unter seiner Leitung bald zu höchster Blüte entwickelte. Von 804 bis 822 blieb Hrabanus Oberhaupt der Schule, dann stieg er zu der höheren Würde eines Abtes von Fulda auf, die er nach zwanzig Jahren, im Jahre 842, freiwillig niederlegte. Einige Jahre lebte er in einsiedlerischer Zurückgezogenheit, wurde dann aber zu hohen kirchlichen Ehren berufen und hatte von 847 bis zu seinem Tode im Jahre 856 das Mainzer Erzbistum inne.

In Hrabanus Maurus erwuchs dem deutschen Geistesleben der Mann, der sich am stärksten für die praktische Verwirklichung von Karls des Grossen deutschem Kulturprogramm einsetzte. Dafür aber war seine Begegnung mit Alkuin von entscheidender Bedeutung. In England hatte sich bereits seit einem Jahrhundert ein gelehrtes kirchliches Bildungswesen entfaltet (nicht ohne Mitwirkung und Einfluß der Iren), und unter anderen berühmten englischen Schulen genoß vor allem die Domschule zu York das allerhöchste Ansehen. Ihr Schüler war der um 735 geborene Alkuin gewesen, bevor er im Jahre 758 selbst zum Leiter dieser bedeutendsten Bildungsstätte Englands berufen wurde. Für die Bildungsgeschichte des Frankenreiches sollte es die wichtigsten Folgen haben, daß er im Jahre 781 auf einer Romreise mit Karl dem Grossen zusammentraf. Nur zögernd folgte der Angelsachse dem Ruf des Herrschers, der ihn als den geistigen Lenker seines Kulturprogramms — man möchte sagen: als Kultusminister — in seinen Dienst zog. Als solcher hatte Alkuin den größten Anteil an der Entwicklung des karolingischen Bildungs- und Erziehungswesens. Dennoch fühlte er sich, soviel Unvergängliches er darin auch leistete, nicht zum öffentlichen, organisatorischen Wirken berufen. Immer zog es ihn mehr in die Stille des Klosterfriedens, in die Studierstube des Gelehrten und zum Umgang mit wenigen ausgesuchten Schülern. Nach 790 verbrachte er wieder einige Jahre in York, ließ sich abermals von Karl zum Eingreifen in staatliche Angelegenheiten bewegen und zog sich dann in das St. Martins-Kloster in Tours zurück. Als Abt des Klosters gründete er dort eine Gelehrtenschule nach dem Muster von York. Sie blieb mehrere Jahrhunderte lang ein Hauptsitz der mittelalterlichen Wissenschaft im Frankenreich.

Es konnte nicht ausbleiben, daß mit Alkuins Wirken eine zweite starke Welle angelsächsischen Bildungseinflusses beide Teile des Frankenreichs durchflutete, nachdem die Vorgänger des Bonifatius

vornehmlich Kontakte mit dem Westfrankenreich gehabt und Bonifatius selbst und seine Mitarbeiter vor allem im Ostreich angelsächsische Bildungsgüter verbreitet hatten. Den Anteil dieser beiden
Einflußströme zu sondern ist nicht immer möglich und für unseren
Zweck auch nicht erforderlich. Es genügt, den angelsächsischen Einfluß überhaupt festzustellen. Sehr viele gegen Ende des 8. Jahrhunderts in deutschen Klöstern entstandene Handschriften, lateinische
und deutsche, zeigen die sogenannten ‹insularen›, d. h. angelsächsischen Schriftzüge. Angelsächsische Mönche hatten also Anteil und
Einfluß in den klösterlichen Schreibstuben. Das bedeutet aber auch
Anteil an der Klostergelehrsamkeit; denn Schreiben ist damals immer auch gelehrtes Tun. In manchen deutschen Texten der damaligen
Zeit kommen auch angelsächsische Wörter vor, teils lautlich eingedeutscht, zum Teil sogar in der ursprünglichen Form.

Mag aber auch der angelsächsische Einfluß gerade in den Handschriften des ausgehenden 8. Jahrhunderts fast überall zu spüren
sein, am deutlichsten tritt er doch in Fulda in Erscheinung. Dort ist
schon um das Jahr 775 ein lateinisch-althochdeutsches Wörterbuch
entstanden, die sogenannten ‹Deutschen Hermeneumata›. Es wurde
umgeschaffen aus einem spätantiken griechisch-lateinischen Wörterbuch, in dem die griechischen Stichwörter außer acht blieben und
zu den lateinischen die althochdeutschen Übersetzungen hinzugefügt wurden. Vorher schon waren die ‹Hermeneumata› in England
bearbeitet worden, und angelsächsische Elemente sind deutlich in die
fuldische Arbeit eingegangen. Diese selbst ist nicht erhalten geblieben, läßt sich aber wenigstens teilweise rekonstruieren aus einer bearbeitenden Abschrift, dem sogenannten ‹Vocabularius Sancti Galli›,
einer Handschrift, die in St. Gallen verwahrt wird, aber vermutlich
im Kloster Reichenau entstand. In dem verlorenen fuldischen Original wurde also eine angelsächsische Arbeit unmittelbar nachgeahmt,
und so läßt diese erste für das Kloster Fulda nachweisbare gelehrte
Arbeit, wie nicht anders zu erwarten, den insularen Einfluß ganz
besonders deutlich erkennen. Er läßt sich auch in anderen fuldischen
Arbeiten nachweisen. Besonders wichtig ist in diesem Zusammenhang der althochdeutsche ‹Tatian›, die große Evangelienübersetzung, die um das Jahr 825 in Fulda entstand. Er verrät sehr starke
angelsächsische Beeinflussung (s. u. S. 176 ff), die durch das Wirken
des englisch gebildeten Hrabanus Maurus allein nicht erklärt werden kann, sondern vielmehr auf die im Kloster gepflegte Gelehrtensprache zurückgeführt werden muß. Daß diese aber um 825 noch so
ungemein stark die englischen Züge erkennen läßt, ist um so erstaunlicher, als nach dem Jahre 800 mit einer zweifelhaften Ausnahme
kein einziger angelsächsischer Mönch mehr im Kloster Fulda nachzu-

weisen ist. Die sprachliche Tradition, die ein Menschenalter später noch so stark nachwirkt, muß also schon im 8. Jahrhundert in Fulda begründet worden sein.

Den angelsächsischen Einfluß wird freilich auch HRABANUS MAURUS, dessen Bildung unter ALKUIN vollendet wurde, nicht verleugnet haben. Mit dem besten geistigen Rüstzeug seiner Zeit ausgestattet, begann er im Jahre 804 seine gelehrte Tätigkeit in Fulda. Sein wissenschaftliches Werk, weltliche wie theologische Gegenstände umspannend, beeindruckt allerdings mehr durch seinen erstaunlichen Umfang als durch seine Tiefe. Alles ist lateinisch geschrieben. Denn die Behauptung, daß er selbst eine Partie des althochdeutschen ‹Tatian› übersetzt habe, steht auf schwachen Füßen und läßt sich jedenfalls nicht beweisen. Seine Arbeiten bestehen zum größten Teil aus Kompilationen und Exzerpten älterer Werke, so seine Kommentare zur Genesis und zum Evangelium des Matthäus, die in der Hauptsache auf AUGUSTIN und BEDA VENERABILIS beruhen, oder eine Schrift ‚de Universo', d. h. ‚Über das Weltall' und etliche andere Werke, zu denen ISIDOR VON SEVILLA das Beste hergeben mußte. Immerhin schuf HRABAN damit sehr brauchbare Handbücher des weltlichen und geistlichen Wissens, die jahrhundertelang in Ansehen und Geltung blieben. Denn er hatte einen sicheren Blick für das praktisch Notwendige und Brauchbare in einer noch jungen Kulturgemeinschaft, die sich zunächst die Grundlagen der christlich abendländischen Bildung aneignen mußte und große Reichtümer altüberkommener Gelehrsamkeit zunächst summarisch kennenzulernen hatte.

Praktischen Zwecken dient auch sein im Jahre 819 vollendetes Werk ‚De Institutione Clericorum' (‚Über die Erziehung der Geistlichen'), und darin zeigt sich dieselbe Sorge um die umfassende Ausbildung der Geistlichkeit, wie sie KARL DEM GROSSEN am Herzen gelegen hatte. Ob HRABANUS den großen Kaiser persönlich gekannt hat, ist ungewiß. Mit seinen kulturpolitischen Bestrebungen mußte er durch ALKUIN jedenfalls voll vertraut sein, und er ist derjenige von ALKUINS Schülern, der sie am energischsten und — wie man sagen darf — voller Idealismus für das große deutsche Vorhaben des Herrschers in die Tat umgesetzt hat. Neben kleineren fuldischen Arbeiten wie der ‹Fuldaer Beichtformel› und vielleicht dem ‹Fränkischen Taufgelöbnis› ist vor allem die ‹Tatian›-Übersetzung die unmittelbare Frucht von HRABANS deutschem Wirken. Bei diesem Werk handelt es sich um eine sogenannte Evangelienharmonie, d. h. eine Zusammenstellung von Ausschnitten aus den vier Evangelien zu einem fortlaufenden Bericht über CHRISTI Leben und Wirken. Der Syrer TATIAN soll sie im 2. nachchristlichen Jahrhundert geschaffen haben. Im 6. Jahrhundert wurde sie ins Lateinische übersetzt. Vollständige Bibeln waren damals sehr selten, und selbst Handschriften des Neuen Testaments oder nur aller vier Evangelien waren rar und sehr teuer. Selbst die ‹Evangelienharmonie› war schon eine Kostbarkeit, und BONIFATIUS selbst — so will es die Klosterfama — soll die wertvolle lateinische ‹Tatian›-Handschrift nach Fulda mitgebracht haben. Dieses Werk also wurde auf Veranlassung HRABANS von einer Gruppe fuldischer Mönche in das Althochdeutsche übersetzt. Wir werden uns mit dieser Übersetzung noch unter verschiedenen Gesichtspunkten zu befassen haben. Es ist ein gelehrtes Werk, für den internen Gebrauch des Klosters und seiner Schule bestimmt. Daß aber hier ein umfangreiches Stück des Neuen Testaments in die deutsche Sprache übertragen wurde, stimmt ganz mit KARLS DES GROSSEN Bemühungen um die Erhebung des Deutschen zur christlichen Kultursprache überein. HRABAN hatte also die Anregungen des Herrschers aufgegriffen, und es ist zu bewundern, mit welcher Tatkraft er die schwierige und umfangreiche Übersetzung als Gemeinschaftsleistung fuldischer gelehrter Mönche ins Werk setzte und zu Ende führte. Aber HRABAN tat mehr. Zwei weitere Arbeiten stellen sich der gelehrten ‹Tatian›-Übersetzung an die Seite, beide das gleiche Thema behandelnd und beide zur christlichen Belehrung eines größeren Publikums bestimmt. Die eine ist der altsächsische ‹Heliand›, der sich altgermanischer epischer Formen bedient, allerdings zum Buchepos ausgeweitet, und in klangvollen, heimischen Stabreimen das Christusleben in seiner Heilsbedeutung kündet (vgl. Anhang IX). Den ‹Heliand› kann man etwa auf die Zeit um 840 datieren. Ungefähr ein Menschenalter später, kurz vor 870, legte OTFRID VON WEISSENBURG die Feder aus der Hand, nachdem er in einer wohl mehrere Jahrzehnte währenden Arbeit sein ‹Evangelienbuch› vollendet hatte. Auch er stellt, wie der ‹Heliand›, das Christusleben nach Art einer Evangelienharmonie dar, aber er wählt für sein neuartiges Vorhaben auch eine neue äußere Form, die gereimte Langzeile (vgl. die Probe im Anhang II, Nr. 8 und Anhang VIII). Er kann zuweilen farbig und anschaulich erzählen, wirkt aber weniger poetisch als der altsächsische Dichter. Das liegt einerseits an der neuen Form mit ihren Endreimen, die dem Dichter viele Schwierigkeiten bereiten. Vor allem aber nimmt OTFRID als Erzähler eine viel stärker reflektierende Haltung ein als der ‹Heliand›-Dichter. Es kommt ihm auf dogmatisch genaue Auslegung an; er zieht viele gelehrte Bibelkommentare zu Rate und legt großes Gewicht auf die geistliche oder allegorische Deutung des biblischen Berichts. Zwar wendet auch er sich an ein nichtgelehrtes Publikum. Aber anders als der ‹Heliand›-Dichter, der die biblische Erzählung für sich selbst sprechen läßt, möchte OTFRID erziehen und belehren. Beide Dichter aber greifen, je-

174

der auf seine Art, Anregungen auf, die nur von Fulda ausgegangen sein können. Von OTFRID ist bezeugt, daß er ein Schüler Fuldas war. Über den ‹Heliand›-Dichter, dessen Name nicht bekannt ist, fehlen alle biographischen Angaben. Aber nach dem ganzen Charakter seines Werkes muß es als sicher gelten, daß auch er in Fulda ausgebildet wurde. So wird hinter beiden Dichtungen die anregende Persönlichkeit des HRABANUS MAURUS sichtbar. Es war offenbar sein Programm, zunächst in der gelehrten ‹Tatian›-Übersetzung die Grundlage für eine Aneignung der Evangelien in deutscher Sprache zu schaffen und dann nach der Lösung dieser Aufgabe auch für die Verbreitung der biblischen Kunde im weiten Kreise der christlichen Gemeinde zu sorgen. So ist durch HRABANS Wirken das Kloster Fulda mehr als irgendein anderes deutsches Kloster der Karolingerzeit als die Pflanzstätte der aufblühenden deutschen Kultur in Erscheinung getreten.

Gelehrte angelsächsische Einflüsse

Unmittelbarer noch als aus den beiden Dichtungen erfaßt man den Geist der fuldischen deutschsprachigen Gelehrsamkeit im althochdeutschen ‹Tatian›. Denn dieses umfangreiche Werk will nichts anderes sein als eine sorgfältige, gelehrte Arbeit. Es dient dem Bibelstudium und einem möglichst genauen Verständnis des lateinischen Grundtextes. Zum Gebrauch im gelehrten Unterricht und bei der Ausbildung angehender Geistlicher ist es bestimmt, und nicht etwa zu erbaulicher Belehrung der christlichen Gemeinde. Dementsprechend enthält der Text auch sehr viel ausgesprochen gelehrtes Wortgut, freilich nur als eine Wortschicht neben vielen anderen. Daß man aus dem althochdeutschen ‹Tatian› verhüllte Auskunft über die Sprache der Missionare und Prediger, ja selbst über die unter Mönchen übliche Umgangssprache erhalten kann, über recht verschiedenartige Sprachschichten also, wurde bereits erörtert. Auch über die kirchliche Amtssprache finden sich Aufschlüsse, und selbstverständlich auch über die allgemeine Sprache des Volkes. Denn natürlich ist die Sprache der Gelehrten, wie jede andere Fachsprache, eingebettet in die gemeinübliche Verkehrssprache. Sie muß viele Hunderte von Ausdrücken verwenden, die auch der einfältigste Sprachgenosse kennt und gebraucht. Der gelehrte Ausdrucksschatz kommt immer nur zu dem allgemeinen als fachbestimmte Besonderheit hinzu. Es ist auch nicht etwa ‹Kirchensprache›, was uns im ‹Tatian› (und allen anderen Werken) entgegentritt, obwohl hier die Evangelien übersetzt werden. Denn selbst, wenn man den gesamten religiösen Wortschatz als kirchensprachlich betrachten wollte, so ist doch auch dieser wieder nur verstreut in einen viel weiteren, allgemeinsprachlichen Kontext eingelagert. Suchen wir also nach den Spuren einer Gelehrtensprache, so haben wir genauso eine Auswahl aus einem viel umfangreicheren Ganzen zu treffen wie bei der Herauslösung jeder anderen Sprachschicht. Im übrigen tun wir gut, in diesem Falle unter ‹Gelehrtensprache› nicht eine ausgesprochen fachlich gebundene Terminologie zu verstehen, sondern alles das, was nicht durch unmittelbare mündliche Übertragung von Mund zu Mund weitergegeben wird, solche Wörter und Wendungen also, die entweder zur Übersetzung des Lateinischen offensichtlich erstmalig geschaffen werden oder aber nur aus schriftlichen Vorbildern, d. h. aus schon vorliegenden gelehrten Arbeiten, übernommen sein können.

Im übrigen soll uns die Sprache der fuldischen Gelehrten im Augenblick nur so weit beschäftigen, als darin angelsächsische Traditionen bemerkbar werden. Wir stützen uns dabei auf die sehr gründliche Untersuchung des ‹Tatian›-Wortschatzes von ERICH GUTMACHER (L H 116) und wählen aus der von ihm aufgedeckten Fülle fuldisch-angelsächsischer Übereinstimmungen nur wenige instruktive Beispiele aus. Auf Gleichungen wie lat. *vespera hora* ‚abendliche Stunde‘: ahd. (Tat.) *âbandzît*, ae. *áefentíd* oder lat. *rex terrae* ‚König der Erde‘: Tat. *erdcuning*, ae. *eorthcyning* ist nicht allzuviel Gewicht zu legen, wenn sie auch innerhalb des Althochdeutschen nur im ‹Tatian› belegt sind. Das kann an den Zufällen der Überlieferung liegen, und Komposita dieser Art lassen sich aus germanischem Sprachgefühl überall leicht bilden. Solche Wörter könnten überall im Althochdeutschen vorkommen, und die Übereinstimmung des ‹Tatian› mit der englischen Überlieferung würde für sich allein in diesen Fällen noch nicht auf angelsächsische Beeinflussung schließen lassen. Schwerer wiegt schon lat. *domus orationis* ‚Haus des Gebets‘, das ae. durch *gebedhús* und genau so im ‹Tatian› durch *gibethûs* wiedergegeben wird. Andere deutsche Texte verwenden nicht dieses Wort, sondern *betabûr* (mit demselben Grundwort, das heute noch in Vogelbauer vorkommt und ‹Haus, Bau› bedeutet) und *betahûs*. Beide Wörter machen einen altertümlicheren Eindruck als das Wort des ‹Tatian›, vor allem weil sie noch das Bestimmungswort *beta* ‚Bitte‘ benutzen, das im ältesten Althochdeutsch auch den Bedeutungsbereich ‚Gebet‘ decken muß, bevor die Neubildung *gibet* geschaffen wird. Die ältesten Belege dieses Wortes finden sich im ‹Tatian›, im ‹Heliand› und bei OTFRID, also nur in den Denkmälern des Fuldaer Kreises; es wird also sowohl das Wort ahd. *gibet* zur Bezeichnung des religiösen Begriffes wie auch das Kompositum *gibet-hûs* aus angelsächsischen Anregungen stammen. Es wäre demnach *Gebet* schon unter den oben S. 165 ff erörterten Bereicherungen des deutschen allgemeinen Wortschatzes durch angelsächsische Einflüsse zu erwähnen gewesen, machte das Wort nicht einen ausgesprochen gelehrten Eindruck. Wir ziehen es daher vor, es nicht unter dem dort behandelten Wortschatz der Missionare, sondern an dieser Stelle unter den gelehrten Beeinflussungen zu erwähnen (wobei sich im übrigen zeigt, wie schwierig es ist, zwischen beiden Sprachsphären zu unterscheiden, so daß willkürliche Einteilungen nicht immer zu vermeiden sind).

Ahd. *âbanzît*, *erdcuning* und *gibethûs* sind Komposita, und diese lassen sich wie gesagt überall im germanischen Sprachbereich sehr leicht bilden. Trotzdem fanden wir bei *gibethûs* sichere Hinweise auf den angelsächsischen Ursprung, und das ist auch in den folgenden Beispielen der Fall. Nirgends im Althochdeutschen außer im ‹Tatian› kommt die Übersetzung lat. *pecunia*: ahd. *mietscaz* in der Sonderbedeutung ,Bestechungsgeld' vor. Gerade diese Bedeutung hat aber auch ae. *médsceath*. Hier hat die Überlegung, daß es sich nicht um eine gewöhnliche Geldzahlung (lat. *pecunia*: ahd. *scaz* = nhd. *Schatz*, ae. *sceath*) handelt, zu der besonderen Übersetzung geführt. Daß diese aber unabhängig an zwei Stellen gefunden worden wäre, ist durchaus nicht anzunehmen, so daß hier der angelsächsische Einfluß auf den ‹Tatian› sicher ist.

In Lucas 21, 25 ist lat. *confusio* zu übersetzen, das an dieser Stelle ,Aufruhr (der Elemente)' bedeutet. Dazu wählt der fuldische Übersetzer die gute Neubildung *githuor*, die nur aus ae. *gethweor* stammen kann. Beide Wörter gehören zu einem starken Verbum, das ahd. *dweran* lautet und ,umrühren' bedeutet. Ein weiteres Beispiel ist das graecolateinische *parasceue*, das mehrmals im ‹Tatian› durch *frigetag* ,Freitag' übersetzt wird, wie es auch in anderen althochdeutschen Texten üblich ist. An einer Stelle im ‹Tatian› heißt es aber *garotag* (zu ahd. *garo* ,bereit'), und das entspricht in der möglichst genauen Wiedergabe der griechischen Wortbedeutung ,Vorbereitung(stag zum Sabbat)' einem ae. *gearwung-daeg*. Die Wortbildung des althochdeutschen ‹Tatian› weicht freilich vom Englischen ab, trotzdem aber ist die angelsächsische Anregung zu dieser im Althochdeutschen sonst nicht versuchten Übersetzung nicht zu leugnen. Dasselbe gilt für die Übersetzung des graecolateinischen *paracletus* ,Tröster'. Die Angelsachsen haben hier die Übersetzung ae. *frófregást* gefunden, und diese ist in das Althochdeutsche des ‹Tatian› genau als *fluobargeist* übertragen worden. Dabei beweist die selbständige Wortbildung in ahd. *garotag* und *fluobargeist*, daß es sich keineswegs um einfache Entlehnung von englischen Wörtern handelt. Sie wurden vielmehr auf englische Anregung hin aus deutschem Sprachmaterial neu gebildet. Der eigene geistige Anteil der Fuldaer Mönche bei der Übernahme dieser Ausdrücke ist also nicht zu verkennen.

Alle althochdeutschen Übersetzer sehen sich zu künstlicher Neubildung von Wörtern gezwungen, vor allem wegen der sehr zahlreichen Abstrakta des Lateinischen, denen die germanischen Sprachen nur wenig Hergebrachtes entgegenzusetzen haben. Neue Wörter auf -*î* (lat. *misericordia*: ahd. *armherzî*), *-ida (laetitia : frawida), -unga (temptatio : korunga,kostunga)*, Bildungen auf *-heit* und *-tuom* und viele andere müssen diesen Dienst leisten (vgl. o. S. 84 ff). Im Kloster Fulda werden nun in weit größerem Umfange als in jeder anderen sprachschöpferisch tätigen deutschen Bildungsstätte zum Zwecke der Abstraktbildung neue Wörter auf *-nessi* geschaffen (nhd. *-nis*, z. B. in lat. *tenebrae* : nhd. *Finsternis*, ahd. im ‹Tatian› und einigen anderen fränkischen Denkmälern *finstarnessi*, sonst meist ahd. *finstrî*). Dieser fuldische Brauch entspricht genau einer angelsächsischen Wortbildungsgewohnheit. Wenige Beispiele genügen: lat. *tristitia* ‚Traurigkeit' : ae. *gedréfnes*, Tat. *gitruobnessi*, sonst ahd. *gitruobida, unfrawida* und andere; lat. *redemptio* ‚Erlösung', ae. *álýsnes*, Tat. (mit anderer Vorsilbe) *arlôsnessi*, ahd. sonst *urlôsida, urlôsî, irlôsunga* und viele andere Übersetzungsversuche; lat. *magnitudo* ‚Größe' : ae. *micelnes*, Tat. *mihhilnessi*, sonst ahd. *mihhilî, mihhilida*; lat. *pulchritudo* ‚Schönheit' : ae. *faegernes*, Tat. *fagarnessi*, ahd. sonst selten *fagarî*, meist *scônî, scônida*; lat. *immunditia* ‚Unreinheit' : ae. *unsýfernes*, Tat. *unsûbarnessi*, sonst ahd. *unsûbrî, unsûbrida, unsûbarheit*. Mehrere Dutzend gleichartiger Beispiele ließen sich anführen, und bei vielen anderen Arten der Wortbildung liegen die Verhältnisse ähnlich. Immer wieder geht die ‹Tatian›-Übersetzung in ihrer Wortbildung mit dem Altenglischen gegen die sonstige althochdeutsche Überlieferung zusammen.

Am sinnfälligsten wird das durch ein paar Einzelbeispiele erwiesen, die GUTMACHER gefunden hat. Die alten Übersetzer mußten sich weidlich mit so schwierigen Begriffen wie lat. *iustificare* ‚rechtfertigen' und *vivificare* ‚beleben' plagen. Es gibt interessante freie Übersetzungsversuche wie *iustificare*: ahd. *gibezzirôn* ‚bessern' und *giwirden* ‚in würdigen Zustand versetzen'. *Vivificare* wird, ausgehend von den Adjektiva lat. *vivus*: ahd. *queck* ‚lebendig', von ungezwungenen Übersetzern durch *irquicken* ‚lebendig machen' wiedergegeben, was aber wohl auch damals schon eher in der Bedeutung ‚erfrischen' verstanden wird und daher zur Wiedergabe des christlichen Inhalts nicht recht geeignet ist. Künstlich gebildet, aber den lateinischen Bedeutungen Rechnung tragend, sind ahd. *garehtsamôn, rehthaftôn, rehthaftigôn* für *iustificare*, und *lîbhaftôn, lîbhaftigôn* für *vivificare*, wobei man wissen muß, daß ahd. *lîb* nicht nur den ‚(lebendigen) Leib', sondern vor allem auch ‚Leben' bedeutet. Adjektiva auf *-haft*, Verba auf *-haftôn, -haftigôn* sind bei den althochdeutschen Übersetzern zur Wiedergabe gewisser Gruppen von Abstrakta weit verbreitet. Nur Fulda macht auch hier eine Ausnahme. Im althochdeutschen ‹Tatian› werden vielmehr *iustificare, vivificare* durch *rehtfestigôn* und *lîbfestigôn* wiedergegeben, was in keinem anderen althochdeutschen Text vorkommt, aber sein genaues Vorbild an ae. *liffaestan* hat. Diese fuldisch-angelsächsische Übereinstimmung ist um so auffälliger, als im ‹Tatian› die zu dieser Gruppe gehörenden Adjektiva nicht nach angelsächsischer Weise auf -*festi*, sondern in Übereinstimmung mit den sonstigen deutschen Übersetzungen auf -*haft* gebildet werden. Im ‹Tatian› kommen vor *heithaft* („priesterlich', lat. *sacerdos, sacerdotalis*), *nôthaft* („gebunden', lat. *vinctus*), *namahaftô* („namentlich', lat. *nominatim*), *skînhaft* („glänzend' zu *skîn* „Schein, Glanz', lat. *splendens*) und *unliumunthaft* („verleumdet', lat. *diffamatus*). Das sind lauter Neubildungen nach deutschem Übersetzerbrauch; dieser war den fuldischen Mönchen also gut bekannt. Man muß daher annehmen, daß *iustificare*, ein theologisch schwieriger Begriff, dazu *iustificatio*: Tat. *rehtfestî* (sonst ahd. *reht, rehtunga*) wie auch *vivificare* in der gelehrten Disputation Fuldas eine Rolle gespielt haben und daß man sich dafür die altenglischen Fachwörter zu eigen gemacht hat.

Spuren der angelsächsischen Mitwirkung an der Schaffung einer deutschen Übersetzungskunst, das heißt aber: an der Aneignung der lateinischen Bibel- und Bildungssprache, lassen sich auch andernorts feststellen, z. B. in Würzburg, dessen Bischofssitz von Bonifatius begründet wurde, aber auch in bairischen und alemannischen Klöstern. Jede Hilfe bei der schwierigen Aufgabe der Eindeutschung lateinischer Sprachinhalte muß um die Wende des 8. zum 9. Jahrhundert hochwillkommen gewesen sein, und Brauchbares hat sich rasch verbreitet, wie ja auch die sehr schnelle Aufnahme von *der heilago geist* (s. o. S. 168) beweist. Nirgends aber ist der angelsächsische Einfluß so stark und so eindeutig nachweisbar wie in Fulda. Es kann nicht anders sein, als daß er sich dort seit den Tagen des Bonifatius und des ersten Abtes Sturm gefestigt und dann lange fortgewirkt hat, auch nachdem der Zustrom angelsächsischer Mönche versiegt war. Wieviel an neuen Impulsen dann von Hrabanus Maurus aus seinem vertrauten Umgang mit Alkuin in die fuldischen Schul- und Schreibstuben mitgebracht wurde, wird sich niemals ermitteln lassen. Was er aber etwa brachte, kann doch nur die bereits vorhandene angelsächsische Tradition verstärkt haben. Jedenfalls wurde diese nicht erst durch Hraban begründet.

Was soeben an dem besonders deutlichen Beispiel des Klosters Fulda gezeigt wurde, gilt auch für viele andere Klöster und Bischofssitze. Gelehrte Bemühungen um die Aneignung lateinischer Bildung lassen sich an sehr vielen Stellen nachweisen, und keineswegs allein unter angelsächsischem Einfluß. Man muß auch an ein Weiterwirken der irischen Bestrebungen, in Baiern vor allem auch an langobardische Einflüsse denken, und zur Zeit KARLS DES GROSSEN gibt es auch schon eine recht eigenständige Ausbildung des deutschen gelehrten Tuns, woher immer die ersten Anstöße dazu gekommen sein mögen. Bildungsstätten innerhalb der Mainzer Kirchenprovinz fanden sich in Mainz selbst, dem Sitz des Erzbischofs, ferner auch an den Bischofssitzen Konstanz, Augsburg und Würzburg, die zur Erzdiözese Mainz gehörten. Für die Arbeit an deutschen Texten sind in dieser Kirchenprovinz außer Fulda noch die Klöster Lorsch, Weißenburg im Elsaß, wo OTFRID wirkte, dazu die hochberühmten alemannischen Klöster St. Gallen und Reichenau und weiter im Bistum Augsburg das Kloster Wessobrunn zu nennen. Auch das Kloster Murbach im Elsaß, das seiner Lage nach zur Kirchenprovinz Besançon gehörte, aber engste Beziehungen zur Reichenau unterhielt, muß hier erwähnt werden. In der Kirchenprovinz Salzburg waren die Bischofssitze Salzburg, Regensburg und Freising Stätten frühen literarischen Strebens, dazu die Klöster Tegernsee und Mondsee sowie St. Emmeram in Regensburg. Aus den Erzdiözesen Köln und Trier sind aus althochdeutscher Zeit nur vereinzelte Zeugnisse einer Bemühung um die deutsche Sprache auf uns gekommen, und das muß uns daran erinnern, daß unsere Kenntnisse über die althochdeutschen Bildungsstätten im allgemeinen nur spärlich sind und daß gewiß an vielen Orten wichtige gelehrte Arbeit geleistet wurde, von der die Nachwelt mangels schriftlicher Überlieferung nichts mehr weiß. In späterer Zeit traten zu den genannten Stätten viele weitere Bischofssitze und Klöster in den gelehrten Wettbewerb ein; sie hier zu erwähnen, ist nicht erforderlich, da sie in der althochdeutschen Zeit noch keine nachweisbare Rolle spielten.

Es ist sehr schwierig, sich von der gelehrten Tätigkeit der klösterlichen Schreibstuben und von ihren Beziehungen zueinander ein zutreffendes Bild zu machen. Besonders für die Anfangszeit der deutschsprachigen Literatur ist man fast ganz auf Rekonstruktionen und Vermutungen angewiesen. Die gelehrten Mönche begannen um das Jahr 750 ihre Arbeit an der deutschen Sprache mit der Schaffung lateinisch-deutscher Wörterbücher, sogenannter Glossare. Von einem derartigen Werk, den ‹deutschen Hermeneumata›, war oben S. 172 schon die Rede. Diese Arbeit muß in Fulda entstanden sein, und sie wird auf angelsächsische Anregung zurückgehen, weil auf der Insel schon vorher dasselbe Wörterbuch ins Altenglische übertragen worden war. Aber die Sprache zeigt bairische Dialektmerkmale, die man wohl auf die mit dem ersten Abt gekommenen bairischen Mönche zurückzuführen hat. Das Originalwerk ist nicht erhalten geblieben. Nur Teile davon finden sich in einer Abschrift, die bald nach dem Jahre 800 in Fulda entstand, die aber nach dem Aufbewahrungsort der Handschrift als ‹Kasseler Glossen› bezeichnet wird. Mehr von der ursprünglichen Arbeit ist in den oben S. 172 schon erwähnten Vocabularius Sancti Galli› eingegangen, eine Glossenbearbeitung, die höchstwahrscheinlich im Kloster Reichenau vorgenommen wurde, aber dann in die St. Galler Klosterbibliothek geriet. Dieser Vocabularius hat aber, von selbständigen Zutaten abgesehen, auch andere Glossenhandschriften als Vorlagen benutzt, und keineswegs alles, was auf der Reichenau bearbeitet wurde, stammte aus angelsächsischem Einflußbereich. Auch bairische Quellen, die letztlich auf langobardische Ursprünge zurückgehen, waren in der Reichenau bekannt.

In der gleichen Kasseler Handschrift, die die Hermeneumata-Glossen enthält, findet sich auch ein recht altertümlicher Text, den man als ‹Exhortatio ad plebem Christianam›, eine ‹Mahnrede an das christliche Volk›, bezeichnet. Darin wird die Gemeinde aufgefordert, das Glaubensbekenntnis und das Vaterunser zu erlernen und zu behalten. Danach wird vor allem den Taufpaten ans Herz gelegt, auch ihre Patenkinder in diesen Stücken zu unterweisen und so zur Befestigung des Christentums beizutragen. So entspricht diese Mahnrede ganz genau dem von KARL DEM GROSSEN entworfenen christlichen Kulturprogramm, und auch der lateinische Text wird auf fränkischem Boden, wenn auch nicht notwendig auf später deutschem Gebiet entstanden sein. In der Kasseler Handschrift, die wie gesagt aus Fulda stammt, ist der althochdeutsche Text neben den lateinischen auf die in zwei Spalten geteilten Seiten geschrieben. Eine zweite Handschrift, ebenfalls aus dem Anfang des 9. Jahrhunderts, wurde in Freising geschrieben; hier stehen der lateinische und der althochdeutsche Text links und rechts auf den gegenüberliegenden Seiten des Pergamentbandes. Beide Handschriften enthalten übereinstimmende Fehler, und das beweist, daß sie aus der gleichen schon fehlerhaften Vorlage abgeschrieben sein müssen. Auch in diesem Falle muß das uns verlorene Original schon vor dem Jahre 800 in Fulda entstanden sein, und auch dieses hatte schon bairische Dialektmerkmale, die nur von den frühen Fuldaer Mönchen herrühren können.

In Freising, dessen gelehrte Beziehungen zu Fulda durch diese Handschrift bewiesen werden, entstand aber noch vor der Anknüpfung dieser Verbindungen das überhaupt älteste Werk, von dem wir Kunde haben, der sogenannte althochdeutsche ‹Abrogans› (vgl. die Textprobe im Anhang III). Auch dieser ‹Abrogans› ist ein Wörterbuch. Die Vorlage war ein spätantikes lateinisches Synonymenwörterbuch zum Gebrauch der auf Abwechslung in ihrem Stil bedachten Rhetoren. Unter einem Stichwort sind hier gleichbedeutende seltene, poetische oder altertümliche Wörter gesammelt, die zum Schmuck der lateinischen Rede dienen konnten. Es war ein seltsames Unternehmen, solche feinen Bedeutungsunterschiede in ein Deutsch zu übertragen, das noch kaum geeignet war, auch nur die Hauptbegriffe sinnrichtig nachzubilden. Schon das erste lateinische Stichwort dieses Wörterbuches (nach dem es seinen heutigen Titel hat), nämlich *abrogans* in der spätlateinischen Bedeutung ‚um Verzeihung bittend, reumütig‘ ist durch ahd. *aotmot* ‚demütig‘ nur ungefähr sinnrichtig wiedergegeben, und danach fehlt dem deutschen Bearbeiter zur Wiedergabe von lat. *humilis* ‚demütig‘ dieses deutsche Wort, so daß er mit *samftmoat* ‚sanftmütig‘ wieder zu einem nur annähernd richtigen Notbehelf greifen muß. Das letzte lateinische Stichwort unserer Textprobe, *clandestinum*, bedeutet hier eindeutig, wie die Synonyma beweisen, ‚heimlich‘. Dem bairischen Mönch aber war die Heimlichkeit, das heimliche Tun als Sünde und als Verstoß gegen Mönchsregel und Klosterdisziplin bekannt. Daher übersetzt er es mit *uuitharzoami* ‚unziemlich‘, wozu dann die Synonyma natürlich nicht mehr passen. Unter den Synonyma findet sich hier lat. *occultum*, das freilich als Substantiv gebraucht werden kann, aber hier, wie die Umgebung beweist, als Adjektiv ‚dunkel, verborgen‘ gemeint ist. Das erkannte der Bearbeiter nicht, und anstatt des Adjektivs *tunkal* ‚dunkel‘ wählte er daher das Substantiv *tunclî* ‚Dunkelheit‘ zur Übersetzung. Es wäre allzu billig, über solche Unzulänglichkeiten zu spotten. Man muß daran vielmehr die ungeheure Schwierigkeit ermessen, mit der diese Pioniere einer deutschen Literatursprache zu kämpfen hatten. Sicher war der deutsche Bearbeiter des ‹Abrogans› ein kluger und gelehrter Mann; aber seine Muttersprache war noch so wenig entwickelt, daß sie den Spitzfindigkeiten einer spätantiken, raffinierten und manchmal schwülstigen Stilkunst unter gar keinen Umständen gewachsen sein konnte. Desto bemerkenswerter ist der zähe Eifer des Mannes, der sich nicht daran genügen läßt, etwa vorkommende lateinische Texte schlecht und recht in sein Althochdeutsch zu übersetzen, sondern der sich sagt, wer übersetzen wolle, müsse die Wörter dazu haben, und sich deshalb daran macht, diesen Wortschatz als Grundlage des Übersetzens zu schaffen. Die Anregung zu dieser Arbeit geht, wie GEORG BAESECKE (LH 126) nachgewiesen hat, auf den Bischof ARBEO VON FREISING (Bischof von 764 bis 783) zurück, der für seine lateinischen Schriften, um seinen Stil zu schmücken, selbst den lateinischen ‹Abrogans› zu Rate gezogen hat. ARBEO, in einem langobardischen Kloster erzogen, stand sichtlich unter südlichem Kultureinfluß. Es ist aber nichts von langobardischen Glossenarbeiten oder überhaupt von einer gelehrten Bemühung um die langobardische Sprache bekannt. Trotzdem kann es derartiges gegeben haben. Gingen also der bairischen Arbeit entsprechende langobardische Vorbilder voraus? Oder kamen die Anregungen zum althochdeutschen ‹Abrogans› letztlich doch auch von den Angelsachsen? BONIFATIUS hatte, schon bevor der ‹Abrogans› entstand, auch in Baiern die kirchlichen Verhältnisse geordnet, und STURM war nicht sein einziger Schüler, der aus Baiern stammte. Gab es also irgendeine gemeinsame geistige Grundlage, die in Freising zum ‹Abrogans› und in Fulda zu den ‹Hermeneumata› führte?

Solche Fragen lassen sich, jedenfalls beim heutigen Stande der Forschung, nicht beantworten. Nur daß weithin zwischen den Klöstern Beziehungen bestanden, ist gewiß. Aus der Mitte des 9. Jahrhunderts sind durch glückliche Umstände sogar einmal die Träger solcher Beziehungen bekannt. In Fulda wurde unter HRABAN der Niedersachse ausgebildet, der den ‹Heliand› dichtete. Man denkt sich den Dichter als Mönch in irgendeinem sächsischen Kloster (genauere Lokalisierungsversuche sind fehlgeschlagen) an seinem poetischen Werk. Auch der Rheinfranke OTFRID war in Fulda erzogen worden; in sein Heimatkloster Weißenburg zurückgekehrt, schrieb er das ‹Evangelienbuch›. Das fertige Werk widmete er neben anderen zwei einstigen fuldischen Mitschülern, den Alemannen HARTMUT und WERINBERT in St. Gallen, deren erster als Abt von St. Gallen hohes wissenschaftliches Ansehen genoß und der die Bibliothek seines Klosters nach Kräften mehrte. Mancher fuldische Codex mag für die St. Galler Bibliothek abgeschrieben worden sein. WALAHFRID STRABO kam aus dem Kloster Reichenau, wo er erzogen war, zu weiterer Ausbildung zu HRABANUS MAURUS nach Fulda. Ob er in den Jahren 826 bis 829, während deren er in Fulda studierte, die Vorgenannten kennengelernt hatte, bleibt unsicher. Aber auch er kehrte, reich an gelehrtem Wissen, aus Fulda zurück. Nach einer Zwischenzeit als Prinzenerzieher am Kaiserhofe nahm ihn das Kloster Reichenau wieder auf, dessen Abt er bis zu seinem Tode im Jahre 849 war. Sein kurzgefaßter Kommentar zur gesamten Bibel, die sogenannte ‹Glossa Ordinaria›, stand während des ganzen Mittelalters in hohem Ansehen und war weit verbreitet. Und auch er, der zu schöpferischer Arbeit befähigt war wie kaum einer seiner Zeitgenossen, hat es nicht verschmäht, sich mit der Abfassung althochdeutscher Glossen abzugeben. Damit zollte WALAHFRID der Tradition seines alemannischen Klosters den schuldigen Tribut. Denn um nochmals auf den ‹Abrogans› zurückzukommen: Diese altbairische Glossenarbeit ist nicht im Original erhalten. Sie muß aus drei alemannischen Bearbeitungen rekonstruiert werden, deren eine in St. Gallen, deren zweite auf der Reichenau entstand. Die dritte, jetzt in Paris verwahrt, hat sich bislang nicht lokalisieren lassen. Ferner lieferte der ‹Abrogans› viele Bausteine zu einem um das Jahr 790 in Regensburg geschaffenen Glossar, das als ‹Samanunga› bezeichnet wird. Auch diese Sammlung ist im Kloster Reichenau und seinem Tochterkloster Murbach weiterbearbeitet worden. Denn in diesen beiden Klöstern fand die Glossenarbeit ihre ganz besondere Pflegestätte. Reichenauer und Murbacher Arbeiten gingen dann auch wieder nach Baiern zurück und wurden z. B. in den Klöstern Tegernsee und Mondsee fruchtbar. Die wichtigsten dieser Austauschbewegungen vollziehen sich aber schon im 8. und zu Beginn des 9. Jahrhunderts, und wir kennen aus dieser frühen Zeit kaum Namen wie die späteren der HRABANUS-Schüler, an die man diesen Austausch anknüpfen könnte. Nur daß die deutschen Bildungsstätten schon sehr früh in lebhaftem geistigen Verkehr untereinander standen, ist sicher.

Schwieriger noch als Verkehrsbeziehungen zu entwirren, ist es, den geistigen Anteil der an der deutschen Bildung beteiligten Mächte zu sondern. Was entspringt eigenem Antrieb, und wozu kommt der Anstoß von außen? Angelsächsische Antriebe sind wenigstens zum Teil bekannt. Aber auch die Iren hatten eine schon hochentwickelte Wissenschaft, und auch sie werden Anregungen gegeben haben, die weiterwirkten. Langobardische Impulse, in denen von ferner Gotisches nachklingen mag, sind ebenfalls festzustellen. Und sicher haben nicht zuletzt, obwohl von der Forschung weniger als die fremden Einflüsse beachtet, auch die Anstöße aus den germanisch sprechenden Teilen des Westfrankenreichs ihre Rolle gespielt, ganz abgesehen von der lateinischen Gelehrsamkeit und der lateinischen Tradition der Schulen, die das ganze Abendland verbindet. In dem regen geistigen Austausch zwischen den einzelnen deutschen Bildungsstätten, von dem die Überlieferungsgeschichte der althochdeutschen Sprachdenkmäler Kunde gibt, erhalten sie alle ihren Anteil an den mannigfachen Bildungs- und Geistesgütern, die auf so verschiedenen Wegen erworben wurden.

Die Klöster und die althochdeutsche Literatur

Hier ist nicht der Ort, ausführlicher auf die Geschichte der althochdeutschen Literatur einzugehen. Statt dessen sei auf die ausgezeichnete Literaturgeschichte von Helmut de Boor (LH 124) und auf das unentbehrliche, umfangreiche Werk von Gustav Ehrismann (LH 123) hingewiesen. Wohl aber ist es erforderlich, den Blick auf den Anteil zu lenken, den die Klöster daran haben. Allerdings bleibt die Zuordnung mancher Literaturwerke zu bestimmten Klöstern unsicher oder ist gar unmöglich. So ist z. B. das ehrwürdigste Denkmal altgermanischer Stabreimdichtung, das ‹Hildebrandlied›, zwar in Fulda auf zwei leere Seiten eines lateinischen Codex eingetragen worden; aber natürlich ist diese heroische Dichtung nicht dort, noch überhaupt in irgendeinem Kloster entstanden. Sie wurde von einem Dichter germanischer Prägung und nicht von einem Geistlichen geschaffen. Vielleicht ist sie langobardischen Ursprungs, aber auch das steht nicht fest.

Fuldische Entstehung hat man dagegen für zwei sehr alte Stabreimdichtungen christlichen Inhalts angenommen, den Anfang eines Schöpfungsgedichtes, das irreführend als ‹Wessobrunner Gebet› bezeichnet wird, und das Bruchstück einer Dichtung vom Weltuntergang, ‹Muspilli› genannt. Das erste hat sicher, das andere vermutlich angelsächsische Vorbilder; beide sind nicht Originale, sondern Abschriften in bairischer Mundart. Wurden sie etwa in Freising abgeschrieben, und entstanden die Originaldichtungen wirklich in Fulda? Viele Vermutungen sind darüber angestellt worden, aber nachzuweisen ist beides nicht. Daß allerdings der altsächsische ‹Heliand› zwar nicht in Fulda entstand, wohl aber aus dem fuldischen Geiste stammt, ist sicher. Mit den vorgenannten beiden Gedichten hat er die Form des germanischen Stabreims gemein, und eben dies ist auch die Form der ältesten christlichen Dichtung der Angelsachsen, zu der die beiden kleineren Gedichte zudem auch deutliche Inhaltsbeziehungen haben. Stammt also der schöpferische Gedanke, die heidnisch-heimische Form mit neuem christlichen Inhalt zu erfüllen, von den Angelsachsen? Oder fanden deutsche Dichter selbständig den Weg zu christlicher Dichtung in heimischem Gewande? Vieles spricht für die angelsächsische These und damit auch für fuldische Vermittlung. Denn was sonst noch an althochdeutscher Stabreimdichtung erhalten ist, sind außer dem ‹Hildebrandlied› nur die beiden ‹Merseburger Zaubersprüche›. Sie atmen noch heidnischen Geist und sind kostbare Überreste einer Vergangenheit, die in christlicher Zeit nicht weiter gepflegt werden konnte. Von hier führen keine Brücken zum Weltschöpfungs- und Weltuntergangsgedicht noch auch zu dem altsächsischen Heilandsleben.

Es kommt hinzu, daß diese christlichen Stabreimdichtungen im deutschen Sprachgebiet ganz ohne Nachfolge blieben. Auch das spricht gegen eine feste Verwurzelung in der heimischen Tradition. Die althochdeutsche Epoche sah sich vor ganz andersartige, noch nie erprobte Aufgaben gestellt und beschritt zunächst, fern aller Poesie, äußerst mühselige Wege, die nur langsam in lichtere Höhen führten, in denen auch die Dichtung wieder schüchtern die Schwingen regen konnte. Die ersten Anfänge dieser Entwicklung haben wir soeben dargestellt, die Übertragungen eines griechisch-lateinischen Wörterbuchs und einer lateinischen Synonymensammlung. Die Hartnäckigkeit, mit der dabei alle Widerstände mißachtet wurden, zeugt von dem tiefen Ernst dieser Arbeiten. Um sich des lateinischen Bildungsgutes zu bemächtigen, mußte man es übersetzen, und um das zu können, bedurfte man der Wörter und der hinter ihnen stehenden Begriffe, die im Deutschen meistenteils noch gar nicht vorhanden waren. Sie zu schaffen, war die erste Aufgabe, die sich deutsche Gelehrte setzten.

Weniger grundsätzlich werden ähnliche Aufgaben in den etwa gleichzeitig beginnenden ältesten Glossierungen angefaßt. Sie dienen unmittelbar praktischen Zwecken und stehen in engstem Zusammenhang mit den lateinischen Texten, mit denen sich die Geistlichkeit in Wissenschaft und Lehre zu befassen hatte. Es sind deutsche Übersetzungswörter, die in die lateinischen Codices eingetragen wurden. Seltener stehen sie am Rande als Marginalglossen (lat. *margo, marginis* ‚der Rand‘), in der Regel sind sie als Interlinearglossen über das lateinische Wort geschrieben, das sie übersetzen sollen; sie stehen dann *inter lineas*, ‚zwischen den Zeilen‘. Vor allem ist es der Text der Bibel, der auf solche Weise deutsch glossiert wird. Viele Glossen gibt es auch zu den sogenannten Canones, den Konzilsbeschlüssen der alten Kirche, wodurch das Interesse an kirchenrechtlichen Fragen bewiesen wird. Der kirchlichen Praxis dienen unter anderen die Glossen, die den Predigten GREGORS DES GROSSEN und der ‹Cura Pastoralis›, seinem Seelsorge-Handbuch, zu deutschsprachigem Verständnis verhelfen sollen. Früh schon werden auch die in den Schulen studierten lateinischen Schriftsteller deutsch glossiert, vor allem VERGIL, ARATOR, PRUDENTIUS und der Philosoph BOETHIUS. Manchmal werden dabei sogar Geheimschriften verwendet, damit der Schüler, der mit seinem Lehrer denselben Codex benutzt, keine Übersetzungshilfe erhält. Das Geheimsystem ist freilich recht einfach; meistens besteht es nur darin, daß anstatt der Vokale eines Wortes jedesmal der nächstfolgende Konsonant gesetzt wird. Das kann zu sehr merkwürdigen Schriftbildern führen. So steht z. B. geheimschriftlich *xxbbb* für *uuâba* ‚die Wabe‘. Aber die Schüler werden damals nicht weniger pfiffig gewesen sein als heutzutage und haben vermutlich das System rasch durchschaut.

Daß die Glossenarbeiten während des ganzen Mittelalters fortgesetzt wurden und daß sich von den ältesten Wörterbüchern, die teils alphabetisch, teils nach sachlichen Gesichtspunkten geordnet waren, eine ungebrochene Traditionskette bis zu unseren heutigen Wörterbüchern und Lexika spannt, sei nur am Rande erwähnt. Aus der Fülle der althochdeutschen Glossen gehen wenigstens die Canones- und die Gregorglossen wieder auf angelsächsische Anregung zurück. Damit ist aber noch nicht bewiesen, daß sie ihren deutschen Ursprung in Fulda gehabt hätten. Wir erwähnten ja bereits den Anteil mancher anderer Klöster an den ältesten Glossenarbeiten. Es ist nur nochmals zu betonen, daß von allen deutschen Bildungsstätten das Kloster Reichenau mit seiner Tochtergründung Murbach am eifrigsten und am längsten an der Sammlung, Bearbeitung und Neuschaffung von Glossen und Glossensammlungen tätig war.

Um gleich beim Kloster Reichenau zu bleiben: Wenn die Glossierungen sich zu einer Übersetzung jedes einzelnen Wortes verdichten, so entstehen die sogenannten Interlinearversionen, zwischenzeilige Übersetzungen, die also einen fortlaufenden Begleittext über dem lateinischen Grundtext darstellen. Die älteste Interlinearversion, die erhalten geblieben ist, besteht in umfangreichen Bruchstücken einer althochdeutschen ‹Benediktinerregel›, und diese Übersetzung ist wohl noch vor dem Jahre 800 auf der Reichenau entstanden (vgl. Anhang V). Auch eine interlineare Übersetzung ambrosianischer Hymnen entstand bald nach der ‹Benediktinerregel› im Kloster Reichenau. Man bezeichnet sie nach dem Fundort der Handschrift als ‹Murbacher Hymnen›; aber dort wurde die ursprüngliche Reichenauer Sammlung von 21 Hymnen nur noch um sechs weitere Stücke vermehrt.

Von vielen wird Murbach auch als die Heimat der althochdeutschen ‹Isidor›-Übersetzung angesehen; doch ist diese wohl weiter westlich, im westfränkischen Sprachgebiet, entstanden. Es handelt sich um eine Übersetzung der von Bischof ISIDOR VON SEVILLA († 636) verfaßten Streitschrift ‹Über den christlichen Glauben gegen die Juden›, ein stilistisch schwieriges theologisches Werk, das mit bewundernswerter Sprachgewandtheit ins Althochdeutsche übertragen wurde. Die Übersetzung muß etwa zur gleichen Zeit wie die der ‹Benediktinerregel› geschaffen worden sein, atmet aber einen völlig anderen Geist (s. u. S. 202 ff). Hier ist der deutsche Text völlig frei und fast unabhängig vom lateinischen Vorbild gestaltet worden. Es handelt sich auch nicht um eine Interlinearversion, sondern der deutsche Text ist in einer besonderen Spalte neben den lateinischen gestellt. Im Kreise dieses großen Übersetzers entstanden — vermutlich als Schülerarbeiten — auch die Originalübersetzungen, deren bairische Abschriften in den Monseer Fragmenten erhalten geblieben sind. Sie enthalten neben kleineren theologischen Stücken vor allem eine Übersetzung des ‹Matthäus-Evangeliums› (vgl. Anhang VI), nicht von gleicher Sprachbeherrschung zeugend, aber doch eine sehr anerkennenswerte Leistung freier Übersetzerkunst. Ob die Abschrift (das Original ist verloren) im Kloster Mondsee oder an anderer Stätte in Baiern gefertigt wurde, ist nicht ermittelt. Der althochdeutsche ‹Isidor› und die ‹Monseer Fragmente› sind wichtige Zeugnisse dafür, daß schon in der Zeit um 800 der Versuch gemacht wurde, gelehrte theologische Schriften in deutscher Sprache zu verbreiten, was ganz gewiß im Einklang mit dem Kulturprogramm KARLS DES GROSSEN stand.

Im übrigen sind in der Zeit um die Jahrundertwende in erster Linie Texte für den praktischen kirchlichen Gebrauch geschaffen worden, auch diese durch Übersetzung lateinischer Vorlagen. Taufgelöbnisse, Glaubensbekenntnisse, Übersetzungen des ‹Vaterunsers› (Anhang II) und anderer Gebete sowie Beichtformulare entstanden in dieser Zeit. Die Klöster Fulda, Lorsch, Weißenburg, Reichenau, St. Gallen, St. Emmeram sowie die Bischofssitze Mainz, Würzburg, Regensburg und Freising sind an diesen frühen Arbeiten beteiligt. Auf Einzelangaben müssen wir hier verzichten. In Mainz könnte auch die verlorene Vorlage einer sehr alten altsächsischen ‹Psalmen›-Übersetzung verfaßt sein, die in Bruchstücken erhalten geblieben ist. Daneben gibt es auch altalemannische Psalmenbruchstücke (vgl. Anhang VII). Ob auch diese auf eine Mainzer Vorlage zurückgeführt werden dürfen oder ob sie unabhängig davon in einem alemannischen Kloster entstanden sind, ist nicht aufgeklärt.

Das vierte der größeren Werke, nach der ‹Benediktinerregel›, dem ahd. ‹Isidor› und der ‹Monseer Matthäusübersetzung›, führt wieder in das Fulda des HRABANUS MAURUS. Es ist der schon wiederholt erwähnte althochdeutsche ‹Tatian›, um 825 geschaffen, auch dieser eine einigermaßen strenge Interlinearversion. Daß die fuldischen Bemühungen um die ‹Evangelienharmonie› auch die Anregung zum ‹Heliand› und zu OTFRIDS ‹Evangelienbuch› gaben, wurde ebenfalls bereits dargestellt.

OTFRIDS Werk, im elsässischen Kloster Weißenburg kurz vor 870 vollendet, ist die letzte Frucht des karolingischen, von HRABAN tradierten Geistes. OTFRID schuf sich eine neue christliche Ausdrucksform, indem er in seinem großen Werk von mehr als 7400 Langzeilen den Endreim zum Formprinzip machte. Man pflegt die umstürzende Neuerung des Endreims, der hier zum ersten Male in einer großen deutschen Dichtung als Kunstmittel verwendet wurde, auf gereimte lateinische Hymnenverse zurückzuführen. Doch mag außerdem auch an irische Einwirkungen zu denken sein. Denn auch in sehr alter irischer Dichtung kommt der Endreim vor, und die irischen Traditionen waren in Südwestdeutschland zur Zeit OTFRIDS noch lange nicht erloschen. In Otfrids Feder, reichlich hundert Jahre nach dem Einsetzen der christlichen althochdeutschen Literatur, ist die junge Sprache des deutschen Christentums erstmalig reif und reich genug geworden, um wieder einer Dichtung dienen zu können, einer theologischen Dichtung freilich, die schwer befrachtet mit Wissensgut und mit dem heißen Bemühen um eindringliche Belehrung gravitätisch einherschreitet. Sie enthält aber doch nicht wenige Stellen, an denen der poetische Geist sich frei entfaltet.

Es mag wohl sein, daß, wie de Boor (LH 124, S. 77 ff) neuerdings wieder stark betont, die Reihe von kleineren Dichtungen, die zwischen 870 und 900 zu datieren sind und die den Endreim verwenden, unter formaler Einwirkung Otfrids gestanden hat. Da ist vor allem das ‹Ludwigslied› (s. o. S. 79) zu nennen, das 881/882 gedichtet wurde, ein Preislied auf den damals regierenden Herrscher des Westfrankenreiches. Es dürfte eher in Westfranken als in Rheinfranken entstanden sein, und obwohl es stark christlich geprägt ist, läßt sich nicht behaupten, daß der Verfasser ein Geistlicher war. Klösterlicher Herkunft dagegen und wahrscheinlich um 896 auf der Reichenau verfaßt ist das ‹Lied auf den Heiligen Georg› (s. o. S. 77). Dem Kloster Reichenau pflegt man auch das bald nach dem ‹Georgslied› geschaffene kleine biblische Gedicht von Christus und der Samariterin zuzuschreiben. Eine poetische Übersetzung des 138. Psalms könnte ins Alemannische, und dann wohl nach St. Gallen weisen; aber die allein erhaltene Abschrift wurde im bairischen Freising gefertigt, und es ist nicht unmöglich, daß die schwachen alemannischen Spuren täuschen und auch das Original schon nach Freising gehört.

Die Literaturdenkmäler, die hier natürlich nur ganz knapp erwähnt werden konnten, lassen erkennen, daß in den ersten anderthalb Jahrhunderten des schriftlichen Gebrauchs der deutschen Sprache die Übersetzungsliteratur das Feld beherrscht. Die Übersetzungen, zu allererst nur in einzelnen Glossen bestehend, entwickeln sich rasch weiter zu vollständigen Interlinearversionen. Nebenher geht eine freiere Übersetzerkunst, die in der isidorischen Gruppe einen frühen Höhepunkt erreicht, dann aber bald der Interlineartechnik weichen muß. Aber auch diese endet, sofern man nur die größeren Werke im Auge hat, schon um das Jahr 825 mit dem althochdeutschen ‹Tatian›. (Immerhin sei angemerkt, daß Interlinearversionen auch in mittelhochdeutscher Zeit noch vorkommen.) Die Dichtung der zweiten Jahrhunderthälfte zeigt dann, welcher poetisch freien Entfaltung die junge deutsche Sprache schon fähig ist, wirkt aber in ihrer geistigen Haltung wie späte Ernte und Nachklang einer schon untergegangenen Zeit. Denn nach den kräftigen Anregungen Karls des Grossen, die zu der ersten Blüte geführt hatten, verstummte die deutsche Sprache noch einmal vollständig. Schon unter LUDWIG DEM FROMMEN (814 bis 840) hatte sich wieder die strengere geistliche Richtung durchgesetzt, die nur das geheiligte Latein gelten ließ. In dieser dem karlischen Streben genau entgegengerichteten Kulturströmung wirken das Werk OTFRIDS und die kleineren Dichtungen vom Ende des 9. Jahrhunderts unzeitgemäß als letzte Regungen einer großen, schon vergangenen Zeit, und danach wird die deutsche Literatur noch einmal für fast ein ganzes Jahrhundert zum Schweigen gebracht.

Aus diesem Schweigen werden Literatur und Sprache erst durch NOTKER VON ST. GALLEN erlöst, der — kaum vor dem Jahre 970, also hundert Jahre nach OTFRID — zum ersten Male wieder in deutscher Sprache zu schreiben wagt. Er ist ein hochgelehrter Schulmann und schreibt zum Nutzen seiner Zöglinge. Werke aus dem Schulunterricht, die ‹Bucolica› des VERGIL, eine Komödie des TERENZ, des MARCIANUS CAPELLA Lehrbuch der Sieben Freien Künste, lateinische Aristotelesübersetzungen des BOETHIUS, auch dessen ‹Trost der Philosophie› hat er ins Deutsche übersetzt, dazu die Psalmen und das Buch Hiob mit GREGORS DES GROSSEN Kommentar. Nicht alles ist erhalten geblieben. Aber was wir besitzen, zeigt deutlich NOTKERS Methode. Er gibt keine einfache Übersetzung, sondern fügt — aus Kommentaren schöpfend — fortlaufend auch inhaltliche Erklärungen zu den übersetzten Stellen, wobei oftmals Übersetzung und Erklärung zu unauflösbarer Einheit verschmelzen (s. Anhang X). Oftmals läßt er auch die lateinischen Begriffe, die seinen Schülern schon bekannt sind oder die als Fachausdrücke gelten, unübersetzt. So entstehen eine Mischprosa und ein Stil, der dann auch weiterhin in frühmittelhochdeutscher Zeit noch weiter geflegt wird.

Nachdem die deutsche Sprache nach OTFRID noch einmal völlig verstummt war, erscheint NOTKERS Schaffen wie ein neuer Anfang. Und so hat es der große Pädagoge auch selbst empfunden. In einem Brief an den Bischof HUGO VON SITTEN, geschrieben kurz vor 1017, dem Jahre, in dem der Bischof starb, begründete NOTKER sein Unternehmen. (Wir geben sein schwieriges Latein in der Übersetzung von GUSTAV EHRISMANN, LH 123, S. 412 f): ‹... Denn es müssen die kirchlichen Bücher, und diese in erster Linie, in der Schule gelesen werden ... Da ich wollte, daß unsere Schüler Zugang zu diesen hätten, wagte ich etwas bis dahin fast Unerhörtes *(rem paene inusitatam)* zu unternehmen. Nämlich lateinische Schriften versuchte ich in unsere Sprache zu übersetzen und ... aufzuhellen.› Für die Schule also hat er nach seinem eigenen Zeugnis geschrieben und bezeichnet dies als etwas ganz Neuartiges. Aber er erkennt doch auch den Vorteil, der für den voll ausgebildeten Gelehrten im Gebrauch der Muttersprache liegt. Er empfiehlt dem Bischof einige seiner Werke zur Lektüre und fährt fort: ‹Ich weiß, daß Ihr am Anfang davor zurückschrekken werdet als vor etwas Ungewohntem. Aber nach und nach werden sie (die Bücher) Euch wohl annehmbar werden, und Ihr werdet eher imstande sein, sie zu lesen und zu verstehen, da man in der Muttersprache schneller begreift, was man in einer fremden Sprache entweder kaum oder nicht völlig begreifen kann.› Hier hat NOTKER am Ende der althochdeutschen Zeit klar ausgesprochen, was auch die vorhergehenden Jahrhunderte schon empfunden haben: Latein, wiewohl die Verkehrssprache der geistlichen Gelehrten, bleibt doch immer eine Fremdsprache, und immer besteht die Gefahr, das in ihr Ausgesagte ‹nicht völlig zu begreifen›. Um sich die fremde Geisteswelt ganz zu eigen zu machen, muß man sie der eigenen Muttersprache einbilden. Solange man sich in der fremden Sprache bewegt, die niemandem gänzlich vertraut werden kann, bleibt man immer auf verhältnismäßig schmalen Pfaden des Verständnisses. Erst in der eigenen Sprache, in die man hineingeboren ist und die man daher voll beherrscht, weiten sich die Felder des Verständnisses. Da ruft ein Gedanke mühelos den anderen hervor, klingen bei jedem Wort die Assoziationen und Beziehungen an, können das Sprechen und das Denken wirklich aus dem Vollen schöpfen. Das hat selbst der große NOTKER, wie gelehrt er auch war und wie vorzüglich er auch das Lateinische beherrschte, doch deutlich empfunden und in seinem Brief an den gelehrten Freund zum Ausdruck bringen wollen.

NOTKER VON ST. GALLEN, geboren um das Jahr 950, Mönch und Schulhaupt im Kloster St. Gallen und dort am 29. Juni 1022 gestorben, ist der hervorragendste Meister der deutschen Sprache, den die althochdeutsche Zeit zu den Ihren zählt. Ausgestattet mit einer umfassenden Bildung, mit scharfem Verstand und mit künstlerischem Feingefühl, hat er seine deutsche Sprache auf eine Höhe gehoben, wie sie bis dahin nicht erreicht worden war. Alles, was er geschaffen hat, entstand in tiefgründiger Auseinandersetzung mit der lateinischen Literatur, sei es nun mit der klaren, sehr differenzierten Sprache eines Philosophen wie BOETHIUS, mit dem trockenen, aber in einem oft schwülstigen, asianischen * Stil vorgetragenen Lehrbuchwissen des MARCIANUS CAPELLA oder mit der in ihrer frommen Ungelenkheit oft sehr schwer verständlichen Sprache der lateinischen Bibel. NOTKER besitzt ein höchst entwickeltes Unterscheidungsvermögen für die leisesten Bedeutungsnuancen der lateinischen Wörter, die sich ja — wie in

---

* Über die Begriffe ‹asianisch, Asianismus› vgl. ausführlich GUSTAV RENÉ HOCKE, Manierismus in der Literatur. rde Bd. 82/83, S. 12 f passim. (Anm. d. Red.)

jeder anderen Sprache — immer erst aus dem Zusammenhang ergeben, in dem sie geäußert werden. Was aber mehr ist: Mit einer
bewundernswerten, auch in späteren Jahrhunderten nur ganz selten
und nur von den besten Köpfen erreichten Treffsicherheit weiß er
diese Bedeutungsunterschiede auch in seinem Deutsch feinfühlig zum
Ausdruck zu bringen (vgl. LH 158—161). Kein anderer althochdeutscher Autor verfügt über einen so umfangreichen und so differenzierten Wort- und Ausdrucksschatz wie der St. Galler Gelehrte. Er ist
in seiner vollkommenen Sprachbeherrschung der eigenen Zeit um
Jahrhunderte voraus, und erst auf der Höhe der höfischen Literatur
um das Jahr 1200 finden sich — auf anderem sprachlichen Felde —
wenige hervorragende deutsche Dichter, deren Ausdrucksfähigkeit
sich mit NOTKERS Werk messen kann.

Gern macht NOTKER von dem ererbten deutschen Wortschatz Gebrauch, wo dieser für seine Aussageabsichten ausreicht. Aber er
scheut sich auch nicht, wie es Gelehrte von Anfang an getan hatten,
neue Wortbildungen zu wagen, wo er nur auf diesem Wege zu angemessener Wiedergabe der lateinischen Wortinhalte gelangen kann.
Seiner Neubildungen sind sogar sehr viele. Sie unterscheiden sich
aber von mancherlei gelehrtem Machwerk dadurch, daß sie immer aus
einem sicheren Gefühl für die Möglichkeiten der deutschen Sprache
geschaffen werden. Niemals beleidigen sie das Sprachgefühl. Daher
wirken sie im allgemeinen so echt, daß ein unbefangener Beobach-
ter sie kaum als Neuwörter erkennt. Zur gleichen Zeit sind sie aber
auch begrifflich so scharf gefaßt und so eindeutig definierbar, daß
man hier zum ersten Male von der Schaffung einer klaren wissenschaftlichen Terminologie in deutscher Sprache reden darf, selbst
wenn man einräumt, daß in NOTKERS Mischprosa viele lateinisch
schon bestimmte Termini unübersetzt bleiben. Es blieben doch nur
allzu viele abstrakte Begriffe übrig, die NOTKER mit neu geschaffenen
deutschen Wörtern zu bezeichnen hatte.

Man muß freilich anerkennen, daß NOTKERS außerordentliche
sprachschöpferische Leistung nicht aus dem Nichts hätte entstehen
können. Dazu gehörten Jahrhunderte der Vorbereitung. In harter
Mühsal und schweren Schrittes hatten seit 750 Missionare und Gelehrte, Glossatoren und Übersetzer den Ackerboden bereitet, hatten
die Furchen gezogen, hatten die Saat gelegt, die NOTKER pflegen und
deren reiche Frucht er ernten konnte. In seinem Werk erweist sich,
daß die Qual der Anfänge nicht umsonst gewesen war. Auf einem
langen, schweren Wege war die Muttersprache in den Stand gebracht,
das aufzunehmen und auszudrücken, ‹was man in einer fremden
Sprache entweder kaum oder nicht völlig begreifen kann›. Darum
die Wörterbücher, darum die Glossen, darum die Interlinearversio-

nen! Darum auch die Mühen und Mahnungen KARLS DES GROSSEN und seiner Ratgeber, und darum alle die emsige Arbeit vieler geistlicher Gelehrter, die die Enge der Klosterstuben mit der weiten Welt des Geistes füllten.

XI. ALTHOCHDEUTSCHE ÜBERSETZUNGEN

Da die althochdeutsche Literatur zu ihrem größten und wichtigsten Teil in Übersetzungen besteht oder doch, wie etwa OTFRID, der Übersetzung sehr nahe kommt und jedenfalls den Zusammenhang mit lateinischen Vorlagen niemals verleugnet, ist aus der Beobachtung der Übersetzungstechnik mancherlei Einblick in das Sprachgeschehen zu gewinnen. Noch einmal wenden wir uns unter diesem neuen Gesichtspunkt den im Anhang II abgedruckten Übersetzungen des ‹Vaterunsers› zu.

Die Übersetzungen des Vaterunsers

Eine wie schwierige Aufgabe das Übersetzen anfangs war, ersieht man schon aus etlichen Ungeschicklichkeiten und dem fehlerhaften *sanctificetur* : *wîhi* unseres ältesten Textes (Nr. 4). Denn als Fehler muß die Wiedergabe des lateinischen Passivs *sanctificetur* ‚geheiligt werde‘ durch das althochdeutsche Aktiv *wîhi* ‚heilige (deinen Namen)‘ doch wohl gelten, obwohl erst kürzlich wieder ein Rettungsversuch unternommen wurde (LH 154). Man kann dem frühen St. Galler Übersetzer nicht soviel Geistesfreiheit zutrauen, daß er den Text des heiligsten der Gebete, gelehrte Kommentare heranziehend und selbständig auslegend, willentlich geändert hätte. Er hat vielmehr einfach die lateinische Form, die möglicherweise in seiner Vorlage mit einer Abkürzung für -*ur* oder -*tur* geschrieben war, nicht richtig erkannt. Das darf man um so sicherer behaupten, als sich auch in dem zugehörigen, doch wohl von dem gleichen Übersetzer geschaffenen ‹St. Galler Credo› unzweifelhafte Fehler finden. Da ist zum Beispiel *creatorem* ‚den Schöpfer‘ mit *kiscaft* ‚Schöpfung, Geschöpf‘ übersetzt, also mit *creaturam* verwechselt, und *sub Pontio Pilato* ‚unter Pontius Pilatus‘ wird durch *in kiuualtiu Pilates* ‚in der Gewalt des Pilatus‘ wiedergegeben; der Übersetzer hat also irgendwie an lat. *potentia* ‚Macht, Gewalt‘ gedacht. Auch übersetzt der St. Galler Mönch *remissio peccatorum* ‚Vergebung der Sünden‘ durch *urlâz suntîkero* ‚Vergebung der Sündigen‘, setzt also einen Nominativ *peccator* ‚Sünder‘ voraus, während hier natürlich von *peccatum* ‚Sünde‘ auszugehen ist. Solche Fehler, die man heute einem Lateinschüler nicht verzeihen würde, kommen in der Frühzeit des Übersetzens überall vor, und man darf nicht einmal nur die schlechten Lateinkenntnisse dafür verantworlich machen. Die Fehler können auch durch Ratlosigkeit gegenüber der eigenen Sprache erklärt werden. Ein Passiv wie *sanctificetur* war im damaligen Deutsch gar nicht üblich, und nicht wenige Übersetzer haben Schwierigkeiten mit der Wiedergabe solcher Formen. Den Begriff ‚Schöpfer' gab es im Deutschen nicht. Von gewandteren Übersetzern wurde er durch Neubildungen wie ahd. *scepho* oder *scephâri* wiedergegeben, aber man kann es dem noch unerfahrenen St. Galler Bearbeiter der frühen Zeit nicht verübeln, wenn er froh war, durch *kiscaft* wenigstens ein Wort gefunden zu haben, das in die Sphäre des lateinischen Vorbildes hineinreichte. Immer wieder muß man sich die unendliche Mühsal dieser Anfänge klarmachen und hat zu bedenken, daß Übersetzungsfehler überall vorkommen. Nicht wenige finden sich im althochdeutschen ‹Tatian›, der doch der besten deutschen Schule entstammt, und selbst der souveräne Schöpfer der ‹Isidor›-Übersetzung kann gelegentliche Fehler nicht ganz vermeiden. Sie sind in einigen wenigen Fällen sogar noch NOTKER unterlaufen.

Im übrigen ist es nicht immer fehlerhaft, wenn der St. Galler Übersetzer des ‹Vaterunsers› vom lateinischen Text abweicht. Wenn er den lateinischen Plural *in coelis* durch den Singular *in himile* wiedergibt, so folgt er seinem deutschen Sprachgefühl, ebenso wie der ‹Tatian›-Übersetzer und NOTKER es tun, während die anderen Texte nach lateinischem Muster bei dem undeutschen Plural verharren. (An der zweiten Stelle *sicut in coelo* hat auch der lateinische Text den Singular.) Das *debita nostra*, das LUTHER mit dem Singular ‚unsere Schuld' übersetzt, wird nur in dem poetischen Text OTFRIDS durch den Singular wiedergegeben. Das erlaubt die Frage, ob der Plural aller anderen deutschen Texte gutes Deutsch ist oder unter dem Zwang des lateinischen Vorbildes steht. Es ist in diesem Zusammenhang nicht zu übersehen, daß im gotischen ‹Vaterunser› entgegen dem griechischen und dem lateinischen Wortlaut an dieser Stelle ein Nebensatz eingeführt wird: *thatei skulans sijaima* ‚daß wir Schuldner sind'. WULFILA ist hier offenbar gutem germanischen Sprachgebrauch gefolgt und hat sich gescheut, das schlichte Gebet des Herrn mit einer künstlichen Abstraktbildung zu verunstalten. Dagegen haben wie die althochdeutschen auch die altenglische und die altsächsische Version den Plural ‚Schulden', und man darf annehmen, daß in den westgermanischen Sprachen dieses Wort und sein Gebrauch nach dem lateinischen Vorbild neu eingeführt wurden.

Auch das *(libera nos) a malo* gab den Übersetzern Probleme auf. Denn im Althochdeutschen war es noch nicht sprachüblich, Adjektiva zu substantivieren (‚übel — das Übel'). Trotzdem beugen sich die Texte 4, 6, 7 und 9 dem lateinischen Vorbild. Die beiden altbairischen Texte 5 a und 5 b folgen dagegen ihrem deutschen Sprachgefühl, indem sie frei übersetzen: *fona allêm suntôm*. Auf andere Weise hilft sich der Dichter des ‹Heliand›, der mit seinem *widar allun ubilon dâdiun* zwar das *a malo* berücksichtigt, es aber als Adjektiv verwendet. OTFRID endlich entgeht der Schwierigkeit durch die poetische Lizenz freier Übertragung.

Auch die lateinische Syntax macht den Übersetzern zu schaffen. Ganz regelmäßig werden die lateinischen Imperative *da, dimitte, libera* auch althochdeutsch als Imperative wiedergegeben. Es gibt aber im Lateinischen keinen negierten Imperativ, dieser muß vielmehr konjunktivisch umschrieben werden; daher lat. *ne inducas nos* ‚du mögest uns nicht (hinein)führen'. Im Deutschen ist diese Umschreibung nicht üblich, und ihrem eigenen Sprachgefühl folgend übersetzen die Texte 4 bis 6 mit dem Imperativ *ni unsih firleiti* o. ä. Der althochdeutsche ‹Tatian› und NOTKER haben dagegen *ni gileitêst unsih, ne leitest dû unsih* und verwenden den Konjunktiv wie die lateinische Vorlage. Der Wiener Notker-Bearbeiter (Nr. 9 b) scheint diesen Konjunktiv nicht mehr verstanden zu haben; sein *leitist* dürfte als Indikativ aufzufassen sein und ist dann fehlerhaft.

Bei dem Relativsatz *qui es in coelis* bereitet den Übersetzern die Beziehung auf die zweite Person Schwierigkeiten. Bei dem mit ahd. *dû* eingeleiteten Satz wird in 4 und 5 a nicht einmal durch die Wortstellung das Nebensatzverhältnis angedeutet, was in 6 und 9 geschehen ist. Der ‹Tatian› (Nr. 7) ist in der glücklichen Lage, durch eine im nördlichen Sprachbereich mögliche Verbindung des Pronomens mit *thar* das Relativverhältnis auszudrücken, ähnlich wie es im altenglischen und im altsächsischen Text durch *the* geschieht. OTFRID umgeht auch hier die Schwierigkeit, und der jüngere bairische Text (Nr. 5 b) wendet den Relativsatz in die dritte Person, was wohl dem damaligen deutschen Sprachgefühl am besten entspricht. Es bedeutet aber ein Abweichen von der lateinischen Grundlage, und man darf sich die Überlegungen und Gewissensbedenken nicht gering vorstellen, denen ernsthafte Übersetzer eines so wichtigen Textes angesichts solcher Schwierigkeiten gegenüberstehen.

Die Übersetzung des *sanctificetur* durch *giwîhit (giheilagôt) sî* oder *werde* steht auf einem anderen Blatt. Hier handelt es sich um die erst im Entstehen begriffene Bildung eines deutschen Passivs. Die Zusammensetzung mit *werde* (Nr. 5 b, 9 a, b) ist die jüngere Form, die sich nur langsam durchsetzt. Wenn aber der Dichter OTFRID die Passivumschreibung an dieser Stelle meidet und wenn das nicht etwa nur aus metrischen Gründen geschieht, so wäre es denkbar, daß auch die ältere Zusammensetzung mit *sî* für ein feines Gehör noch einen befremdlichen Klang hat.

Auch die Wortwahl macht in der frühen Zeit große Schwierigkeiten. Wir haben dabei nicht den Unterschied zwischen Südwörtern wie *giwîhit, korunga* und Nordwörtern wie *giheilagôt, kostunga* im

Auge, sondern z. B. die Übersetzung von lat. *panem* ‚Brot'. Mit ahd. *brôt* übersetzen Nr. 4, 6, 7 und 9. Aber das Wort wird damals noch nicht leicht in dem erweiterten Sinne von ‚Nahrung' verstanden. Gerade erst durch die Vaterunserübersetzungen erhält es allmählich diese Nebenbedeutung. Weil aber *brôt* von einem naiven Sprachverständnis nur in seiner eigentlichen, engen Bedeutung aufgefaßt wird, wählt der ‹Heliand› lieber *râd* ‚Vorrat, Bedarf', OTFRID *zuht* ‚Nahrung' und die beiden bairischen Texte (5 a, b) *bilîbi*. Das gehört zu *lîb* ‚Leib, Leben' und bedeutet etwa ‚das zum Leben Notwendige'. Die Übersetzer sehen sich bei *panem* vor der Schwierigkeit, entweder wörtlich zu übersetzen, damit aber den übertragenen (metaphorischen) Gebrauch des lateinischen Wortes auch der eigenen Sprache abzuverlangen, oder aber hinter der lateinischen Metapher die eigentliche Meinung aufzusuchen und diese in der Übersetzung durch ein angemessenes Wort wiederzugeben. Dann müssen sie aber vom lateinischen Wortlaut abgehen.

Beide Möglichkeiten werden erprobt, wie die Texte zeigen. Dabei fällt es auf, daß NOTKER, der ungewöhnlich feinfühlige Übersetzer, doch in den meisten Fällen sehr nahe bei dem lateinischen Vorbild bleibt. Man darf aus seinem Verhalten den Schluß ziehen, daß viele der erörterten Schwierigkeiten in den ersten drei Jahrhunderten der Übersetzertätigkeit schon überwunden sind. Da frühere Übersetzer in ihrer weit überwiegenden Mehrzahl die Nähe zum lateinischen Wortlaut jeglichem freien Übersetzen vorgezogen haben, hat sich das deutsche Ohr allmählich an die anfangs noch fremden Klänge gewöhnt. Man empfindet *fone ubele* und *brôt* in seiner übertragenen Bedeutung nicht mehr als fremd. Sonst hätte gerade NOTKER diese Übersetzungen gewiß nicht gebilligt. Auch an unseren geringen Proben ist daher schon recht deutlich zu erkennen, wie einschneidend das lateinische Vorbild das altdeutsche Sprachgefühl beeinflußt haben muß.

Aber die Wandlungen des Denkens, die schon dieses schlichte Gebet erfordert, gehen noch viel tiefer. Die Aufgabe ist mit der angemessenen Übertragung lateinischer Wörter und syntaktischer Formen bei weitem nicht erfüllt. Eine Revolution der ganzen germanischen Vorstellungswelt war erforderlich, damit das ‹Vaterunser› (das wir hier stellvertretend für alle christliche Verkündigung betrachten) überhaupt nur verstanden werden konnte. Allerdings hat sich diese Revolution in den langen Jahrhunderten germanischer Berührung mit dem Christentum bereits vorbereitet und zum großen Teil auch schon vollzogen. Aber überall, wo heidnischen Germanen das Christentum neu gepredigt wurde, auf deutschem Boden also z. B. durch die irische und die angelsächsische Mission, mußte sich dieses revolutionierende Umdenken erneut ereignen. Was bedeutet es allein, das vorher nur irdisch bezogene Wort *Vater* auf den Herrn der Schöpfung anwenden und ihn als *unser Vater* anreden zu dürfen! Denn die Vorstellung eines Vatergottes, eines himmlischen Vaters aller Menschen, war dem Germanen völlig fremd gewesen. Und dann dieses *in coelis* : *in himile*! In der germanischen Mythologie hatte es über Midgard, dem Schauplatz menschlichen Lebens und Wirkens, nur Asgard gegeben, den Bereich der Götter (Asen), einen ‹Lebensraum›, aber kein ‹Reich›. Als *Himmel* dagegen hatte man nur das gewölbte, sichtbare Sternenzelt bezeichnet. Welchen Bedeutungswandel muß also das ahd. Wort *himil* durchmachen, um — nach lateinischem Vorbild — zugleich auch den Himmel der Christen bezeichnen zu können, und welcher tief einschneidende Wandel der Vorstellungen steht dahinter, wenn jetzt *himil* und *erda* (einst nur ‚der feste Erdboden‘) als Komplemente verstanden werden sollen wie vorher Asgard und Midgard! Danach sagt das Gebet: *veniat regnum tuum: queme rîhhi dîn*, und man muß lernen, dieses Himmelreich nicht mehr als einen Bezirk *(gard)* aufzufassen, sondern als ein mächtiges, geordnetes, von einem Herrscher gelenktes Staatswesen *(rîhhi)* nach Analogie des irdischen christkaiserlichen Imperiums, dessen Wesen selbst zu verstehen schon schwierig genug war.

Konnte man hier aber noch an sinnliche Vorstellungen und an eigene Erfahrungen anknüpfen, und konnte man, wie oben am Beispiel *panis : brôt* gezeigt, den übertragenen Wortgebrauch durch Gewöhnung verstehen lernen, so häuften sich die Schwierigkeiten bei Begriffsbezeichnungen, für die es gar keine Anknüpfungen in der eigenen Vorstellungswelt gab. Wie schwer mußte es sein, verbale Vorstellungen wie lat. *dimittere* ‚vergeben‘ (eigentlich ‚entlassen, wegschicken‘) oder gar *sanctificare* richtig aufzufassen und angemessen wiederzugeben. Ebenso steht es mit *peccatum* ‚Sünde‘ und *debitum* ‚Schuld‘, und wenn lat. *temptatio* ‚Versuchung‘ durch *korunga, kostunga* wiedergegeben wird, so sind das neugebildete, ungewohnte Ableitungen von *korôn, kostôn*, die beide ‚prüfen, erproben‘ bedeuten. Der altdeutsche Hörer mußte also zunächst *temptatio* als ‚Erprobung‘ begreifen. Das kann aber ebenso ‚Bewährung‘ wie ‚Verleitung‘ bedeuten, und es bedarf genauer Belehrung, damit der neu eingeführte Begriff richtig verstanden wird. Mit dem einfachen ‹Übersetzen› ist es also weder hier noch sonst irgendwo getan. Das ist nur der Anfang; es stellt die deutschen Wörter bereit, alte und viele neu gebildete, deren christlichen Inhalt man erst in mühsamer, zäher Geistesarbeit erfassen und anderen vermitteln kann. Hinter dem Übersetzen steht in der althochdeutschen Periode zu jeder Zeit, besonders aber am Anfang, die viel schwierigere Aufgabe einer umwälzenden Neuorientierung des gesamten Denkens.

Was in jenen frühen Jahrhunderten an der deutschen Sprache geschah, kann man nur voll erfassen, wenn man die alten Übersetzungen mit demselben Ernst zu würdigen versucht, mit dem sie einst geschaffen wurden. Da mußte anfangs um jedes einzelne Wort gerungen werden, und erst ganz allmählich entsteht auf diese Weise eine Tradition, die dem Späteren die Aufgabe erleichtert — solange er in gewohnten Bahnen bleibt. Nachdem das ‹Vaterunser› zweieinhalb Jahrhunderte lang wieder und wieder übersetzt worden war, mochte es NOTKER nicht mehr schwerfallen, einen eingängigen Wortlaut zu finden, und mit seiner ‹Psalmen›-Übersetzung mag es ihm ähnlich ergangen sein. Denn auch hier konnte er sich auf die Erfahrungen von zwei Jahrhunderten stützen. Neuland betrat er aber mit der Übersetzung des MARCIANUS CAPELLA oder von BOETHIUS' ‹Trost der Philosophie›, und hier war erst er selbst es, der mit der philosophischen Fachsprache, die er im ‹Boethius›, und der philologischen, die er im ‹Marcianus› entwickelte, kommenden Generationen neue muttersprachliche Bereiche erschloß. Wie NOTKER, baute aber auch vor ihm schon jeder Übersetzer auf bereits Vorhandenem auf und fügte Neues hinzu, was dem nächsten wieder eine breitere Grundlage gewährte.

Es wäre auch allzu einfach, von der Höhe des durch die Mühen vieler Generationen heute Erreichten aus die ersten, mühseligen Anfänge zu bespötteln, etwa die Unbeholfenheit des althochdeutschen ‹Abrogans›, die wir bereits oben S. 182 f charakterisiert haben. Natürlich erkennen wir heute auf den ersten Blick, daß jenes *clandestinum* nur ‚heimlich' bedeuten kann, aber wir werden auch nicht durch den Sprachgebrauch der mittelalterlichen Mönche abgelenkt, die das Wort nur in der Bedeutung ‚ungebührlich' verwendeten. Und Überlegung steckt auch in den anderen Übersetzungen. Man weiß z. B., daß *remotum* zu *movere* ‚bewegen' gehört, und das heißt ahd. *ruoren*. Auch das Partizip ist erkannt und mit *cahroarit* ‚gerührt, bewegt' formal richtig wiedergegeben. Die Zusammensetzung *re-motum* ‚fort-bewegt' weiß dieser älteste Übersetzer mit den ihm verfügbaren sprachlichen Mitteln allerdings noch nicht auszudrücken, und wer *clandestinum* mit ‚ungebührlich' übersetzt, kann natürlich nicht erkennen, daß lat. *remotum* ein Synonym zu ‚heimlich' ist und daher an dieser Stelle die Sonderbedeutung ‚entfernt, abgelegen (und daher verborgen)' haben muß.

In einem Wörterbuch, wo der erhellende Textzusammenhang fehlt, sind Mißverständnisse, Schiefheiten und Fehler selbst beim heutigen Stande des sprachlichen Wissens kaum zu vermeiden. Wer wollte sich also anmaßen, den Schöpfer des allerersten deutschen Wörterbuches zu tadeln? Wo aber der Grundtext gegeben ist, da wissen auch die alten Glossatoren und Übersetzer recht wohl ihre Ausdrücke zu wählen. Gleich das *latens* des ‹Abrogans› kann das beweisen. Es gehört als Partizip zu lat. *latere* ‚verborgen sein‘, und dieses Wort kann verschiedene Bedeutungen haben. Der Verfasser des althochdeutschen ‹Abrogans›, der es mit *caporgan* ‚geborgen, verborgen‘ übersetzt, bringt darin das Geschütztsein in der Verborgenheit zum Ausdruck (zu ahd. *bergan* ‚bergen, schützen‘). Aber im Textzusammenhang ergeben sich Bedeutungsschattierungen. So wird *latere* Gen. 35,22 und Num. 5,13 von einer Sünde gebraucht, die verborgen bleibt, und das wird von althochdeutschen Glossatoren, die ihre Übersetzung über das lateinische Wort im Bibeltext schreiben, sinnrichtig durch *ward farholan* ‚wurde verheimlicht, blieb verhohlen‘ wiedergegeben. In diesem Sinne wird *firholan wesen* auch von OTFRID (zu Luc. 8, 47) und frühmittelhochdeutsch von WILLIRAM (zu Cant 4, 1 und 3) gebraucht. Dagegen bedeutet *latere* in Jos. 2, 8 und 10, 17 ‚auf der Lauer liegen‘, und dies wird in zwei althochdeutschen Glossenhandschriften einmal als *losghêdon* ‚sie lauschten‘ und einmal als *lûzênde* ‚lauernd, horchend‘ genau sinnrichtig übersetzt. Man begnügt sich also keineswegs mit ‹Standardübersetzung›, etwa mit dem einmal gefundenen *giborgan wesan* für *latere*, so wie wir in der Schule *virtus : Tugend* lernten und dann überall, wo *virtus* vorkam, in unserer Unerfahrenheit *Tugend* setzten, unbekümmert darum, ob es in den Zusammenhang paßte oder nicht. Wo ein Textzusammenhang es erlaubte, den genauen Wortsinn zu erkennen, waren vielmehr die althochdeutschen Übersetzer auch schon vor NOTKER redlich bemüht, durch die Wahl des passenden Ausdrucks dem Sinnzusammenhang gerecht zu werden. Auch hier ist NOTKER nur Vollender, nicht etwa Schrittmacher auf einem erst von ihm entdeckten Wege.

Greifen wir aus der Fülle von Beispielen, die uns die althochdeutschen Glossen gewähren, noch eines heraus. Von *latere* ‚verborgen sein‘ gelangen wir zu *proponere*, das in der Sonderbedeutung ‚offenlegen‘ ungefähr das Gegenteil besagt. Aber diese Zusammensetzung von lat. *pro* ‚vor‘ mit einem Verbum sehr allgemeiner Bedeutung, *ponere* ‚setzen, stellen, legen‘ ist sehr vieler Bedeutungsschattierungen fähig. In Esther 16, 19 heißt es: ‹Unser Edikt soll in allen Städten vorgelegt werden (*proponatur*)›, und ganz sinnrichtig übersetzt eine Glosse *gichundit werde* ‹werde verkündet›. An anderen Bibelstellen, z. B. Dan. 1, 8 und Act. Ap. 19, 21 bedeutet *proponere* ‚sich etwas vornehmen, sich zum Ziele setzen‘, und dieser geistige Vorgang wird durch die Glosse *bimeinen* ‚seine Gedanken auf etwas richten‘ (nhd. *meinen* ‚denken‘) ausgezeichnet wiedergegeben. Im III. Reg. (bei LUTHER I. Könige) 2, 15 hat *proponere* eine sehr besondere Bedeutung. In der Lutherbibel heißt es: ‹Ganz Israel hatte sich auf mich gerichtet, daß ich König sein sollte› *(me proposuerat Israel sibi in regem)*, und das ist mit hervorragendem Verständnis in einer Glosse durch *foragimarchôta* wiedergegeben, was ‚hatte mich im voraus bezeichnet‘ bedeutet (vgl. nhd. *vormerken*, das ähnlich gebildet ist). Im Gegensatz zu *kunden* und *bimeinen*, althergebrachten Wörtern, liegt in *fora(gi)markôn* eine neue Zusammensetzung alter Wörter vor, und diese Neubildung wird dem Sinn der Stelle ebenso gerecht wie dem deutschen Sprachgefühl. Endlich kann *proponere* auch noch die Sonderbedeutung ‚Rätsel vorlegen, aufgeben‘ haben, und dafür gibt es anscheinend im Althochdeutschen kein besonderes Verbum. Daher wird dieses *proponere*, z. B. in III. Reg. 10,3 und Ezech. 17,2 in Glossen schlicht und für die Aussage genügend durch *sagên* ‚(Rätsel) sagen‘ übersetzt. Die Übersetzer folgen hier, so darf man annehmen, der üblichen althochdeutschen Ausdrucksweise und lassen sich daran genug sein, ohne nach einer wortwörtlichen Übersetzung zu suchen.

Gehen wir von den Glossen zu zusammenhängenden deutschen Texten über, so finden wir bei NOTKER Ps. 53,5 für *non proposuerunt sibi deum ante conspectum suum* ‚sie hielten sich nicht Gott vor Augen‘ mit *gaganwertôn* ‚gegenwärtig halten, vergegenwärtigen‘ eine kühne, freie Übersetzung, die den sehr konkreten, bildhaften Ausdruck des Lateinischen dem Sinn der Stelle angemessen durch abstrakte Wiedergabe in die geistige Sphäre erhebt. Dagegen klingt zu Matth. 13,24 *parabolam proposuit illis* (‚er legte ihnen ein Gleichnis vor‘ LUTHER) die Übersetzung *bifore sezzen* im ‹Monseer Matthäus› und *furisezzen* im ‹Tatian› einigermaßen unfrei, und wenn in der ‹Benediktinerregel› die Forderung *mandata Domini verbis proponere* ‚die Gebote des Herrn auszulegen‘ durch *furikisezzan*, und an anderer Stelle das Gebot ‚ein Freigeborener soll dem Knecht nicht vorgezogen werden‘ *(non proponatur)* ebenfalls durch *ni furi sî kesezzit* verdeutscht wird, so wirkt das hölzern und ungelenk.

Auch das zugehörige Substantiv *propositio* wird bald als *gibot* ‚Gebot‘, bald als *râtissa* o. ä. ‚Rätsel‘ sinnrichtig übertragen, und zu III. Reg. 18,24 *optima propositio* ‚(das ist) der beste Vorschlag‘ bietet eine Glosse die ausgezeichnete Übersetzung *rât*. (Vgl. nhd. ‹Das ist ein guter Rat›.) Wenn zu genau derselben Bibelstelle dagegen eine andere Glosse *forakisezzida* bietet, wobei man das Papier rascheln hört (so, als wollten wir etwa bilden ‹das ist die beste Vorgesetztheit›), so steht hinter einer so steifen Übersetzung eine besondere Absicht. Die ‚Schaubrote‘, *panes propositionis*, werden in einer Glosse gut deutsch, aber das Lateinische nur ungenau wiedergebend, durch *heilagiu brôt*, ‚heilige Brote‘, umschrieben. Der althochdeutsche ‹Tatian› schreibt dagegen *brôt fore gote gesaztu* ‚vor Gott gesetzte Brote'; das klingt hart, besonders auch in der dem Lateinischen angeglichenen Wortstellung, beweist aber ein sehr genaues Textverständnis.

Vergleichen wir die althochdeutschen Glossen und Texte, so finden wir nebeneinander in großer Anzahl Beispiele für beides: Übersetzungen, die von bewundernswertem Sinnverständnis und hervorragender Geschicklichkeit in der deutschen Wiedergabe zeugen, und andere, denen eine befremdlich papierene Künstlichkeit an die Stirn geschrieben ist. Aber *foragisezzida* gegen *rât, furigisezzen* gegen *kunden* oder *sagên*: das ist keine Frage von Begabung oder Unfähigkeit des Übersetzers. Wenn gute Übersetzungen gefunden werden, so werden sie auch bekannt, bilden Tradition und müßten — gerade in der Frühzeit des Übersetzens — von Generation zu Generation zu einer merklichen Verbesserung der Übersetzerkunst führen. Die tatsächliche Überlieferung dagegen zeigt ein ganz anderes Bild, und hölzerne Wortgebilde vom Typus *foragisezzida* sind auch noch in Bibelübersetzungen des späten Mittelalters, im 14. und 15. Jahrhundert, gar nicht selten, zu einer Zeit also, die über eine immerhin 500 bis 600 Jahre alte Erfahrung verfügt.

Es liegt also System in dieser Art des Übersetzens, und der Unterschied zwischen freier, sinnrichtiger und der vermeintlich ungeschickten, am lateinischen Vorbild klebenden Übersetzung offenbart zwei völlig verschiedene geistige Haltungen angesichts der gestellten Aufgabe. Die sich so eng wie möglich an den lateinischen Text halten, tun das mit voller Absicht. Wäre es wirklich Mangel an Können, dann müßte man mehr als drei Viertel aller althochdeutschen Übersetzungen als Stümperei erklären, allen voran den althochdeutschen ‹Tatian›, der als Gemeinschaftsleistung fuldischer Mönche (man glaubt, sieben bis acht Übersetzer unterscheiden zu können) gerade an jener Stätte entstand, der wir die höchste Bedeutung für die frühe deutsche Bildung beimessen. Das Phänomen bedarf aber weiterer Erörterung, bevor wir endgültige Schlüsse ziehen.

Im Anhang IV ist eine sehr knappe Probe aus dem althochdeutschen ‹Isidor› gegeben. (Die beigefügte moderne Übersetzung lehnt sich, um ein genaues Textverständnis zu vermitteln, möglichst eng an den althochdeutschen Text an. Was aber in modernem Deutsch stilistisch plump erscheint, entspricht im althochdeutschen Originaltext gutem Sprachstil.) Man erkennt beim Vergleich mit der lateinischen Vorlage fast in jeder Zeile, wie der Übersetzer um Verdeutlichung bemüht ist. Ein paar Beispiele sollen das unterstreichen: *Filius* wird durch *Christ, gotes sunu, a patre* durch *fona dhemu almahtîgin fater, arcana* durch *sô daucgal fater chirûni, angelus* durch *angil gotes* genauer bestimmt. Der Übersetzer weiß, daß er für ein theologisch noch ungeschultes Publikum in einer noch nicht erprobten Sprache schreibt. Dabei schreibt er ein gutes, flüssiges Deutsch, das nahezu ganz frei ist von künstlichen, neugeschaffenen Ausdrücken. In unserer Probe sind *hêrduom* und *chiscaft* die jüngsten Wörter, aber auch sie wurden kaum erst von dem ‹Isidor›-Übersetzer geschaffen, sondern waren vermutlich schon vorher in Gebrauch. Auch im Satzbau geht der Übersetzer eigene, deutsche Wege. Er ersetzt gern die lateinischen Infinitivkonstruktionen durch Daß-Sätze und bricht die langen lateinischen Sätze in kürzere Kola auf. Besonders auffallend ist der Einschnitt, den er nach *arcana : chirûni* macht. Dadurch gewinnt die ganze Stelle an Klarheit und auch an Lebendigkeit. Überhaupt ist sein Deutsch viel temperamentvoller, eindringlicher, fester zupackend als die etwas langweilige, pedantische Gelehrtensprache der lateinischen Vorlage. Was er schafft, ist eine keineswegs wortgetreue, aber durchaus sinnrichtige Wiedergabe des lateinischen Textes. Nur, wo es um Bibelzitate geht, hält sich auch dieser ausgezeichnete Übersetzer enger an die Vorlage. Über eine so geringfügige Änderung wie *praeparabat : garawi frumida*, also die Übersetzung einer Verbform durch einen komplexen Ausdruck geht er in den Bibelstellen selten hinaus. Hier erkennt auch er Grenzen der Übersetzerfreiheit an.

Von ganz anderer Art ist die Übersetzung der ‹Benediktinerregel› (Anhang V), die ungefähr gleichzeitig mit der ‹Isidor›-Übersetzung, aber in anderer geistiger Umgebung entstand. Hier ist der lateinische Text Wort für Wort in ganz genauer Folge übernommen, ohne jede Rücksicht auf die Erfordernisse des deutschen Satzbaus. Zum großen Teil (man vergleiche die Schlußpartie) wäre der deutsche Text ohne den lateinischen überhaupt nicht zu verstehen. Zwar macht dieser Übersetzer wirklich schlimme Fehler, so wenn er lat. *elatio* mit *latus* ‚breit‘ in Verbindung bringt und *contentio* als ‚Streben‘ deutet. Aber die ganze Anlage seiner Arbeit ist davon nicht berührt. Er will dem Lateinischen möglichst nahebleiben, und dazu bedarf er einer Menge von Neuwörtern, die entweder von ihm selbst oder schon vorher von gleichgesinnten Kreisen geschaffen sind. Lat. *adimplere* wird anfangs durch *erfullen* übersetzt, ein schon übliches Wort, aber an der zweiten Stelle wird durch *zua-er-fullen* das lat. Kompositum *ad-implere* noch genauer wiedergegeben. Da in lat. *discors* das Substantiv *cor* ‚Herz‘ steckt, wird die Neubildung *ungaherz* gewagt, und wer die Typen der althochdeutschen Wortbildung kennt, kann sie nicht als schlecht empfinden. Zwar kann der Übersetzer das lat. *dis-* ‚auseinander, entzweit‘ mit deutschen Sprachmitteln nicht direkt wiedergeben, aber er findet eine geschickte Umschreibung. Denn *ga-* gibt hier die Gemeinsamkeit an, die durch *un-* negiert wird; das Wort bedeutet also etwa ‚nicht eines Herzens seiend‘. Der Übersetzer weiß auch, daß lat. *re-* zwei Bedeutungen haben kann, nämlich ‚abermals‘ und ‚zurück‘. Darum unterscheidet er *re-con-signare : avur-ge-zeihhan* ‚wieder bezeichnen‘ von *recompensare : widarmezzan* ‚zurück-, gegenmessen‘. In seiner Genauigkeit übertreibt er auch zuweilen. Lat. *promittere* ‚versprechen‘ ist durch *giheizan* ‚verheißen‘ hinlänglich übersetzt. Aber er möchte das *pro-* eigens wiedergeben und bildet daher *fora-giheizan* ‚vorher verheißen‘, eine Art von Pleonasmus wegen der ohnehin in die Zukunft weisenden Bedeutung des Verbs.

Im übrigen verrät auch dieser Übersetzer den Einfluß der Schule. Nicht jedes Wort wird dem lateinischen genau nachgebildet. Man hat schon gelernt, daß *castitas, zelus, invidia, merces* durch ganz bestimmte deutsche Wörter übersetzt werden können, und daß dem *occasus* (‚Niederfall‘) *solis* das deutsche *sedalgang* ‚Gang zum (Ruhe)sitz‘ entspricht. Das sind in der Schule gelernte ‹Vokabeln›, deren Gültigkeit nicht erneut überprüft zu werden braucht. Und da das Kloster Reichenau, wo die ‹Benediktinerregel› übersetzt wurde, im Gebiet der süddeutschen Kirchensprache liegt, lernte man dort auch deren gelehrte Übersetzungen wie *armiherzida* und *âtumlîh* in der Schule kennen. Schulerfahrung ist es wohl auch, wenn der Übersetzer lat. *instrumentum* nicht in der antiken Bedeutung ‚Werkzeug‘ versteht, sondern als mittellateinische Ableitung von *instruere* ‚lehren‘. Jedenfalls ist er ein in der Schule gut ausgebildeter Mann, und wenn er so übersetzt, wie er es tut, Wort für Wort und mit sehr vielen dem Lateinischen abgesehenen Neubildungen, so ist genau das seine wohlüberlegte Absicht.

‹Isidor› und ‹Benediktinerregel› beleuchten die ganze Spannweite, deren die althochdeutsche Übersetzungsliteratur fähig ist. Ganz frei im Wortlaut, aber genau den Sinn der lateinischen Vorlage wiedergebend das eine Denkmal, geradezu fanatisch wortgetreu das andere. So zeigen die beiden ältesten der größeren althochdeutschen Übersetzungswerke, als sollten sie ein Programm erklären, die beiderseits möglichen Extreme. Daß es dazwischen mancherlei Übergangsstufen gibt, können wir hier nur noch an zwei weiteren Beispielen zeigen. Wir haben dazu eine Stelle gewählt, an der die ‹Monseer Matthäusfragmente› und der althochdeutsche ‹Tatian› den gleichen Bibeltext übersetzen (Anhang VI). Es wurde schon erwähnt, daß selbst der althochdeutsche ‹Isidor› sich bei der Übersetzung von Bibelstellen viel enger an den lateinischen Wortlaut hält als in dem umgebenden Text. Es kann daher nicht überraschen, daß der Schöpfer des ‹Monseer Matthäus›, der aus der Schule des ‹Isidor›-Übersetzers stammt, weil er einen Bibeltext zu übersetzen hat, bei weitem nicht so frei schaltet wie sein Lehrmeister. Vielmehr entfernt er sich nirgends allzu weit vom Latein der Vorlage und nähert sich dadurch in seiner Übersetzungs-

technik dem althochdeutschen ‹Tatian›, obwohl dieser zu den strengeren Interlinearversionen gerechnet wird. Dennoch gibt es zwischen beiden Versionen gewisse Unterschiede. Zunächst sind es solche der Sprachlandschaft. Wenn man den ‹Monseer Matthäus› auch nicht ohne weiteres zu den Denkmälern der süddeutschen Kirchensprache rechnen darf, so gehört er doch jedenfalls in eine westfränkisch-süddeutsche Traditionslinie. Hierauf weist in unserer Textprobe vor allem sein *misereri : gnâdic werdan* und das nur im Süden verbreitete Wort *vocare : harên*. Der ‹Tatian› hat dagegen für *misereri* das Nordwort *milten*, das aus dem Angelsächsischen stammt wie auch die Übersetzung *heilant* für den Jesusnamen (s. o. S. 166 ff). Außerdem findet sich hier das *increpare : increbôn*, in dem wir oben S. 132 eine Spur des Mönchsjargons zu fassen glaubten.

Es kommt hier aber mehr auf grammatische Gleichheiten und Unterschiede an. Wie eng sich beide Versionen an den lateinischen Text halten, lehren gleich die einleitenden Worte, in denen beiderseits der lateinische Ablativus absolutus durch einen absoluten Dativ nachgeahmt wird, eine papierene Gelehrtenkonstruktion. Überhaupt sind beide Texte in der Beibehaltung der lateinischen Partizipia (vgl. *sizzente* und *quedante*) konservativer als der althochdeutsche ‹Isidor›. Im übrigen hält sich der ‹Tatian› etwas enger an das lateinische Vorbild als der Monseer Text, so z. B. in seinem Konjunktiv *furifuori*, der an dieser Stelle nicht dem deutschen Sprachgefühl entspricht, und vor allem mit dem Akkusativ (*folgêta*) *inan* = lat. *eum*, wo im Deutschen der Dativ erforderlich wäre. Etwas genauer als der andere Text übersetzt der ‹Tatian› *misereri* durch ein einziges Wort und gibt das Passiv *aperiantur* auch im Deutschen passivisch wieder. Die Übersetzung *transire : faran* Mons. klingt ungezwungener als das *furifaran* Tat., welches das lat. *trans-* berücksichtigt. Im allgemeinen hat der Monseer Text die farbigere, volkstümlichere Ausdrucksweise. Man halte z. B. *folc* ‚Leute' Mons. gegen *menigî* Tat., ein Abstraktum zu *manag* ‚viel', also eigentlich ‚Vielheit' bedeutend. (In 31 haben allerdings beide Texte dieses Wort.) Wesentlich besser den Sinn verdeutlichend wirkt in 31 *diu mêra* ‚desto mehr' Mons. gegenüber der wörtlichen Übersetzung *mêr* Tat. Anderseits hat der ‹Tatian› in 30 und 31 den verdeutlichenden Zusatz *sus* (*quedante*) ‚folgendermaßen (sprechend)', setzt in 31 das verbindende *thô* (wo beide Texte das lat. *at* ‚aber' ihrem deutschen Sprachgefühl folgend beiseitelassen), und leitet 33 mit ‚Da sagten sie ihm' in leichterem Erzählton ein, als es lat. *dicunt illi* vorschreibt. Der Monseer Text läßt hier das *illi* unberücksichtigt. Wenn aber seine Satzeinleitung steifer als die des ‹Tatian› erscheint, so ist doch zu bedenken, daß sein *Quâtun sie* und ebenso 32 *Quad* statt lat. *et ait* einem wohlbekannten, altertümlichen Lapidarstil entspricht, der gut althochdeutsch ist. In 30 klingt *bî wege* Mons. ungezwungener als *nâh themo wege* Tat., das dem etwas gespreizten lat. *secus* Rechnung trägt.

Oftmals verbindet sich mit der Erklärung, die ‹Monseer Fragmente› seien Arbeiten aus der Schule des ‹Isidor›-Übersetzers, der Nebengedanke, daß der oder die Schüler ihrem Lehrer an Übersetzungskunst nicht gleichkämen. Das wäre, soweit es die homiletischen Stücke in den Fragmenten betrifft, erneut zu überprüfen. Wenn aber die Evangelienübersetzung dem lateinischen Text sehr nahebleibt, so steht dahinter die gleiche planvolle Absicht wie in der Übersetzung des ‹Tatian›. Grundlage ist der geheiligte lateinische Bibeltext, und es steht dem Übersetzer nicht an, sich weit davon zu entfernen. Jeder Übersetzer hat — auch heutzutage — immer wieder zwischen den zwei Möglichkeiten zu wählen, entweder sinngemäß und frei zu übertragen, wie es der ‹Isidor›-Übersetzer außerhalb der Bibelzitate tut, oder die fremde Vorlage wörtlich zu übernehmen wie die ‹Benediktinerregel›, der es allein darauf ankommt, dem lateinischen Wort zu seinem Recht zu verhelfen. In Übersetzungen der letzteren Art wird das Deutsche ganz und gar auf eine dienende Funktion eingeschränkt. Alles Gewicht ruht auf dem Lateinischen. Das Deutsche ist in solchen Fällen nicht Selbstzweck; es soll gar kein ‹guter› deutscher Text entstehen, sondern die Übersetzung soll nur dazu dienen, das Lateinische auch dem Ungeübten so genau wie möglich verständlich zu machen.

Jener Glossator, der *propositio* nicht durch *rât*, sondern durch *furigisezzida* verdeutschte, tat nicht so, weil ihm nichts Besseres einfiel, sondern weil er erklärlich machen wollte, welche Grundvorstellung in dem lateinischen Wort enthalten ist. Er wollte zeigen: ‹Lat. *pro* entspricht einem deutschen *furi*, und *positio* gehört zu *ponere*, das wir durch *sezzan* wiedergeben; *positio* könnten wir also etwa durch *gisezzida* ‚Gesetztheit' übertragen.› War dies die Meinung, so sollte *furigisezzida* gar nicht als neues, selbständiges Wort aufgefaßt werden, der Übersetzer wollte damit gar nicht sprachschöpferisch die Muttersprache bereichern, sondern er wollte mit Mitteln der deutschen Sprache nur Einblick in den Bau der lateinischen geben. Ähnliches haben auch der Übersetzer der ‹Benediktinerregel› mit seinem *foragiheizan* und der des ‹Tatian› mit *furifuori* beabsichtigt, und die dem Lateinischen folgende undeutsche Wortstellung der ‹Monseer Fragmente› in *folc manigiu* entspringt derselben Absicht: man will dem Lateinischen, der ‹heiligen Sprache›, nahebleiben. Wird dieses Prinzip streng durchgeführt, wie es dem Übersetzer der ‹Benediktinerregel› gelang, so muß das eigene deutsche Sprachgefühl völlig ausgeschaltet werden. Wirklich ist in der ‹Benediktinerregel› jedes einzelne deutsche Wort ganz in den Dienst des lateinischen Partners gestellt. Daß das aber kein Einzelfall ist, mögen die beiden kurzen Proben aus ‹Psalmen›- und ‹Cantica›-Übersetzungen beweisen, die im Anhang VII abgedruckt sind. Es ist nicht erforderlich, sie hier im einzelnen zu erörtern.

Die beiden Matthäusübersetzer, deren Arbeiten wir miteinander verglichen haben, sind von einer solchen völligen Unterordnung des Deutschen dagegen doch recht weit entfernt. Man fragt sich nach den Gründen. Ein streng interlineares, dienendes Übersetzen verlangt Entsagung und sehr viel Selbstdisziplin. Es ist an vielen Stellen so einfach, den geläufigen und guten deutschen Ausdruck einzuführen. Viel schwieriger ist es oft, dem lateinischen Wortlaut dienend treu zu bleiben. Beherrschten also die beiden Matthäus-Interpreten ihre deutsche Muttersprache zu gut? Störte ihr natürliches deutsches Sprachempfinden immer wieder die Absicht, ganz eng beim Lateinischen zu bleiben? Aber man sollte von Angehörigen der besten deutschen Schulen dieselbe Disziplin einer Aufgabe gegenüber erwarten, die geringere Geister, wie der ‹Psalmen›- und der ‹Cantica›-Übersetzer des Anhanges VII, ziemlich vollkommen lösten.

Anderseits kann man auch nicht glauben, daß Schüler des ‹Isidor›-Übersetzers und des HRABANUS MAURUS nicht hätten imstande sein sollen, die Evangelientexte in einem viel besseren, eingängigeren Deutsch wiederzugeben. Das muß vor allem für die ‹Tatian›-Übersetzung in Fulda gelten. Wenn irgendwo, so wurde doch dort das deutsche Programm KARLS DES GROSSEN, zu dem auch Ausbildung und Pflege der Muttersprache gehören, lebendig ergriffen. Wozu Fulda sprachlich fähig war, das zeigen OTFRID und der ‹Heliand› (vgl. Anhang VIII und IX), die von demselben HRABANUS MAURUS angeregt wurden, der auch die ‹Tatian›-Übersetzung veranlaßte. Daraus wird es nun ganz klar: Daß der althochdeutsche ‹Tatian› sich oftmals noch viel enger an die lateinische Vorlage bindet, als es in unserer Textprobe der Fall ist, ist keine Frage des Könnens, sondern des Wollens. Die ‹Tatian›-Übersetzer und auch der Schöpfer des ‹Monseer Matthäus› hatten den Auftrag, eine Mittellinie zu halten. Sie sollten ein möglichst gutes Deutsch schreiben, dabei aber trotzdem dem lateinischen Text soweit nur irgend möglich treu bleiben. Daß auf einem so schmalen Pfade zwischen lateinischer Worttreue und muttersprachlichem Ausdrucksvermögen die Grenze bald nach der einen, bald nach der anderen Seite überschritten wird, ist nahezu selbstverständlich. Die mittlere Linie zu halten, war gewiß viel schwieriger, als Wort für Wort dem lateinischen Text zu folgen, wie es in der ‹Benediktinerregel› und anderen Interlinearversionen geschah, oder als dem deutschen Wort seinen ungehemmten Lauf zu lassen, wie beim ‹Isidor›-Übersetzer außerhalb der Bibelzitate, gar nicht zu reden von den frei nachschaffenden, an das Lateinische viel weniger gebundenen Evangelienerzählungen des ‹Heliand›-Dichters und OTFRIDS.

Sprachgeschichtliche Wirkungen

Am althochdeutschen ‹Isidor› läßt sich studieren, wohin die Entwicklung hätte gehen können, wenn seine Übersetzungsmethode sich durchgesetzt hätte und wenn nicht die Ehrfurcht vor dem Bibelwort zum sprachlichen Zwang geworden wäre. Dem ‹Isidor›-Übersetzer gelang es, schwierige lateinische Gedankengänge in gutem Deutsch flüssig auszudrücken und dabei mit sehr wenig neugebildeten Wörtern auszukommen. Einzelne Fachausdrücke wie *trinitas* : *dhrînissa* kann auch er nicht vermeiden; er muß sie neu schaffen oder aus der Sprachschöpfung von Zeitgenossen übernehmen. Wo es aber der Zusammenhang möglich macht, kann er den Ausdruck auch umschreiben: *dhea dhrii heida gotes* ,die drei Personen Gottes'. Oder er übersetzt *divinitas* ein paar Mal, indem er ein neues Wort bildet, durch *gotnissa* ,Göttlichkeit', sonst aber auch einfach durch *got* oder *gotes gheist*. Aus solchen Beispielen wird die Gefahr des freien Übertragens ersichtlich. *Trinitas, divinitas* und viele andere Wörter bezeichnen theologisch genau festgelegte Begriffe. Man wird ihres definierten Inhalts nicht habhaft, wenn man sie umschreibt. Es wäre also auf diesem Wege recht schwierig geworden, den Anschluß an die lateinisch-christliche Theologie zu finden.

Aber auch in jeder anderen Beziehung wäre eine freie Entfaltung der deutschen Sprache, selbst wenn es viele so hervorragende Sprachmeister gegeben hätte wie den ‹Isidor›-Übersetzer, sehr teuer erkauft worden. Die neuen abendländischen, christlichen Denkinhalte wären bei freier Entwicklung der deutschen Sprache ihr einverwandelt worden, aber die Sprache selbst und was hinter ihr steht, das Denken, wären eigenwillig isoliert geblieben. Es war auf die Dauer gesehen vorteilhaft, daß die deutsche Sprachentwicklung den umgekehrten Weg beschritt. Indem die deutsche Sprache, jedenfalls die der Gelehrten, ein paar Jahrhunderte lang ganz streng in den Dienst des Lateinischen gestellt, ja in eine lateinische Zwangsjacke gepreßt wurde, fand sie den Anschluß an die christliche und antike lateinisch-romanische Geistigkeit. Sie wurde fähig, dieselben Begriffe zu erfassen und in derselben Weise auszudrücken, dieselben Denkbeziehungen aufzunehmen, die in der lateinischen Christenheit geistiges Gemeingut waren. Am Leitseil des Lateinischen wurde sie in den Bereich der abendländischen Kultursprachen eingeführt, wurde der deutsche Geist dem des christlichen Abendlandes integriert.

Es war ein folgenreicher Entschluß, daß man die enge Anlehnung an das Lateinische suchte, und der Weg, der zu beschreiten war, führte durch dornige Schwierigkeiten. Aber gerade, weil man strenge daran festhielt, kam auch früh die Zeit, da man sich wieder in Selbständigkeit und Freiheit auf den neuen Pfaden bewegen konnte. Das leuchtende Beispiel für diese neu errungene Freiheit ist NOTKER, nach dem ‹Isidor›-Übersetzer wieder einer der ganz großen Sprachmeister und Sprachschöpfer. Schon bei der Erörterung der ‹Vaterunser›-Übersetzungen (o. S. 194 ff) erkannten wir, daß Wendungen wie *unser tagelîcha brôt kib uns hiuto* und *lôse unsih fone ubele* seinen Ohren ganz vertraut geklungen haben — er hätte sie sonst gewiß nicht verwendet —, während sich zwei Jahrhunderte früher sprachbewußte Übersetzer noch dagegen sträubten. Man muß sich einmal klar machen, was allein das bedeuten würde, wenn die deutsche Sprache, ihrem anfänglichen Befremden nachgebend, im Gebet des Herrn nicht mit aller Christenheit um *das tägliche Brot*, sondern um *immerwährende Lebensnotdurft* oder Ähnliches bitten müßte, und wenn sie *das Übel* nach dem Vorgang der altbairischen ‹Vaterunser›-Texte nur durch den Begriff der *Sünde* oder wie der ‹Heliand› als *Übeltat* auszudrücken vermöchte. Es bliebe Christentum auch dann, selbstverständlich, aber in einer Sonderform, und diese Besonderung bliebe nicht auf das äußerlich Sprachliche allein beschränkt, sondern würde auch das Denken, das sich der sprachlichen Zeichen bedient, in abgesonderte Bahnen lenken.

NOTKER also sieht sein feines Sprachgefühl nicht mehr verletzt durch solche Latinismen. Denn sie werden nicht mehr als solche empfunden; sie sind durch die Gewöhnung dreier Jahrhunderte zu sprachlichem Eigenbesitz geworden. Zwar kennt auch NOTKER die Mittel der Wortbildung nach lateinischem Muster, und er verwendet sie mit feinem Gefühl. In den ‹Psalmen› hat er etwa *contradictio* ‚Widerspruch' zu übersetzen. Meist verwendet er dafür die längst üblich gewordene Glied-für-Glied-Übersetzung *widersprâcha*. Aber einmal kommt es ihm darauf an, nicht das Faktum des Widerspruchs, sondern den Vorgang des Widersprechens auszudrücken, und da bildet er ein neues *widerchedunga* (zu *quedan* ‚reden'). Ähnlich übersetzt er *redemptio* ‚Erlösung' gemeinhin, wie schon die älteren Texte, durch *lôsunga* und *erlôsunga*. Wo er aber den Zustand der Erlöstheit bezeichnen will (Ps. 129, 7), bildet er das neue Wort *irlôseda*.

Wörter wie *contra-dictio* : *wider-sprâcha, Wider-spruch* und *red-emptio* : *er-lôsunga, Er-lösung* waren auch einmal als befremdliche

Glied-für-Glied-Nachahmungen der lateinischen Vorbilder geschaffen worden. Aber sie hatten sich als brauchbar und unentbehrlich erwiesen und hatten daher bald in der deutschen Sprache Bürgerrecht erlangt. Für NOTKER hatten sie schon keinen befremdlichen Klang mehr; sonst hätte er sie zögernder oder gar nicht verwendet. Und im heutigen Deutsch ist die einstige Bildung nach lateinischem Muster überhaupt nur noch dem Philologen bekannt. Wir könnten viele Hunderte von solchen Wörtern anführen, die wir durch Gliedfür-Glied-Übersetzung aus dem Lateinischen gewonnen haben, und ein großer Teil davon wirkte schon auf NOTKER ebenso vertraut und gut deutsch wie auf uns selbst. Aber NOTKER läßt sich anderseits von den vertrauten Wortklängen nicht einlullen. Er beherrscht die Methode scharfer Interpretation, und wo es die Sachlage erfordert, schreckt er vor Neubildungen nach dem lateinischen Muster nicht zurück. Aber er bedarf dieser Stütze am Lateinischen nur noch dort, wo er Neues zu übersetzen hat oder Unterscheidungen machen will, die früheren Übersetzern noch fernlagen. Im übrigen kann er, im freien und sicheren Besitz der lateinischen Sprachgrundlagen, in seinen deutschen Übersetzungen frei schalten, ohne fürchten zu müssen, sich zu weit vom Lateinischen zu entfernen. Das sind die segensreichen Folgen der engen Bindung an das Lateinische, zu der die früheren Übersetzer sich gezwungen haben.

Unsere Probe aus NOTKERS kommentierender ‹Psalmen›-Übersetzung (Anhang X) zeigt recht deutlich sein Verfahren. Dabei hat man allerdings zu bedenken, daß NOTKER für sehr fortgeschrittene Schüler schreibt und daß er Übersetzung und Erklärung verbindet. Man kann daher sein Werk mit den früher erörterten Evangelienübersetzungen und den anderen Interlinearversionen kaum vergleichen. Hatte dort das Deutsch nur eine dienende Funktion, so handelt es sich bei NOTKER um eine deutsche Unterrichtssprache, um Erklärungen für einen bereits eingeweihten Kreis, und nicht etwa um Ansätze zu einer volkstümlichen deutschen Bibel. Dafür war die Zeit noch lange nicht reif. Hätte NOTKER aber eine solche Aufgabe überhaupt in Betracht ziehen können, so wäre seine Übersetzung gewiß konservativer, näher beim lateinischen Grundtext geblieben.

Fast an jedem Wort kann man die Freiheit der Übersetzung NOTKERS ablesen. Er braucht lat. *abire* nicht mehr Glied für Glied zu übersetzen (wie z. B. *ar-faran* Tat.). In Ps. 1, 1 genügt ihm *gân* ‚gehen'; aber an anderen Stellen braucht er auch *hina faran* ‚hinfahren' und *dane sceiden* ‚von dannen scheiden' als Übersetzungen vor *abire*. Es kommt für seine immer treffende Wortwahl eben auf der Zusammenhang an. Lat. *im-pius* übersetzen andere durch *un-guot*. NOTKER sagt in Ps. 1, 1 und überhaupt meistens *arg*, was ‚böse, feige ruchlos' bedeutet und den Sinn von *impius* recht gut trifft. Er kann es aber auch durch *ubel* ,übel' übersetzen und sogar *guotelôs* ,ohne Güte' neu bilden. Daß *peccator* Substantiv ist, weiß er natürlich; aber er verzichtet auf das immer noch befremdlich klingende *sundâre* ,Sünder' und wählt zur Übersetzung lieber das Adjektiv *sundîg*. Daß er aber *dero sundigon* ,der Sündigen' sagen kann und nicht, wie es guter deutscher Stil in älterer Zeit verlangt hätte, *dero sundigon manno* ,der sündigen Menschen', ist wieder eine Folge der Gewöhnung an lateinischen Sprachgebrauch, in diesem Falle an die im Lateinischen übliche Substantivierung von Adjektiva. Nach deutscher Weise übersetzt er *cathedra pestilentiae* durch ein rasch gebildetes Kompositum *suhtstuol*, und souverän gibt er den Versikeln 2 und 3 erläuternde Einleitungen, um den Zusammenhang verständlicher zu machen. Die Übersetzung von *lignum* ,Holz' durch *boum* entspricht alter Tradition. An anderen Stellen kann NOTKER sie aber durch *waltpoum* und *waltholz* ,Waldbaum' noch anschaulicher gestalten. Bei *plantare* und *fructus* verzichtet NOTKER auf die Lehnwörter *pflanzôn* und *fruht*, die andernorts zu seiner Zeit schon gern gebraucht werden, und zieht die deutschen Wörter *sezzen* und *wuocher* vor. Letzteres, nhd. *Wucher*, hängt mit *wachsen* zusammen und bedeutet ursprünglich ,Ertrag, Frucht'. Gegen die beiden Lehnwörter sträubt sich also sein Sprachgefühl; sie mögen ihm noch allzu fremd oder allzusehr nach gärtnerischer Fachsprache geklungen haben.

Es ist eine eingängige, klare und kräftige Sprache, die NOTKER schreibt. Sie klingt echt und deutsch, auch wo er zu neuen Wortbildungen greift. Tut er das nämlich, so sind es nicht mehr die hölzernen Latinismen der älteren Zeit, sondern Wörter, die aufhorchen lassen. Wo ein ungewohnter, neuer Ton erklingt, da ist es bei NOTKER ein Anzeichen, daß er Neues, vorher noch nicht Erkanntes zu sagen hat. Aber natürlich will er es auf Deutsch, und in gutem Deutsch, sagen, und schon deshalb können für ihn Wortbildungen wie jenes alte *forakisezzida* überhaupt nicht in Betracht kommen, die ja nicht deutsch sein, sondern nur das Lateinische genau erklären wollen. Die Zielsetzung NOTKERS ist also eine andere als die der alten Interlinearversionen. Er steht auf der Seite jener freien Übersetzer vom Schlage des althochdeutschen ‹Isidor›. Aber in den dazwischenliegenden Jahrhunderten ist die deutsche Sprache schon so sehr in die Schule des Lateinischen genommen worden, daß auch die freien Übersetzungen NOTKERS in dem dadurch abgesteckten Rahmen bleiben. Sehr vieles in seinem Wortschatz und in seiner Syntax ruht auf diesen inzwischen erworbenen lateinischen Grundlagen. Aber es ist nun schon seit langem Sprachgewohnheit geworden und wird daher längst nicht mehr als fremd empfunden.

Das ist ja überhaupt das Bemerkenswerte in der Entwicklung jeder Sprache. Was zur Gewohnheit wird, erregt keinen Anstoß mehr. Wir sahen es auf grammatischem Gebiet an den Substantivierungen der Adjektiva. Ohne den geringsten Anstoß kann man zu Notkers Zeit *daz ubel* und *der suntîgo* sagen, weil man sich unter lateinischem Einfluß längst daran gewöhnt hat. Viel tiefere Änderungen aber bringt, ebenfalls ganz unvermerkt, der Bedeutungswandel sehr vieler Wörter hervor. Wenn Notker ganz unbefangen *unser tagelîcha brôt* schreibt, so weiß er längst nicht mehr, daß einer seiner St. Galler Brüder vor mehr als zweihundert Jahren mit *prooth* eine im Deutschen unerhörte Metapher verwendet hatte und daß das *tagalîh* eine zuerst in der ‹Benediktinerregel› auftauchende und damals recht papieren klingende Neubildung war.

Den stärksten Bedeutungswandel müssen naturgemäß alle diejenigen altererbten Wörter durchmachen, die in den Einflußbereich der christlichen Vorstellungs- und Begriffswelt geraten. So übersetzt Notker lat. *beatus* durch ahd. *sâlîg* ‚selig‘. Diese Übersetzung war schon beim ersten Beginn der althochdeutschen Übersetzungstätigkeit üblich und ist niemals angefochten worden. Aber dieses germanische Wort bedeutete ursprünglich ‚glücklich‘ und war ganz auf das irdische Leben bezogen, während das christlich-lateinische *beatus* die irdische Glückseligkeit doch immer nur im Hinblick auf das wahre Leben im Jenseits meint. Man pflegt zu sagen, *sâlîg* und sehr viele andere altererbte Wörter hätten einen Bedeutungswandel durchmachen müssen, um den lateinischen Begriff wiederzugeben. Das ist die abgekürzte Darstellung eines sehr komplizierten Vorganges. Denn wer zuerst *beatus* durch *sâlîg* übersetzte, der griff zu diesem germanischen Wort, weil sich ihm kein besser passendes anbot. Aber er mußte wohl bemerken, daß er es in einer etwas verschobenen Bedeutung gebrauchte, und auch der Hörer erfuhr, daß es nicht ganz den alten Sinn hatte. Indem das Wort nun immer wieder in neuen christlichen Zusammenhängen auftauchte, wurde im ständigen Gebrauch allmählich immer klarer, welche Bedeutungsschattierungen damit verbunden waren, und so rückte es ganz langsam in die volle Bedeutung von *beatus*, das übrigens selbst bereits — aber viele Jahrhunderte früher — den Wandel von der antik heidnischen zur christlichen Bedeutung erlebt hatte. Genau so hat man sich die Entwicklung aller Lehnbedeutungen, z. B. bei *got*, bei *truhtîn* und sehr vielen anderen früher erörterten Bedeutungslehnwörtern vorzustellen. Keines erhält seine neue, christliche Bedeutung durch einen einseitigen Willensakt dessen, der das Wort zuerst in neuer Bedeutung gebraucht. Wieder einmal zeigt sich, daß Sprache sich nur in der Gemeinschaft bilden und weiterentwickeln kann. Was der einzelne Sprecher tut, der ein Wort in neuer Bedeutung zuerst benutzt, kann immer nur ein Erproben sein. Findet er Anklang, versteht ihn die Sprachgemeinschaft und schließt sich ihm an, dann erst erhält das Wort durch ständigen Gebrauch ganz allmählich seine volle neue Bedeutung.

Es ist wahrscheinlich einfacher, wenn auch anfangs nur im Kreise von Gleichgesinnten und Gleichgeschulten möglich, für neue Vorstellungen neue Bezeichnungen zu prägen, als altüberkommene Wörter zu Zeichen für neue Inhalte zu machen. Die Fülle der christlichen Neuwörter, die im Kreise der gelehrten Geistlichkeit entstanden, zuerst nur im Gebrauch der Eingeweihten lebten und dann — wenn sie glücklich genug waren — in die Gemeinsprache eindrangen, beweist den Erfolg solchen Verfahrens. Aber die viel unauffälligere Erscheinung des Bedeutungswandels schon vorhandener Wörter hat viel tiefer einschneidende Wirkungen, weil sie zu ganz veränderten Vorstellungen führt. Es wurde oben S. 112 schon erwähnt, daß es nicht mit Sicherheit gelingt, die heidnische Bedeutung von germ. *guda ‚Gott‘ zu ermitteln. Durch die Umwandlung in einen christlichen Begriff geriet die frühere Bedeutung allmählich völlig in Vergessenheit. Gnade, ahd. ginâda, soll — so nimmt man an — in heidnischer Zeit einmal ‚Hilfe‘ bedeutet haben; sicher ist das nicht. Was die älteste Bedeutung von klaga ‚Klage‘ war und von sunta ‚Sünde‘ (wenn es vielleicht doch ein Wort germanischer Herkunft sein sollte; vgl. oben S. 120), ist unbekannt. Neuwörter als Zeichen für neue Vorstellungen, Lehnwörter, überhaupt alles, was an neuem Wortgut hinzukommt, bedeuten Bereicherung der Sprache. Wo aber die alten Vorstellungsinhalte angetastet werden, indem die Wörter einem Bedeutungswandel unterliegen, da treten Verluste ein. Die alten Vorstellungen, die man nicht mehr bezeichnen kann, geraten in Vergessenheit. Eines Tages weiß die Sprachgemeinschaft nicht mehr, was das Wort früher bezeichnete, und damit ist man von der eigenen geistigen Vergangenheit abgeschnitten.

Ein gutes Beispiel für diesen Vorgang bieten Begriff und Wort Seele. Mag der Begriff auch heute säkularisiert und psychologisiert sein, so lassen sich doch diese modernen Bedeutungsentwicklungen lückenlos aus dem mittelalterlichen Seelenbegriff herleiten, der uns allerdings durch diesen Vorgang der Bedeutungsverschiebungen auch bereits fremd geworden ist. Mhd. sêle, ahd., as. sêla, ae. sáwol und auch schon got. saiwala sind Wörter mit ganz und gar christlichem Vorstellungsgehalt. Was aber davor lag, die germanische Seelenvorstellung, ist vollständig vom christlichen Gehalt überlagert und vergessen. Es scheint so — aber die Gelehrten sind sich darüber nicht einig —, als habe *saiwala* in heidnischer Zeit die ‚Totenseele' bedeutet, das schattenhafte Nachbild des Menschen im Reich der Hel. Erst nach dem Tode wird der Mensch *saiwala*, was — nach allerdings umstrittener Etymologie — ‚die Wallende, Zerfließende, Gestaltlose' bedeutet haben könnte. Im Leben aber hat der Mensch — das scheint die heidnische Auffassung — keine *saiwala*. Was im lebendigen Leibe wirkt, ist nach germanischer Vorstellung ganz etwas anderes, ist ahd. as. *ferah*, ae. *feorh*, das etwa ‚Lebenskraft' oder konkreter ‚das warme, pulsende Lebensblut' bedeutet. Im ‹Heliand› (Anhang IX, letzte Zeile) kommt das Wort vor, und in volksnaher Dichtung wird es noch in mittelhochdeutscher Zeit gebraucht. *Sie kouftenz mit dem verche*, ‚sie bezahlten es mit dem Leben' heißt es in der ‹Kudrun›, und im Kampfe werden die Helden *verchwunt* geschlagen, ‚zu Tode verwundet', so daß die Lebenskraft versiegt.

Nach christlicher Auffassung ist die Seele, lat. *anima*, unsterblich, und ihr wahres, angemessenes Sein beginnt erst nach der Erlösung vom Leibe. Wegen dieses Seins nach dem Tode konnte *anima* mit *saiwala* gleichgesetzt werden, wobei freilich die heidnische Vorstellung von den in der Unterwelt wallenden Schatten allmählich verdrängt werden mußte. Der christlich-lateinische Begriff hat aber einen weiteren Umfang, einen viel tieferen Gehalt und beruht auf ganz anderen psychologischen Vorstellungen als der germanische. Die *anima* kommt von Gott, ist der göttliche Teil des lebendigen Menschen und kehrt zu Gott zurück. Diesen ganzen Vorstellungsinhalt muß nun auch das germanische Wort *saiwala* ausdrücken. Das bedeutet aber eine umstürzende Änderung der psychologischen Auffassungen. Erst unter christlichem Einfluß erkennt der Germane, daß der lebende Mensch *anima* : *sêla* hat; der christliche Dualismus ‚Leib — Seele' tritt an die Stelle der einheitlichen Vorstellung des von Lebenskraft erfüllten Menschen. Es wäre viel zu eng und einseitig, hier nur Wortgeschichte und Wandel der Wortbedeutung zu sehen. Dahinter steht der ganze, ungeheuer tiefgreifende Umschwung der Auffassung von Gott, Mensch und Welt, den die Annahme des Christentums fordert. Wieder werden wir auf die Revolution des Geistes gestoßen, von der schon oben S. 47 ff die Rede war. Alle Lebensgebiete werden davon betroffen, sehr stark zum Beispiel das gesamte Gebiet der Ethik, wo vieles umzuwerten, noch viel mehr aber überhaupt erst neu zu erfassen war. Am stärksten rüttelt aber doch an den Grundfesten der heimischen Vorstellungswelt das neue christliche Menschenbild. Dasjenige des germanischen Heidentums ist freilich nicht mehr mit voller Sicherheit zu erschließen, und was hier über den germanischen Seelenbegriff, ‚gestaltloser Schatten in der Hel', vorgetragen wurde, muß Hypothese bleiben. Aber gerade an dieser

Unsicherheit erkennt man, was uns hier als Beweispunkt am Herzen liegt: Indem das Wort *saiwala* zum Träger der christlichen Seelenvorstellung wurde, versank die ältere germanische Vorstellung, die sich vorher darin ausdrückte, in völlige Vergessenheit.

Allerdings kann unsere Hypothese wohl nicht allzu weit von der Wahrheit entfernt sein. Denn wenn die germanische *saiwala* nicht Fortsetzung, sondern etwas Neues, vom lebendigen Menschen Unterschiedenes ist, kann es auch keine Vorstellung von Unsterblichkeit geben. Und diese findet wirklich im Germanischen zumindest keinen sprachlichen Ausdruck. Weder lat. *mortalis* ‚sterblich‘ noch *immortalis* ‚unsterblich‘ lassen sich durch germanische Erbwörter wiedergeben. Neubildungen wie ahd. *tôdîg* und *tôtlîh* (beide werden auch von NOTKER noch nicht überwunden), und *untôtlîh* nebst *immortalitas* : *untôdîgî*, *untôtlîchî* ‚Unsterblichkeit‘ müssen zur Übersetzung dienen. ‚Sterben‘ und ‚Tod‘ sind das Schicksal aller Kreatur; beide Vorstellungen sind selbstverständlich auch dem Germanen bekannt und in seinem Wortschatz vorhanden. Aber die Qualität ‚sterblich‘ brauchen sie nicht auszudrücken, weil ihnen vom Oppositum ‚unsterblich‘ jede Vorstellung fehlt.

Nur was unsterblich ist, hat Ewigkeit, zeitlose Dauer. Wo daher der eine Begriff fehlt, hat auch der andere keinen Raum, und daher fehlt den Germanen auch die Ewigkeitsvorstellung. Ahd. *êwîg*, oder jedenfalls der germanische Stamm **aiw-*, von dem es abgeleitet ist, ist aber ein uraltes, germanisches Erbwort, das wieder ganz von der jüngeren, christlichen Bedeutung mit Beschlag belegt wurde. Nur durch etymologische Forschung läßt sich ermitteln, daß es ursprünglich ‚Lebensdauer‘ und von da aus überhaupt ‚lange Dauer‘ bedeutet haben muß. Von der Lebensdauer des Menschen auf die der christlich begriffenen Seele übertragen, konnte das Wort *êwîg* seine christliche Bedeutung annehmen. Aber wieder wurde darüber die alte heidnische Vorstellung vergessen.

Ein sehr lehrreiches Beispiel der völligen Umwandlung des Menschenbildes sei abschließend noch angeführt, der Geist-Begriff. Auch er ist heute wie der der Seele säkularisiert. Aber die heutige Vorstellung, daß der Mensch *Geist* hat, entstammt wieder der christlichen Psychologie und der theologischen Lehre vom Anteil des Menschen am Geiste Gottes. Nach germanischer Psychologie — soweit erkennbar — wohnen dagegen dem lebenden Menschen neben der Lebenskraft des *ferah* nur *hugu* ‚Sinn, Verstand, Erinnerungsvermögen‘ und *muot* ‚die emotionale Triebkraft seines Handelns‘ inne. Die Geist-Psychologie dagegen ist jüdisch-christlichen Ursprungs.

In der lateinischen Bibel- und Kirchensprache wird der Begriff ‚Geist‘ als *spiritus* gefaßt, und dieses lateinische Wort hat seine christliche Lehnbedeutung aus griechisch *pneuma* übernommen. Beide bedeuten von Haus aus ‚Atem, Hauch‘, haben aber unter bibelhebräischem Einfluß im christlichen Sprachgebrauch eine ungeheure Bedeutungsbreite angenommen. Außer der stets beibehaltenen Konkretbedeutung dienen *pneuma : spiritus* vor allem zur Bezeichnung von Gottes Geist, auch sofern er im Menschen wirkt, zur Bezeichnung der dritten Person der Trinität, des Heiligen Geistes; ferner werden auch die Geistwesen der Engel und Teufel so bezeichnet. In der süddeutschen Kirchensprache tritt ahd. *âtum,* von der Konkretbedeutung ausgehend, durch Bedeutungsentlehnung in alle die weiten Bezüge des lateinischen *spiritus* ein: *Gotes âtum* und *pravus spiritus : der unhreino âtum* (‚böser, unreiner Geist‘) und besonders häufig *spiritus sanctus : wîh âtum,* ‚der heilige Geist‘ sind belegt. Im Wege der Lehnübersetzung wird dann auch zu lat. *spiritalis* ein althochdeutsches Adjektiv *âtumlîh* gebildet, das nun ebenfalls die gesamte Ausdehnung des *spiritus*-Begriffes decken muß. Es kann ‚atem-, lebenspendend‘ bedeuten und in übertragenem Gebrauch ‚geistig‘ in allen seinen Bezügen, und in der ‹Benediktinerregel› wird sogar von den geistlichen Oberen, lat. *spiritalibus senioribus,* als den *âtumlîhhêm hêrôrôm* gesprochen.

Ahd. *âtum* und *âtumlîh* bieten nun ein interessantes Beispiel dafür, daß die Durchsetzung der Lehnbedeutung nicht recht gelingen will. Offenbar kann die Grundbedeutung ‚kreatürlicher Atem‘, die im täglichen Sprachgebrauch vorherrscht, bei diesem Wort nicht vergessen werden, und sie mischt sich immer wieder störend ein, wo das Wort in übertragenem Sinne gebraucht wird. Nicht zwar in der Fachsprache der süddeutschen Theologen, in der *wîh âtum* noch bis tief in das zwölfte Jahrhundert hinein vorkommt, wohl aber in volkstümlicher Sprache und in der Sprache christlicher Belehrung und Predigt. Das volkstümliche Sprachgefühl sträubt sich ganz offensichtlich dagegen, das Erbwort *âtum,* das immer wieder in seiner alltäglichen Bedeutung verwendet werden muß, gleichzeitig zum Träger weit entfernt liegender christlicher Vorstellungen zu machen. Nur so ist es zu verstehen, daß die unter angelsächsischem Einfluß in Fulda geschaffene Übersetzung *spiritus : geist* (ae. *gást*) sich so rasch durchsetzt. Die Übersetzung von *spiritus sanctus* durch *heilag geist* ist ja, wie schon oben S. 168 erörtert, eines der ganz wenigen angelsächsischen Importstücke, das sich in überraschend schnellem Siegeszug sofort über das gesamte deutsche Sprachgebiet verbreitet.

Geist hat, wie Werner Betz (LH 139) kürzlich dargetan hat, in heidnischer Zeit vermutlich ‚die geistige Gestalt des Menschen‘ bedeutet, die nach germanischer Vorstellung den schlummernden Leib verlassen konnte. (Völlig sicher ist auch diese Deutung nicht, da auch hier wieder der heidnische Vorstellungsgehalt verschüttet ist.) Von dieser Grundlage aus ist eine Bedeutungserweiterung zu ‚Spuk, Schreckgespenst' und anderseits zu ‚Schutzgeist' möglich. Da ist also schon in den heidnischen Vorstellungen eine gewisse Anwendungsbreite gegeben, die die Übernahme der Lehnbedeutungen des christlichen *spiritus* erleichtert. Es kommt hinzu, daß das Wort im deutschen Sprachgebiet anscheinend zwar noch bekannt, aber fast außer Gebrauch gekommen war. Sein heidnischer Vorstellungsgehalt war mithin schon stark verblaßt, und desto leichter konnte es sich mit dem neuen christlichen Inhalt füllen.

Geist und *Seele*, *Unsterblichkeit* und *Ewigkeit* stehen uns hier nur als Beispiele dafür, welch grundlegender Wandel sich durch die Annahme des Christentums in der germanischen Vorstellungswelt vollzog und wie stark davon auch die Sprache betroffen wurde. Die alten Erbwörter blieben zwar äußerlich dieselben, aber gerade alle wichtigsten von ihnen, die sich auf die geistigen Vorstellungen bezogen, auf Weltanschauung und Menschenbild, auf Religion, Recht und Sitte, mußten nun neue Inhalte bezeichnen und wurden dadurch untüchtig zur Bezeichnung der alten Vorstellungen heidnischer Zeit. Für diese ohnehin absterbende Welt wurden neue Bezeichnungen nicht mehr gesucht und gefunden, und so mußte sie im Verlauf weniger Menschenalter in Vergessenheit geraten, da ihr die Wörter als Träger ihrer Vorstellungen enteignet waren. Das geschah unmerklich, und auch nicht nach logischen Gesetzen. Man hörte und sprach z. B. immer wieder das Wort *Seele* und gewöhnte sich an seine neue Bedeutung. Aber man bemerkte lange nicht, daß in dem neuen christlichen Menschenbilde für die altheidnische Vorstellung *ferah* kein Platz mehr war. Das Christentum hatte dieses Wort nicht für sich in Anspruch genommen; es behielt daher seine alte Bedeutung. Daß es — wenn auch allmählich verblassend — in volkstümlicher Sprache bis in das 14. Jahrhundert weiterleben konnte, beweist, welche zentrale Stellung es einst im germanischen Denken gehabt haben muß.

Bedeutungswandel vieler wichtiger Erbwörter, der Erwerb neuer Vorstellungen durch Lehnwörter und nach christlich-lateinischem Muster geschaffene Neuwörter, dazu auf anderem Gebiet die Aneignung so mancher grammatischer Eigenheit des Lateinischen: Das sind die großen inneren Sprachereignisse der althochdeutschen Zeit. Das Christentum verlangt die Ausrichtung des Deutschen wie der anderen europäischen Sprachen nach dem lateinischen Muster, und so entsteht die große abendländische Spracheinheit, die im Begriffs- und Vorstellungsschatz vorhanden ist, mögen auch die Wörter in allen Sprachen verschieden sein. Die Wörter sind das Bezeichnende, das, was hinter ihnen steht, die Vorstellungen, das Bezeichnete. Das Bezeichnete aber ist in seinem Grundbestand in allen Ländern der lateinischen Kirche identisch, weil es überall dem Lateinischen entnommen wird. In diese gemeinsame abendländische Welt der lateinisch geprägten Begriffe und Vorstellungen wird das Deutsche in den ersten drei Jahrhunderten seines Werdens eingeführt. Germanisch bleibt es in dem äußeren Gewande seiner Wörter, des Bezeichnenden; aber es wird latinisiert und dadurch europäisiert, indem es den ganzen Reichtum der lateinischen Begriffe und Vorstellungen in sich aufnimmt.

Wir gingen aus von der Leistung der gelehrten althochdeutschen Übersetzer, und es ist zuzugeben, daß diese Integrierung der germanisch-deutschen Sprache nicht ihnen allein verdankt wird. Bevor sie überhaupt ans Werk gehen können, muß erst einmal die Berührung mit dem Christentum da sein und müssen Mission und Predigt schon den Boden bereitet haben. Das Grundlegende, die geistige Revolution, ist nicht das Verdienst der Übersetzer. Sie ist im wesentlichen schon vorher abgeschlossen. Aber die Übersetzer sind die Erben und Vollstrecker dieser Revolution. In der Kleinarbeit ihrer Schreibstuben sorgen sie dafür, daß die neue Geistigkeit, die vorher nur in den großen Zügen umrissen war, bis in die feinsten Verästelungen sich durchsetzt und daß die Sprache, an deren christlicher Umwandlung sie arbeiten, sich ganz und gar mit dem neuen Geist füllt. Während die einen, wie der ‹Isidor›-Übersetzer, die neue Geisteswelt kühn mit den Mitteln der eigenen Sprache zu erfassen suchen, leistet die Mehrzahl qualvolle Fronarbeit an der fremden Sprache, in der der neue Geist sich darstellt. Die Geschichte hat erwiesen, daß dieser viel mühsamere Weg der richtigere war, der schon am Ende der althochdeutschen Zeit, in eine schwer errungene, aber gesicherte Freiheit führen sollte, die doch abendländisch gebunden blieb.

XII. DAS ALTHOCHDEUTSCHE
IN SOZIOLOGISCHER SICHT

In unserem Überblick über die Sprachentwicklung in althochdeutscher Zeit haben wir vieles vernachlässigen müssen. Der gesamte ererbte Grundbestand des germanisch-deutschen Wortschatzes, soweit er nicht um des Bedeutungswandels willen zu erwähnen war, blieb unberücksichtigt, und damit alles, was an altererbten Vorstellungen hinter den Wörtern steht. Die Erörterung dieses Erbwortschatzes hätte tief hineinführen müssen in die germanische Kultur und ihre Geschichte und in all das, was unverändert auch in althochdeutscher Zeit weiterhin bestand. Es kam uns aber nicht auf die Darstellung des Germanischen und seines Fortlebens im Deutschen an, sondern auf die Entstehung des Deutschen selbst. Damit wurden wir auf das eine, einzigartige, große Ereignis beschränkt, das den vordeutschen Mundarten (und in vergleichbarer Weise allen germanischen Sprachen, wenn auch zu verschiedenen Zeiten) mit der Hinwendung zum abendländischen Mittelalter die für die Zukunft entscheidende Entwicklungsrichtung vorschrieb. Dieses Ereignis war die Aneignung des Christentums, und nur mit dieser zentralen Frage hat sich unsere Darstellung beschäftigt.

Im Zuge der Erörterungen haben wir uns immer wieder nach den Trägern dieser Entwicklung umgesehen, nach den sozialen Schichten, die zu der Entstehung einer christlichen deutschen Sprache und zu ihrer Entfaltung beigetragen haben. Solche Fragen nach den sozialen Schichten oder Gruppen, die an einer sprachhistorischen Entwicklung Anteil haben, sind von der Forschung bisher nur selten berücksichtigt worden. Ein weites Feld harrt hier noch der Bestellung. Desto wichtiger scheint es, am Schluß unserer Erörterungen noch einmal zusammenzufassen, was sich uns ergeben hat, mag es auch wenig und zum Teil unsicher sein. Gewisse Folgerungen und allgemeine Erkenntnisse lassen sich dennoch daraus gewinnen.

Soziologische Schichtungen im Germanischen

Noch einmal lenken wir den Blick zurück auf jene frühe Zeit der ersten Berührung zwischen Germanen und Römern. Dinge des alltäglichen Lebens wurden damals ausgetauscht, (der Austausch war nicht nur einseitig, und es gibt aus dieser Zeit auch germanische Lehnwörter im Lateinischen), und mit den Sachen kamen ihre lateinischen Bezeichnungen, die als Bereicherung in den germanischen Wortschatz eingingen. Auf beiden Seiten, als Gebende und als Empfangende, sind die breiten Schichten des Volkes die Träger des Austausches. Man muß sogar feststellen, daß es das niedere, wenig gebildete Volk war, das hier in sprachliche Kontakte trat. Die Vulgärformen, in denen Lateinisches ins Germanische übernommen wurde, beweisen es; denn von den höheren römischen Bildungsschichten wird man auch in jener Zeit annehmen dürfen, daß sie eine korrektere Sprache pflegten. Dasselbe gilt auch von der empfangenden germanischen Seite. Die entlehnten Wörter werden bedenkenlos lautlich mundgerecht gemacht, und nirgends zeigt sich, daß das Schriftlateinische, das den gebildeteren Schichten unter den Germanen nicht ganz fremd geblieben sein kann, als Korrektiv auf die Lautgestalt der Lehnwörter gewirkt hätte. So etwas gibt es frühestens im 8. Jahrhundert, wenn beispielsweise neben dem volkssprachlichen ahd. *tehmo* ‚der Zehnte‘ ein *decemo* erscheinen kann, dessen Lautgestalt an lat. *decem, decimae* ausgerichtet ist; das geschieht aber unter dem Einfluß gelehrter Spezialausbildung und ist vorher nie zu beobachten.

Daß die Lehnbeziehungen sich im volkssprachlichen Alltag von der Römerzeit an ununterbrochen fortsetzten, konnte an zahlreichen Beispielen der Entlehnung aus altromanischen Volkssprachen bis in die Karolingerzeit hinein gezeigt werden. Sie dauerten natürlich durchs ganze Mittelalter hindurch an, und es gibt sie auch heute noch. Der alltägliche nachbarliche Verkehr überflutet zu jeder Zeit die Sprachgrenzen, wenn diese nicht mit unüberwindlichen natürlichen Grenzscheiden, wie Wüsten und hohen Gebirgen, zusammenfallen. Der Austausch aber führt auf sprachlichem Gebiet stets zur Übernahme von Lehngut. Dabei zeigt es sich heute wie immer und auch in jenen ersten Jahrhunderten römisch-germanischer Berührungen, daß mit der fremden Sache, die man übernimmt, auch das fremde Wort eingeführt wird. Diese unbefangene und selbstverständliche Übernahme der fremden Bezeichnung, die dann eingebürgert wird, ist geradezu ein Charakteristikum volkstümlicher Entlehnung. Sind andere soziale Schichten die Entlehnenden, so wird eher der fremde Ausdruck bei der Übernahme übersetzt, oder aber er bleibt als Fremdwort, gar nicht oder nur sehr wenig — meist in den Flexionsendungen — verändert, stehen.

Man möchte freilich einwenden, daß doch auch in volkstümlicher Sprache Übersetzungen vorkommen, und man könnte etwa an ahd. *galgo*, ae. *gealga*, eine noch aus germanischer Zeit stammende Entsprechung für lat. *crux* ‚das Kreuz‘ erinnern (s. o. S. 128). Aber ist das wirklich eine Übersetzung? Wir sind freilich überzeugt, daß es sich hier noch um eine volkstümliche Bezeichnung aus früher, heidnischer Zeit handelt. Aber hier wird keine fremde Sache übernommen. Sie wird zunächst nur unverstanden aus geistiger Ferne angeschaut. Man wundert sich und spricht darüber und wählt für die fremde Erscheinung, deren Namen man nicht kennt oder aus Fremdheit nicht begreift, eine heimische Umschreibung. Nicht einmal ein Bedeutungswandel ist dabei im Spiel; denn zunächst vergleicht man das fremde Gebilde tatsächlich mit dem, was man an Entsprechendem in der heimischen Vorstellungswelt findet. Erst durch das Vertrautwerden mit dem Christentum wird die alte Bezeichnung allmählich auch mit christlichem Vorstellungsgehalt verbunden, und damit erst tritt der Bedeutungswandel ein. Sicher vollzieht sich die Gleichsetzung von *crux* und *galgo* (und viele entsprechende Gleichungen) in der sozialen Schicht des breiten Volkstums, aber um eine Lehnübersetzung handelt es sich dabei ursprünglich nicht. Man müßte hier von einer Spiegelung des fremden und fremd bleibenden Kulturguts in der heimischen Sprache reden. Wird das betreffende Kulturgut dann späterhin doch vertraut, so ist die sprachliche Bezeichnung dafür bereits vorgeprägt.

Schwieriger als der obige Fall sind die Wochentagsnamen zu beurteilen, die ja zum Teil schon sehr früh germanisch interpretiert und in gewissem Sinne wirklich übersetzt werden. Aber die Aneignung dieser Bezeichnungen ist auch die Leistung einer anderen sozialen Schicht. Welches Interesse hätte der germanische Bauer an der römischen Wocheneinteilung nehmen sollen? Welche Schicht oder welchen Stand man in diesem Falle für die Übernahme verantwortlich machen soll, läßt sich freilich nur vermuten. Es könnten heidnisch-germanische Priester gewesen sein, die den römischen Kult der Wochengötter nachzuahmen trachteten. Aber wieder ist zu fragen, welcher Kultgemeinde sie damit dienen wollten. So wird man letzten Endes auf das Heerlager und die Veteranensiedlungen gestoßen. Eng und von langer Dauer war im römischen Heere das Zusammenleben der Soldaten, und die fromme Verehrung vieler Götter war in der Armee Tradition. Daß auch die Soldaten der germanischen Truppenteile daran starken Anteil nahmen, ist durch Bodenfunde bewiesen. Im Heere war also am ehesten die Übertragung fremder Kulte auf die angestammten Götter möglich, und hier bestand auch der Bedarf dafür. Aber auch unter diesem Gesichtspunkt können die ältesten germanischen Wochentagsnamen (und erst recht nicht die späteren) nicht als volkstümliche Schöpfungen gelten. Hier ist tiefere Einsicht in das Wesen der fremden und der eigenen Götter vonnöten, und man wird daher eher an einen gehobenen Stand, eben die Priester, denken, welche die neuen Bezeichnungen schufen, die dann freilich bald genug auch im Munde der Soldaten und des Volkes verbreitet sein mochten.

Daß in den germanischen Truppeneinheiten Roms überwiegend

germanisch gesprochen wurde, darf man für gewiß halten. Da hätte man es mit einer allgemein volkstümlichen Sprachgrundlage zu tun, und sofern die besonderen Verhältnisse des soldatischen Lebens sprachlich berücksichtigt werden, innerhalb der Volkssprache mit einer gruppensprachlichen Sonderprägung. Wir glaubten oben (S. 138), Anhaltspunkte dafür zu finden, daß unter den Wochentagsnamen die Sonderbenennung des *Mars-Ziu*-Tages als *Thinxus*-Tag in dieser Soldatensprache entstanden sei, und vor allem halten wir daran fest, daß das Wort *truhtîn* im Munde der germanischen Soldaten in die Bedeutung von lat. *dominus* einrückte (oben S. 114 f). Auch das gotische Wort *gahlaiba* ‚Kamerad, Gefährte' mit der eigentlichen Bedeutung ‚der gemeinsam Brot Essende, der Brotgenosse' scheint von germanischen Soldaten genau nach dem Vorbild von lat. *companio* ‚Kamerad, (Kumpan)' gebildet zu sein (zu lat. *panis* ‚Brot', got. *hlaifs*, das in ‚ein *Laib* Brot' weiterlebt). Bei näherem Zusehen würde sich wahrscheinlich noch eine ganze Anzahl von Ausdrücken der Soldatensprache aus vorliterarischer Zeit aufspüren lassen.

Auch mit dem Bestehen von Fachsprachen ist schon in vorschriftlicher Zeit zu rechnen. Das Handwerk der Schmiede und die Seefahrer müssen nach Lage der Dinge schon damals eine Fachsprache besessen haben, d. h. einen Wortschatz an Fachausdrücken, an dem die allgemeine Volkssprache keinen Anteil hatte. Aber von solchen Fachsprachen ist bislang nichts nachgewiesen. Im übrigen hat man bei solchen Erwägungen sehr genau die jeweils vorhandenen Kulturzustände in Betracht zu ziehen. Wenn man z. B. bei den besten althochdeutschen Schriftstellern eine ausgesprochene Abneigung gegen sehr alte Lehnwörter wie *pflanzôn*, *fruht* und andere feststellt, so darf man vielleicht annehmen, daß es sich dabei um Ausdrücke aus der Fachsprache der Gärtner handelt, die wohl im Munde des einfältigen Bruders Gärtner in jedem Kloster recht und billig und unentbehrlich waren, die aber gerade deshalb der Gelehrte in seiner Schriftsprache weit von sich wies. Wäre es so (es läßt sich nicht beweisen; aber das Vermeiden solcher Wörter verlangt Erklärung), dann würde in diesem Fall die Fachsprache zugleich auch sozial eingeschätzt und geringer bewertet als die Sprache der Gebildeten in der Schreibstube. Aber immer müßte es sich dann erst um eine relativ späte Ausgliederung der Fachsprache aus dem allgemeinsprachlichen Bereich handeln, die erst einsetzen konnte, nachdem die Gärtnerei — in den Klöstern — zu einem selbständigen Handwerkszweig geworden war. In einer früheren, weniger differenzierten Gesellschaft kann ein Wortgut wie das erwähnte nicht auf einen kleinen Kreis beschränkt gewesen sein, weil alle Sprachgenossen die damit bezeichneten Tätigkeiten auszuüben vermochten. In diesem Falle darf man also jedenfalls nicht eine Erkenntnis, die für die althochdeutsche Zeit richtig sein mag, auf die vorschriftliche Zeit übertragen.

Abgesehen von Ansätzen zu fachsprachlichen Sonderentwicklungen muß man innerhalb der Gemeinsprache auch in germanischer Zeit bereits mit gewissen Schichtungen rechnen. In der Beratung der Volksversammlung und in der Halle des Adelsbauern wurden gewiß sorgfältigere Ausdrucksweisen gepflegt als in der Hütte des kleinen Mannes und bei der täglichen Arbeit. Noch höher, durch Feierlichkeit und Formel bereits aus der Gemeinsprache herausgehoben, stand die Sprache des Kults oder des Rechts oder der Dichtung. Gewisse Rückschlüsse auf diese gehobenen Sprachbestände und den Kulturzustand, der sich in ihnen ausdrückt, lassen sich ziehen, indem man die spätere einzelsprachliche Überlieferung vergleichend untersucht und feststellt, was aus gemeinsamem Kultur- und Spracherbe stammt. Aber man erhält auf diese Weise nur Einblick in den Bestand, jedoch — von glücklichen Ausnahmen abgesehen — kein Bild von einer Entwicklung im Ablauf der Zeit.

Ebenso statisch bleibt freilich das Bild der Gemeinsprache — auch dieses nur durch Rückschluß zu gewinnen —, solange man sich im Bereich der Erbwörter und der damit bezeichneten Vorstellungen bewegt. Auf diesem Gebiet, und ebenso auch hinsichtlich der Laut- und Formenentwicklung, kann man bestenfalls von urgermanischem oder westgermanischem Alter einer Spracherscheinung reden, oder davon, daß sie nur — beispielsweise — im Nordseegermanischen oder im Elbgermanischen oder sonst irgendwo verbreitet sei. Mit solchen räumlichen Angaben verbinden sich freilich auch gewisse Zeitvorstellungen. Aber sie bleiben nebelhaft unscharf und reichen keinesfalls aus, sprachliches Werden und Vergehen im historischen Ablauf zu erkennen. Nur die unter fremdem Einfluß aufgenommenen neuen Ausdrücke machen davon eine Ausnahme. Bei sehr vielen Lehnwörtern kann man auf Grund kultur- und wirtschaftsgeschichtlicher oder lautlicher Kriterien (vgl. unsere früheren Erörterungen, bes. Kap. VII bis IX) erkennen, zu welcher Zeit etwa sie übernommen wurden. Daher ist im Bereich des Lehngutes bereits in vorliterarischer Zeit in gewissem Umfange ein allmähliches Anwachsen, also eine historische Entwicklung nachweisbar. Hier ist Bewegung, während man in den anderen Sprachschichten der gleichen Zeit nur Zuständliches erkennen kann. Das bedeutet natürlich nicht, daß es in diesen keine Entwicklung gegeben habe. Nur vollzieht sie sich in einem Dunkel, das rückschauend nicht mehr aufzuhellen ist. Später, in literarischer Zeit, tritt demgegenüber gerade die Weiterentwicklung der Volks- und Alltagssprache ins Dunkel zurück.

Allerdings darf man auch die Möglichkeiten, der Sprache des germanischen Alltags nachzuspüren, nicht überschätzen. Aus ihren weiten Bereichen ist ja nur ein einziger Ausschnitt, ein verhältnismäßig geringfügiger Teil ihres Wortschatzes, einer historisch entwickelnden Betrachtung zugänglich, und auch diesen kennen wir nur aus späterer Überlieferung, also in schriftsprachlicher Überformung und losgelöst aus den ursprünglichen Aussagezusammenhängen. Wie man sich in der Alltagssprache bewegte, welchen Entwicklungen der Erbwortschatz unterworfen war, welche Ausdrücke und Redewendungen man gebrauchte, welche Bauformen der Sätze, wie korrekt oder nachlässig Sätze und Wörter artikuliert wurden, wie die sehr vielfältigen formalen Sprachelemente, z. B. Vor- und Endungssilben, unterschieden wurden, überhaupt die Klanggestalt dieser Sprache: das alles ist keiner Erforschung zugänglich. Was wir aber erkennen können, ist immer noch bedeutend genug. Denn ein einziges Mal im Verlauf der germanisch-deutschen Sprachgeschichte sehen wir in dieser vorliterarischen Sprachperiode die breiten Schichten des Volkes in ihrem Alltagsleben sprachschaffend am Werk. Späterhin, nach dem Einsetzen der schriftlichen Überlieferung, sind es andere soziale Schichten und sind es Sonderformen literarischer Sprachgestaltung — auch diese sehr vielfältig geschichtet —, die abwechselnd ins Licht treten und wieder verdämmern; aber von der Alltagssprache erhält man fortan nur noch zufällige und verstreute Kunde.

In jeder Epoche sind es andere soziologische Schichten, die sprachschaffend hervortreten, und mithin auch andere Ebenen der Sprache, auf denen sie sich bewegen. Das ist für die sprachgeschichtliche Darstellung methodisch wichtig. Niemals erkennt man die Gesamtentwicklung einer Sprache in allen ihren Schichtungen. Zwar entwickeln sich alle kontinuierlich neben- und miteinander; aber der Sprachhistoriker ist immer auf das wechselnde Licht angewiesen, das bald auf diese, bald auf jene Schicht fällt. Immer bleibt vieles andere im Dunkel, und man muß sich der ständig wechselnden Aspekte bewußt bleiben, unter denen allein der geschichtliche Ablauf erkannt werden kann. Sobald die schriftliche Überlieferung einsetzt, ist es freilich niemals so, daß nur eine einzige Sprachschicht wahrnehmbar wäre; immer fällt auch ein mehr oder minder starkes Licht auf andere Schichten. Aber die Helligkeit ist doch stets recht mannigfach abgestuft, und immer — so scheint es — steht eine einzige Schicht im Brennpunkt, so daß auf sie ein ganz besonders helles Licht fällt. Regelmäßig gehen auch einzelne Errungenschaften, die auf besonderer Sprachebene gewonnen werden, in die Gemeinsprache ein, sei es nun aus der Sprache esoterischer Dichter oder volksnaher Erzähler, ekstatischer Mystiker oder mahnender Prediger, hochgeistiger Gelehrter oder volkstümlicher Lehrer. Insofern ist dann doch eine gewisse Kontinuität der gemeinsprachlichen Entwicklung vorhanden und in ihrem historischen Verlauf darstellbar. Jedes Zeitalter, jede Kulturepoche tragen aus dem ihnen Besonderen zur allgemeinen Weiterentwicklung bei. Daß auch in der althochdeutschen Überlieferung bereits verschiedene Schichten der Sprache wahrnehmbar sind, hat der bisherige Gang unserer Darstellung bereits gezeigt. Zum Abschluß des Gesamtüberblicks obliegt es uns nun, das Erkannte systematisch zusammenzufassen und in diesem Zusammenhang das Augenmerk auch auf einige Punkte zu richten, zu deren Erörterung vorher kein Raum war.

Althochdeutsche Dichtersprache

Wir beginnen mit der höchsten sprachlichen Schicht, der nach strengen Kunstgesetzen gestalteten, poetisch gebundenen Sprache der Dichter. Sie wurde vorher noch nicht erörtert, weil sie in althochdeutscher Zeit für die Entwicklung der Gemeinsprache nur eine sehr geringe Rolle spielt. Man faßt auf diesem Gebiet, etwa bei OTFRID VON WEISSENBURG, nur die ersten, bescheidenen neuen Ansätze und hat es im übrigen vor allem mit dem Ausklingen eines alten poetischen Spracherbes aus germanischer Zeit zu tun. Denn die Dichtung und ihre gebundene Sprache blickten auf eine lange, ehrwürdige Tradition zurück, wie übrigens ebenso die Sprache des germanischen Rechts, auf die wir in dieser Darstellung nicht eingehen können. Schon TACITUS erwähnt Götterlieder der Germanen und spricht von einem Liede auf ARMINIUS. Das kann eine Totenklage oder ein Preislied oder auch ein Erzähllied gewesen sein, wird jedenfalls zur Gattung der großen, ernsten Dichtung gehört haben. Früh schon muß es daneben auch Kleindichtung, Zauber- und Sittensprüche, Merkverse und Rätsel gegeben haben. Zu einer Geschichte der Dichtung in schriftloser Zeit fügt sich das, was sich davon ermitteln läßt, so wenig wie die Ergebnisse der Sprachforschung zu einer Sprachgeschichte. Wohl aber können wir uns aus den althochdeutschen Resten — die nordische und die angelsächsische Überlieferung muß hier außer Betracht bleiben — eine Vorstellung über Art und Tradition der Sprache dieser Dichtung machen.

Schon innerhalb dieser Dichtersprache muß man einen Unterschied der sprachlichen Schichtung erkennen, je nachdem, ob es sich um die große, kunstvolle Dichtung oder die anspruchsloseren Kleinformen handelt. Da sind zum Beispiel die beiden ‹Merseburger Zaubersprüche›. Zum Gebrauch oder jedenfalls zum Verständnis für jedermann sind sie geschaffen. Der ehrfürchtige Schauder vor dem

Numinosen, das sie beschwören wollen, wird außer durch die streng gebundene, magisch wirkende Form durch die Nennung der beschworenen Gottheiten geweckt. Die Altertümlichkeit mancher Wörter mag zur Verstärkung solcher Empfindungen beitragen. Aber nichts weist darauf hin, daß sie wegen ihrer Altertümlichkeit gewählt wurden; sie sind mit den Sprüchen selbst alt geworden. Manche Wortbildungen, wie *haptbandum* ‚Haftfesseln' im ersten, *bênrenki, bluotrenki* ‚Bein-, Blutverrenkung' im zweiten Spruch tragen freilich unalltägliche episches Gepräge, aber wenn der zweite Spruch mit den Worten beginnt *Phol endi Uuodan vuorun zi holza* ‚Ph. und W. ritten in den Wald', so sind das einfache, auch in der Alltagssprache übliche Worte, die nur durch die erwähnten Namen und durch den Rhythmus, der sich im folgenden fortsetzt, zu poetischem Gewicht gelangen. Diese Tradition wird in den christlichen Segensformeln gegen allerhand Krankheit und Unheil fortgeführt, auch ihre Sprache bleibt im Bereich des alltäglich Schlichten (vgl. LH 47, S. 80-82).

Viel höher steht die sorgsam gewählte Sprache des einzigen althochdeutschen Heldenliedes, das erhalten geblieben ist. Auch im ‹Hildebrandlied› gibt die strenge Form mehr als nur den äußeren Rahmen. In knapper, fast wortkarger Diktion werden die durch den Stabreim gebundenen, sinntragenden Wörter, die nur von wenig Füllwerk umgeben sind, zu wuchtiger Aussage verdichtet, und es ist das Pathos dieser Worte, das sehr viel zu der eindrücklichen Wirkung des Wortkunstwerks beiträgt. Schon die Art, wie immer wieder die Rede der beiden Helden eingeleitet wird, *Hiltibrant gimahalta, Heribrantes sunu* (und entsprechend für Hadubrand), zeigt etwas von der statisch würdigen Sprachhaltung. Dem Eigennamen wird der Vatersname zugefügt, Hinweis auf die Herkunft aus berühmtem Geschlecht. Und das Reden der Helden wird als *gimahalen* bezeichnet. Das ist ein gehobenes Sprechen, markig und bestimmt, wie es etwa im Rat der Volksversammlung geschieht. Nirgends sonst wird in einem althochdeutschen Text diese feierliche Redeeinführung gebraucht, deren Aussagewert ‚feierlich und unverbrüchlich erklären' zur Unkenntlichkeit abgeschwächt noch in heutigem *sich vermählen* nachlebt. Es ist ein Wort der altepischen Sprache (und vielleicht auch der feierlichen Sprache des germanischen Gerichts), das in dieser Bedeutung in der althochdeutschen Alltagsrede nicht mehr verwendet wird. Derselben altepischen Sphäre gehören viele Wörter des ‹Hildebrandliedes› an, die in keinem anderen althochdeutschen Denkmal vorkommen; sie sind mit der heidnisch-germanischen Kultur untergegangen: *hilti* ‚Kampf' (vgl. Namen wie *Hildegard, Brünhild*), *billi* ‚Schwert', *skeotant* ‚Krieger' (eigentlich ‚Schießender, Schütze'), *bûr* ‚Wohnung, Haus', *giwîtan* ‚gehen, schreiten', *bretôn* ‚schlagen, niederstrecken', *banun gifesten* ,den Tod bringen, anheften'. Man muß sich den ganz unalltäglichen Klang dieser altertümlichen Wörter recht zu Gemüte führen, um zu ermessen, welche heroische Vorstellungswelt damit heraufbeschworen wird und wie ihr Pathos in dem wuchtigen Rhythmus des Stabreimverses zu voller Wirkung kommt. Wendungen wie *dô sie to deru hiltiu ritun*, ,da sie zu dem Kampfe ritten', oder *nu scal mih suasat chind swertu hauwan, bretôn mit sinu billiu*, ,nun soll mich der eigene Sohn mit dem Schwert erschlagen, hinstrecken mit seiner Klinge', müssen durch den Klang der erlesenen Wörter einen außerordentlich tiefen Eindruck auf die Hörer gemacht haben. Bemerkenswert für die Wortkunst des Werkes ist das letzte Beispiel: Auf die alltägliche Wendung *swertu hauwan*, die aber durch die altertümliche Konstruktion ohne die Präposition *mit* aufhorchen macht, folgt nach dem germanischen Variationsprinzip noch einmal dieselbe Aussage, nun aber mit ganz alten, selten gewordenen Wörtern. Das Außerordentliche, Ungeheuerliche des Geschehens wird durch solche Wortwahl eindringlich ausgesagt.

Diese Kraft des Wortes, die ungewöhnliche Dichte der Aussage sind getragen von dem Ethos einer entschwindenden Epoche. Sich von einer solchen heldischen Dichtung ergreifen zu lassen, fordert nicht nur einfühlendes Verständnis für den archaischen Klang der gemessenen Sprache. Sie hat ihren geistigen Ursprungsort in einer Gesellschaft, die bereit ist, unbeugsamen Willens die schicksalhafte Tragik auf sich zu nehmen, in die die ethische Entscheidung für die Kriegerehre den heldischen Menschen führen kann. In der germanischen Gefolgschaft, in der sich Herr und Mann nach freier Willensentscheidung zu unverbrüchlichem Einstehen füreinander in todbereiter Treue verbinden, hat dieses Kriegerethos seinen Boden, und in dieser sozialen Gruppe wurzelt das germanische Heldenlied. Es entstand und erklang in der Halle des fürstlichen Herren und im Kreise seiner streitbaren Gefolgschaft. In einer noch wenig gegliederten Gesellschaft, in der die Hand, die den Pflug führte, jederzeit auch bereit sein mußte, zum Schwert zu greifen, mag wohl die gesamte Volksgemeinschaft ein offenes Ohr für solche Dichtung gehabt haben. Aber der ethische Gehalt der Lieder in seiner starren Unerbittlichkeit ist zu herb, die künstlerische Gestalt, in die sich das Ethos einkörpert, zu streng, als daß diese Kunst für volkstümlich angesehen werden könnte. Ihre Dichter und ihr Publikum können nur in einem exklusiven Kreise gesucht werden, in dem das Ethos des Kriegers in höchster, der Allgemeinheit nicht erreichbarer Steigerung durchdacht und gelebt wurde.

Was von den Zuhörern gilt, muß in noch stärkerem Maße von dem Dichter gelten, der das sittliche Erleben einer solchen verschworenen Gemeinschaft zu gestalten hatte. Mögen die Zaubersprüche, nicht ohne Kunst gebildet, aber leicht eingängig in der Form und fast alltäglich in der Wortwahl, von volkstümlichen Dichtern geschaffen sein, so trifft das doch für die große germanische Dichtung nicht zu. Der Dichter mußte selbst vom Geist der Gefolgschaft ganz durchdrungen sein, um solche Werke mit echtem, tief im eigenen Innern erlebten Pathos gestalten zu können. Auch ist es dieser Kunst anzumerken, daß ihre strenge Form und die erlesene Sprache nur in einer langen Tradition ausgebildet werden konnten. Sie konnte nur von Meistern entwickelt werden, die ihr Wissen und Können auf Schüler vererbten, die dann selbst wieder in strenger Zucht zu Meistern heranwuchsen. Im Munde ungebundener, volkstümlicher Sänger konnte solche Kunst nicht gedeihen. Die Dichter der Heldenlieder gehörten der gehobenen Schicht einer kriegerisch gestimmten Gesellschaft an. Der Schöpfer des althochdeutschen ‹Isidor›, der diese untergehende germanische Welt noch gekannt haben wird, hat an einer Stelle zu übersetzen *dixit egregius psalta Israel* ‚es sprach der hervorragende Psalmist Israels‘, und er schreibt dafür *sus quhad adhalsangheri Israhelo* ‚so sprach der Edelsänger der Israeliten‘. Darin spricht sich dieselbe Auffassung aus wie in einer Glosse die *artifex* ‚Künstler‘ durch *adalmeistar* ‚Edelmeister‘ wiedergibt. Man braucht hier das Wort ahd. *adal* nicht in dem modernen Sinne einer eingeschränkten Standesbezeichnung aufzufassen, aber ganz verkehrt wäre es, es als ‚Geistes-, Gesinnungsadel‘ zu interpretieren. Gemeint ist der Mensch gehobenen Standes, der aus alter, in Generationen bewährter und geachteter Familie stammt, und ist ‚Gesinnungsadel‘ assoziativ mitgemeint, dann als die natürliche Eigenschaft von Menschen solcher Herkunft. Als einen solchen vornehmen, herausgehobenen Mann stellt sich also der ‹Isidor›-Übersetzer den Psalmisten vor, und er überträgt auf ihn Vorstellungen seiner heimisch-germanischen Gesellschaftsstruktur.

Das germanische Gefolgschaftswesen hatte in einer sich wandelnden Welt seit langem keinen Lebensraum mehr. Diese Gesellschaftsform eines Kriegeradels ist nur möglich in einer vorstaatlichen Ordnung, in der viele freie Herren trotzig auf ihre Unabhängigkeit pochen und zu ihrer Behauptung ständig eine ausgewählte Kriegerschar um sich versammelt halten. Schon nach der Entstehung germanischer Großstämme und erst recht im fränkischen Reich mit seiner Königsgewalt und seiner straffen, zentralen Staatsordnung darf es die Selbstherrlichkeit des freien Adels nicht mehr geben. Mögen die äußeren Formen des Gefolgschaftswesens auch nur langsam absterben, so waren sie doch durch die politische Entwicklung ihres wesentlichen Inhalts beraubt. Der kriegerische Einsatz für die privaten

Ziele des Gefolgsherrn war illegal geworden; Krieg und Kampf standen nun im Dienste höherer politischer Ordnungen. Auch mußte die rauhe Sittlichkeit dieser kleinen Kampfgemeinschaften dem neuen christlichen Ethos weichen. Es ist gewiß kein Zufall, daß die Adelsgesellschaft, ihrer alten Zielsetzungen und Traditionen beraubt, besonders stark in den Bann des Christentums gezogen wurde und sich von der Aufgabe, sich die neue Lehre geistig anzueignen, fast völlig absorbieren ließ. Man kennt den äußerst starken Zustrom, den Domstifte und Klöster gerade aus Kreisen des Adels gewannen, und die Herkunft aus adliger Familie war eine starke Empfehlung bei der Besetzung der geistlichen Ämter.

Mit der germanischen Kriegergesellschaft und ihrem Ethos mußte auch ihre heroische Dichtung untergehen. Auch das ‹Hildebrandlied› ist keine Schöpfung der althochdeutschen Zeit. Es ragt nur noch als ein letzter Überrest der untergegangenen Epoche in diese Zeit hinein. Vermutlich im 6. oder spätestens zu Anfang des 7. Jahrhunderts entstanden, verdankt es seine späte Aufzeichnung zwei fuldischen Mönchen, die noch Interesse an den alten Heldenliedern hatten. Von solcher Anteilnahme, die auch KARL DER GROSSE selbst bekundete, als er die Sammlung der Heldenlieder veranlaßte, die dann doch verlorenging, hören wir auch späterhin. Chronisten wissen von hohen Geistlichen zu berichten, die eine Vorliebe für den Vortrag alter Heldenlieder hatten. Aber das sind Nachwirkungen; die lebendige Kunstübung ist mit der alten Zeit untergegangen. Auch die altepische Sprache geht mit ihren Dichtern zugrunde, und es ist kein Zufall, daß sich im ‹Hildebrandlied› so viele Wörter finden, die sonst im Althochdeutschen nirgends mehr bezeugt sind. Die neue Zeit beginnt eine neue Sprache zu sprechen, in der der alte heroische Wortschatz keinen Raum mehr hat.

Allerdings verschwindet die hohe epische Kunstübung nicht sofort. Es gibt Versuche, an die germanische Tradition anknüpfend die alte Form der Stabreimdichtung mit neuem, christlichem Gehalt zu erfüllen. In eindrucksvoller Weise zeigt sich, ins Christliche übertragen, das alte Pathos der wortkargen, dichten Sprache im sogenannten ‹Wessobrunner Gebet›, dem fragmentarisch überlieferten Ansatz zu einem Weltschöpfungsgedicht. Da wird das uranfängliche Chaos geschildert, (wir verzichten auf die Wiedergabe des althochdeutschen Textes): ‹Als Erde nicht war noch Himmel oben, / nicht Baum noch Berg war, / noch Sonne schien, noch Mond leuchtete, noch das schimmernde Meer, / als da gar nichts war an Enden und Wenden, / da war doch der eine allmächtige Gott.› Das ist noch der alte, wuchtende Stabreim, da rühren selten gewordene Epenwörter wie *ero* ‚Erde‘ und *ûfhimil* ‚Oberhimmel‘, aber auch neue Formeln mit mystisch

Beziehungen stiftendem Reimklang wie *enteo ni wenteo* das dunkle Geheimnis der Schöpfung an, und mächtig hebt sich aus den negierten Vorstellungspaaren, mit denen das Chaos beschworen wird, die sieghaft bejahende Langzeile ab, die das Sein Gottes verkündet: *enti dô was der eino almahtico got.*

Es ist anzunehmen, daß dieser Hymnus unter dem Einfluß der Angelsachsen entstand, die sich früher schon und mit nachhaltigerer Wirkung bemüht hatten, die alte Kunstform der Dichtung mit christlichen Gehalten zu füllen. In seinem Geiste angelsächsisch beeinflußt, wiewohl an heimische Epentradition anknüpfend, ist auch die einzige erhalten gebliebene stabreimende Großdichtung christlichen Inhalts, der altsächsische ‹Heliand›. (Von einem weiteren Zeugnis solcher Kunstübung, den Bruchstücken einer altsächsischen Genesis, die sogar ins Altenglische übertragen wurde, sehen wir hier ab.) Zuweilen gelingen dem ‹Heliand›-Dichter Gestaltungen, die sich in ihrer poetischen Kraft mit dem ‹Hildebrandlied› messen können. Doch darf man den grundlegenden Unterschied zwischen germanischen Heldenliedern und dem ‹Heliand› nicht vergessen, der selbst dann zu berücksichtigen ist, wenn man von dem neuen christlichen Inhalt völlig absieht und nur die äußere Form im Auge hat. Der ‹Heliand› ist ein Buchepos von etwa 6000 Versen Umfang, schon in dieser Anlage Zeichen einer neuen Auffassung von epischer Dichtung, die nicht mehr an germanische, sondern an antike und lateinisch-christliche Vorbilder anknüpft. Ein so umfangreiches Werk kann nicht die gleiche Dichte haben wie ein episches Lied von 70 bis 80 Versen, das sich ganz auf die äußerst verdichtete Darstellung einiger dramatischer Höhepunkte der Handlung konzentriert. Aber selbst eine so wenig poetische Stelle wie die im Anhang IX abgedruckte kann doch beweisen, daß die neuen Inhalte die alte Form in einer würdevoll gemessenen Sprache erfüllen. Man findet hier auch einen Wortschatz, der zwar im allgemeinen nicht mehr der der alten Epen ist, aber doch an deren sorgfältige Sprachbehandlung anknüpft. Einzelne Wörter wie *idis* ‚edle Frau' oder die Gottesattribute *alwaldo* und *waldendi* (Anh. IX), *firiha* ‚Mensch' (Anh. II, 3) haben einen hohen Klang, und dieser zeichnet auch die nach altepischer Weise gebildeten Komposita wie *wîsbodo* (IX), *mênsculdi* (II, 3) und epische Umschreibungen wie *hebanes ward* (II, 3) aus.

Hier hätte ein Ansatzpunkt zu weiterer Entwicklung bestanden. Aber die Zeit hatte schon anders entschieden. Überhaupt konnte wohl innerhalb des deutschen Kulturkreises im 9. Jahrhundert ein Werk wie der ‹Heliand› nur noch in nördlichen Regionen entstehen. Zäh und trotzig hatten die Sachsen jahrhundertelang in Angriff und Verteidigung den fränkischen Unterwerfungsversuchen widerstanden, und erst vor wenigen Jahrzehnten waren sie endgültig dem fränkischen Reich mit seiner zentralen Staatsordnung eingegliedert worden. Da mögen sich die germanischen sozialen Verhältnisse und das Gefolgschaftswesen länger als andernorts erhalten haben. So fand der ‹Heliand›-Dichter vermutlich noch eine Gesellschaftsschicht vor, der mit den alten Lebensordnungen auch die alte Kunstübung noch vertraut war, und in diesem Kreise konnte er Verständnis erhoffen, wenn er jungen Wein in alte Schläuche füllte. Aber auch im Sachsenlande hielt die neue Zeit rasch ihren Einzug mit neuen Ordnungen, und wenn der ‹Heliand›-Dichter keinen Nachfolger mehr fand, so vermutlich deshalb, weil einer Fortführung germanischer Dichtungstradition bald auch in seiner Heimat der soziale Boden entzogen wurde.

Der erhabene Gedanke, eine christliche deutsche Großdichtung zu schaffen, scheint nur in Fulda ernstlich erwogen zu sein und war dort gewiß von den Angelsachsen angeregt, die Ähnliches versuchten. Denn außer dem von Fulda ausgegangenen Dichter des ‹Heliand› hat nur OTFRID, der auch zu HRABANS Füßen gesessen hatte, in althochdeutscher Zeit ein großes Epos geschaffen. Auch er versuchte an germanische Traditionen anzuknüpfen und scheint ursprünglich ein stabreimendes Werk im Sinne gehabt zu haben. Jedenfalls kommen in den ältesten Partien seines in mehreren Jahrzehnten mühsam erarbeiteten Werkes stabende Verse vor. Da klingt dann seine Schilderung des Botenweges, den der Erzengel nimmt, *floug er sunnûn pad, sterrôno strâza* usw. (vgl. Anhang VIII) großartig genug und beweist, daß OTFRID wohl in der Lage gewesen wäre, germanische Traditionen umgestaltend weiterzuführen. Überhaupt spürt man trotz des ganz christlichen Inhalts seiner Verse doch die Schulung an germanischer Ependichtung auf Schritt und Tritt, zum Beispiel in seiner Klage um das verlorene Paradies:

> nû riazen elilente in fremidemo lante.
> nû ligit uns umbitherbi thaz unser adalerbi.

(Nun trauern wir heimatlos in fremdem Lande; nun liegt uns ungenutzt unser Adelerbe.) Außer der poetischen Formung und dem allgemeinen Sprachcharakter erinnern hier und häufig sonst Zusammensetzungen wie *adalerbi* und *adalkunni* ‚edles Geschlecht', *drûtthegan* ‚vertrauter Diener', *lantwalto* ‚Herr des Landes' an die altepische Technik, und sittliche Beurteilungen wie (er sprach ehrerbietig) *sô man zi frowûn scal* (Anhang VIII) entsprechen auch dem germanischen Epenstil. Vergleichbar heißt es im ‹Hildebrandlied› *mit geru scal man geba infâhan* ‚mit dem Speer soll der Mann Gabe empfangen', und in beiden Fällen wird — auf ganz verschiedenen Gebieten — ein sittliches Gebot in Betracht gezogen.

OTFRID hat sich freilich in seinem Werk von der äußeren germanischen Form ganz abgewendet, indem er den Stabreim aufgab und als poetisches Grundprinzip den Endreim einführte, in dem sich zwei Zeilen (oder bei OTFRID zwei Halbzeilen) zu höherer Einheit binden. Er schuf damit die Form, der in deutscher Dichtung auf lange Zeit hinaus die Zukunft gehören sollte. Aber in althochdeutscher Zeit fand er nur geringe Nachfolge und hatte insofern dasselbe Schicksal wie der ‹Heliand›-Dichter. Die Gesellschaft der Zeit war für eine neue deutsche Dichtung nicht aufgeschlossen. Die geistig höchst kultivierte Gesellschaftsschicht, der Adel, und alle, die sich geistig mit ihm messen konnten, hatten sich neuen Aufgaben zugewandt. Zwar gehörten OTFRID und vermutlich auch der Dichter des ‹Heliand› und der des ‹Wessobrunner Schöpfungshymnus› von Geburt dieser sozialen Schicht an, aber in ihren poetischen Bestrebungen blieben sie darin Außenseiter. Das Werk des ‹Heliand›-Dichters blieb ohne Nachfolge, dasjenige OTFRIDS sollte erst nach mehr als 150 Jahren offenbare Wirkungen zeitigen. Die soziale Schicht, der die Dichter angehörten, hatte sich der neuen Bildungswelt zugewandt. Im Mittelpunkt ihrer Interessen stand der mit aller Inbrunst des Gefühls ergriffene christliche Glaube, und insoweit trafen sie sich mit den Dichtern auf gleicher Ebene. Aber dahinter stand die Aneignung der sich durch das Christentum erschließenden Bildungswelt der Antike, und das verlangte in erster Linie ein intellektuelles Tun. Das Lateinische mußte verstandesmäßig gemeistert werden. Daß dies das Ziel der Bildung war, beweist unter anderem die dienende Rolle der deutschen Sprache in Glossen und Übersetzungen. War allerdings das Lateinische erst einmal intellektuell erobert, so konnte es nicht ausbleiben, daß empfängliche Gemüter auch von den ästhetischen Werten lateinischer Sprache und Dichtung ergriffen wurden. Aus diesem Bildungserlebnis wurden dann auch neue poetische Schöpfungen geboren, die lateinische Dichtung deutscher (und überhaupt europäischer) Dichter des Mittelalters. Diese lateinische Poesie und ganz allgemein die lateinische Schriftstellerei hatte auch lebendige Wirkungen auf die weitere Entwicklung des mittelalterlichen Latein. Das zu beachten, ist wichtig. Denn es zeigt, in welche Richtung sich die schöpferischen Kräfte der Zeit wandten, und an der Fülle der lateinischen Produktionen erkennt man auch, wie isoliert die wenigen Werke deutscher Dichtung in ihrer Zeit gestanden haben müssen. Daher konnte von den althochdeutschen Dichtwerken auch nur eine geringe Wirkung auf die Entwicklung der deutschen Sprache ausgehen. Neue Wörter und Ausdrucksweisen sind allem Anschein nach nicht aus der Dichtung in die Gemeinsprache eingegangen.

Allerdings muß in einer niedrigeren sozialen Schicht, im schlichten

Volke, die Freude an heldischen Stoffen und überhaupt am Fabulieren lebendig geblieben sein, und es müssen sich auch volkstümliche Dichter und Sänger gefunden haben, die alte Werke vortrugen und neue schufen, um die Wünsche dieser breiten Zuhörerschichten zu erfüllen. Ohne mit solchen Vermittlern zu rechnen, könnte man nicht verstehen, woher in frühmittelhochdeutscher Zeit plötzlich OTFRIDS Endreim auf breiter Front wiederauflebt und wie sich heldenepische Stoffe bis zur Entstehung des ‹Nibelungenliedes›, der ‹Kudrun› und der ‹Dietrichepen› tradiert haben sollten. Gab es aber volkstümliche Dichtung in althochdeutscher Zeit, so gelangte sie doch nicht aufs Pergament und ist deshalb ganz und gar verschollen. So läßt sich auch nichts über ihre Sprache sagen. Gewiß hat diese ihre Entwicklung gehabt, und sie wirkt vermutlich weiter in der frühmittelhochdeutschen Dichtung des 11. Jahrhunderts. Aber alles das bleibt im Dunkel wie diese Dichtung selbst, und es bestätigt sich, was oben bereits betont wurde, daß keineswegs alle Schichten einer Sprache historisch erfaßt werden können.

Althochdeutsche Volkssprache

Besser als hinsichtlich der Sprache volksnaher Dichtung sind wir in der Erkenntnis der Sprache des Volkes selbst gestellt. Wenig genug ist es freilich, was von ihr bekannt ist. Man darf voraussetzen, daß sie auch in althochdeutscher Zeit viel weniger fest geregelt war als die Dichtersprache oder jegliche Art schriftsprachlicher Gestaltung. Es ist eine in jeder Sprachgemeinschaft und zu jeder Zeit gültige Regel, daß die Sprache des Alltags in Wortwahl, Formenbehandlung, Satzbau und Artikulation sich bequemer Nachlässigkeit hingibt. Die rasch wechselnden Erfordernisse des täglichen Lebens lassen es gar nicht zu, auf die Alltagssprache dieselbe Aufmerksamkeit zu verwenden, die für jede Art gehobener Sprache unerläßlich ist. Es gibt ein oder zwei althochdeutsche Sprachdenkmäler, die dies für die althochdeutsche Zeit in willkommenster Weise bestätigen. Aus dem Beginn des 9. Jahrhunderts sind uns die sogenannten ‹Kasseler Gespräche› überliefert, die sich in der oben S. 181 erwähnten Handschrift der ‹Kasseler Glossen› finden. Aus dem 10. Jahrhundert stammt das ‹Pariser Gesprächsbüchlein›, ein kleines Handbuch für einen in Deutschland reisenden Romanen, von einem Franzosen in französischer Orthographie geschrieben. Die ‹Kasseler Gespräche›, nach festen Regeln in korrekter Schreibung wiedergegeben, sagen zwar über die Lautform der Volkssprache gar nichts aus, enthalten aber wenigstens eine Reihe von Sätzchen und Ausdrucksweisen, wie sie im Alltag üblich gewesen sein müssen. Da wird gefragt: *uuer pist dû? uuana quimis?* (,Wer bist du? Woher kommst du'), und eine Wechselrede lautet: *uuaz sôhtut? sôhtum daz uns durft uuas. uuaz uuârun durfti? manago.* (,Was habt ihr gesucht? Wir suchten, was uns nötig war. Was waren die Bedürfnisse? Viele.') Diese Antworten klingen einsilbig und nicht sehr höflich, aber recht höflich heißt es: *dû capiut anti ih tôm* (,Gebiete, und ich tue deinen Willen'). Das sind kleine Proben, wie bei Begegnungen auf der Heerstraße und in der Herberge die Rede ging. Umfangreicher und viel farbiger ist das ‹Pariser Gesprächsbüchlein›, allerdings auch viel krauser in seiner Rechtschreibung und sprachlich schwieriger. Da heißt es etwa *Guare uenge inats selida, gueselle?* (,Wo nahmst du heut Nacht Wohnung, Geselle?'), und wieder, wie in den ‹Kasseler Gesprächen›: *Guane cumet ger, brothro* (,Woher kommt ihr, Brüder'). Sehr auffällig ist in dem ‹Pariser Büchlein› die häufige grammatische Unkorrektheit. Da heißt es z. B. *Quesan ger iuda min erra?* (,Habt ihr heute meinen Herrn gesehen?'), was in regelmäßigem Althochdeutsch lauten müßte: *Gisâhut ir hiuto mînan hêrron.* Das eine oder andere mag falsches Deutsch des französischen Schreibers sein; aber man erblickt vermutlich in diesem trüben Spiegel auch manche nachlässige Sprachgestaltung, die sich die Alltagssprache erlaubt, und wenn es z. B. heißt *Gimer cherize* (,Gib mir eine Kerze'), so ist dieses *gimer* ziemlich wahrscheinlich eine mundartliche Nachlässigkeit gegenüber einer korrekten Form *gib mir,* wie man sie in literarischen Texten finden würde. In diesen etwa hundert Fragen und Antworten ist ein buntes, zuweilen bis zum Vulgären derbes Bild des täglichen Alltags eingefangen. Dürfte man dem ‹Pariser Büchlein› glauben, so hätte sich die damalige althochdeutsche Volkssprache sehr stark dem Schwören und Fluchen hingegeben. In den Sätzchen steht häufig *minen terwa* ,meiner Treu', *semergot elfe* ,so wahr mir Gott helfe', *be gotta* ,bei Gott'; aber auch *scla en sin als* ,schlag ihm an den Hals' und noch Schlimmeres kommt vor. Beliebt sind vertrauliche Anreden wie *gueselle, guenoz, brothro, got man* ,Geselle, Genosse, Bruder, guter Mann', es fehlt aber auch nicht ein zorniges *narra* ,du Narr' und *ubele canet minen teruae* ,ein schlechter Knecht, meiner Treu'. Natürlich darf man nicht vorschnell verallgemeinern; es scheint aber, als sei hier ein farbiges Stück Alltagsleben mit seiner Treuherzigkeit, mit Vertraulichkeit und rasch aufwallendem Zorn und mit derber Unbekümmertheit recht naturalistisch abgeschildert.

Hier blickt man, so scheint es wenigstens, unmittelbar in den sprachlichen Alltag des Volkes hinein, und es ist ein nicht unbeträchtlicher volkssprachlicher Wort- und Ausdrucksschatz, der sich hier auftut. Aber auch die Volkssprache kennt andere Töne, und

wenigstens indirekt läßt sich auch darüber einiges ermitteln. Volks- tümlich in ihrem Wortschatz sind im allgemeinen zum Beispiel die ‹Straßburger Eide› (Anhang I) gehalten, weil der schlichte Krieger ja verstehen soll, was er in seinem Eide verspricht. Die Stilisierung (die ganze Eidesformel in einem einzigen Satz) mag kanzleimäßig sein, und Wörter wie *gehaltnissi* und *geuuiczi* mögen der Volkssprache fremd sein, aber vieles andere klingt doch echt volkstümlich. Wen- dungen wie *in godes minna, so haldih thesan mînan bruodher, thaz er mig sô sama duo, ce scadhen uuerdhen, then eid geleisten, for- brechan, ce follusti uuerdan* konnten in jedermanns Munde sein, und *ob ih inan es iruuenden ne mag* wird dadurch als volkstümlich er- wiesen, daß dieselbe Wendung auch noch im Mittelhochdeutschen ge- braucht wird. Da steht sie in der Literatur; da aber die Sprache der ‹Straßburger Eide› gewiß nicht literarisch ist, auch die Eide nicht weitergewirkt haben, muß sie in die Literatur aus der Gemeinsprache übernommen worden sein. Bemerkenswert ist auch jenes *(ich will meinen Bruder beschirmen), sôso man mit rehtu sînan bruodher scal* ‚wie man es rechtens soll'. Da begegnet uns dieselbe ethische Wert- setzung, die oben S. 231 bei OTFRID und im ‹Hildebrandlied› festge- stellt wurde. Auch dieser Zug wird nicht aus der Literatur in die Volkssprache eingedrungen sein, sondern der Weg war umgekehrt. Indem man also die Gemeinsprache des Volkes zu erkennen sucht, zeigen sich zugleich auch schon in dieser frühen Zeit gewisse Wechsel- wirkungen zwischen ihr und der gehobenen Schicht der Literatur- sprache.

Man kann also selbst in großer Dichtung Volkssprachliches wie- derfinden, weniger leicht wohl in der heroischen Epik der Germanen, desto eher aber in der breiten Buchepik der althochdeutschen Perio- de. So sagt z. B. OTFRID an einer Stelle (III, 1, 31 ff):

> *Lindo, liobo druhtîn mîn   lâz thia kestiga sîn;*
> *gilokô mir thaz mînaz muat,   sô muater kindilîne duat.*
> *Thoh si iz sêro fille,   nist ni si avur wolle*
> *(suntar si imo muntô),   theiz iaman thoh ni wuntô.*
> *Thia hant duat si furi sâr,   ob iaman râmêt es thar.*

(‚Sanfter, lieber Herr, laß ab von der Züchtigung. Behandle mich sanft, wie eine Mutter ihr Kindchen behandelt. Obwohl sie es viel- leicht heftig schlägt, will sie doch nicht, daß es jemand anderer verletze, sondern sie schützt es. Sie hält alsbald ihre Hand davor, wenn jemand es schlagen will'.) Hier, wo OTFRID in warmem Empfinden von der Mutterliebe spricht, darf man annehmen, daß er auch volkstümliche Worte gebraucht. Die Verba *gilockôn* und *muntôn, fillen* (zu ahd.

fell, vgl. *das Fell vergerben*) und *râmên* dürften also der Volkssprache angehören, ebenfalls die Adjektiva *lind* und *liob* und die Re-
densart *dia hant furi tuon*. Derartiges findet sich bei OTFRID an vielen Stellen, und besonders bei NOTKER findet man neben aller Gelehrsamkeit viel Volkssprachliches, da er in seine Erklärungen lateinischer Texte viel Gemeinverständliches aus alltäglicher Beobachtung
einfließen läßt. Auch viele andere althochdeutsche Texte könnten in
dieser Hinsicht ergiebig sein. In der philologischen Forschung ist die
Frage nach dem volkstümlichen Wortschatz im Alt- und Mittelhochdeutschen aber bisher noch kaum gestreift worden, und uns in eine
eingehende Untersuchung einzulassen, ist hier nicht der Ort. Desto
nachdrücklicher ist darauf hinzuweisen, daß hier eine – zumal im
Hinblick auf die soziologische Schichtung des Wortgutes – bedauer-
liche Lücke zu schließen bleibt. Von einer geschichtlichen Weiterentwicklung des volkstümlichen Ausdrucksschatzes dürfte freilich auch
in intensiver Forschung nicht viel erkennbar werden, wohl aber läßt
sich ein gewisser Bestand aufnehmen. Und wenn man, wie oben angedeutet werden konnte, volkssprachliche Eigenheiten in der Literatur
der althochdeutschen oder einer späteren Epoche wiedererkennen
kann, dann ist damit auch ihre Bedeutung für die sprachgeschichtliche
Betrachtung erwiesen.

Mönchische Umgangssprache

In der nachlässigen Sprachhaltung mit der lockeren Umgangssprache
verwandt, wie sie das ‹Pariser Gesprächsbüchlein› zeigt, wenn auch
auf ganz anderem Boden erwachsen, ist die Umgangssprache der
Mönche, von der wir oben S. 132 f gewisse Spuren zu erkennen
glaubten. Diese Sprachschicht beruht – jedenfalls, soweit wir sie
überhaupt fassen können – auf gelehrter Grundlage. Das Latein des
Kultus, der gelehrten Auseinandersetzung und der Schule mußte gewiß auf die alltägliche Sprache der Mönche und Scholaren abfärben.
Deshalb glaubten wir, in leichthin gebildeten Fremd- und Lehnwörtern
wie *increbôn* oder *scrûtôn*, *scrûdelôn* und anderen die Spuren ihrer
unbekümmerten Alltagssprache erblicken zu dürfen. Vielleicht gehören auch Lehnwörter wie ahd. *sens* für lat. *sensus* ‚Sinn‘, *trahtôn*
für *tractare* ‚erwägen‘, *titul* für *titulus* ‚Aufschrift‘ hierher, weil sich
für diese lateinischen Wörter leicht deutsche Wörter zur Übersetzung
anboten, die rasch verfertigten Lehnwörter also ein wenig leichtfer-
tig schmecken. Auch *kestigôn*, *kestiga* für *castigare*, *castigatio* ‚züch-
tigen, Züchtigung‘ und *stridunga* für *stridor dentium* ‚Zähneklap-
pern‘ könnten der sehr strengen Klosterzucht wenigstens sprachlich

ein für Scholaren erträgliches Maß gegeben haben. Allerdings sind *kestiga, kestigôn* späterhin weit verbreitet; aber das wäre kein Gegenargument. Denn daß Kraft- und Scherzwörter gewisser Gruppensprachen in die Gemeinsprache eindringen und dort nach Verlust ihres Affektgehalts arglos und ohne Beigeschmack verwendet werden, läßt sich an vielen Beispielen nachweisen. In den Bereich des mönchischen Alltags würde auch die oben S. 222 vermutete Fachsprache der Klostergärtner gehören. Gab es sie, dann könnte man wohl noch manchen Ausdruck aus dem Gartenbau, vor allem so manchen halblateinischen Pflanzennamen auf mönchische Umgangssprache zurückführen. Eine Warnung muß allerdings ausgesprochen werden. Vermutungen sind erlaubt; es ist aber äußerst schwierig, wenn nicht gar unmöglich, über altdeutsche klösterliche Umgangssprachen Gewißheit zu erlangen. Was hier zu dieser Sprachschicht gestellt wurde, ist nur in schriftlicher Überlieferung auf uns gekommen. Es steht in ernster Umgebung und verlangt, ernstgenommen zu werden. In Klang und Bildungsweise heben die erwähnten Wörter sich von ihrer Umgebung ab. Das ist aber auch das einzige Kriterium für die Zuweisung zu einer bestimmten Sprachschicht. Welche Assoziationen solche Wörter hervorriefen, welcher Gefühlslage und welcher Geschmacksrichtung sie entsprachen, kann man bestenfalls ahnen. Sichere Beweise gibt es nicht. Es ist daher auch nicht sicher, ob wir in Wörtern wie den genannten wirklich die mönchische Umgangssprache — die es ganz gewiß (als Gruppensprache) gegeben hat — erfassen.

Die Sprache der Kirche und ihrer Glieder

Mit der Frage nach einer Umgangssprache der Mönche sind wir durch eine Seitentür in den kirchlich-geistlichen Sprachbereich eingetreten. Denn diese Mönchssprache, wenn sie überhaupt erfaßbar ist, läßt sich nur insoweit von der allgemeinen Alltags- und Umgangssprache abheben, als sie auf lateinischer Grundlage beruht. Sehr vieles muß beiden Sprachschichten gemeinsam gewesen sein, besonders da auch die Gemeinsprache in christlicher Zeit christlich bestimmt ist. Aber Wörter wie *increbôn* oder *scrûtôn* können ihr nicht angehört haben; sie könnten allenfalls (was aber unwahrscheinlich ist) sekundär durch nachahmende Aufnahme in die allgemeine Umgangssprache eingegangen sein. Entstehen konnten sie nur, wo man das Lateinische verstand und selber sprach.

Ähnlich verhält sich auch die Sprache der christlichen Dichtung zu der allgemein verbreiteten Sprache des Christentums. Wie schon erwähnt, konnte die Poesie in althochdeutscher Zeit nicht recht gedeihen, und die christlichen Dichter fühlten sich immer in erster Linie als Gelehrte und geistliche Lehrer. Das gilt vom Dichter des ‹Heliand›, der in schlichter Weise dem Christenvolk das Leben des Heilands nahebringen will, und auch von OTFRID, der sich ein anspruchsvolleres Ziel steckt und dogmatische Erkenntnis verbreiten möchte. Die gleiche Gesinnung ist auch in den kleineren althochdeutschen Dichtungen überall spürbar. Was aber das Verhältnis dieser Dichter zur Sprache angeht, so sind sie überall da, wo es um christliches Gedankengut geht, nicht selbstschöpferisch, es sei denn in variierenden Umschreibungen und in Metaphern. Im übrigen bedienen sie sich – als Gelehrte, die sie sind – des in ihrer geistlichen Umgebung üblichen Wort- und Ausdrucksschatzes. Dieser ist an sich unpoetisch. Er ist nüchtern, von sachlichen Aufgaben bestimmt, allenfalls in gewissen Bereichen, wo es z. B. um das Leiden CHRISTI geht oder um die Gebrechlichkeit und Sündhaftigkeit des Menschen und Gottes Barmherzigkeit, mit starken Gefühlsassoziationen beladen oder doch geeignet, sie vom Kontext her zu empfangen. Jedenfalls bedienen sich die Dichter immer gerade dann, wenn es um die neuen erregenden Inhalte geht, in ihrem christlichen Kernwortschatz einer Sprache aus zweiter Hand. Was allerdings der Dichtung abträglich sein kann, hat für den Sprachhistoriker den großen Vorteil, daß er auch diese Zeugnisse einbeziehen darf, wenn es um die Erkenntnis der christlichen Sprachneuerungen und ihre Zuweisung zu bestimmten Schichten der Sprache geht.

Eine solche Einteilung des christlichen Althochdeutsch nach Sprachschichten ist allerdings noch kaum versucht und die Frage nach der sozialen Stellung ihrer Schöpfer und Träger noch nicht aufgeworfen worden. Auch hier kann deshalb nur skizzenhaft dargestellt werden, in welcher Richtung eine weitere Erforschung der sprachlichen Schichtung etwa vorzugehen hätte.

In unserer bisherigen Darstellung haben wir bereits eine süddeutsche Kirchensprache von angelsächsisch beeinflußten Ansätzen zu einer nordwestdeutschen unterschieden, wobei auch von Südosten kommende gotische und westliche irische Einflüsse zu erwägen waren. Dahinter tauchte schemenhaft und noch nicht wissenschaftlich erfaßt eine (west)fränkische Kirchensprache auf, deren Vorhandensein man auf Grund der historischen Verhältnisse anzunehmen hat und die schon tief in vorliterarischer Zeit begonnen haben muß, sich auszubilden. Bei all diesen Erörterungen handelte es sich letzten Endes um Fragen der Sprach- und Kulturgeographie.

Anders die Fragestellung, die uns nun beschäftigt. Wir suchen nach den soziologischen Umständen dieser Sprachentwicklung und nach der soziologischen Stellung ihrer Schöpfer und Träger. Diese

Frage ist im Bereich des christlichen Althochdeutsch viel schwieriger zu beantworten als etwa auf dem Gebiet der germanischen Dichtung. Dort lassen sich soziale Grundlagen ermitteln, die man, freilich stark vereinfachend und ohne zu differenzieren, mit dem Terminus ‚Adelskunst‘ bezeichnen kann. Im Bereich der Kirchensprache kommt man mit so einfachen Feststellungen nicht aus. Vor allem wäre hier mit einer bloßen Gegenüberstellung ‚Adel — Volk‘ nicht das mindeste gewonnen, obwohl wir oben S. 229 bereits festzustellen hatten, daß der Adel (diese Bezeichnung im weitesten Sinne genommen) sich mit stärkster Anteilnahme der neuen, vom Christentum gestellten Aufgabe zuwandte. Durch dieses entschlossene Zugreifen hat der germanisch-deutsche Adel mehr als andere Stände beigetragen zu der Durchsetzung des Christentums und zu seiner Organisation in kirchlichen Formen sowie auch zu der Aneignung der christlich-lateinischen Bildung mit ihren antiken Grundlagen. Damit geht die Ausprägung einer christlichen germanisch-deutschen Sprache Hand in Hand. Gleichwohl wäre es offensichtlich falsch, etwa behaupten zu wollen, die Sprache des deutschen Christentums sei vom Adel geschaffen worden. Das ginge schon deshalb nicht an, weil Christentum und Kirche grundsätzlich immer für jedermann offengestanden haben und weil in der Kirche alle weltlichen Standesunterschiede aufgehoben waren. Die Geschichte weiß von manchem Mann niederer Herkunft zu berichten, der von höchster geistiger Bedeutung für die Entwicklung des Christentums war oder zu den höchsten Ämtern in der Organisation der Kirche aufstieg.

De iure, wenn auch keineswegs immer *de facto*, war also die weltliche ständische Ordnung innerhalb der Kirche ungültig. Da aber die Kirche in der Welt steht und sich irdischen Ordnungen einfügen muß, entwickelte sich ein neuer Stand der Geistlichkeit, der den Vorrang vor den weltlichen Ständen beanspruchte. Aber unsere Frage nach der Kirchensprache wäre durch die Auskunft, die Geistlichkeit habe sie geschaffen, keineswegs beantwortet. Denn nur allzu subtil und vielschichtig ist der geistliche Stand — von äußeren Rangordnungen ganz abgesehen — nach den verschiedensten geistigen und geistlichen Aufgaben funktional gegliedert, und alle Gliederungen mußten sich auch im Bereich der geistlich beeinflußten Sprache ganz verschiedenartig auswirken. Es wiederholt sich daher im kirchlichen Sprachbereich, was vorher schon für die Laienwelt und ihre Sprache unternommen werden mußte. Hier wie dort hat man nach sprachlichen Schichtungen zu fragen.

Aber die Kirche besteht nicht nur aus Geistlichkeit. Diese führt und lehrt das Christenvolk und dient ihm. Auch die christliche Laienwelt ist Glied der Kirche. Für die Erforschung der kirchensprachlichen Schichten bedeutet das eine weitere Erschwerung. Denn man muß mit intensiven Wechselwirkungen zwischen innen und außen rechnen, zwischen Geistlichkeit und weltlicher Gemeinde, und ganz gewiß hat man auch innerhalb der Kirche die Gemeinde als einen der sprachschöpferischen Faktoren anzusehen. In den Anfangszeiten ist es der Missionar, späterhin der Seelsorger und Prediger, der in ständigem geistigen Austausch mit seiner Gemeinde steht. Gelingt es also, einen sprachschöpferischen Anteil von Missionaren und Seelsorgern an der Ausbildung der Sprache des deutschen Christentums festzustellen, so hat man auf jeden Fall gerade hier zu bedenken, daß solche Schöpfungen großenteils nur im Austausch zwischen Priester und Gemeinde zustande kommen konnten. Missions- und Predigersprache auf der einen, die Sprache der Gemeinde auf der anderen Seite müssen zum großen Teil als ein untrennbarer Komplex gesehen werden, wo man die Ehre der Sprachschöpfung nur selten der einen oder anderen Partei wird zuweisen können.

Als eine weitere Sprachschicht wird sich etwa abheben lassen, was man als ‹Amtssprache› der Kirche bezeichnen könnte. Die Ausdrücke für innere und äußere Ordnungen der Kirche, für die Rangstufen der Geistlichkeit, für kirchliche Rechtsansprüche, für Gottesdienst und Kultbrauch, für Sakramente und Heiligtümer: alles das dürfte einer strengeren, von der Geistlichkeit gesteuerten Sprachregelung unterworfen sein. Allerdings hat man zu bedenken, daß die Kirche sich im inneren Verkehr der lateinischen Sprache bediente. Wo also deutsche Bezeichnungen angewandt werden, sind sie mit Rücksicht auf die Laiengemeinde geschaffen, und es ist nicht von der Hand zu weisen, daß auch in dieser Schicht wieder die Laienwelt in manchem Einzelfall sprachschöpferisch vorangegangen sein wird und daß die Kirche sich dem schon bestehenden Sprachgebrauch anbequemen mußte.

Ganz im inneren Schoß der Kirche, in der Abgeschlossenheit der geistlichen Studierstube, vollzieht sich endlich die Ausbildung einer dritten Sprachschicht, nämlich die der Gelehrtensprache. Hier hat die Außenwelt der Laien keinen schöpferischen Anteil. Denn die gelehrte Bildung ist Monopol der Kirche, und nur wer ihrem inneren Kreise angehört, kann wissenschaftlich forschend und in der Aussage der geistigen Inhalte sprachschöpfend tätig werden. Wiederholt wurde schon hervorgehoben, daß auf dem Gebiet der Gelehrtensprache die ganz neue und einzigartige Leistung der althochdeutschen Zeit liegt. Gelehrte hatte es auf deutschem Boden in der Sozialordnung des Heidentums noch nicht geben können. Dafür schuf erst die Kirche mit ihren neuen geistigen Ansprüchen und durch das soziale Faktum eines geistlichen Standes die Grundlagen. Aber hier erkannte die neue Zeit ihre bedeutendste Aufgabe, und ihr wandten sich die besten Kräfte zu. Vielleicht ist niemals wieder im Verlauf der deutschen Kulturgeschichte geistig so schwer, mit so nachhaltigem Erfolg und in einer von so vielen Köpfen einheitlich erfaßten Zielsetzung gerungen worden.

Für mehrere Jahrhunderte blieb es ein einsames Ringen in der Abgeschlossenheit der Studierstuben und in den kleinen Zirkeln der gemeinsam Strebenden. Damit aber die Errungenschaften des Geistesringens und mit ihnen die sprachschöpferischen Leistungen des gelehrten Kreises für die Allgemeinheit fruchtbar werden konnten, mußten sie aus der Enge der Klosterzelle heraustreten in die Welt. Gegen das Ende der althochdeutschen Periode (und verstärkt in frühmittelhochdeutscher Zeit) läßt sich auch das beobachten. Was Gelehrte geistig erarbeitet und sprachschaffend bewältigt haben, beginnt in geistigen Gemeinbesitz und in die Gemeinsprache einzugehen. Noch einmal erhebt sich hier eine sprachgeschichtlich nicht unbedeutende Frage. Wer waren die Vermittler, die Wissen und Sprache der Gelehrten aus Klöstern und Konvikten hinaustrugen in die Welt? Mit Vorsicht sei sie beantwortet. Die christliche Bildung beginnt sich durch Ausbau der Schulen mehr und mehr zu verbreiten. Die Gelehrten selbst bildeten keine fest geschlossene, von der Außenwelt abgekapselte Zunft. Soweit sie Priester waren, hatten sie auch Pflichten der Seelsorge, wenn auch wohl oftmals nicht unter Laien, sondern nur unter den Klosterbrüdern. Viele waren aber gleichzeitig auch Lehrer und vermittelten ihre Erkenntnisse und die Sprache, in der sie sie vortrugen, der heranwachsenden Geistlichkeit in den Schulen. Mancher künftige Seelsorger, Pfarrpriester und Bischof muß zu ihren Füßen gesessen haben, der später das Wissen und seine Sprache in die Welt hinaustrug, und wenn die Laiengemeinde reif geworden war, es zu ergreifen und aufzunehmen, so mußte es auch in die Gemeinsprache eingehen. So gesehen, scheint es möglich, an der Rezeption des von Gelehrten geschaffenen Wortschatzes in die Gemeinsprache abzulesen, wie ein geistig durchdrungenes Christentum und die dadurch erschlossene Bildungswelt allmählich im allgemeinen Bewußtsein immer tiefere Wurzeln schlugen.

Sprache der Mission und der Seelsorge

So einfach es nun in der Theorie erscheinen mag, im christlich-kirchlichen Sprachbereich einzelne Schichten der Sprache voneinander abzuheben, so schwierig ist es doch, sie praktisch zu unterscheiden. Ein Beispiel erläutere das. Die Bezeichnung für den Christen, lat. *christia-*

nus : ahd. *kristân* (noch mhd. *kristen,* noch fortlebend z. B. in nhd. *Christentum,* wo *Christen-* nicht etwa Plural ist) beweist im Althochdeutschen durch den Schwund des zweiten *i* hohes Alter und die Herkunft aus volkstümlichem Sprachbereich. Das deutsche Wort kann sehr wohl schon aus heidnischer Zeit stammen, gewonnen aus der Beobachtung der römischen Nachbarn. Nun wird der Sammelbegriff *christianitas* oder *universitas christianorum* ‚Gesamtheit aller Christen‘ im Althochdeutschen durch *kristânheit,* nhd. *Christenheit,* wiedergegeben, und das ist zweifellos eine junge Neubildung. Sie wird nicht von Missionaren geprägt sein, denn die Mission hatte kaum Bedarf für eine solche Kollektivbezeichnung. Sie scheint aber auch nicht der Amtssprache anzugehören. Denn *kristânheit* wird vorher schon auch in anderen Bedeutungen verwendet, und das wäre höchst unvorteilhaft bei einem amtlichen Terminus, der genau festgelegt sein muß. Am ehesten wird also *kristânheit* ‚Christenheit‘ aus dem Bereich der Gelehrtensprache stammen, die zusammenfassende Oberbegriffe brauchte.

Jenes andere *kristânheit,* das in der Bedeutung ‚Glaubensbekenntnis‘, aber auch als ‚Taufe‘ vorkommt, also keine ganz fest umrissene Bedeutung hat, dürfte aus der Sprache der Mission stammen. Ihr mußte es wichtig sein, dem Neubekehrten immer wieder einzuschärfen, daß er jetzt in einem neuen Stande lebte, und eben darauf weist das neugebildete Wort hin. Denn ahd. *heit,* womit es zusammengesetzt ist, bedeutet in früh-althochdeutscher Zeit ‚Person‘, aber auch ‚Stand, Art und Weise‘, und genau daran, an den Stand des Christen, soll dieses *kristânheit* erinnern. In diesem Falle bedient die Mission sich also eines Lehnwortes. Das ist aber nur möglich, wenn das Wort (oder sein Grundbestand, hier *kristân*) schon vorher der Gemeinsprache angehört hat. Denn der Missionar muß in seiner neuen Lehre verstanden werden, und er muß daher zu Ausdrucksweisen greifen, die trotz neuer Inhalte möglichst viel bekanntes oder doch durchschaubares Sprachgut verwenden. Ausdrücke wie *pech* (‚brennendes) Pech‘ oder *wizzi* ‚Leibesstrafe‘ zur Bezeichnung der Hölle wird man daher den Missionaren zuschreiben dürfen. Hier wird der Inhalt von lat. *infernum* bildhaft verdeutlicht. Überhaupt werden sich Missionare und die Prediger der ersten Gemeinden gern der Lehnübersetzung oder freierer Lehnbildungen bedienen, weil sie so am ehesten auf Verständnis rechnen können. Was ein *boto* ‚Bote‘ ist, weiß man, und davon ausgehend kann der Missionar auch die Bedeutung von *apostolus* durch die Lehnschöpfung *zwelifboto* erklären. Auch *confessio, confiteri* : ahd. *bijiht, bijehan* ‚Beichte, beichten‘ (Grundbedeutung: ‚öffentlich erklären‘) und *poenitentia* mit seiner zweifachen Bedeutung ahd. *hriuwa* ‚Reue‘ und *buoza* ‚Buße,

Sündenstrafe' gehören wohl dieser früh entwickelten Sprachschicht der Mission und der Seelsorge an. Beginnt dann die junge Gemeinde, sich an Christentum und Kirchenbrauch zu gewöhnen, dann können im vertrauten Umgang zwischen Seelsorger und Gemeinde auch wieder gewisse lateinische Wörter verständlich werden, und eine neue Schicht von Lehnwörtern kann sich bilden. Auf diese Weise entstehen z. B. lat. *patrinus* : ahd. *pfettiro* ,Pate' und *filiolus* : *fillôl* ,Patenkind'. Beide Wörter, vornehmlich in rheinischen Quellen bezeugt, sind freilich schon lange vor der althochdeutschen Zeit entstanden. Aber ihrem Typ nach könnten sie in jeder jungen Gemeinde neu geschaffen werden. Paten und Patenkinder sind wichtige Faktoren der christlichen Erziehung. Wie aber soll man sie, von denen man erst durch das Christentum erfährt, benennen? Die heimische Sprache bietet kein Wort dafür, und da gewährt das lateinische Wort, das man aus dem Munde des Seelsorgers vernimmt, rasche Abhilfe. Ja, es mag dem Selbstgefühl des einfachen Mannes sogar schmeicheln, wenn er sich mit einer so fremdartig gelehrt und würdig klingenden Bezeichnung schmücken darf. Auch ein Lehnwort wie ahd. *crûci* aus lat. (Akk.) *crucem* kann leicht in einer jungen Gemeinde geschaffen werden. Der Priester vermittelt das Wort, und gern gibt man das durch üble weltliche Assoziationen belastete Wort ahd. *galgo* ,Galgen' dafür in Kauf.

Es kann uns nicht daran liegen, den gesamten früher schon erörterten Wortschatz an dieser Stelle unter neuem Gesichtspunkt abermals zu behandeln, obwohl er sich durch viele noch nicht erwähnte Beispiele erweitern ließe. Wir hatten hier nur zu zeigen, daß es sehr wohl möglich ist — auch wenn man viele Irrtumsgefahren einräumt —, die Bildung neuer Wörter und die Belegung alter mit neuen Inhalten bestimmten Sprachschichten zuzuweisen, in denen sich dieser sprachschöpferische Vorgang vollzieht. Was die Sprache der Mission und der Seelsorge angeht, so ist dabei noch auf eine auszeichnende Besonderheit hinzuweisen. Da sie in fortwährender, unmittelbarer Beziehung zur Gemeinde geschaffen und ausgebildet wird, geht, was sie an Neuem hervorbringt, auch unmittelbar in die Gemeinsprache ein. Hier gibt es die breiteste Grundlage der Einflußnahme. Man darf daher annehmen — und es dürfte sich sogar statistisch nachweisen lassen —, daß die Sprache der Mission und der frühen Seelsorge den stärksten Anteil an der christlichen Ausprägung des Althochdeutschen hat. Um die Wichtigkeit des Seelsorgers in diesem sprachhistorischen Vorgang zu unterstreichen, sei auch daran erinnert, daß wir oben S. 241 bereits auf seine Tätigkeit als Vermittler bei der Überführung der gelehrten Sprachneuerungen in die Gemeinsprache hinzuweisen hatten.

Mission und Seelsorge richten sich allerdings immer nur an einen kleinen, örtlich oder regional beschränkten Kreis. Daher werden auch in der Ausbildung der Missions- und Predigtsprache, vor allem wegen des lebendigen Austausches mit den regionalen Verkehrs- und Sprachgemeinschaften, mancherlei regionale Besonderheiten entstehen. Auf solche Ursachen gehen letzten Endes die verschiedenen Kirchensprachen zurück, die süddeutsche, die nordwestliche und die fränkische. Aber diese beherrschen gar nicht in solcher Geschlossenheit die großen geographischen Räume, wie es die Bezeichnungen vortäuschen. Die regionalen Unterschiede zeichnen sich in vielen Einzelfällen bereits in viel kleineren Räumen ab. Durch sorgfältige Untersuchungen des Bezeichnungsschatzes für christliche Zentralbegriffe wie *gratia* ‚Gnade‘, *gloria* ‚Ehre‘, *misericordia* ‚Erbarmen‘, *humilitas* ‚Demut‘, *poenitentia* ‚Reue, Buße‘, *tristitia* ‚Traurigkeit‘ und andere (vgl. LH 141–151) hat sich herausgestellt, welche Vielzahl von Möglichkeiten zur Eindeutschung zur Verfügung standen und – was für unseren Standpunkt noch wichtiger ist – wie klar sich oftmals die regionalen Begrenzungen abzeichnen, innerhalb deren nur die eine oder die andere Übersetzung gebraucht wird. Diese exklusive Auswahl aus einer Fülle von Möglichkeiten kann man nur daraus erklären, daß regionale Mission und Seelsorge sich aus den örtlich verschiedenen Verhältnissen ihre jeweils eigene regionale Sprache bildeten. So kann *gloria*, landschaftlich unterscheidbar, durch *guollîchî, guotlîchî, tiurida, ruom, êra* und noch einige andere althochdeutsche Wörter übersetzt werden (LH 144). Da hat sich, so stellen wir es uns vor, in dem einen Seelsorgebezirk die eine, im anderen eine andere Sprachgewohnheit herausgebildet. Daß sie sich unter Umständen durch Wanderung der Missionare, Versetzung der Prediger und sonstigen Austausch rasch verbreiten kann und daß dann Überlagerungen vorkommen, ist eine sekundäre Erscheinung. Ebenso sekundär ist es, wenn späterhin einzelne Kirchenprovinzen oder Diözesen dem einen Ausdruck deutlich den Vorzug vor anderen geben. An solchen Beispielen erkennt man die amtliche Einflußnahme einer kirchlichen Obrigkeit.

Regionale Unterschiede machen sich endlich auch noch in sehr viel unauffälligerer und daher kaum beachteter Weise geltend. Der christliche Glaube, lat. *fides*, wird selten durch ahd. *triuwa*, eigentlich ‚Treue, Festigkeit‘, übersetzt; in der Regel werden Rückbildungen vom Verbum *giloubben* ‚glauben‘ bevorzugt. Es kommen nun aber *giloubo* und *gilouba* vor, ein männliches und ein weibliches Wort, und daneben steht im althochdeutschen ‹Isidor› noch ein hochaltertümliches *chilaubîn*, das wie got. *galaubeins* gebildet ist und, wenn man versucht, die Art der Wortbildung nachzuahmen, etwa durch

‚Glaubung' verdeutlicht werden könnte. Ahd. *giloubo* scheint vornehmlich im fränkisch-mitteldeutschen Gebiet zu gelten, während Baiern und Alemannen, unter ihnen NOTKER, das weibliche *giloube* bevorzugen. Auch im Mittelhochdeutschen ist noch keine Einigung erreicht. In ähnlicher Weise gilt für das Verbum lat. *baptizare* auf dem ganzen hochdeutschen Sprachgebiet die Übersetzung ahd. *toufen;* aber wieder gibt es kein einheitliches Substantiv. Es kommen vor ahd. *toufî,* gebildet wie got. *daupeins* (die Endungen sind im Ahd. abgeschwächt), ferner *toufa* weiblich, das heutige *Taufe,* und *touf* männlich. Dazu noch *toufunga,* das aber ein Gelehrtenwort zu sein scheint. Die landschaftliche Verteilung der Formen ist hier noch weniger geklärt als bei *giloubo* usw., doch scheint *toufa* dem nordwestlichen Bereich anzugehören.

Die Erklärung für die Einheitlichkeit der Verba und die Unterschiedlichkeit der Substantiva könnte man auf folgende Weise versuchen: In der ersten Zeit der Bekehrung kommt es auf die Handlung des Taufens und auf den geistigen Vorgang des Glaubens an. Dieses Geschehen wird durch Geschehenswörter, also durch Verba, ausgedrückt, die sich in den beiden Beispielfällen rasch über das ganze Sprachgebiet volkssprachlich ausbreiten. Erst bei stärkerer Vertiefung in das Christentum, im Gespräch des Seelsorgers mit der Gemeinde, wird es dann erforderlich, über den Inhalt des Glaubens und über die Bedeutung der Taufe nachzudenken, also die Grundlagen des Geschehens begrifflich zu erfassen. Dazu sind die Substantiva als Begriffszeichen besser geeignet als die Verba. Man muß sie, da sie noch nicht vorhanden sind, neu bilden, und offenbar wird in den Gemeinden die gleiche Aufgabe auf verschiedene Weise gelöst.

Kirchliche Amtssprache

Mit den letzten Beispielen sind allerdings die Grenzen sicherer Erkenntnismöglichkeit abermals überschritten. Es läßt sich nicht bündig beweisen, daß *giloubo, giloube* und *touf, toufa* tatsächlich im Seelsorge-Gespräch der Gemeinden entstanden sind. Sie könnten auch der Amtssprache der Kirchen entstammen. Die lateinischen Substantiva *fides* ‚Glaube' und *baptismus* oder *baptisma* ‚Taufe' waren im Kreis der Geistlichkeit natürlich bekannt, und als behördliche Organisation konnte die Kirche, auch wenn sie deutsch sprach, auf die nominalen Begriffe nicht verzichten. Es wäre daher denkbar, daß die verschieden gebildeten Substantiva nicht von den Gemeinden ausgingen, sondern in den Metropolen der Erzbischöfe oder an den Bischofssitzen geschaffen wurden.

Steht also in den erörterten und in manchen unerwähnten Fällen nicht fest, welcher Sprachschicht die Neuschöpfung zuzuschreiben ist, so gibt es sehr viele andere Fälle, wo man ein Widerstreben der Amtssprache gegen schon vorhandene volkssprachliche Ausdrücke zu erkennen glaubt. Wir nahmen schon oben S. 126 ff am Beispiel der Wörter *pfaffo* und *pfarrâri* Gelegenheit, auf die zähe Beharrlichkeit der Volkssprache und ihre Durchschlagskraft hinzuweisen. In diesen Fällen konnten sich Versuche wie *heithaft man, kirchman* oder *gawipriestar*, die wir als amtliche Gegenwörter anzusehen geneigt sind, nicht durchsetzen. Dagegen gelang die Durchsetzung in weiten Teilen des Sprachgebiets bei dem Wort *priestar*, das eher nach einer kirchenamtlichen als nach einer volkstümlichen Bildung aussieht. Lat. *sacramentum* wird in sehr alten Quellen gern durch *touganî, gitouganî* ‚Heimlichkeit, geheimnisvolles Geschehen' wiedergegeben. Aber diese Übersetzung klingt zu volkstümlich und ist zu vieldeutig, als daß sie als amtliche Begriffsbezeichnung gut verwendbar wäre. In der süddeutschen Kirchensprache scheint dafür *wîhida* ‚Heiligkeit' gebraucht worden zu sein, auch dies eine Notlösung, da dieses Wort gleichzeitig die ‚Reliquien' bezeichnen mußte. Allmählich setzt sich dann für *sacramentum* die Übersetzung *wizzôd* durch, was ursprünglich ‚Gesetz, Weistum' bedeutet und im kirchlichen Gebrauch auch in mittelhochdeutscher Zeit noch häufig zur Bezeichnung des Abendmahlssakraments dient. Dieses Wort kommt aus so abstrakter Sphäre, daß es nicht in der Sprache des Volkes und der Seelsorge seine christliche Lehnbedeutung erhalten haben kann. Hier darf man daher mit großer Wahrscheinlichkeit eine kirchenamtliche Prägung annehmen, und die Verbreitungsgeschichte dieses Bedeutungslehnworts weist darauf hin, daß es in der fränkischen Kirche entstanden ist.

Ähnliches darf man für die Wiedergabe von *catholicus* sowie von *universalis, generalis* in Wendungen wie *ecclesia catholica* ‚die allumfassende Kirche' annehmen. Überraschend einheitlich wird es durch ahd. *allîh* wiedergegeben. Dieses Wort, gebildet aus *al* ‚all' mit dem Kompositionselement, das heute noch in *-lich* weiterbesteht, entstammt in seiner Abstraktheit und der zu jener Zeit befremdlich neuartigen Zusammensetzung mit *-lich* ganz gewiß nicht der Volkssprache. Es kann aber auch nicht gelehrten Ursprungs sein, denn Gelehrte hätten sich auf unterschiedlichen, individuellen Wegen um Annäherung an das Lateinische bemüht. Wegen seiner frühen und weiten Verbreitung darf man daher schließen, daß *allîh* in kirchenamtlichen Kreisen entstand und durch einen zentralen Willen rasch durchgesetzt wurde.

Wenn volkssprachliche und amtlich erscheinende Wörter und Wortformen nebeneinanderstehen, braucht keineswegs immer an einen

Konkurrenzkampf der beiden Sprachschichten gedacht zu werden. Oftmals sind es einfach korrektere Formen, die von den kirchlichen, an Schriftgebrauch gewöhnten Amtsstellen verwendet werden. Das ist der Fall, wenn etwa *jacûno* und *diacan* (lat. *diaconus*), *tehmo* und *decemo* ‚der Kirchenzehnte‘, *bredigôn* und *predigôn* (lat. *praedicare)* nebeneinanderstehen. In solchen, sehr zahlreichen Fällen bemüht sich die kirchliche Amtssprache um eine dem Lateinischen angenäherte Lautgestalt.

In der größeren Sorgfalt wird man leicht ein amtliches Sprachbemühen erkennen. Im allgemeinen aber ist es schwierig, das Sprachschaffen gerade innerhalb dieser Schicht zu bestimmen. Nach beiden Seiten, zur volkstümlichen Gemeinsprache hin wie auch zu der Sprache der Gelehrten, ist sie offen, und anstatt zu beweisen, muß man sich allzu oft mit einem einfühlenden Zuordnen begnügen, das unsicher bleibt, da man das ‹Sprachgefühl› für eine so fernliegende Periode nur mit großer Mühe und unvollkommen erwirbt. Äußerst schwierig ist es auch, sich ein zureichendes Bild von den sozialen Hintergründen zu machen. Über das Schriftwesen der Kanzleien sind wir zwar einigermaßen orientiert; aber über ihr internes Beratungswesen und den Verkehr mit dem äußeren Publikum wissen wir nichts, und es ist doch anzunehmen, daß — anders als bei den Gelehrten — die Ausbildung einer kirchlichen Amtssprache primär im mündlichen Austausch erfolgt. Im übrigen darf man sich auch die Amtssprache der Kirche nicht als eine einheitliche, über das ganze deutsche Sprachgebiet gleichmäßig verbreitete Sprachschicht vorstellen. Auch hier hat man an regionale Sonderungen zu denken, und bei näherem Zusehen könnte es sich erweisen, daß mehr noch als in der von den Seelsorgern beeinflußten Gemeinsprache die Bistumsgrenzen gleichzeitig auch Sprachscheiden darstellen. Aber entsprechende Untersuchungen sind noch nicht angestellt worden.

Sprache der Gelehrten

Oben S. 169 wurden die in der Sprache der Mission und der Seelsorge beheimateten Übersetzungen von *confessio* und *poenitentia* erörtert. Dieser Begriffe haben sich auch die Gelehrten angenommen, denn das kirchliche Dogma faßt *poenitentia* ‚Reue, Pönitenz‘ als Oberbegriff für die drei Stufen der Reue auf, die als *contritio* ‚Zerknirschung‘, *confessio* ‚Sündenbekenntnis, Beichte‘ und *satisfactio* ‚Wiedergutmachung, Buße‘ bezeichnet werden. Die Übersetzungen *poenitentia* : *hriuwa* und *confessio* : *bijiht* sind offensichtlich schon fest eingebürgert und werden daher auch von den Gelehrten nicht mehr neu diskutiert, ähnlich wie sie *catholicus : allîh* ohne neue Übersetzungsversuche hinnahmen. Dagegen spielen die Begriffe *contritio* und *satisfactio* in der theologischen Diskussion anscheinend eine große Rolle, und dementsprechend machen die Gelehrten eine ganze Reihe von scharf zupackenden Übersetzungsversuchen, die allerdings alle nicht in die Gemeinsprache eingehen. Den Begriff von lat. *contritio* sucht man z. B. zu fassen durch ahd. *firniderida* ‚Erniedrigung‘, was auf den Begriffsinhalt zielt. Andere Übersetzungen gehen von der eigentlichen Wortbedeutung *con-tritio* ‚Zer-reibung‘ aus. So wird *zistôrida* ‚Zerstörung‘ gebildet, und *chnisteda, ferchnisteda* ‚(Zer)quetschung‘, sowie aus gleichem Stamm *firknistunga, firknussunga*; auch die ganz wörtliche Übersetzung *zimulida* ‚Zerriebenheit‘ kommt vor. (Dabei bezeichnen die Wörter auf *-ida, -eda* den Zustand, die auf *-unga* den Vorgang.) Das alles sind ernsthafte Versuche, des lateinischen Wortinhalts möglichst vollkommen habhaft zu werden. Volkstümlich konnten solche künstlichen Bildungen in althochdeutscher Zeit noch nicht werden. Die Gemeinsprache hatte für so feine begriffliche Unterscheidungen und ihre Bezeichnungen noch keinen Bedarf. Man sollte aber nicht übersehen, daß nhd. *Zerknirschung* nur eine Variante von ahd. *firknistunga* ist, daß sich also diese gelehrte Neubildung endlich doch durchsetzte; den Weg der Eindeutschung hatte also die althochdeutsche Gelehrsamkeit schon gewiesen.

Für *satisfactio* wird außer *buoza* und der Verstärkung *folbuoza* ‚völlige Buße‘ auch *intsegida* ‚Absage (an die Sünde)‘ versucht, wieder eine Übersetzung, die den Begriffsinhalt zu erfassen sucht. Merkwürdigerweise wird dagegen die Glied-für-Glied-Übersetzung *satisfactio : Genug-tuung* erst im Neuhochdeutschen gewagt; im Mittelhochdeutschen geht ein substantivierter Infinitiv *daz genuoctuon* voraus. Es ist gewiß kein Zufall, daß um die Wiedergabe von *contritio*, wie die viel größere Zahl der Übersetzungen beweist, härter gerungen wurde als um die von *satisfactio*. Denn hierfür stand bereits das in die Gemeinsprache eingebürgerte Wort *buoza* zur Verfügung. Sprachlich bereits bewältigte Begriffe reizen nur wenig zu erneuter Beschäftigung. Was in der Sprache schon vorhanden ist, besitzt man, oder glaubt man doch zu besitzen. Es finden sich aus diesem Grunde im Althochdeutschen schon sehr viele Übersetzungen, welche die geistlichen Gelehrten, ohne sie erneut zu prüfen, hingenommen haben. Da sie alle aus der Gemeinsprache stammen, haben sie ein viel schlichteres und natürlicheres Gepräge als die künstlich gebildeten Wörter, die von den Gelehrten erst neu zu schaffen waren. Wer aber nur nach ‹guter›, d. h. gemeinsprachlicher, und angeblich ‹schlechter› Übersetzung unterscheidet, tut den Gelehrten und ihrer Sprache Unrecht. Er verkennt, daß das mühsame gelehrte Verdeutschen auf ganz andere Ziele gerichtet ist als die sprachlich volksnahe Art des Übersetzens. Es geht ja darum, das Lateinische, die Sprache der Kirche, des Kultes und der Wissenschaft, dem deutschen Verständnis möglichst nahezubringen.

Die Ergebnisse des gelehrten Tuns sind freilich verwirrend vielfältig. Lat. *resurrectio* ‚Auferstehung' z. B. hat zwölf verschiedene Übersetzungen gefunden: *urrist, urrestî, urstant, urstôdalî, urstendi, urstendî, urstendida, urstendidi, irstandinî, arstantnessi, erstantnunga, ûferstênde*. Für lat. *redemptio* ‚Erlösung' sind elf Übersetzungen belegt: *âlôsnîn, urlôsa, urlôsî, urlôsida, irlôsida, arlôsnessi, lôsunga, irlôsunga, urloesunge, urchauf, nara*. (Zusammenstellungen nach LINDQVIST, LH 152, S. 11.) Einige erst frühmittelhochdeutsche Belege wie *ûferstênde* und *urloesunge* sind in der Liste enthalten, doch wird das Gesamtbild dadurch nicht geändert. Lat. *resurrectio* ist von dem Verbum *surgere* ‚aufstehen, erstehen' abgeleitet, und ebenso verhalten sich die deutschen Übersetzungen. Sie sind aus zwei Verba, dem altertümlichen *urrîsan* ‚erstehen, sich erheben' und dem gleichbedeutenden *urstantan* abgeleitet. (Nur *urstôdalî*, ein Adjektivabstraktum zu *stôdal* ‚stehend, aufgerichtet', ist anders gebildet.) Lat. *redemptio* geht auf *redimere* zurück, das im kirchlichen Latein nur ‚erlösen' bedeutet. Dementsprechend sind die deutschen Übersetzungen zu den ahd. Verba *â-, ar-, ir-, urlôsen* ‚erlösen' gebildet. Nur *urchauf* ‚Rückkauf' zerlegt *red-imere* in seine Bestandteile und trägt der Grundbedeutung von *emere, emptio*, nämlich ‚kaufen, Kauf' Rechnung, nicht ohne Grund, weil dieser Übersetzer CHRISTI Erlösungstat als ein Loskaufen des Menschen vom ewigen Tode verstanden wissen will. Ahd. *nara* ‚Rettung' im ‹Isidor› beschränkt sich auf die Wiedergabe des Gehalts von *red-emptio* durch ein eingebürgertes deutsches Wort.

In den etymologisch durchsichtigen Bildungen auf *-a, -î, -ida, -nessi, -unga* usw. hat man lauter verschiedene Versuche zu erkennen, nach lateinischem Muster auch im Deutschen zu den zugehörigen Verba die Substantiva zu bilden. Die verschiedenen Endungen, die gewählt werden, kann man als Zeugnisse des Wortbildungsverfahrens einzelner Übersetzerschulen oder klösterlicher Schreibstuben betrachten. Die gefundenen Lösungen sind — wie die Beispiele zeigen — allerorten verschieden. Aber eines haben alle gemeinsam. Jeder Übersetzer erkennt die Zugehörigkeit der beiden lateinischen Substantiva zu bestimmten Verba, und genau entsprechend bildet er auch sein deutsches Substantiv aus jenem Verb, das nach seinem Wissen dem lateinischen bedeutungsmäßig entspricht. Man darf jedem dieser Übersetzer die Fähigkeit zutrauen, daß er für *redemptio* ein gängiges deutsches Wort wie das *nara* des althochdeutschen ‹Isidor› hätte finden können. Aber das war nicht die Absicht. Auch sollte man nicht übersehen, daß nhd. *Auf-er-stehung* für *re-sur-rectio* und *Er-lösung* für *red-emptio* Glied-für-Glied-Übersetzungen sind und daß sie im Typ der Wortbildung genauso zu beurteilen sind wie die althochdeutschen Belege. Nur sind sie als Wörter der heutigen Gemeinsprache jedermann vertraut. Allein deshalb wirken sie weniger befremdlich als die althochdeutschen Wörter, die doch ihre gleichberechtigten Vorläufer sind.

Es ist nicht erforderlich, die Beispiele zu häufen. Jedes Übersetzen ist ein gelehrtes Tun, aber die Ziele sind verschieden, und wir befassen uns an dieser Stelle nicht mit dem Übersetzer, der sich möglichst weitgehend der Gemeinsprache bedient. Der ‹Isidor›-Übersetzer, der statt ‚Erlösung' *nara* ‚Rettung' sagt und der *circumcisio* durch *dhiu judaeische êuua* ‚der jüdische Ritus' umschreibt, weil seine Leser den Brauch der Beschneidung nicht kennen, muß doch auch zur Übersetzung von *trinitas, divinitas, deitas* ‚Dreieinigkeit, Göttlichkeit, Gottheit' an einigen Stellen künstliche, gelehrte Wörter neu bilden, und schon bei so einfachen Abstrakta wie *duritia* ‚Härte' und *splendor* ‚Glanz' kommt er nicht ohne die Neubildungen *hartnissa* und *berahtnissi* (von *beraht, berht* ‚glänzend') aus. Das zeigt sehr deutlich, über wie wenig Abstraktbildungen die Gemeinsprache verfügte. Das Ziel der Gelehrten war es nun zunächst, mit den Mitteln einer noch so unentwickelten Sprache das Lateinische verständlich zu machen, und das führte zu möglichst genauer Nachbildung. Aber das war Neuland, und da jede Sprache über viele Mittel und Möglichkeiten der Wortbildung verfügt, ist es verständlich, daß zunächst jeder einzelne Gelehrte seinen eigenen Weg zur Lösung der Aufgabe sucht. So kommt es zu den vielfältigen Übersetzungen des gleichen lateinischen Ausdrucks, von denen wir oben einige Proben gaben.

Eine Einwirkung auf die Gemeinsprache ist bei den gelehrten Wortschöpfungen nicht beabsichtigt. Wenn sie in einzelnen Fällen trotzdem gemeinsprachlich werden, so beweist das nur, daß ein Bedarf dafür bestand. Sehr früh werden zum Beispiel zu lat. *baptista, piscator, mendicus* die ahd. Übersetzungen *toufâri, fiscâri, betalâri* ‚Täufer, Fischer, Bettler' volkstümlich. Das fremde Suffix *-âri* beweist den gelehrten Ursprung dieser Neubildungen. Diese Wörter konnten leicht in die Gemeinsprache eingehen, das erste wegen der verehrten biblischen Gestalt JOHANNES DES TÄUFERS, die anderen beiden wegen ihrer Beziehungen zum Alltagsleben. Deswegen mag auch die Neubildung *infantia : kindheit* sich erhalten haben, die zuerst im althochdeutschen ‹Tatian›, und dort als gelehrte Leistung, auftritt. Dagegen bleiben Wortbildungen, für die die Gemeinsprache wegen ihres abstrakten Inhalts keine Verwendung hat, solange erfolglos, bis sich ein Bedarf dafür einstellt. Zwar finden sich als seltene Beispiele heute noch vorhandener Abstraktbildungen schon im ‹Tatian› z. B. lat. *tenebrae* : ahd. *finstarnessi* ‚Finsternis' und *exitus* : *ûzgang* ‚Ausgang'; aber in anderen gelehrten Texten werden noch lange nach dem ‹Tatian› Neubildungen wie *finstar, finstirî, finsterîna* oder *ûzfart, hinafart, galâz* (etwa ‚Auslaß') versucht. *Finsternis* und *Ausgang* sind also nicht bereits durch den ‹Tatian› sprachüblich geworden. Sie sind vermutlich viel später aus gleichen Sprachmitteln und mit gleicher Methode der übersetzenden Wortbildung abermals geschaffen worden und erst in die Gemeinsprache eingegangen, als diese hinlänglich an den Gebrauch von Abstrakta gewöhnt war.

Man darf nämlich nicht den Strukturwandel übersehen, dem die deutsche Sprache durch die intensive Auseinandersetzung mit dem Lateinischen unterworfen wurde. Bevor Wörter wie *toufâri* und *betalâri* gebildet wurden, konnte man im Deutschen das damit Bezeichnete nur verbal ausdrücken, also nicht ‹er ist ein Bettler›, sondern nur ‹er bettelt›. Man konnte nicht sagen ‹in meiner Kindheit›, sondern nur ‹als ich noch ein Kind war›, nicht ‹in der Finsternis, in der Dunkelheit›, sondern ‹wenn es finster (dunkel) ist›. Es bleibt also nicht bei der Schaffung neuer Wörter, sondern mit diesen Wörtern eröffnen sich zugleich ganz neue Möglichkeiten des Ausdrucks und des Satzbaus. Gewöhnt man sich an die neuen Ausdrucksweisen, so werden sie allmählich sprachüblich, und damit kann dann auch ein Bedarf nach immer neuen Wortschöpfungen nach dem gleichen Muster entstehen. Es ist an die Leichtigkeit zu erinnern, mit der wir heute immer neue Wörter auf *-er* oder auf *-heit* bilden können (diese nur als Beispiele herausgegriffen). Das sind längst gemeinsprachliche Wortbildungsmittel geworden, weil uns unbewußt die Satzbaumuster vorschweben, in denen wir solche Wörter verwenden müssen. Aber gerade die beiden genannten Bildesilben — und viele andere — sind anfänglich gelehrten Ursprungs. Das Sprachschaffen der Gelehrten erschöpft sich also nicht in der Bildung neuer deutscher Wörter. Indem sie die Wörter und ganz neue Kategorien von Wörtern schufen, beeinflußten sie gleichzeitig auch den syntaktischen Bau der Sprache und führten sehr tiefgreifende Änderungen der gesamten sprachlichen Möglichkeiten herbei.

In dieser Beziehung unterscheidet sich die Sprache der Gelehrten in althochdeutscher Zeit von allen anderen Sprachschichten. Was man in der Volkssprache aus Berührung mit anderssprachigen Nachbarn aufnahm, was Missionare und Seelsorger und die Amtssprache der Kirche schufen, das waren im wesentlichen tatsächlich nur neue Wörter für neue Sachen und neue Begriffe, ‹Vokabeln›, die sich reibungslos den heimischen, sprachüblichen Satzbaugewohnheiten einfügten.

Anders die Sprache der Gelehrten. Indem sie sich auf das engste an die lateinischen Vorbilder anlehnte, mußte sie auch die lateinischen Denkabläufe nachahmen, und das war nur in neuen, ungewohnten Formen des Satzbaus möglich. Freilich ist nicht anzunehmen, daß auch nur die Schöpfer der allerstrengsten Interlinearversionen daran dachten, die lateinischen Satzbaugewohnheiten in Bausch und Bogen auf die deutsche Sprache zu übertragen. Der Ablativus absolutus, der Akkusativ mit Infinitiv, die verschränkte Wortstellung des Lateinischen, um nur einige stark abweichende Erscheinungen zu nennen, konnten nicht ernstlich als deutsche Ausdrucksmöglichkeiten in Betracht gezogen werden. Vielmehr werden sich auf dem Gebiet des Satzbaus, das sich viel stärker als Wortschatz und Wortbildung der bewußten Kontrolle entzieht, die Änderungen ganz unbewußt und unbeobachtet vollzogen haben. Wer zuerst ‚Bettler‘ sagte, glaubte, damit nur lat. *mendicus* übersetzt zu haben, und war sich nicht bewußt, daß er damit eine neue Möglichkeit des Satzbaus eröffnete. Es waren aber Hunderte von neuen Ausdrucks-, Verknüpfungs- und Satzbaumöglichkeiten, die auf solche Weise unversehens entstanden, und indem die neuen Wörter sich festsetzten, wurde aus den Möglichkeiten unbemerkt ein neuer Brauch. Nur in der Auseinandersetzung mit dem Lateinischen konnte das geschehen, und diese Auseinandersetzung war die selbstgewählte Aufgabe der Gelehrten. Im Laufe der drei Jahrhunderte althochdeutscher Sprachentwicklung wurde diese Aufgabe gelöst, nicht zwar in dem Sinne, daß für jedes lateinische Wort die gültige Übersetzung gefunden worden wäre. Aber die Methoden zur Lösung der Aufgabe waren an gültigen Beispielen ein für allemal gezeigt, und endgültig gelöst war das unbewußt übernommene Problem: Die sprachlichen Verknüpfungsmittel, die Satzbaugewohnheiten waren so weit geändert worden, daß auch in dieser Hinsicht hinfort die Auseinandersetzung mit dem Lateinischen keine Schwierigkeiten mehr bereitete. Zugleich war damit aber die gesamte deutsche Ausdrucksweise in eine völlig neue Richtung gelenkt, die sie seither nicht mehr verlassen hat. Der Grund zu einer allgemeinen deutschen Sprache war gelegt.

Es bliebe zu untersuchen, wieweit auch die einzelnen Mundarten von solchem Wandel ergriffen wurden. Nicht alles, was an Endgültigem bereits in althochdeutscher Zeit entstand (zu schweigen von allem Einmaligen, an dem die Gelehrtensprache so reich ist), ging in die alltägliche Sprache der breiten Volksschichten ein. Was aber übernommen wurde, war doch genug, auch den Mundarten auf dem Gebiet des Wortschatzes und der Syntax ein neues Gepräge zu geben. Man darf sich durch die Fülle der mundartlichen Lautbildungsgewohnheiten, durch unterschiedliche Satzmelodien und den gesamten

Sprachklang, der die Mundarten noch heute voneinander scheidet, nicht darüber hinwegtäuschen lassen, daß sie in Wortschatz und Satzbau auch sehr viel Gemeinsames haben, das teilweise schon aus germanischer Zeit ererbt, zum großen Teil aber erst in althochdeutscher Zeit gemeinsam neu erworben ist. In ein mundartliches Lautgewand kleidet sich damals und noch auf lange hinaus auch die Sprache der Bildung. Aber ihrer inneren Sprachform nach, nach Wortschatz und Satzbau, ist die unalltägliche Sprache einer gehobenen geistigen Schicht bereits unabhängig geworden von den Dialekten. Sie greift auch über das hochdeutsche Sprachgebiet hinaus und bezieht das niederdeutsche mit ein. Daß aber solche Ansätze zu sprachlicher Einheit überhaupt entstehen konnten, wird in allererster Linie den Gelehrten der althochdeutschen Zeit verdankt, die sie durch ihre Beschäftigung mit der lateinischen Sprache und im Ringen um Wiedergabe ihrer Inhalte in einem neuen Deutsch geschaffen haben.

Am Ende der althochdeutschen Zeit zieht der große NOTKER die Summe des Erreichten. Er kann sich in der von den Vorgängern geschaffenen Sprache völlig frei bewegen. In seiner Übersetzungskunst vereinigt er die volkstümliche und die gelehrte Richtung. Er kann so frei und losgelöst vom Wortlaut, nur auf genaue Wiedergabe des Sinnes bedacht, übersetzen, wie es der Schöpfer des althochdeutschen ‹Isidor› getan hatte. Sehr oft aber bildet er seine theologischen und philosophischen Neuwörter ganz genau und Glied für Glied dem lateinischen Vorbild nach, so sorgfältig wie die strengsten der älteren Gelehrten. Man könnte in ihm sogar einen Vorläufer des modernen Fremdwortgebrauchs erblicken, wenn man bedenkt, daß er viele lateinische Fachausdrücke überhaupt unübersetzt läßt. Nur geschieht das bei ihm ganz ohne Eitelkeit und Effekthascherei. Er läßt lateinisch stehen, was seine theologisch gebildeten Zuhörer ohnehin genau kennen, so wie heute etwa Juristen in ihrer Fachsprache lateinische Wendungen und Sätze unübersetzt gebrauchen. Gerade aber an seinen Glied-für-Glied-Übersetzungen bemerkt man, wie sich die sprachliche Lage in den drei Jahrhunderten gelehrter Beschäftigung mit der Sprache entwickelt hat. Man hat sich an die anfangs befremdlich neuen Wortschöpfungen bereits gewöhnt, und man weiß jetzt auch bei solchen Neubildungen das rechte Maß zu halten, so daß das heimische Sprachgefühl dadurch nicht beleidigt wird. Auch NOTKER muß noch viele hundert Neubildungen wagen, und die gelehrte Methode der Sprachschöpfung nach lateinischem Muster wird von ihm sogar aufs äußerste verfeinert. Aber mit seinem sehr sicheren Sprachgefühl bildet er seine neuen Wörter in einer Weise, daß sie sich ganz unauffällig der Rede einfügen. Das war allerdings nur möglich, weil man sich in den vorhergehenden Jahrhunderten an die Tatsache und an die Art solcher Neubildungen bereits gewöhnt hatte. Im Fulda des HRABANUS MAURUS wäre eine solche Sprache noch nicht möglich gewesen.

NOTKER ist ein Gelehrter, und seine Sprache ist die eines Gelehrten. Aber er steht als Lehrer mitten im Leben, und indem er, auch in seiner gelehrten Auseinandersetzung, wie niemand vor ihm den herzhaften Ton der volkstümlichen Gemeinsprache zu treffen vermag, ist er der Vollender einer althochdeutschen Bildungssprache geworden, an der jeder Sprachgenosse Anteil haben konnte. Die Synthese zwischen volkstümlicher und gelehrter Sprachentwicklung ist gelungen. In NOTKERS Werk hat die deutsche Sprache zum ersten Mal den Rang einer vollgültigen christlichen und europäischen Kultursprache erreicht. Seinen alemannischen Dialekt verleugnet NOTKER nirgends, aber er bleibt bei ihm ein Zufall der äußeren Lautgestalt. Ihrem inneren Wesen nach ist seine Sprache das erste Zeugnis des allgemeinen Deutsch. Das hohe sprachliche Ziel, das der althochdeutschen Zeit gesteckt war, ist erreicht. Die Periode des Werdens ist abgeschlossen.

ANHANG

I. Die ‹Strassburger Eide›

Die ‹Straßburger Eide› sind uns überliefert in dem Geschichtswerk Nitharts, *De dissensionibus filiorum Ludovici Pii usque ad annum 843* (Die Streitigkeiten zwischen den Söhnen Ludwigs des Frommen bis zum Jahre 843). Nithart war ein Enkel Karls des Grossen, ein illegitimer Sohn von Karls Tochter Bertha, geboren 890. Er stand als Staatsmann und Feldherr im Dienste Ludwigs des Frommen und später Karls des Kahlen, in dessen Auftrag er während der Kämpfe sein Geschichtswerk schrieb. Am 15. Mai 843 fiel er in einem Kampfe Karls gegen Kaiser Lothar. Sein Bericht über die ‹Straßburger Eide› muß also kurz nach dem Ereignis aufgezeichnet sein, und Nithart war gewiß Ohrenzeuge der Vorgänge, wenn er nicht sogar an der Abfassung der Eidesformeln beteiligt war. Jedenfalls haben wir es hier mit einem authentischen Bericht zu tun.

Nithart berichtet: *Lodhuuicus et Karolus in civitate, quae olim Argentaria vocabatur, nunc autem Strâzburg vulgo dicitur, convenerunt, et sacramenta, quae subter notata sunt, Lodhuuicus romana, Karolus vero teudisca lingua iuraverunt. Ac sic ante sacramentum circumfusam plebem alter teudisca, alter romana lingua alloquuti sunt.* (Ludwig und Karl trafen sich in der Stadt, die einst Argentaria hieß, heute aber in der Volkssprache Straßburg genannt wird, und beschworen die unten verzeichneten Eide, Ludwig in romanischer, Karl in deutscher Sprache. Vor der Eidesleistung aber redete der eine das versammelte Heervolk in deutscher, der andere in romanischer Sprache folgendermaßen an): . . . (Die von Nithart lateinisch wiedergegebene Rede lassen wir hier aus; danach beginnt die Eidesleistung):

Lodhuuicus, quoniam maior natu erat, prior haec deinde se servaturum testatus est (Da Ludwig der ältere war, beschwor er als erster, daß er fortan Folgendes innehalten würde):	*Quod cum Lodhuuicus explesset, Karolus teudisca lingua sic haec eadem verba testatus est* (Als Ludwig so geendet hatte, leistete Karl ebenso in deutscher Sprache den folgenden Eid):
Pro deo amur et pro christian poblo et nostro commun salvament, d'ist di in avant, in quant deus savir et podir me dunat, si salvarai eo cist meon fradre Karlo et in aiudha et in cadhuna cosa, si cum om per dreit son fradra salvar dist, in o quid il mi altresi fazet, et ab Ludher nul plaid numquam prindrai, qui meon vol cist meon fradre Karle in damno sit.	*In godes minna ind in thes christânes folches ind unser bêdhero gehaltnissî, fon thesemo dage frammordes, sô fram sô mir got geuuizci indi mahd furgibit, so haldih thesan mînan bruodher, sôso man mit rehtu sînan bruodher scal, in thiu thaz er mig sô sama duo, indi mit Lûdheren in nohheiniu thing ne gegango, the mînan uuillon imo ce scadhen uuerdhen.*

Um der Liebe Gottes willen und für des Christenvolkes und unser beider Seelenheil, werde ich von diesem Tage an, so mir Gott die Einsicht und die

Fähigkeit verleiht, diesen meinen Bruder so beschirmen, wie ein Mann von Rechts wegen seinen Bruder schützen soll, damit er an mir ebenso handle, und werde mit Lothar in keine Verhandlung eintreten, durch die ich absichtlich ihm, Karl, einen Schaden zufügen könnte.

Sacramentum autem, quod utrorumque populus quique propria lingua testatus est, romana lingua sic se habet (Der Eid aber, den die Heere der beiden, jedes in seiner eigenen Sprache, leisteten, lautete in romanischer Sprache, wie folgt): *Si Lodhuuigs sagrament, que son fradre Karlo iurat, conservat, et Karlus meos sendra de suo part non los tanit, si io returnar non l'int pois: ne io ne neuls, cui eo returnar int pois, in nulla aiudha contra Lodhuuig nun li iu er.*

Teudisca autem lingua (in deutscher Sprache aber):

Oba Karl then eid, then er sînemo bruodher Lûdhuuîge gesuor, geleistit, indi Lûdhuuîg mîn hêrro then er imo gesuor forbrihchit, ob ih inan es iruuenden ne mag: noh ih noh thero nohhein, then ih es iruuenden mag, uuidhar Karle imo ce follusti ne uuirdhit.

Wenn Karl den Eid, den er seinem Bruder Ludwig geschworen, hält und Ludwig, mein Herr, den Eid, den er ihm geschworen hat, bricht, wenn ich ihn davon nicht abbringen kann: Weder ich noch irgendeiner, den ich davon zurückhalten kann, werden ihm gegen Karl Hilfe leisten.

Quibus peractis Lodhuuicus Renotenus per Spiram et Karolus iuxta Vuasagum per Uuizzunburg Uuarmatiam iter direxit (Nach diesen Ereignissen wandte sich Ludwig rheinabwärts über Speyer, Karl an den Vogesen entlang über Weißenburg nach Worms.)

(Text nach WILH. BRAUNE, Ahd. Lesebuch, Nr. XXI. NITHARTS Chronik ist veröffentlicht in den Monumenta Germaniae, Scriptores Rerum Germanicarum . . . [ed. E. Müller], 1907.)

II. ÜBERSETZUNGEN DES ‹VATERUNSERS›

1. Gotisch, aus der Bibelübersetzung des WULFILA, 4. Jahrhundert
   (Text nach W. STREITBERG, Die gotische Bibel, Heidelberg 1908, S. 7)
   Atta unsar thu in himinam, weihnai namo thein. qimai thiudinassus theins. wairthai wilja theins, swe in himina jah ana airthai. hlaif unsarana thana sinteinan gif uns himma daga. jah aflet uns thatei skulans sijaima, swaswe jah weis afletam thaim skulam unsaraim. jah ni briggais uns in fraistubnjai, ak lausei uns af thamma ubilin; unte theina ist thiudangardi jah mahts jah wulthus in aiwins. amen.
   (*th* ist stimmloser Reibelaut wie in englisch *to think*; *gg* ist wie *ng* zu lesen; *ei* steht für ein langes *î*; *ai* ist Zwielaut wie in deutsch *Kaiser*; *aí* hat die Geltung eines kurzen *e*.)

2. Altenglisch; westsächsischer Dialekt, 9. Jh.

*Fæder ûre thû the eart on heofonum, sî thin nama gehâlgôd. Tôbecume
thîn rîce. Geweorthe thin willa on eorthan swâ swâ on heofonum. Ûrne
gedæghwâmlîcan hlâf syle ûs tô dæg. And forgyf ûs ûre gyltas, swâ swâ
wê forgyfath ûrum gyltendum. And ne gelæd thû ûs on costnunge, ac âlys
ûs of yfele.*

3. Altsächsisch, aus dem ‹Heliand›, um 840. Poetische Übertragung in germanische Stabreime. (Text nach OTTO BEHAGHEL, Heliand und Genesis,
Altdeutsche Textbibliothek Nr. 4, 7. Aufl., Tübingen 1958, S. 57 f.)

Fadar is ûsa   firiho barno,
the is an them hôhon   himila rîkea.
Geuuîhid si thîn namo   uuordo gehuuilico.
Cuma thîn craftag rîki.
Uuerda thîn uuilleo   obar thesa uuerold alla,
sô sama an erdo   sô thâr uppa ist
an them hôhon himilrîkea.
Gef ûs dago gehuuilikes râd,   drohtin the gôdo,
thîna hêlaga helpa,   endi âlât ûs, hebenes uuard,
managoro mênsculdio,   al sô uuê ôdrum mannum doan.
Ne lât ûs farlêdean   lêtha uuihti
so ford an iro uuilleon   so uuî uuirdige sind,
ac help ûs uuidar allun   ubilon dâdiun.

(Du bist unser, der Menschenkinder, Vater, der du in dem hohen Himmel-
reiche bist. Geheiligt werde dein Name mit jeglichem Wort. Es komme dein
mächtiges Reich. Es geschehe dein Wille überall auf dieser Welt, genau so
auf der Erde, wie er oben geschieht in dem hohen Himmelreich. Gib uns
eines jeglichen Tages Notdurft, Herr du guter, deine heilige Hilfe, und
erlaß uns, Herrscher des Himmels, mannigfache Schuld, ganz wie wir es
andern Menschen tun. Laß nicht leidige Unholde uns so weit nach ihrem
Willen verführen, wie wir es verdient hätten, sondern hilf uns gegen
alle Übeltat.)

4. ‹St. Galler Paternoster›, Ende 8. Jh., alemannisch

*Fater unseer, thû pist in himile, uuîhi namun dînan, qhueme rîhhi dîn,
uuerde uuillo diin, sô in himile sôsa in erdu. prooth unseer emezzihic kip
uns hiutu, oblâz uns sculdi unseero, sô uuir oblâzêm uns sculdikêm, enti ni
unsih firleiti in khorunka, ûzzer lôsi unsih fona ubile. (uuîhi namun dînan
,heilige deinen Namen' ist ein Übersetzungsfehler; der Übersetzer erkannte
das lat. Passiv sanctificetur nicht.)*

5. Altbairisches Paternoster. Die beiden Texte gehen auf eine gemeinsame
Vorlage zurück, die wohl noch aus dem 8. Jahrhundert stammt.
a. Anfang 9. Jh., bairisch

*Fater unsêr, dû pist in himilum, kauuîhit sî namo dîn, piqhueme rîhhi dîn
uuesa din uuillo, sama sô in himile est, sama in erdu. Pilipi unsraz emizzî-
gaz kip uns eogauuanna, enti flâz uns unsro sculdi, sama sô uuir flâzzamês
unsrêm scolôm, enti ni princ unsih in chorunka, ûzzan kaneri unsih fona
allêm suntôn.*

b. 9. Jh., bairisch

Fater unsêr, der ist in himilom, kæuuîhit uuerde dîn namo, piqueme rîhi
dîn, uuesse uuillo dîn, sama ist in himile, enti in erdu. pilîpi unsaraz kip
uns emizîcaz, enti vlâz uns unsero sculdi, sama sô uuir flâzzemês unserêm
scolom, enti ni verleiti unsih in die chorunga, ûzzan ærlôsi unsih fona
allêm suntôm.

6. Paternoster aus dem ‹Weißenburger Katechismus›, Anfang 9. Jh., rheinfränkisch

Fater unsêr, thu in himilom bist, giuuîhit sî namo thîn. quaeme rîchi thîn.
uuerdhe uuilleo thîn, sama sô in himile endi in erthu. Broot unseraz emez
zîgaz gib uns hiutu. endi farlâz uns sculdhi unsero, sama sô uuir farlâzzêm
scolôm unserêm. endi ni gileidi unsih in costunga. auh arlôsi unsih fona
ubile.

7. Das Vaterunser aus der althochdeutschen ‹Tatian›-Übersetzung, ostfränkisch, um 825

Fater unser, thû thâr bist in himile, sî giheilagôt thîn namo, queme thîn
rîhhi, sî thîn uuillo, sô her in himile ist, sô sî her in erdu, unsar brôt
tagalîhhaz gib uns hiutu, inti furlâz uns unsara sculdi, sô uuir furlâzemês
unserên sculdîgôn, inti ni gileitêst unsih in costunga, ûzouh arlôsi unsih
fon ubile.

8. Poetische Übertragung des ‹Vaterunsers› aus dem Evangelienbuch Or
   FRIDS VON WEISSENBURG, südrheinfränkisch, um 870 (Otfr. II, 21, 23—36)

Fater unser guato,   bis druhtin thu gimyato
*   in himilon io hoher,   uuîh sî namo thîner.*
Biqueme uns thînaz rîchi,   thaz hôha himilrîchi,
*   thara uuir zua io gingen   ioh emmizigen thingen.*
Sî uuillo thîn hiar nidare,   sôs er ist ûfin himile:
*   in erdu hilf uns hiare, sô thû engilon duist nu thâre.*
Thia dagalîchun zuhti   gib hiut uns mit ginuhti
*   ioh follôn ouh, theist mêra,   thînes selbes lêra.*
Sculd bilâz uns allen, sô uuir ouh duan uuollen,
*   sunta thia uuir thenken   ioh emmizigen uuirken.*
Ni firlâze unsih thîn uuâra   in thes uuidaruuerten fâra,
*   thaz uuir ni missigangen,   thara ana ni gifallen.*
Lôsi unsih io thanana,   thaz uuir sîn thîne thegana,
*   ioh mit ginâdon thînen   then uuêuuon io bimîden. Amen.*

Unser guter Vater, freundwilliger Herr, der du immer hoch in den Himmeln bist, heilig sei dein Name. Dein Reich komme zu uns, das hohe
Himmelreich, nach dem wir uns immer sehnen, und auf das wir immerfort
hoffen. Dein Wille sei hienieden, wie er oben im Himmel ist: auf Erden
hilf uns hier, wie du den Engeln dort hilfst. Die tägliche Nahrung gib
uns heute zur Genüge, und auch in Fülle, was mehr ist, deine eigene Lehre.
Erlaß uns allen die Schuld, wie wir es auch tun wollen, die Sünde, die wir
denken und beständig wirken. Deine Huld verlasse uns nicht in des Widersachers Versuchung, damit wir nicht irregehen und nicht fallen. Erlöse uns

immer daraus, daß wir deine Dienstmannen seien und mit deiner Gnade
immer die Trübsal vermeiden. Amen.

9a. Das ‹Vaterunser› NOTKERS VON ST. GALLEN, um 1000, alemannisch

*Fater unser dû in himele bist, dîn namo uuerde geheiligôt. Dîn rîche chome,
dîn uuillo gescehe in erdo fone menniscon, alsô in himile fone angelis.
Unser tagelîcha brôt kib uns hiuto, unde unsere sculde belâz uns, alsô ouh
uuir belâzen unseren sculdîgen, unde in chorunga ne leitest dû unsih, nube
lôse unsih fone ubele.*

9b. Dasselbe in der Ambras-Wiener Überarbeitung, 11. Jh.

*Vater unsir, dû in himile bist, dîn namo uuerde giheiligôt. Dîn rîche chome,
dîn uuille giskehe in erda fone mennisgen, alsô in himile fone den engilen.
Unsir tagelîchiz prôt gib uns hiuto, unde unsere sculde belâz uns, alsô ouh
uuir forlâzen unseren scolâren, unde in dia chorunga ne leitist dû unsih,
suntir irlôse unsih fone demo ubile.*

(Die Texte 4–9 sind entnommen dem Althochdeutschen Lesebuch von WIL-
HELM BRAUNE, 13. Aufl., Tübingen 1958.)

III. AUS DEM ALTHOCHDEUTSCHEN ‹ABROGANS›

Text nach GEORG BAESECKE, Der deutsche Abrogans. (Altdeutsche Textbibliothek Nr. 30), Halle 1931

Abrogans	*aotmot*	(demütig)
humilis	*samftmoat*	(sanftmütig)
Abba	*faterlih*	(väterlich)
pater	*fater*	(Vater)
Abnuere	*pauhnen*	(zeichnen)
renuere	*pipauhnen*	(bezeichnen)
recusare	*faruuazzan*	(verfluchen)
refutare	*fartripan*	(vertreiben)
Absque foedere	*uzzana moatscaffi*	(ohne Zuneigung)
absque amicitia	*uzzana friuntscaffi*	(ohne Freundschaft)
Abingruentes	*ana sciupanti*	(anschiebend)
abinmittentes	*ana lacgente*	(anlegende)
Absit	*fer si*	(es sei ferne)
longe sit	*rumo si*	(es sei Raum)
Abest	*fram ist*	(es ist davon)
deest	*uuan ist*	(es ist leer)
Abdicat	*farquithit*	(sagt ab)
abhominat	*faruuazzit*	(verflucht)
denegat	*farsahhit*	(streitet ab)
repudiat	*fartripit*	(vertreibt)
Abstrusum	*ungafori*	(ungebührlich)
clandestinum	*uuitharzoami*	(unziemlich)

latens	*caporgan*	(geborgen)
occultum	*tuncli*	(Dunkelheit)
remotum	*cahroarit*	(berührt)

(Die nhd. Erläuterungen sind, um das Erkennen der ahd. Wörter zu erleichtern, soweit möglich aus dem gleichen Wortstamm gegeben. Die ahd. Wörter haben aber zum Teil eine vom Nhd. abweichende Bedeutung; so bedeutet *fartripan* etwa ‹von sich weisen›, *cahroarit* ‹bewegt, entfernt›.)

IV. Aus dem althochdeutschen ‹Isidor›

Text nach GEORGE A. HENCH, Der Althochdeutsche Isidor. Straßburg 1893, S. 2. Die Stelle knüpft an ein Zitat aus den Sprüchen Salomonis (8, 27) an, das auf CHRISTUS gedeutet wird:

‹Quando praeparabat caelos, aderam.› . . .

Tali igitur auctoritate ante omnia saecula filius a patre genitus esse declaratur,

quando a patre per illum cuncta creata esse cognoscuntur.

Illud denuo quaeritur, quomodo idem sit genitus, dum sacrae nativitatis eius arcana nec apostolus dicit nec propheta comperit nec angelus scivit nec creatura cognovit.

‹Dhuo ir himilo garauui frumida, dhar uuas ih.› . . .

Mit sô mihhiles hêrduomes urchundîn ist nû sô offenliihho armârit, dhazs Christ gotes sunu êr allêm uueraldim fona fater uuard chiboran. Dhanne ist nû chichundit, dhazs fona dhemu almahtîgin fater dhurah inan ist al uuordan dhazs chiscaffenes ist.

Dhazs suohhant auur nû ithniuuues, huueo dher selbo sii chiboran, nû sô ist in dheru sineru heilegun chiburdi so daucgal fater chirûni. Dhazs ni saget apostolus noh forasago ni bifant noh angil gotes ni uuista noh einic chiscaft ni archennida.

‹Als er die Himmel bereitete, war ich anwesend.› . . .

Mit solcher Autorität (d. h. Bibelstelle) wird, daß vor aller Zeit der Sohn vom Vater geboren sei, erklärt,

da (aus der Bibelstelle) erkannt wird, daß vom Vater durch ihn alles geschaffen ist.

Danach wird weiter gefragt, wie jener geboren sei, während seiner hei-

‹Als er der Himmel Zurüstung machte, war ich da.› . . .

Mit einem Zeugnis von so großer Erhabenheit wird nun öffentlich verkündet, daß Christ, Gottes Sohn, vor aller Zeit (eigtl. vor allen Menschenaltern) vom Vater geboren ward.

Damit ist nun verkündet, daß von dem allmächtigen Vater durch ihn alles geworden ist, was an Geschaffenem existiert.

Danach suchen sie aber nun weiter, wie derselbe geboren sei, da nun

ligen Geburt Geheimnis weder ein Apostel sagt, noch ein Prophet erfuhr, noch ein Engel wußte, noch ein Geschöpf erkannte.

doch in seiner heiligen Geburt ein so verhülltes Geheimnis des Vaters ist. Das sagt kein Apostel, noch fand es ein Prophet, noch wußte es ein Engel Gottes, noch erkannte es irgendein Geschöpf.

(Meine beiden nhd. Übersetzungen lehnen sich möglichst eng an Wortlaut und Wortstellung der überlieferten Texte an.)

V. Aus der althochdeutschen ‹Benediktinerregel›

Text nach Ursula Daab, Die Althochdeutsche Benediktinerregel. (Altdeutsche Textbibliothek Nr. 50), Tübingen 1959, S. 23.

*Praecepta dei factis cotidie
studeat adimplere,
castitatem amare,
nullum odire,
zelum et invidiam non habere,
contentionem non amare,
elationem fugire,
seniores venerare,
iuniores diligere,
in Christi amore pro inimicis orare,*

*cum discordante ante solis occasum
in pace redire,
et de dei misericordia numquam
desperare.
Ecce, haec sunt instrumenta artis
spiritalis,
quae cum fuerint a nobis die noctu-
que incessabiliter adimpleta et in
die iudicii reconsignata,*

*illa merces nobis a domino recom-
pensabitur,
quam ipse promisit.*

*Pibot cotes tâtim tagalîhhin zilee
erfullen,
hreinii minnôn,
neomannan fien,
anton indi abanst ni habeen,
fliiz ni minnôn,
preitida fleohan,
hêrôston ereen,
iungiron minnoon,
in Christes minnu pi fianta
petoon,*

*mit ungaherzamu êr dera sunnuun
sedalkange in fridu huuarban,
indi fona cotes armiherzidu neonal-
dre faruuânnan.
Inu, deisu sint leera dera listi
âtumlîhhun,
dei denne sint fona uns tages indi
nahtes unbilinnanlîhhaz zuaerfultiu
indi in tage dera suana auurkezeih-
hantiu,*

*daz loon uns fona truhtine ist uui-
darmezzan,
daz er selbo forakihiaz.*

(Die Übersetzung folgt dem lat. Text; ahd. Besonderheiten sind in Klammern beigefügt):

Er bemühe sich (ahd. ziele darauf), die Gebote Gottes täglich durch Taten zu erfüllen, die Keuschheit zu lieben, niemand zu hassen, Eifersucht und Neid (ahd. Mißgunst) nicht zu haben, Streit (ahd. Fleiß) nicht zu lieben, Überhebung (ahd. Breite) zu fliehen, die Älteren (ahd. Ältesten) zu ehren, die Jüngeren zu lieben, in Liebe zu Christus für die Feinde zu beten, mit dem Zwieträchtigen vor Sonnenuntergang zum Frieden zurückzukehren, und an Gottes Barmherzigkeit niemals zu verzweifeln. Siehe, dies sind die Lehren der geistlichen Kunst, für welche, wenn sie von uns Tag und Nacht unaufhörlich erfüllt und am Tage des jüngsten Gerichts wiederbemerkt werden, jener Lohn uns vom Herrn zuerteilt wird, den er selbst verheißen hat.

VI. Aus den Monseer Fragmenten und dem ahd. ‹Tatian›

Texte nach George A. Hench, The Monsee Fragments. Straßburg 1891, S. 20 ff, und Eduard Sievers, Tatian. ²1961, S. 163 f.

Beiden Texten liegt folgender lat. Bibeltext zugrunde:

Matth. 20, 29. Et egredientibus eis ab Hiericho secutae sunt (T: *secuta est*) *eum turbae multae* (T: *turba multa*). *30. et ecce, duo caeci sedentes secus viam audierunt, quia Jesus transiret, et clamaverunt dicentes: Domine, miserere nostri, fili David. 31. turba autem increpabat eos, ut tacerent. at illi magis clamabant dicentes: Domine, miserere nostri, fili David. 32. et stetit Jesus et vocavit eos et ait: quid vultis ut faciam vobis? 33. Dicunt illi: Domine, ut aperiantur oculi nostri.*

M	T
29. Enti im ûzfarantêm fona Hierihho folgêtun imo folc manegiu.	*29. Inti in ûzgangentên fon Hiericho folgêta inan mihil menigî.*
30. enti see dâr, zuêne plinte sizcente bî uuege gahôrtun, daz Jhesus dâr fuor, enti hreofun quuedante: truhtîn, uuirt uns gnâdic, sunu Dâvites.	*30. inti sinu, zuuêne blinte sizzente nâh themo uuege gihôrtun thaz, thaz heilant thâr furifuori, inti reofun sus quedante: trohtîn, milti uns, Dâvides sun.*
31. Diu managîn thriuuuita im, daz sie suuîgêtin. enti sie diu mêra harêtun quuedante: truhtîn, uuirt uns gnâdic, sunu Dâvites.	*31. Thiu menigî increbôta sie, thaz sie suuîgêtin. sie thô mêr reofun sus quedente: trohtîn, milti uns, Dâvides sun.*
32. enti stuont Jhesus enti halôta sie. Quad: huuaz uuellet ir, daz ih iu tuoe?	*32. Inti stuont ther heilant inti gihalôta sie inti quad: uuaz uuollet ir, thaz ih iu tue?*
33. Quâtun sie: truhtîn, daz unsariu augun inlûhhên.	*33. Thô quâdun sie imo: trohtîn, thaz sîn gioffonôt unsariu ougun.*

29. Und als sie ausfuhren (T: herausgingen) von Jericho, folgten ihm viele Leute (T: folgte . . . eine große Menge). 30. Und siehe da, zwei Blinde, am Wege (T: nahe dem W.) sitzend, hörten, daß Jesus (T: der Heiland) dort ging (T: vorbei ginge), und riefen sagend (T: so sagend): Herr, werde uns gnädig (T: sei uns milde), Sohn Davids. 31. Die Menge drohte ihnen (T: schalt sie), daß sie schweigen sollten, und sie riefen desto mehr (T: Sie riefen da mehr, so) sagend: Herr . . . 32. Und Jesus (T: der Heiland) blieb stehen und rief sie (wörtl.: holte sie herbei), und sprach (M: Er sprach): Was wollt ihr, daß ich euch tun soll? 33. Sprachen sie (T: Da sprachen sie zu ihm): Herr, daß unsere Augen sich aufschließen (T: geöffnet seien).

A. Aus den altalemannischen Psalmenbruchstücken, Ps. 129. Text nach ELIAS VON STEINMEYER, Die kleineren ahd. Sprachdenkmäler. Berlin 1916, S. 297.

B. Aus den rheinfränkischen ‹Cantica›, I. Reg. (Samuelis), 2, Text nach STEINMEYER, a. a. O., S. 301.

Wir geben beide Texte in interlinearer Anordnung.

A.

fona tiuffêm herêta ce dih, truhtîn.   truhtîn, kehôri
1. *De profundis clamavi ad te, domine   2. domine, exaudi*
 stimma mîna. Sîn ôrun dîniu anauuartôntiu in stimma des kebetes
 vocem meam. Fiant aures tuae intendentes in vocem deprecationis
 mînes.
 meae.

1. Aus den Tiefen rief ich zu dir, Herr. 2. Herr, erhöre meine Stimme. Deine Ohren mögen gerichtet werden auf die Stimme meines Gebetes.

B.

drohtîn gedôthaftigôt unde gelîfhaftigôt. geleidit ze helon
6. *Dominus mortificat et vivificat.   deducit ad inferos*
unde uuidarleidit.   drohtîn aremen duot unde gerîchesôt,
et reducit.   7. Dominus pauperem facit et ditat,
hôtmûdigôt unde ûfhebit.   ercuuikende uone stuppe elelendun,
 humiliat et sublimat.   8.   Suscitans de pulvere egenum,
unde uone miste ûfrihtende armen, daz her sizze mit uurstin
 et de stercore erigens pauperem, ut sedeat cum principibus
unde stuol guolîche haba.
 et solium gloride teneat.

6. Der Herr tötet und macht lebendig. Er führt in die Hölle und führt heraus. 7. Der Herr macht arm und bereichert, erniedrigt und erhöht. 8. Er erhebt den Bedürftigen aus dem Staube, und richtet den Armen auf vom Miste, daß er mit den Fürsten sitze und den Stuhl der Ehre innehabe.

VIII. Aus ‹Otfrids Evangelienbuch›

Text nach OSKAR ERDMANN, Otfrids Evangelienbuch. (Altdeutsche Textbibliothek Nr. 49), 4. Aufl., Tübingen 1962, S. 21

Thô quam boto fona gote, engil ir himile,
 brâht er therera worolti diuri ûrunti.
Floug er sunnûn pad, sterrôno strâza,
 wega wolkôno zi theru itis frôno,
zi ediles frouûn, selbûn sancta Mariûn,
 thie fordoron bi barne wârun chuninga alle.
Giang er in thia palinza, fand sia drûrênta,

> *mit salteru in henti,   then sang si unz in enti,*
> *wâhero duacho   werk wirkento,*
> *diurero garno,   thaz deda siu io gerno.*
> *Thô sprach er êrlîcho ubar al,   sô man zi frowûn scal,*
> *sô boto scal io guater   zi druhtînes muater:*
> *Heil, magad zieri,   thiarna sô scôni,*
> *allero wîbo   gote zeisôsto!*
> *Ni brutti thih muates   noh thînes anluzzes*
> *farawa ni wenti;   fol bistû gotes ensti!*

Da kam ein Bote von Gott, ein Engel aus dem Himmel. Er brachte der Welt liebe Kunde. Er flog den Pfad der Sonne, die Straße der Sterne, die Wege der Wolken zu der heiligen Edelfrau, zu der Herrin aus edlem Geschlecht, Sancta Maria selbst. Ihre Vorfahren Mann für Mann waren alle Könige. Er ging in die Pfalz, traf sie sinnend, mit dem Psalter in der Hand, den konnte sie bis zu Ende singen. Ein Werk von herrlichen Tüchern wirkend, von wertvollen Garnen, das tat sie allezeit gern. Da sprach er sehr ehrerbietig, wie es ein Mann der Herrin schuldig ist, wie es immer ein guter Bote der Mutter des Herrn schuldig ist: Heil, liebliche Jungfrau, schöne Magd, von allen Frauen Gott die vertrauteste. Erschrick nicht in deinem Mute noch wechsle die Farbe deines Antlitzes. Voll bist du Gottes Gnaden!

IX. Aus dem ‹Heliand›

Text nach OTTO BEHAGHEL, Heliand und Genesis. (Altdeutsche Textbibliothek Nr. 4), 7. Aufl. Tübingen 1958, S. 12.

> *Thô uuard is uuîsbodo*
> *an Galilealand,   Gabriel cuman,*
> *engil thes alouualdon,   thar he êne idis uuisse,*
> *munilîca magad: Maria uuas siu hêten,*
> *uuas iru thiorna githigan.   Sea ên thegan habda,*
> *Ioseph gimahlit,   gôdes cunnies man,*
> *thea Dâuides dohter: that uuas sô diurlîc uuîf,*
> *idis anthêti.   Thâr sie the engil godes*
> *an Nazarethburg   bi namon selbo*
> *grôtte geginuuarde   endi si fon gode quedda:*
> *'Hêl uuis thû, Maria', quad he,   'thû bist thînun hêrron liof,*
> *uualdande uuirdig,   huuand thû giuuit habês,*
> *idis enstio fol.   Thû scalt for allun uuesan*
> *uuîbun giuuîhit.   Ne habe thû uuêcan hugi,*
> *ne forhti thû thînun ferhe.'*

Da kam sein (Gottes) weiser Bote nach Galiläaland, Gabriel, der Engel des Allwaltenden, wo er eine Edelfrau wußte, eine liebreizende Magd: Maria war sie geheißen, sie war eine erwachsene Jungfrau. Ein Degen hatte sie rechtens erworben, Joseph, ein Mann aus edlem Geschlecht, die Tochter

264

Davids. Sie war eine so vornehme Frau, die edle Verlobte. Da begrüßte sie der Engel Gottes in Nazarethburg selbst mit ihrem Namen, von Angesicht zu Angesicht, und entbot ihr von Gott: ‹Heil sei dir, Maria›, sagte er, ‹du bist deinem Herrn lieb, vom Waltenden gewürdigt, da du Einsehen hast, edle Frau voller Gnaden. Du sollst vor allen Frauen gesegnet sein. Habe keinen weichen Mut, fürchte dich nicht in deinem Lebensmark.›

X. Aus ‹Notkers des Deutschen Psalmenübersetzung›

Text nach E. H. Sehrt und Taylor Starck, Notkers des Deutschen Werke. Band 3, 1 (Altdeutsche Textbibliothek Nr. 40), Halle 1952, S. 1

Psalmus I

(1) Beatus vir qui non abiit in consilio impiorum. *Der mán ist sâlig, der in dero argon rât negegîeng. So Adâm téta, dô er dero chénun râtes fólgeta uuíder Gote.*

Der Mann ist selig, der nicht in den Rat der Argen ging. Wie es Adam tat, als er dem Rate der Frau wider Gott folgte.

Et in via peccatorum non stetit. *Noh an dero súndigon uuége nestûont. So er téta. Er chám darána; er chám an dén bréiten uueg ter ze héllo gât, unde stûont târána, uuanda er hangta sînero geluste. Héngendo stûont er.*

Noch auf dem Wege der Sündigen stand. Wie er (d. h. Adam) es tat. Er kam darauf (auf diesen Weg); er kam auf den breiten Weg, der zur Hölle führt, und er blieb darauf, denn er gab seinem Gelüst nach. Indem er nachgab, blieb er (auf dem Weg der Sünder stehen).

Et in cathedra pestilentiae non sedit. *Noh án demo súhtstûole nesaz. ih méino daz er rîcheson neuuólta, uuánda diu suht stûret sie nâh alle. So sî Adâmen teta, do er got uuólta uuerden. Pestis chît latine pecora sternens (feho niderslahinde). Sô pestis sih kebréitet, sô ist iz pestilentia (uuîto uuállonde stérbo).*

Noch auf dem Stuhl der Seuche saß. Ich erkläre: daß er nicht herrschen wollte; denn diese Sucht leitet sie beinahe alle. Wie sie Adam leitete, als er Gott werden wollte. *Pestis* besagt auf lateinisch *pecora sternens* (das Vieh niederschlagend). Wenn *pestis* sich ausbreitet, so heißt es *pestilentia,* das bedeutet *late pervagata pestis* (ein sich weithin wälzendes Sterben).

(2) Sed in lege domini voluntas eius, et in lege eius meditabitur die ac nocte. *Nube der ist sâlig, tes uuillo an gótes êo ist, unde der dârána denchet tag unde naht.*

Sondern der ist selig, dessen Wille in Gottes Gesetz ist, und der Tag und Nacht daran denkt.

(3) Et erit tamquam lignum quod plantatum est secus decursum aquarum. *Unde der gedíhet also uuóla, so der bóum, der bî demo rínnenten uuazere gesezzet ist.*

Und der gedeiht so gut wie der Baum, der an dem fließenden Wasser gepflanzt ist.

Quod fructum suum dabit in tempore suo. *Der zîtigo sinen uuôocher gíbet. Daz rinnenta uuazer ist gratia sancti spiritus, gnâda des héiligen géistes. Den sî nezzet, ter ist pírig póum gûotero uuercho.*

Der zur rechten Zeit seine Frucht gibt. Das fließende Wasser ist *gratia sancti spiritus*, die Gnade des Heiligen Geistes. Wen sie benetzt, der ist ein fruchttragender Baum an guten Werken.

(Die in *(1)* hinter *pecora sternens* und *late pervagata pestis* eingeklammerten ahd. Wörter stammen nicht von NOTKER selbst, sondern von einem Schreiber, der auch NOTKERS lat. Fachausdrücke verdeutschte. Daß er sich damit in der von NOTKER selbst vorgezeichneten Linie bewegte, beweist das *gratia sancti spiritus* in *(3)*, das von NOTKER selbst verdeutscht wurde.)

‹DEUTSCHE SPRACHGESCHICHTE›

Das Sprachvermögen ist dem Menschen angeboren, und da es zum menschlichen Wesen gehört, in Gemeinschaften zu leben, verwirklicht sich auch das Sprachvermögen in der Gemeinschaft. Denn Sprache zielt immer in erster Linie auf Kommunikation, das heißt auf Austausch mit anderen. Nun wäre es nicht ganz unrecht zu sagen, daß jede Gemeinschaft ihre eigene und besondere Sprache habe. Denn schon die Familie oder ein Freundschaftsbund pflegt bestimmte Sprachformen auszubilden, an denen kein Außenstehender Anteil hat. Aber stets stehen diese kleinsten Gemeinschaften in übergeordneten Zusammenhängen, mit denen sie ebenfalls der sprachlichen Kommunikation bedürfen. Die höheren Ordnungen, innerhalb deren sich das Leben des Menschen unter Mitmenschen abspielt, bezeichnet man als Verkehrsgemeinschaften, und die Bedürfnisse des Verkehrs fordern eine gemeinsame Sprache. Im allgemeinen, wenn auch nicht ausnahmslos, bedeuten scharf gezogene politische Grenzen zugleich auch Grenzen der Verkehrsgemeinschaft, und es besteht wenigstens die Tendenz, daß eine politische Einheit innerhalb ihrer Grenzen auch eine einheitliche Verkehrssprache entwickelt.

Politische Grenzen freilich können sich von heute auf morgen ändern, die vererbte Sprache dagegen wird zäh bewahrt, und es bedarf generationenlanger Zeiträume, bis sie etwa zugunsten der neuen Verkehrssprache aufgegeben wird, die die Zugehörigkeit zu einer neuen politischen Einheit erfordert. In dem politisch sehr bewegten, engen Europa decken sich die politischen und die Sprachgrenzen daher nur selten. Immerhin gibt es in der europäischen Geschichte Beispiele für den Sprachwechsel wie auch für den Untergang und die Entstehung neuer Sprachen. Sprachwechsel beobachtet man z. B. bei den Normannen des frühen Mittelalters. Sie ließen sich, von den jütischen und skandinavischen Küsten kommend, in Nordfrankreich nieder und gaben dort ihre germanischen Mundarten zugunsten der romanischen Verkehrssprache ihres neuen Siedlungsgebietes auf. Als sie im Jahre 1066 England eroberten, brachten sie ihre neue, romanisierte Sprache dorthin mit, und aus der Mischung mit dem bis dahin auf der Insel gesprochenen germanischen Altenglisch ging dann das heutige Englisch hervor.

Gaben die Normannen in den neuen französischen Wohnsitzen ihre angestammte Sprache ziemlich rasch auf, so daß wirklich von einem Sprachwechsel geredet werden kann, so ist die Sprache der Festlandkelten, die einst in ganz Gallien, dem heutigen Frankreich, mit Ausnahme des Südwestens gesprochen wurde, im Verlauf eines längeren Zeitraums untergegangen. Sie erlag nach und nach der römischen Verkehrssprache, nachdem das Land dem Römischen Reich eingegliedert war. In Süddeutschland und der deutschsprachigen Schweiz gab es sogar noch im 9. Jahrhundert keltische Sprachinseln. Sie gingen schließlich unter, weil die keltischen Bewohner sich im Laufe von Generationen der deutschen Verkehrssprache ihrer Umgebung, der sie politisch eingegliedert waren, anbequemten.

Das deutlichste Beispiel für die Neuentstehung einer europäischen Kultursprache gewährt das Holländische. In den Mündungsgebieten von Rhein und Maas wurden noch im Mittelalter friesische, niedersächsische und niederfränkische Mundarten gesprochen, die in holländischen Volksmundarten bis heute weiterleben. Je mehr sich aber Holland aus dem deutschen Reichsverband löste, was 1648 zur *de jure* anerkannten politischen Tatsache wurde, und je stärker es sich zu einer selbständigen europäischen Großmacht entwickelte, desto mehr nahm auch die Sprache ihre eigene Entwicklung, und schon seit drei Jahrhunderten hat das Niederländische den Rang einer selbständigen europäischen Kultursprache. Was im Mittelalter dort gesprochen wurde, waren deutsche Dialekte. Die politische Eigenständigkeit ließ auf dieser Grundlage eine selbständige, sich nach eigenen Gesetzen weiterentwickelnde Sprache entstehen.

Sprachen haben, wie diese Beispiele zeigen, ihren Anfang, und sie können auch untergehen. Sie haben also Geschichte, und immer ist die Geschichte der Sprachen in irgendeiner Weise mit der politischen Geschichte verknüpft. Denn innerhalb eines jeglichen politischen Raumes besteht das Bedürfnis nach einer möglichst einheitlichen Verkehrssprache. Sind die politischen Gebilde stark genug und von hinlänglicher Dauer, dann wirken sie auch vereinheitlichend auf die innerhalb ihrer Grenzen gesprochenen Sprachen. Die deutsche Sprache macht davon keine Ausnahme. Auch sie hat ihre Geschichte, und auch sie hat insbesondere ihren Anfang. Auch sie bedurfte eines politischen Raumes, um sich überhaupt erst entwickeln zu können. Dieser Raum war das fränkische Großreich, genauer gesagt: der östliche, germanisch sprechende Reichsteil des Frankenreiches. Erst KARL DER GROSSE gab ihm durch die Eingliederung des Sachsenstammes seine Abrundung, konstituierte die politische Ordnung, die durch alle Wirren späterer Zeiten in den Grundzügen erhalten blieb, und gab dem Reiche die gemeinsame kulturpolitische Aufgabe, in deren gemeinsamer Bewältigung die Stämme ganz allmählich zur Nation heranwuchsen. Um das Jahr 800 also wurde der Grund gelegt und der politische Raum geschaffen, in dem sich — und zwar in dem nach einigen Erbteilungen selbständig gewordenen fränkischen Ostreich — allmählich das Deutschtum und auch eine deutsche Sprache entwickeln konnten. Was vor dem Jahre 800 auf später deutschem Boden gesprochen wurde, waren germanische Mundarten, aber noch kein Deutsch. Nur im Hinblick auf das spätere gemeinsame politische, kulturelle und sprachliche Schicksal kann man die vier Stammesmundarten, die in diesen Gebieten gesprochen wurden, als ‹vordeutsch› bezeichnen, das hochdeutsche Bairisch und Alemannisch, das in sich uneinheitliche teils hoch-, teils niederdeutsche Fränkisch und das niederdeutsche Altsächsisch. In dem politischen Raum des Ostfränkischen Reichsteils beginnen sie, sich aufeinander zu zu entwickeln. Die große Verkehrsgemeinschaft des Ostreiches und die den darin vereinigten Stämmen gemeinsam gestellte politische und kulturelle Aufgabe lassen allmählich das Verständnis für die Verbundenheit entstehen. Baiern und Alemannen und Franken und Sachsen lernen, sich insgesamt als Deutsche zu begreifen und die allen gemeinsame, wenn auch keineswegs einheitliche Sprache als die den Dialekten vorgeordnete deutsche Sprache zu verstehen.

Wir betrachten in diesem Buch die ersten drei Jahrhunderte der deutschen Sprachgeschichte. Als um 750 die ältesten schriftlichen Quellen zu fließen beginnen, kann allerdings von einem Deutschbewußtsein und von einer deutschen Sprache noch nicht die Rede sein, und der Prozeß des Werdens ist um das Jahr 1022, mit dem unsere Darstellung schließt, dem Todesjahr NOTKERS DES DEUTSCHEN, noch keineswegs beendet. Aber um 1022 ist die Entwicklung doch so weit gefördert, daß man die neue sprachliche Tatsache, die Existenz einer deutschen Sprache, nicht mehr leugnen kann.

Oft geschieht es, daß bei der Gründung neuer politischer Einheiten die Sprache der führenden Völkerschaft oder der politisch führenden Landschaft zur herrschenden Sprache wird. So wurde mit dem Aufstieg Roms der Dialekt der Landschaft Latium zur Staatssprache und schließlich gar zur Weltsprache, obwohl das Lateinische anfangs nur einer unter zahlreichen gleichrangigen italischen Dialekten gewesen war. In ähnlicher Weise wurde im Verlauf der französischen Geschichte die Sprache der Ile de France zur beherrschenden Kultur- und Schriftsprache. Die deutsche Sprachgeschichte dagegen ist anders verlaufen. Auch hier haben sich freilich in althochdeutscher Zeit gewisse Spracheigentümlichkeiten des anfangs herrschenden Frankenstammes mehr oder minder weit über andere Mundartgebiete ausdehnen können, und man sieht z. B. die einigermaßen gleichmäßige Entwicklung der Vokale in den althochdeutschen Dialekten als Zeugnis des fränkischen Einflusses an. Aber die fränkischen Einwirkungen gingen weder tief, noch waren sie von nachhaltiger Dauer. Auch darin erkennt man den Einfluß der politischen Schicksale auf das Sprachgeschehen. Das politische Schwergewicht verlagerte sich im Verlauf der mittelalterlichen deutschen Geschichte mehrfach auf andere Stämme, und späterhin war der deutsche Partikularismus mit der eifersüchtig gehüteten Unabhängigkeit vieler kleiner Territorien einer einheitlichen Sprachentwicklung durchaus nicht günstig. Sieben Jahrhunderte nach KARL DEM GROSSEN spricht zwar LUTHER vom ‹gemeinen Deutsch›, und er meint damit eine allgemein anerkannte und überall in deutschen Landen verstandene Sprache. Aber noch zu seiner Zeit bleibt dies eine Idealvorstellung, der die Wirklichkeit nicht entspricht. LUTHERS Bibelübersetzung bedarf in Süddeutschland noch sehr vieler Worterklärungen, damit sie dort verstanden werden kann.

In dem vorliegenden Buch haben wir uns nur mit der deutschen Sprachgeschichte in althochdeutscher Zeit zu befassen, und in diesen ersten drei Jahrhunderten gab es keine bestimmte Mundart, die die Führung übernommen und sich zu einer Art von Staatssprache oder gemeinsamer Schriftsprache entwickelt hätte. Die Mundarten blieben vielmehr weithin selbständig, und die Grundlagen einer gemeinsamen deutschen Sprache wurden auf andere Weise geschaffen. Sie entstanden dadurch, daß die vier altdeutschen Großstämme vor eine gemeinsame kulturelle Aufgabe gestellt wurden. Durch ihre Eingliederung in das Frankenreich wurden sie alle zu der Kulturbemühung um die geistige Aneignung des Christentums gezwungen, von dem sie vorher nur mehr oder minder äußerlich berührt worden waren. Das christliche Kulturprogramm KARLS DES GROSSEN, anfangs nur mit scharfem Zwang durchgesetzt, wurde bald von den bedeutendsten Männern aller deutschen Stämme begriffen und mit größter Hingabe gefördert. Man wandte sich ab von den eingewurzelten germanischen und heidnischen Vorstellungen und machte sich auf, eine neue Geisteswelt zu erobern. Die tiefsten Gedanken des Christentums zu erfassen, sie geistig und sprachlich zu bewältigen, und dazu die antiken Bildungsgrundlagen zu erwerben, auf denen die christliche Theologie zum Teil beruht: das war die große Bildungsaufgabe, die den besten Kräften der Zeit gestellt war. Indem die geistig führenden Männer aller Stämme daran arbeiteten, der christlich-lateinischen Gedankenwelt muttersprachlichen Ausdruck zu verleihen, entstand ein neuer Wort- und Ausdrucksschatz, der sich zwar überall in das Lautgewand der einzelnen Mundarten kleiden mochte, der aber doch über den Mundarten stand und ihnen allen gemeinsam war. Nicht von unten her also, aus dem Alltag und seiner Sprache entstand das gemeinsame Deutsch; im Gegenteil: der Alltag ist in sehr vielen deutschen Landschaften bis heute von den Mundarten bestimmt geblieben, die in den engen alltäglichen Verkehrsgemeinschaften oft sehr eigene Entwicklungswege gegangen sind. Vielmehr senkte sich von oben her, von den Höhen eines christlich-theologischen Bildungsstrebens ein neuer Schatz an Begriffen und Vorstellungen und an Wörtern und Ausdrücken auf die Mundarten herab und entwickelte sich zum einigenden Element.

Diese Aneignung und muttersprachliche Bewältigung christlich-lateinischer Sprachinhalte sehen wir als das entscheidende Ereignis der frühen deutschen Sprachgeschichte an. Gewiß, in dem politischen Raum Deutschland hätte ohnehin irgendeine Art gemeinsamer Sprache entstehen müssen. Daß die deutsche Sprache aber so geworden ist, wie wir sie nun kennen, und daß sie mit den anderen europäischen Kultursprachen auf der gleichen christlich-lateinischen Grundlage beruht, das wird den frühen Bemühungen um die sprachliche Aneignung des Christentums verdankt. Wir haben daher in dem vorliegenden Buch alles Gewicht auf die Darstellung dieses Vorganges gelegt. Denn Sprachgeschichte ist ein sehr weites Feld, und man kann sie unter den verschiedenartigsten Gesichtspunkten darstellen. Doch ist es unmöglich, allen Betrachtungsweisen auf verhältnismäßig beschränktem Raum gleichmäßig gerecht zu werden. Es wäre zum Beispiel ein wichtiges und interessantes Vorhaben, die Entwicklung von Lauten und Formen durch die Zeiten zu verfolgen, oder die der syntaktischen Ausdrucksmittel, ein Feld, auf dem noch viel philologische Forschungsarbeit zu leisten ist. Probleme dieser Art pflegt man unter dem Oberbegriff der Historischen Grammatik zusammenzufassen, aber die abweichende Bezeichnung kann doch nicht darüber hinwegtäuschen, daß es sich auch hierbei um sprachhistorische Fragestellungen handelt. Wendet man sich dem Wortschatz einer Sprache und seiner geschichtlichen Entwicklung zu, so kann man die Mittel und Möglichkeiten der Wortbildung in verschiedenen Sprachperioden untersuchen und bleibt auch damit im formalgrammatischen Bereich. Ergiebiger und fesselnder ist es, den Wortschatz einer Sprache als Spiegel der Geistes- und Kulturgeschichte zu betrachten. Denn das Wort ist ja nur Zeichen, gesprochenes oder geschriebenes Sprachzeichen für eine dahinterstehende geistige Vorstellung, und insofern ist die Inhaltsuntersuchung des Wortschatzes immer ein auf geistesgeschichtliche Erkenntnis gerichtetes Streben.

Auch hier eröffnen sich der Forschung weite Tätigkeitsfelder; denn letzten Endes gilt es, die Geschichte jedes wichtigen Begriffes einzeln zu untersuchen. Viel ist darin bereits geschehen, sehr viel mehr bleibt noch zu tun. Dabei sind wiederum ganz verschiedene Fragestellungen möglich. Man kann, vom überlieferten Wortschatz des Althochdeutschen und der anderen germanischen Altsprachen ausgehend, die heidnische Vorstellungswelt der germanischen Vorfahren zu erschließen versuchen. Man kann auch untersuchen, wieweit solche Vorstellungen weiterleben oder in welcher Weise sich unter dem Zugriff des Christentums die heidnischen Vorstellungen wandeln, wie sie aufgegeben werden und untergehen. Endlich kann man auch trachten, das Aufkommen der neuen christlichen Vorstellungen und alles dessen, was damit zusammenhängt, im Spiegel der neugeschaffenen Wörter zu erkennen. Warum in unserer Darstellung die sprachliche Aneignung des Christentums in den Mittelpunkt gerückt ist, wurde oben bereits begründet. Die ererbten Sprachbestände sind nur insoweit in Betracht gezogen worden, als sie unter dem Zugriff der Zeit eine Wandlung erfuhren und dadurch Zeugen des neuen Geistes wurden.

Mehr, als bisher in sprachgeschichtlichen Darstellungen üblich, haben wir nach dem sprechenden und sprachschaffenden Menschen gefragt. Nicht nach dem Einzelmenschen als Sprachschöpfer, sondern nach dem Menschen in seiner sozialen Gruppe. Wenn nämlich Sprache in erster Linie Mitteilung ist, mit Partnern rechnet und mithin als ein soziales Phänomen betrachtet werden muß, dann muß es auch möglich sein, in ihrem Spiegel nicht nur die Kultur- und Geistesgeschichte in abstracto zu erkennen, sondern auch die Menschen und ihre sozialen Gruppierungen darin zu erblicken, die an der Gestaltung der Sprache in ihren einzelnen Perioden mitwirken. Es stellt sich bei solcher Betrachtungsweise heraus, daß je nach den Umständen, Ansprüchen und Bedürfnissen der jeweiligen Epoche bald die eine, bald die andere soziale Gruppe sprachschaffend hervortritt. Solche Versuche, den sprachhistorischen Anteil der Gesellschaft mit ihren Schichtungen und Gruppen zu sondern, stehen freilich noch in den Anfängen, und es wird noch sehr viel intensive Einzelforschung notwendig sein, ehe man auch nur gesicherte Grundlagen für eine solche Betrachtungsweise gewinnt. Der Verfasser ist sich der Unsicherheit seiner ersten Schritte auf diesem noch nicht gebahnten Wege bewußt; doch scheint es an der Zeit, einen ersten Vorstoß in dieses Neuland sprachgeschichtlicher Forschung zu unternehmen. Denn zum mindesten die deutsche Sprachentwicklung der Gegenwart läßt erkennen, wie eng die Wechselwirkungen zwischen der Sozialstruktur und der Sprachgestaltung sind. Es erscheint als eine lohnende Aufgabe, auch in längst vergangenen Perioden der deutschen Sprachgeschichte solchen Wechselwirkungen nachzuspüren.

Hans Eggers

Spar di Gott gsund . . .

... heißt ein schweizerischer Abschiedsgruß. Darin steckt noch die alte Bedeutung sparen = bewahren (wie auch im englischen «spare»).

Aber nicht nur «bewahren, schonen, nicht verbrauchen» stecken im Zeitwort «sparen»: Die erschlossene germanische Form «spa-ra» ist verwandt mit altslawischen, armenischen und altindischen Adjektiven, die allesamt «reichlich, ergiebig» bedeuten. Die indogermanische Wurzel *spē(i)–, *spī– hatte den Sinn von «sich ausdehnen, mehr werden».

Die Etymologen haben nicht nur den Sinn des Zeitworts «sparen» erschlossen; sie kamen auch hinter den Zweck des Sparens.

ÜBER DEN VERFASSER

Hans Eggers, geboren am 9. Juli 1907 in Hamburg, studierte Germanistik, Geschichte und Alte Sprachen an den Universitäten Hamburg und München. Er widmete sich danach bis zum Kriegsausbruch 1939 dem Schuldienst in seiner Vaterstadt. Nach Kriegsteilnahme, schwerer Verwundung und Kriegsgefangenschaft im Herbst 1947 in die Heimat zurückgekehrt, wurde er Wissenschaftlicher Assistent an der Universität Hamburg und habilitierte sich im Jahre 1953 für das Fach ‹Germanische Philologie›. Eine Studienreise 1953 und eine Gastprofessur für das Studienjahr 1955/56 führten ihn zweimal in die Vereinigten Staaten, wo er sich insbesondere mit der Strukturanalyse moderner Sprachen und mit sprachsoziologischen Fragen befaßte. Seit 1960 ist er Inhaber eines ordentlichen Lehrstuhls für Germanische und Deutsche Philologie an der Universität des Saarlandes.

Neuere Veröffentlichungen (s. auch Literaturhinweise):
Symmetrie und Proportion epischen Erzählens, Stuttgart 1956 / Wehrle-Eggers, Deutscher Wortschatz, 12. völlig neu bearb. Auflage, Stuttgart 1961 / Zwei Psalter aus dem 14. Jahrhundert, Berlin 1962 / Zur Syntax der deutschen Sprache der Gegenwart, Studium Generale 15 (1962), S. 49—59

LITERATURHINWEISE

Abgekürzt zitierte Zeitschriften

DVjS	Deutsche Vierteljahresschrift für Literaturwissenschaft und Geistesgeschichte, Stuttgart
GRM	Germanisch-Romanische Monatsschrift, Heidelberg
JF	Indogermanische Forschungen, Berlin
Nd. Jb.	Niederdeutsches Jahrbuch, Neumünster
PBB	Beiträge zur Geschichte der deutschen Sprache und Literatur (Pauls und Braunes Beiträge), (West) Tübingen, (Ost) Halle
Rh. Vjbll.	Rheinische Vierteljahrsblätter, Bonn
Sprache	Die Sprache, Wien
WW	Wirkendes Wort, Düsseldorf
ZfdA	Zeitschrift für deutsches Altertum und deutsche Literatur, Wiesbaden
ZfdMaa	Zeitschrift für deutsche Mundarten, Berlin
ZfMda	Zeitschrift für Mundartforschung, Wiesbaden
ZfromPh	Zeitschrift für Romanische Philologie, Tübingen

Gesamtdarstellungen

1 GRIMM, JACOB, Geschichte der deutschen Sprache. Leipzig 4 1880

2 SCHERER, WILHELM, Zur Geschichte der deutschen Sprache. Berlin 2 1878

3 KLUGE, FRIEDRICH, Deutsche Sprachgeschichte. Leipzig 2 1925

4 BEHAGHEL, OTTO, Geschichte der deutschen Sprache. Berlin-Leipzig 5 1928

5 HIRT, HERMANN, Geschichte der deutschen Sprache. München 2 1925

6 SPERBER, HANS, Geschichte der deutschen Sprache. Sammlung Göschen, 5 1966

7 BECKER, HENRIK, Deutsche Sprachkunde Bd. 2: Sprachgeschichte. Leipzig 1944

8 JUNGANDREAS, WOLFGANG, Geschichte der deutschen und der englischen Sprache. Heidelberg 1947—1949

9 BACH, ADOLF, Geschichte der deutschen Sprache. Heidelberg 8 1965

10 MOSER, HUGO, Deutsche Sprachgeschichte. Stuttgart 3 1957

11 —, Deutsche Sprachgeschichte der älteren Zeit. In: Deutsche Philologie im Aufriß Bd. 1, Berlin 2 1957, Sp. 621—854

12 —, Annalen der deutschen Sprache von den Anfängen bis zur Gegenwart. Sammlung Metzler, Stuttgart 2 1963

Grammatiken

13 GRIMM, JACOB, Deutsche Grammatik. 4 Bände, Göttingen 1819—1837, Bd. 5, Register, 1865

14 STREITBERG, WILHELM, Urgermanische Grammatik. Heidelberg 3 1963

15 HIRT, HERMANN, Handbuch des Urgermanischen. 3 Bde, Heidelberg 1931—1934

16 BRAUNE, WILHELM, Gotische Grammatik. Tübingen [17] 1966
17 —, Althochdeutsche Grammatik. Tübingen [12] 1967
18 BAESECKE, GEORG, Einführung in das Althochdeutsche. München 1918
19 SCHATZ, JOSEF, Althochdeutsche Grammatik. Göttingen 1927
20 —, Altbairische Grammatik. Göttingen 1907
21 FRANCK, JOSEF, Altfränkische Grammatik. Göttingen 1909
22 PAUL, HERMANN, Mittelhochdeutsche Grammatik. Tübingen [19] 1966
23 MICHELS, VICTOR, Mittelhochdeutsches Elementarbuch. Heidelberg [4] 1921
24 BRUNNER, KARL, Altenglische Grammatik nach der angelsächs. Gram. von E. SIEVERS. Tübingen [3] 1965
25 HOLTHAUSEN, FRIEDRICH, Altsächsisches Elementarbuch. Heidelberg [2] 1921
26 KRAUSE, WOLFGANG, Abriß der altwestnordischen Grammatik. Halle 1948
27 BEHAGHEL, OTTO, Deutsche Syntax. 4 Bde, Heidelberg 1923—1932
28 KLUGE, FRIEDRICH, Nominale Stammbildungslehre der altgermanischen Dialekte. Halle [3] 1926
29 WILMANNS, WILHELM, Deutsche Grammatik II: Wortbildung. Straßburg [2] 1899
30 HENZEN, WALTER, Deutsche Wortbildung. Tübingen [3] 1965

Glossen und Texte

31 STEINMEYER, ELIAS V., und EDUARD SIEVERS, Die althochdeutschen Glossen. Bd 1—5, Berlin 1879—1922
31 a EGGERS, HANS, Der Althochdeutsche Isidor. Tübingen 1964
32 HENCH, GEORGE A., Der Althochdeutsche Isidor. Straßburg 1893
33 —, The Monsee Fragments. Straßburg 1891
34 DAAB, URSULA, Die Althochdeutsche Benediktinerregel. Tübingen 1959
35 SIEVERS, EDUARD, Die Murbacher Hymnen. Halle 1874
36 —, Tatian, Lateinisch und Altdeutsch mit ausführlichem Glossar. Paderborn [2] 1961
37 —, Heliand. Halle-Berlin 1878
38 BEHAGHEL, OTTO, Heliand und Genesis. Tübingen [8] 1965
39 KELLE, JOHANN, Otfrids Evangelienbuch. 3 Bde. (Text, Wörterbuch, Grammatik), Regensburg 1881
40 ERDMANN, OSKAR, Otfrids Evangelienbuch. Tübingen [5] 1965
41 PIPER, PAUL, Die Schriften Notkers und seiner Schule. 3 Bde, Freiburg und Tübingen 1882—1883
42 SEHRT, EDWARD H., und TAYLOR STARCK, Notkers des Deutschen Werke. 3 Bde (in bisher 7 Heften), Halle 1933—1955
43 SEEMÜLLER, JOSEPH, Willirams deutsche Paraphrase des Hohen Liedes. Straßburg 1878
44 DOLLMAYR, VIKTOR, Die altdeutsche Genesis. Halle 1932
45 MÜLLENHOFF, KARL, und WILHELM SCHERER, Denkmäler deutscher Poesie und Prosa aus dem 8.—12. Jahrhundert. 1892, Neudr. Berlin 1964

46 STEINMEYER, ELIAS V., Die kleineren althochdeutschen Sprachdenkmäler. 1916, Neudruck Berlin 1963

47 BRAUNE, WILHELM, Althochdeutsches Lesebuch. Tübingen ¹⁴ 1965

Wörterbücher

48 KLUGE, FRIEDRICH, Etymologisches Wörterbuch der deutschen Sprache. Berlin ¹⁹ 1963

49 FEIST, SIGMUND, Etymologisches Wörterbuch der gotischen Sprache. Leiden ³ 1939

50 FALK, HJALMAR, ALF TORP, Wortschatz der germanischen Spracheinheit. Göttingen 1909

51 GRAFF, EBERHARD GOTTLIEB, Althochdeutscher Sprachschatz, 6 Bde. Berlin 1834—1842, Neudruck Darmstadt und Hildesheim 1963

52 KARG-GASTERSTÄDT, ELISABETH, und THEODOR FRINGS, Althochdeutsches Wörterbuch. Berlin 1952 ff. (bisher Bd. 1, 1968)

53 EGGERS, HANS, Vollständiges lateinisch-althochdeutsches Wörterbuch zur althochdeutschen Isidorübersetzung. Berlin 1960

54 KÖHLER, FRIEDRICH, Lateinisch-althochdeutsches Glossar zur Tatianübersetzung. Paderborn ² 1962

55 SEHRT, EDWARD H., Vollständiges Wörterbuch zum Heliand und zur altsächsischen Genesis. Göttingen ² 1966

56 —, und WOLFRAM K. LEGNER, Notker-Wortschatz. Halle 1955

57 —, Notker-Glossar. Tübingen 1962

58 DOLCH, ALFRED K., Notker-Studien I und II. Lateinisch-althochdeutsches Glossar und ahd.-lat. Wörterverzeichnis zu Notkers Boethius Buch I. New York 1950

59 STEINER, PETRONIA, O. P., Wortschatz der althochdeutschen Bibelglossen und der zusammenhängenden Bibeltexte. (Diss.) München 1939. Vgl. ferner oben Nr. 31 und die Ausgaben Nr. 32—37, 39, 40, 43 und 47 beigegebenen Glossare.

Einzeluntersuchungen

zu Kapitel I:

60 GEHLEN, ARNOLD, Der Mensch, seine Natur und seine Stellung in der Welt. Bonn ⁸ 1966

61 RÉVÉSZ, GEORG, Ursprung und Vorgeschichte der Sprache. Bern ² 1959

62 AMMANN, HERMANN, Die menschliche Rede. Lahr-Darmstadt ² 1962

63 WEISGERBER, LEO, Muttersprache und Geistesbildung. Göttingen ² 1941

64 NAUMANN, HANS, Versuch einer Geschichte der deutschen Sprache als Geschichte des deutschen Geistes. DVjS 1 (1923), S. 139—160

65 MOSER, HUGO, Probleme der Periodisierung des Deutschen. GRM 32 (1950/51), S. 296—308

66 BERTHOLD, LUISE, Altdeutsches Wortgut in der heutigen Mundart. In: Erbe der Vergangenheit, Festgabe für Karl Helm. Tübingen 1951, S. 243—247

zu Kapitel II:

67 FÖRSTEMANN, ERNST, Geschichte des deutschen Sprachstammes. 2 Bde. Nordhausen 1874, 1875

68 MEILLET, ANTOINE, Caractères Généraux des Langues Germaniques. Paris ² 1923

69 HÖFLER, OTTO, Stammbaumtheorie, Wellentheorie, Entfaltungstheorie. PBB 77 (1955), S. 30—66, 78 (1956), S. 1—44

70 FRINGS, THEODOR, Sprache und Geschichte I. Halle 1956

71 WREDE, FERDINAND, Ingwäonisch und Westgermanisch. ZfdMaa 19 (1924), S. 270—283

72 ARNTZ, HELMUT, Urgermanisch, Gotisch und Nordisch. In: Germanische Philologie, Festschrift für Otto Behaghel. Heidelberg 1934, S. 29—74

73 MAURER, FRIEDRICH, Nordgermanen und Alemannen. München-Bern ³ 1952

74 SCHWARZ, ERNST, Goten, Nordgermanen, Angelsachsen. München-Bern 1951

75 KUHN, HANS, Zur Gliederung der germanischen Sprachen. ZfdA 86 (1955/56), S. 1—47

76 MITZKA, WALTHER, Die Sprache des Heliand und die altsächsische Stammesverfassung. Nd. Jb. 71—73 (1948—1950), S. 32—39; jetzt auch in: Kl. Schriften, Berlin 1968, S. 83—92

77 KAUFFMANN, FRIEDRICH, Geschichte der schwäbischen Mundart. Straßburg 1890

78 BASLER, OTTO, Altsächsisch. Freiburg 1923

zu Kapitel III:

79 KROGMANN, WILLY, Deutsch; eine wortgeschichtliche Untersuchung. Berlin-Leipzig 1936

80 WEISGERBER, LEO, Theudisk; der deutsche Volksname und die westliche Sprachgrenze. Marb. Univ.-Reden 5, Marburg 1940; abgedruckt in L. W., Deutsch als Volksname. Stuttgart ² 1953, S. 40—95

81 FRINGS, THEODOR, Das Wort ‹Deutsch›. In: Altdeutsches Wort und Wortkunstwerk, Festschrift für Georg Baesecke. Halle 1941, S. 46 bis 82

82 WEISGERBER, LEO, Der Sinn des Wortes ‹Deutsch›. Göttingen 1949

83 EGGERS, HANS, Nachlese zur Frühgeschichte des Wortes ‹Deutsch›. In: Festschrift für Elisabeth Karg-Gasterstädt, PBB (Sonderband). Halle 1961, S. 157—173

84 FRINGS, THEODOR, Antike und Christentum an der Wiege der deutschen Sprache. Berlin 1949

85 —, Grundlegung einer Geschichte der deutschen Sprache. Halle ³ 1957

zu Kapitel IV und V:

86 MITZKA, WALTHER, Zur Frage des Alters der hochdeutschen Lautverschiebung. In: Erbe der Vergangenheit, Festgabe für Karl Helm. Tübingen 1951, S. 63—70; auch Kl. Schriften (s. 76), S. 15—21

87 —, Die althochdeutsche Lautverschiebung und der ungleiche fränkische

Anteil. ZfdA 83 (1952), S. 107—113; auch Kl. Schriften (s. 76), S. 22—29

88 —, Das Langobardische und die althochdeutsche Dialektgeographie. ZfMda 20 (1953), S. 1—7; auch Kl. Schriften (s. 76), S. 30—36

89 WAGNER, KURT, Deutsche Sprachlandschaften. Marburg 1927

89 a VON KIENLE, RICHARD, Historische Laut- und Formenlehre des Deutschen. Tübingen ² 1968

90 BETZ, WERNER, Deutsch und Lateinisch. Bonn ² 1965

zu Kapitel VI:

91 GAMILLSCHEG, ERNST, Romania Germanica. 3 Bde. Berlin 1934—1936

92 FRINGS, THEODOR, Germania Romana. Halle ² 1966

93 JUD, JAKOB, Probleme der altromanischen Wortgeographie. ZfromPh 38 (1917), S. 1 ff

zu Kapitel VII:

94 SCHUBERT, HANS VON, Geschichte der christlichen Kirche im Frühmittelalter. Tübingen ² 1921

95 HAUCK, ALBERT, Kirchengeschichte Deutschlands. Bd. I. Berlin-Leipzig ⁸ 1954

96 SCHMIDT, KURT DIETRICH, Die Bekehrung der Germanen. 2 Bde. Göttingen 1939, 1940

97 —, Germanischer Glaube und Christentum. Göttingen 1948

98 EHRISMANN, GUSTAV, Religionsgeschichtliche Beiträge zum germanischen Frühchristentum. PBB 35 (1909), S. 209—239

99 BAETKE, WALTER, Die Aufnahme des Christentums durch die Germanen. Darmstadt 1959

99 a LANGE, WOLFGANG, Texte zur germanischen Bekehrungsgeschichte. Tübingen 1962

100 WESSÉN, ELIAS, Om den äldsta kristna terminologien i de germanske fornspråken. Arkiv f. Nord. Fil. 44 (1928), S. 75—108

101 WIENS, GERHARD LEBERECHT, Die frühchristlichen Gottesbezeichnungen im Germanisch-Altdeutschen. Berlin 1935

102 WAAG, ANATOL, Die Bezeichnungen des Geistlichen im Althoch- und Altniederdeutschen. Theutonista 8 (1931/32), S. 1—54

zu Kapitel VIII:

103 KRANZMAYER, EBERHARD, Die Namen der Wochentage in den Mundarten von Bayern und Österreich. Wien-München 1929

104 FRINGS, THEODOR, und J. NIESSEN, Zur Geographie und Geschichte von ‹Ostern, Samstag, Mittwoch› im Westgermanischen. JF 45 (1927), S. 276—302

105 KNOBLOCH, JOHANN, Der Ursprung von nhd. Ostern, engl. Easter. Sprache 5 (1959), S. 27—45

zu Kapitel IX:

106 RAUMER, RUDOLF VON, Über den geschichtlichen Zusammenhang des gothischen Christentums mit dem Althochdeutschen. ZfdA 6 (1848), S. 401—412

107 KLUGE, FRIEDRICH, Gotische Lehnwörter im Althochdeutschen. PBB 35 (1909), S. 124—160

108 EGGERS, HANS, Gotisches in der Altbairischen Beichte. ZfMda 22 (1954), S. 129—144

109 RYAN, JOHN, Irish Monasticism. Dublin 1931

110 SCHREIBER, GREGOR, Irland im deutschen und abendländischen Sakralraum. Köln 1956

111 WEISGERBER, LEO, Die Spuren der irischen Mission in der Entwicklung der deutschen Sprache. Rhein. Vjbll. 17 (1952), S. 8—41

112 —, Eine Irenwelle an Maas, Mosel und Rhein in ottonischer Zeit? In: Aus Geschichte und Landeskunde, Festschrift für Franz Steinbach. Bonn 1960, S. 727—750

113 REIFFENSTEIN, INGO, Das Althochdeutsche und die irische Mission im oberdeutschen Raum. Innsbruck 1958

114 —, Das ahd. Muspilli und die Vita des Hl. Furseus von Péronne. Südostdt. Archiv 1 (1958), S. 78—94

115 SCHIEFFER, THEODOR, Winfried-Bonifatius und die christliche Grundlegung Europas. Freiburg 1954

116 GUTMACHER, ERICH, Der Wortschatz des althochdeutschen Tatian. PBB 39 (1914), S. 1—83, 229—289, 571—577

117 BRAUNE, WILHELM, Althochdeutsch und Angelsächsisch. PBB 43 (1919), S. 361—445

118 LEYDECKER, CHRISTIAN, Angelsächsisches in althochdeutschen Glossen. (Diss.) Bonn 1910

119 MICHIELS, HERBERT, Altenglisches in althochdeutschen Glossen, (Diss.) Bonn 1911

120 BAESECKE, GEORG, Der Vocabularius Sti. Galli in der angelsächsischen Mission. Halle 1933

121 JUD, JAKOB, Zur Geschichte der bündnerromanischen Kirchensprache. 49. Jahresber. der Hist.-Antiquar. Gesellschaft v. Graubünden. Chur 1920

zu Kapitel X:

122 BAESECKE, GEORG, Vor- und Frühgeschichte des deutschen Schrifttums. Bd. I, Halle 1940, Bd. II, Lief. 1—2. Halle 1950—1953

123 EHRISMANN, GUSTAV, Geschichte der deutschen Literatur bis zum Ausgang des Mittelalters. I: Althochdeutsche Literatur, München 3 1954

124 DE BOOR, HELMUT, und RICHARD NEWALD, Geschichte der deutschen Literatur. I: Die deutsche Literatur von Karl dem Großen bis zum Beginn der höfischen Dichtung, 770—1170. München 6 1964

125 HEUSLER, ANDREAS, Die Altgermanische Dichtung. 1943, Neudruck Darmstadt 1963

126 BAESECKE, GEORG, Der deutsche Abrogans. Halle 1930

127 —, Die altdeutschen Beichten. PBB 49 (1925), S. 268—355

128 EGGERS, HANS, Die altdeutschen Beichten. PBB 77 (1955), S. 89—123, 80 (1959), S. 372—403, 81 (1960), S. 78—122

zu Kapitel XI und XII:

129 RAUMER, RUDOLF VON, Die Einwirkung des Christenthums auf die althochdeutsche Sprache. Stuttgart 1845

130 LUGINBÜHL, EMIL, Die altdeutsche Kirchensprache. (Progr.) St. Gallen 1936

131 REIFFENSTEIN, INGO, Die althochdeutsche Kirchensprache. Innsbrucker Beitr. z. Kulturwiss. 6 (1959), S. 41—58

132 DE SMET, GILBERT, Zum Einfluß des Christentums auf den altdeutschen Wortschatz. Nijmegen—Utrecht 1957

133 BETZ, WERNER, Der Einfluß des Lateinischen auf den althochdeutschen Wortschatz. I: Abrogans. Heidelberg 1936

134 BRINKMANN, HENNIG, Sprachwandel und Sprachbewegung in althochdeutscher Zeit. Jena 1931

135 MAURER, FRIEDRICH, und FRIEDRICH STROH, Deutsche Wortgeschichte I. Berlin ² 1959

136 TRIER, JOST, Der deutsche Wortschatz im Sinnbezirk des Verstandes. Heidelberg 1931

137 EHRISMANN, GUSTAV, Psychologische Begriffsbezeichnung in Otfrids Evangelienbuch. In: Deutsche Philologie, Festschrift für Otto Behaghel. Heidelberg 1924, S. 324—338

138 LUTZE, ERNST, S. J., Die germanischen Übersetzungen von spiritus und pneuma, ein Beitrag zur Frühgeschichte des Wortes ‹Geist›. (Masch. Diss.) Bonn 1950

139 BETZ, WERNER, Die frühdeutschen spiritus-Übersetzungen und die Anfänge des Wortes ‹Geist›. Liturgie und Mönchtum 20 (1957), S. 48—55

140 EGGERS, HANS, Altgermanische Seelenvorstellungen im Lichte des Heliand. Nd. Jb. 80 (1957), S. 1—24

141 BECKER, GERTRAUD, Geist und Seele im Altsächsischen und im Althochdeutschen. Heidelberg 1963

142 WEISWEILER, JOSEF, Seele und See, ein etymologischer Versuch. JF 57 (1940), S. 25—55

143 KARG-GASTERSTÄDT, ELISABETH, Ehre und Ruhm im Althochdeutschen. PBB 70 (1948), S. 308—330

144 FREUDENTHAL, KARL FREDRIK, Gloria, Temptatio, Conversio; Studien zur ältesten deutschen Kirchensprache. Göteborg 1959

145 WAHMANN, PAUL, Gnade; der althochdeutsche Wortschatz im Bereich der Gnade, Gunst und Liebe. Berlin 1937

146 WEISWEILER, JOSEF, Buße; bedeutungsgeschichtliche Beiträge zur Kultur- und Geistesgeschichte. Halle 1930

147 DE SMET, GILBERT, Die altdeutschen Bezeichnungen des Leidens Christi. PBB 75 (1953), S. 273—296

148 —, Die Ausdrücke für ‹leiden› im Althochdeutschen. WW 5 (1954/55), S. 69—79

149 —, ‹Dulden›; die Geschichte einer süddeutschen Neubildung. Leuv. Bijdr. 44 (1954), S. 1—20

150 RUPRECHT, DIETRICH, Tristitia, Wortschatz und Vorstellung in den althochdeutschen Sprachdenkmälern. Göttingen 1959

151 FREUDENTHAL, KARL FREDERIK, Arnulfingisch-karolingische Rechtswörter. Göteborg 1949

152 LINDQVIST, AXEL, Studien über Wortbildung und Wortwahl im Althochdeutschen . . ., PBB 60 (1936), S. 1—132

153 ÖHMANN, EMIL, Zur Geschichte der Adjektivabstrakta auf -ida, -î und -heit im Deutschen. Annales Acad. Fennicae, Reihe B, Bd. 15. Helsinki 1921/22

154 BETZ, WERNER, Zum St. Galler Paternoster. In: Festschrift für Elisabeth Karg-Gasterstädt, PBB (Sonderband). Halle 1961, S. 153—156

155 IBACH, HELMUT, Zu Wortschatz und Begriffswelt der althochdeutschen Benediktinerregel. PBB (Halle) 78 (1956), S. 1—111, 79 (1957), S. 1—106

156 KELLE, JOHANN, Die philosophischen Kunstausdrücke in Notkers Werken. Abh. d. Bayr. Akad. 18 (1866), 1. Abh.

157 —, Die rhetorischen Kunstausdrücke in Notkers Werken. Abh. d. Bayr. Akad. 21 (1889), 3. Abh.

158 FLEISCHER, IDA, Die Wortbildung bei Notker . . . (Diss.) Göttingen 1901

159 LUGINBÜHL, EMIL, Studien zu Notkers Übersetzungskunst. (Diss.) Zürich 1933

160 SCHRÖBLER, INGEBORG, Notker III von St. Gallen als Übersetzer und Kommentator . . . Tübingen 1953

161 —, Interpretatio Christiana in Notkers Bearbeitung von Boethius' Trost der Philosophie. ZfdA 83 (1951/52), S. 40—56

162 —, Zum Brief Notkers des Deutschen an den Bischof von Sitten. ZfdA 82 (1948), S. 32—47

Personenregister

Werinbert 183
Wilfrid von York 163
Willibrord 163
Williram 200
Winfrid 163, s. a. Bonifatius

Wisolf 78
Wodan 137
Wulfila 23, 27, 82, 195

Zeus 138 f

Sachregister

WORTREGISTER

(Vulgärlateinische Wörter sind nicht besonders gekennzeichnet. Lehnwörter
aus dem Griechischen sind eingereiht. Einige griechische Wörter, die nicht
ins Lateinische entlehnt wurden, sind eingereiht, aber durch *griech.* kennt-
lich gemacht. Die althochdeutschen Wörter sind in der Rechtschreibung tun-
lichst vereinheitlicht. Wörter aus anderen germanischen Sprachen sind nur
gelegentlich aufgenommen und durch *got. as. ae. mhd.* gekennzeichnet.)

a. Lateinisch

288

fruht 211, 222
frummen 82
fulwîan *ae.* 165
funtifillôl 49
furifaran 205 f
furigisezzen 201 f
furigisezzida 206
furizessen 201

ga- (Praefix) s. gi-
gadrauhts *got.* 115
gaganwertôn 201
gahlaiba *got.* 222
galgo 128, 220 f, 243
gân 210
garawi frummen 203
garo 81, 177
garotag 177
gartenâri 87
gast 75, 81
gawipriestar 127, 246
gealga *ae.* 165
geba 81, 166
geban 56, 72, 74, 89
geist 168, 216
geist, der heilago 168, 179, 216
geist, gotes 208
gelpf 65
gibarmida 51, 84, 153
gibet 176 f
gibethûs 176 f
gibezzirôn 178
giborgan 200
gibot 201
gidult 155
gidwuor 177
gifehan 157, 165
gifeho 157, 163
gift 89
gihaltnissi 235
giheilagôn 196
giheizan 204
gilâz 251
gilockôn 235
gilouba 244 f
gilouben 93, 244
giloubîn 244
giloubo 76 f, 244 f
gimahalen 226
gimuot 74
ginâda 51, 84, 153, 166, 213
ginâdîg werdan 205
ginerien 79
ginesan 89

ginist 89, 154
ginôz 234
girehtsamôn 178
girûni 203
giruoren 74, 199
gisello 234
giscaft 194 f, 203
gisuntî 77
gitouganî 246
gitrôst 157
gitruobnessi 178
gitruobida 178
giunfrewen 161
giwalt 194
giwirden 178
giwîtan 226
giwizzanî 94
giwizzi 235
glokka 160
got 93, 111 ff, 212
bi gote 234
gotelîh 95
gotcund 95
gotundnissa 95
gotnissa 208
gotspel 232
gotspellôn 232
grebil 88
guollîchî 244
guot 22, 74, 81
guotârende 161
guotelôs 211
guotkundida 161
guotlîchî 244

habên 20
haft 95
-haft 178 f
haftband 226
-haftigôn 178
-haftôn 178
haltan 75
haltant 167
harên 205
harisliz 44
hartnissa 250
heban *as.* 57
heffen 83
heidano 152
heilag 81, 93, 146, 152, 168
heilagôn 71
heilant 167, 205
heilâri 167
-heit 178

lîbhaftôn 178
lind 235
liob 93, 235
lioht 81
lobôn 22
lôgna *as.* 131
lôsen 56 f
loskên 200
lôsunga 209, 249
loufan 67
loufo 88
lûzên 200

machôn 65
mahtîg 81
mânatag 141
manlîh 81
manslago 87
manunga 89 f
menigî 205
mennisk 95
menniskî 94 f
mênsculdi *as.* 230
mietscaz 177
michilî 178
michilida 178
michilnessi 178
milten 166, 205
miltherzî 166
milti 51, 84, 88
miltî 88
miltida 51, 84, 88, 166
miltnissa 51, 84, 88, 90
mîn 22
mîna triuwa 234
minza 102
miteleidunge *mhd.* 94
mittawecha 141 f
mittilgart 85, 130
mittingart 85
morna 161
mornên 156, 161, 165
môta *got.* 149
môtâreis *got.* 149
mugan 59
munih 122
munistri 122
muntôn 235
muot 215
muotsceffi 74
mûta 149, 154
myrra 102

namahaftô 179

namo 56, 81
nara 249 f
narro 234
neman 20
neriant 167
-nessi 88, 178, 249
-nissa 84, 88
-nissi 88
nôthaft 179
nôtstallo 79
nunna 122
-nussi 88
-nussida 88

offan 65
offerôn 119, 121, 132
opfar 119
opfarôn 119, 132
ort 101
orzôn 104
Ostara 144 f
ôstarûn 144 f
ôtmuot 74, 182
ôtmuoti 167

paida *got.* 99
paintekuste *got.* 143
paska *got.* 144
pech 130, 242
pfaffo 127, 150, 152 f, 246
pfarra 126 f
pfarrâri 126 f, 246
pfeffar 102, 106
pferintag 139, 148
pfettiro 176
pfingesten 143
pfînôn 133, 161
pflanzôn 211, 222
pflegan 65
pîna 133, 161
pînôn 133, 161
postul 131 f
predigôn 247
priest 126
priestar 126, 246
prôbôst 123

queck 178
queman 56 f, 71 f, 80

râmên 235 f
rât 197, 201 f, 206
râtissa 201
redia 95
redihaft 95

c. Neuhochdeutsch

297

rowohlts deutsche enzyklopädie
Literaturwissenschaft

Umschlagentwurf Karl Gröning jr. / Gisela Pferdmenges
unter Verwendung eines Fotos
‹Abrogans, Pariser Handschrift des 9. Jahrhunderts›
Schriftgestaltung des Umschlages Werner Rebhuhn
Gesetzt aus der Linotype-Aldus-Buchschrift
und der Palatino (D. Stempel AG)
Gesamtherstellung Clausen & Bosse, Leck/Schleswig